KB113053

● 인더스 문명이 꽃피었던 5,000년 전 인도는 지금처럼 매우 건조하고 황량함이 아닌 비옥한 대지에 산림이 울창해 그야말로 사람이 살기에 적당한 땅이었다. 또 인도의 첫 통일제국을 건설하며 성왕(聖王)으로 추앙받는 아소카 황제는 무력정복 방침을 버리고 그 당시 세계에서는 상상하지 못했던 불법(佛法)에 의한 덕치주의(德治主義)를 추구했다. 그의 정신은 1947년 힌두교의 나라 인도 건국 시 국부 간디에 의해 국가 문양과 국기로 채택되어 황제의 꿈을 실현하고자 하는 의지를 반영하고 있다.

이렇듯 힌두교의 나라 인도 국기에 왜 불교의 차르카(charkha: 물레)를 쓰는지, 또 인더스 문명이 꽃피었던 당시 인도는 어땠는지를 정확히 답하는 한국사람을 찾기는 어렵다. 이 책은 우리가 알고 있는 인도에 대한 낮은 이해와 오해를 현재의 눈과 미래의 관점으로 기술한 책이다.

이 책을 읽는 독자들은 책을 통해 인도의 살아 있는 모습과 문화와 감성이 풍부한 인도 사람의 숨결을 간접적으로 읽을 수 있을 것이고, 나아가 인도를 우리 미래의 대안으로 삼을 수 있다는 희망도 엿볼 수 있을 것이다. 한국과 닮은 점을 많이 가진 인도를 책을 통해 만나보길 추천한다.

끝으로, 2015년 타계한 인도의 전임 대통령이자 인도인들의 존경을 한몸에 받았던 과학자 압둘 칼람(A.P.J Abdul Kalam) 박사가 인도의 젊은이들에게 했던 말을 소개한다.

"(진짜) 꿈은 여러분이 잠잘 때 보는 그것이 아니고, 여러분을 잠 못 이루게 하는 어떤 것이다."(Dream is not that which you see while sleeping. It is something that does not let you sleep.)

많은 우리 젊은이들이 인도를 만나 설레는 마음으로 그들의 꿈을 키워갔으면 좋겠다.
〈주인도한국문화원장 김금평〉

● 언론에서 흔히 인도를 IT 강국이라고 한다. 하지만 그 IT 강국에서 우리나라가 '무엇을, 어떻게 할 것인가'를 생각해보면 막막하기만 하다. 이 책은 IT와 콘텐츠를 어떻게 결합시켜 인도를 기반으로 세계로 나아갈 수 있는지에 대한 저자의 창의적인 방향을 제시해놓았다.

우리나라가 IT 강국의 위상을 이어가기 위해 ICT 융합의 제4차 산업혁명을 신속하게 이끌어갈 초석을 마련하는 길을 이 책을 통해 찾아보기 바란다.
〈한국IT융합기술협회 회장 백양순〉

● 이 책은 그동안 할리우드만큼 유명하지만 우리에게는 신비롭고 생소한 인도 영화와 음악, 게임 등 콘텐츠 산업의 진면목을 생생한 사례를 통해 꼼꼼히 분석한 책이다. 또 그 콘텐츠를 즐기며 살아가는 인도 신세대들의 생각과 고민도 흥미로운 내용과 날카로운 분석으로 재미있게 그려냈다. 책을 통해 들여다본 그들의 고민이 우리 사회가 안고 있는 고민과 크게 다르지 않음을 보고 놀라게 된다. 인도와 인도인에 대한, 말이 아닌 답을 제시한 책이다. 〈영화감독 이무영〉

● 저자와 직장생활을 함께하는 것을 시작으로 지금까지 긴 인연을 이어오고 있다. 그동안 저자는 그만의 창의성과 열정, 마케팅 능력, 그리고 각계각층 다양한 사람들을 만나 헌신적으로 도와주며 관계를 맺어가는 사람 냄새도 경험했다. 이 책은 그가 가지고 있는 사람 중심의 생각이 인도를 만나 어떻게 구현될 수 있을지를 알 수 있는 소중한 기록이다.

그동안 수출시장을 개척하려는 창업 기업들과 중소 기업들을 만났지만 대부분이 중국과 동남아가 관심 대상이고, 인도의 경우 시장 규모와 미래가치에 비해 정보량이 적어 관심을 갖기 어려운 형편이었다. 이 책을 읽는 독자는 두근거리는 현장의 생생한 이야기를 통해 인도를 더 가깝게 느낄 수 있을 것이고, 기업인들이나 젊은 창업자들에게는 도전 의식을 고취하고 새로운 비즈니스 기회를 창출하는 데 큰 도움을 줄 수 있을 것이다.

책 내용 중 '인도 진출이 세계로 나아가는 지렛대가 될 수 있다'는 필자의 주장은 우리 기업이나 정부에 인도가 가진 전략적 목적과 역할을 다시 한 번 재정립하게 해준다. 중국 이후 어디로 눈을 돌려야 할지 모르는 사람들에게 지구의 마지막 최대 시장인 '인도'를 권한다. 〈한남대학교 창업지원단 창업멘토교수 남명현〉

● 작년 인도를 처음 방문한 이유는 발리우드와 이국적인 음악으로만 어렴풋이 알고 있던 12억 인구의 땅, 인도라는 나라를 직접 알고 싶어서였다. 이 책은 그동안 깊이 알지 못하던 미지의 나라 인도에 대한 궁금함을 앉은자리에서 해소시켜주었다. 특히 인도의 엔터테인먼트 산업을 입체적으로 조망하게 해주는 가이드북이자 백과사전 같은 책으로써, 인도라는 나라를 어떻게 바라보아야 하는지 인도 진출을 계획하고 있는 이들에게 많은 도움을 줄 수 있을 것으로 기대한다. 〈SM엔터테인먼트 사장 김영민〉

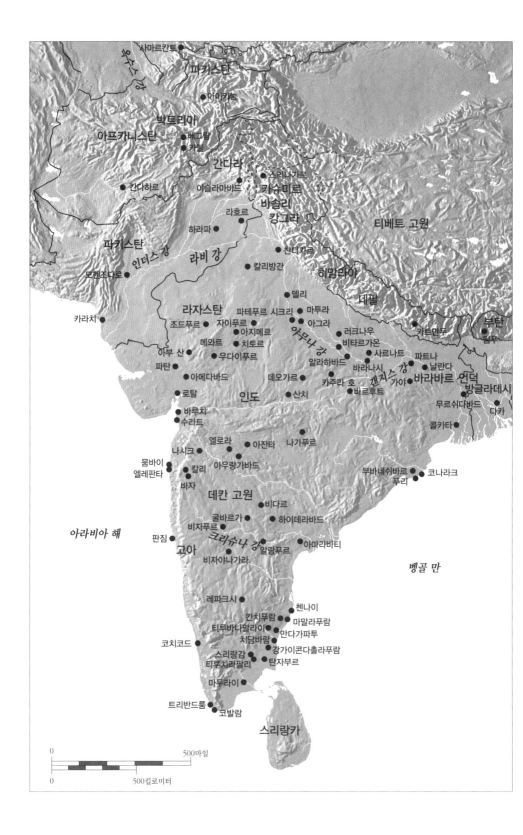

젊은 인도

India, the perfect Place for Making a Dream come true
India Digital & Contents become a Global Market .

Written by Kwon ki chul.
Published by Sallim publishing, 2016.

권기철 지음

마지막 기회의 땅, 인도시장을 선점하는 법

젊은 인도

살림

일러두기

1. 본문에 사용된 도판 옆에 붙은 QR코드를 스캔하면 해당 도판의 동영상을 확인할 수 있다. 🐾는 QR코드에 대한 설명문이다.

2. 책에 들어간 이미지 중 저작권 표시가 생략된 것은 저자가 직접 촬영한 것이거나, 저작권자의 동의를 얻어 수록한 것이다. 저작권자를 찾고자 노력했으나, 찾을 수 없었던 몇몇 도판에 대해서는 저작권자가 찾아지는 대로 이에 합당한 저작권료를 지불할 예정이다.

3. 인도 지명 중 외래어표기법 용례에 나와 있지 않은 경우에는 현지 발음에 따라 표기했다. 그 밖의 외래어는 해당 외래어표기법에 따라 표기했다.

4. 영화와 노래, 프로그램명에는 〈 〉, 잡지명에는 「 」, 책제목에는 『 』등의 기호를 붙였다.

이제, 미래는 인도에 있다!

머리말

세계의 공장으로 불리며 무서운 성장 속도를 뽐내왔던 중국은 현재 성장의 한계와 다양한 문제점을 드러내며 숨 고르기를 하고 있다. 비즈니스 시각으로 볼 때 지구의 마지막 성장 엔진은 이제 아프리카와 인도만이 남아 있다는 것은 이미 상식이 된 지 오래다. 하지만 아프리카는 시장으로서 매력을 뽐어내기에는 다소 긴 여정이 필요하고, 인도는 어느새 우리의 오늘과 미래가 될 수 있는 청년기 시장으로 훌쩍 커가고 있다.

그럼 우리가 알고 있는 인도의 모습은 무엇일까? 인류 4대 문명의 발상지, 다양한 문화와 종교를 가진 나라, 그리고 화성 탐사선을 보낼 수 있는 기술 수준에 항공모함을 운영하는 전 세계 4위의 군사 대국. 또한 PPP*, GDP** 세계 3위(중국·미국 다음), 연 평균 경제 성장률 7.5%, 외환보유고 3,400억 달러 보유국이자, 골드만삭스가 예상한 2030년 세계 3위의 경제대국으로 부상이 예상되는 나라. 경제활동 인

---

* PPP: Purchasing Power Parity의 약자로 구매력 평가지수를 뜻함.
** GDP: Gross Domestic Product로 국내총생산을 말함.

구는 6억 5,000만(전 세계 최고)이 예상되는 나라로 알려져 있고, 할리우드와 쌍벽을 이루는 발리우드의 나라, 엄청난 빈부격차 등 딱 하나의 단어로 정의 내릴 수 없는 나라가 우리가 아는 인도일 것이다.

하지만 지금 인도에 대한 관심은 우리가 인지하고 있지 않은 사이, 거스를 수 없는 세계적인 흐름이 되어 뜨겁게 달아오르고 있다.

2015년 10월 프랑스 화장품회사 로레알은 아시아에서 한국 대신 인도를 R&D와 생산 거점으로 삼아 세계 시장을 개척하기 위해 100억 루피(약 1,700억 달러)를 투자했다. 그리고 영국은 인도 총리의 자국 방문에 맞춰 수백 년 동안 인도를 지배했던 지배국으로서의 자존심을 뒤로한 채, 인도의 마음을 열기 위해—영국 입장에서는 결코 용납하기 어려운 인물인—간디 동상 제막식과 추모식을 영국 의회 앞마당에서 성대히 열었다.

일본은 최근 인도 경제중심지인 뭄바이와 모디 총리의 고향이자 많은 일본 기업들이 몰려 있는 구자라트 주의 주도인 아메다바드를 잇는 505km 길이의 고속철도 건설에 나섰다. 여기에 신칸센 기술을 도입하기로 최종 합의, 일본 정부가 약 17조의 차관을 제공하기로 했다. 또 중국은 철강과 항만, 태양광, 통신 등 다양한 분야에 220조 원 규모의 경제 관련 협정을 인도와 최근 체결했다.

이뿐만 아니라 미국 오바마 대통령은 2015년 초 인도독립기념일에 맞춰 직접 델리를 방문해 독립을 축하해주었으며, 러시아도 인도와 경제협력 강화에 노력을 아끼지 않고 있다.

2015년 해외 기업들이 인도에 쏟아부은 440억 달러는 전년도보다 29% 늘어난 수치다. 하지만 한국의 대인도 투자는 2014년도 1억 4,700만 달러로 전년도 같은 기간보다 14.7% 감소했다. 이 시기에 중국은 299%나 투자를 늘렸고, 일본은 21%가 늘어난 21억 달러를 투자해 인도에서 자국의 미래를 개척해나가고 있다. 선진국들의 움직임을 보며 '와~'라는 감탄과 동시에 우리를 보며 '아~'라는 탄식이 절로 나올 만한 상황이다.

하지만 우리 대기업인 현대차·삼성·LG·포스코·두산 등이 그동안 인도 현지에서 보여줬던 성공과 성과는 인도인들이 알고 있던 대한민국의 인식을 바꿔놓기에 충분했고, 다음 단계로 도약하기 위한 주춧돌로 잘 자리 잡아가고 있다. 그러나 보다 확고한 미래를 만들어나가기 위해서는 대기업 중심의 하드웨어 산업만 가지고 현재 인도에 불고 있는 변화를 준비하기엔 한계가 있다.

하지만 한국인 특유의 근성과 인도인의 마음을 사로잡는 숨 막히는 문화적 열정, 그리고 이들의 삶, 생각과 행동 등을 면밀히 조사하고 분석한다면 다른 선진국들이 놓친 많은 기회가 남아 있다는 사실을 발견해 우리의 새로운 성장 동력으로 만들 수 있을 것이다.

자, 그럼 어떻게 그 기회를 발견해볼 수 있을까? 인구통계학 관점에서 인도를 좀더 자세히 살펴보자. 13억 인구 중 65%가 35세 이하이며 평균 나이 26.7세, 영어에 능통한 인구가 2억 3,000만이나 된다.

좀더 범위를 좁혀 보수적이며 전통을 고수하는 장년층보다 새로움과 세계와 호흡하는 데 익숙한 인도 청년들을 만나봤다. 그랬더니 이들이 왜 전통에서 벗어나 세계인이 즐기는 소비 콘텐츠(스포츠·게임·음악·영화·인터넷 콘텐츠·서비스 등)를 이들만의 방식으로 생산하고 소비하며 자신만의 비즈니스 기회로 만들어나가고 있는지 알 수 있었다. 또 이들의 행동에 용기를 더하는 것은 무한한 가능성뿐만 아니라 산업별로 상이하지만 매년 30%를 상회하는 IT와 콘텐츠 관련 비즈니스의 무서운 성장 속도가 그들을 뒷받침하고 있음을 알게 되었다.

하지만 더 깊게 그 기회를 만들고 성장을 이끌어가는 과정을 살펴보니 아직 뭔가 부족하고 완벽함과는 다소 거리가 있는 것을 발견할 수 있었다. 이는 우리에게는 기회이자 미래가 될 수 있다는 확신을 만들기에 충분하다는 것도 알게 되었다.

왜 그럼 그들이 즐기는 콘텐츠와 IT 서비스여야 하는가?

첫째, 우선 젊은 층이 즐기는 것은 우리가 불과 수년 전 경험한 것이다. 즉 우리의 경험을 통해 새로운 아이디어를 만들어 시장에 진출할 수 있다는 사실이다.

둘째, 선진 콘텐츠와 서비스에 대한 선점 효과가 그 어느 시장보다 크다는 것이다. 인도는 처음 시장에 소개된 것들에 대해 고객들은 처음에는 사용을 주저하지만 일단 익숙해지면 맹목적인 충성심을 보이기 때문이다.

셋째, 인도 비즈니스 환경이 점점 좋아지고 소비자의 눈높이가 높아져가고 있다는 것이다. 비즈니스 환경뿐만 아니라 중요한 것은 우리가 진출 기회를 노리는 시장은 이제 점점 온라인 기반의 지식 산업으로 바뀌고 있다는 것이다. 뿐만 아니라 인도 청년들의 눈높이는 벌써 선진국 수준에 다가서 있다. 하지만 아직 인도 로컬 업체들의 실력은 거기에 미치지 못한다. 다시 말해 새로운 고속도로가 생기고 있지만 이곳을 달릴 성능 좋고 멋진 차가 아직은 많지 않다는 사실이다.

필자는 이 책을 통해 인구의 70% 가까이가 35세 이하인 인도 청년들이 가장 많이 즐기는 IT 기반의 콘텐츠 시장과 창업 환경과 현재 상황, 그리고 어떤 방식으로 시장에 접근할 수 있는지를 소개하고자 한다. 그들 안에서 생활하며 마케팅 활동을 펼친 경험에 객관적인 데이터를 더하고 세세히 정리했다. 뿐만 아니라 현지에서 만난 오피니언 리더를 비롯해 각계각층 다양한 분야의 사람들과 벌인 토론과 인터뷰 등을 통해 얻은 생생한 정보도 추가했다.

특히, 딱딱하기 쉬운 경제경영서가 아닌 인문학의 향기가 묻어나며 깊이감 있는 이해를 전달하기 위해 본문 중간중간 '읽을거리'를 두어 글 읽는 재미를 더했고, 관련 사진에 QR코드를 넣어 실제 인도의 모습을 영상으로 바로 확인할 수 있도록 했다.

마지막으로 이 책을 통해 독자 여러분들이 인도를 두렵고 접근하기 어려운 땅이 아닌, 해볼 만한 시장으로 이미지를 바꾸는 계기가 되길 기원한다.

이 책을 시작하면서 필자 개인적으로 많은 변화가 있었다. 그 어렵고 힘든 시기를 같이 보내며 묵묵히 옆에서 기다려주고 직접 교정까지 봐준 사랑하는 아내와, 항상 변함없는 웃음으로 고단함을 잊게 해준 아들, 그리고 부모님과 가족들에게 이 자리를 빌려 감사의 말씀을 전한다.

또한 꾸준히 필자에게 용기를 주고 격려해준 남명현 교수님과 친구 신상훈, 강정인, 그리고 주인도한국문화원 김금평 원장님께도 깊이 감사드린다.

인도를 사랑하게 만들어주고 같이 일했던 헌신적인 인도인 직원들에게도 고마움을 전하고 싶다. 마지막으로 독자들에게 쉽게 다가가도록 하기 위해 편집에 힘써주신 살림출판사 심만수 대표님께 감사의 마음을 전한다.

2016년 8월
저자 권기철

차례

제3부 스타트업 인디아 & 스탠드업 인디아 — 디지털, 앱, 게임 없이는 살 수 없다

1 디지털과 콘텐츠에 열광하는 인도

2 어플리케이션이 만들어낸 디지털 부자

제1부

지구의 Next 시장, 인도 & 인도의 Next 세대

청년, 인도의 비밀무기

왜 중국이 아니고
인도지?

인도는 청년, 중국은 장년,
한국은 정년?

 앞으로 인도가 중국을 대신하게 될까요?

"모디 정부가 2014년 5월 집권했는데, 1년 사이 외국인직접투자 (FDI)가 27% 가까이 늘었으나 같은 기간 세계 전체 FDI는 두 자릿수 감소했다. 인도 정부가 국내 기업은 물론 외국인 투자에 대한 규제도 과감히 철폐한 것이 성장세를 높이는 데 이바지를 한 것이다." 한국은 행 이주열 총재가 2015년 11월 25일 경제동향 간담회 자리에서 이렇 게 언급했다.

또한 스탠리 피셔 미국 연방준비제도이사회 부의장도 '전환기의 아 시아 신흥국'을 주제로 2015년 10월 발표하던 중 인도를 언급했다. "인도가 아시아 경제의 새로운 성장 엔진으로 떠오르고 있다."

위 두 발언을 소개하지 않더라도 전 세계를 막론하고 이제 시장은,

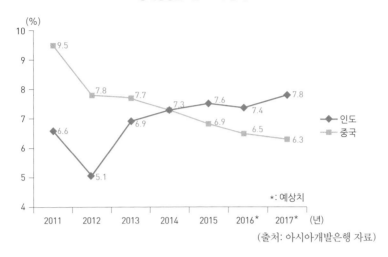

경제성장률 인도 vs. 중국

(%)

- 인도
- 중국

★: 예상치

(출처: 아시아개발은행 자료)

중국은 성장을 한 성년기로, 인도는 성장을 하고 있는 청년기로 흐르고 있다. 즉 지구를 가족으로 가정한다면 사실상 두 청소년에게 가족의 미래를 기대하고 있는 것이다.

2015년 세계은행이 발표한 자료에 따르면, 중국과 인도의 경제 규모는 중국이 세계 2위, 인도가 세계 9위, 그리고 아시아에서 양 국가의 경제 비중은 52.77%(PPP 기준), 48.99%(Norminal 기준)를 차지하고 있다. 다시 말해 아시아 46개국의 절반의 경제를 두 국가가 책임지고 있는 것이다.

하지만 현재 중국은 급격한 성장통을 앓고 있어 이제 세계의 눈은 중국에서 인도로 향하고 있다. 먼저 숫자를 가지고 왜 중국에서 인도로 경제의 흐름이 흘러갈 수밖에 없는지 살펴보겠다.

국내총생산(GDP)에서 제조업이 담당하는 비중은 중국과 한국이 각각 30%, 인도네시아가 24%인 반면, 인도는 아직 약 13%다. 인도 정부가 제조업 육성정책인 '메이크인인디아(Make in India)'를 외치는 이

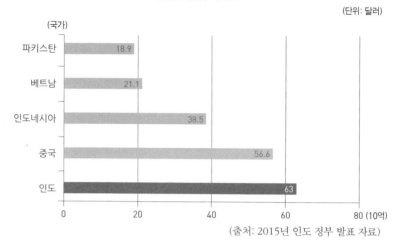

외국인 직접투자 규모

(단위: 달러)

(국가)

국가	값
파키스탄	18.9
베트남	21.1
인도네시아	38.5
중국	56.6
인도	63

0   20   40   60   80 (10억)

(출처: 2015년 인도 정부 발표 자료)

유를 알 수 있다. 다시 말하면 거기에 공을 들일수록 정책 성과도 나오고 정권 유지에 도움이 되기 때문이다.

또한 이를 통해 제조업 환경이 개선된다면, 중국의 3분의 1에 불과한 인건비에 힘입어 중국에 이어 인도가 '세계의 공장'으로 성장할 가능성이 무궁무진하다는 자체 분석이다.

외국인 투자액을 보면, 메이크인인디아 정책이 본격 추진된 2014년 10월부터 2015년 6월까지 257억 5,000만 달러에 달해 2013년 같은 기간 대비 35.9% 급증했다.

IMF가 2015년 10월 발표한 「세계경제전망보고서」에 따르면, 2016년 인도 경제성장률은 7.5%로 중국의 6.3%보다 높을 것으로 내다보고 있다. 중국의 투자환경은 서비스 등 고부가가치 산업으로 환경이 바뀌고 있으며, 반면 인도가 현재 중국의 산업 변화의 공백을 채우며 가장 수혜를 받고 있는 나라라고 할 수 있을 것이다.

미래 인도의
새로운 파트너는?

 한국은 인도의 경제 파트너로서 어떤가요?

그럼 인도인들은 이런 경제 지표와 대외적인 환경하에 자신들의 '메이크인인디아'를 같이할 적임자로 누구를 생각할 수 있을까?

여러 명의 정부관료·기업인·언론사 기자들을 만나 아시아 3국에 대한 평가를 들어보면 다음과 같이 말한다. 일본은 공장을 지어 돈은 벌지만 기술 이전에 인색하고, 중국은 아직 기술 수준이 낮다. 반면 한국은 가장 최근 공업화를 경험했기 때문에 적절한 파트너라고 인식하고 있다.

일본·유럽·미국 등 선진 메이커에서 일해본 인도 직원들의 한국 기업들에 대한 평가 중 하나는, 한국인들은 인도 직원들과 친화력이 뛰어나고 뭔가 하나라도 가르치려고 하는 점이 한국 기업에서 일하는 매력 중 하나라고 한다. 반면 한국 기업에서 일한다고 하면 터프한 곳(?)에서 일하는 거 아니냐는 소리를 주변에서 듣는다고 한다.

수년 전 인도 공무원 시험 중 다음과 같은 문제가 나와서 화제가 된 적이 있다.

- **문제**: 한국인이 들어와 모범적인 지역개발이 된 지역을 이야기하시오.
- **정답**: 찬드라푸르 지역(찬드라푸르Chandrapur 시는 마하슈트라Maharashtra 주의 주도이며 인도 중앙에 위치함)

이런 내용만 봐도 한국인에 대한 공무원 사회의 인식을 간접적으로나마 엿볼 수 있다.

세계를 향한 인도의 선언
'메이크인인디아'

모디 총리는 2014년 인도의 제15대 총리로 당선되었다. 그는 효율적인 행정, 규제 완화, 인프라 투자 확대, 스마트 도시 건설 등 투자 유치와 경제 활성화 정책을 꾸준히 추진해오고 있다.

이 가운데 '스마트시티(Smart City)' 건설과 '메이크인인디아' 캠페인이 주요 경제 프로젝트로 손꼽히고, 특히 해외의 많은 외국인 투자자들은 메이크인인디아 캠페인을 주목하고 있다.

그럼 모디 총리가 주장하는 '메이크인인디아'가 뭘까? 모디 총리는 2014년 8월 15일

2014년 인도의 제15대 총리로 당선된 나렌드라 모디(Narendra Modi). 2015 미국 「타임스」지 선정 '세계에서 가장 영향력 있는 인물 100인 지도자부문'에 뽑혔다.

인도독립기념 연설에서 인도 제조업 육성을 통해 일자리를 만들고 인도의 경쟁력을 강화시키겠다고 선언했다. 그 후 본격적으로 메이크인인디아를 추진했는데, 이는 25개 부문을 집중적으로 육성하겠다는 계획이다.

구체적으로 살펴보면, 자동차·화학·IT·의약·섬유·항만·항공·가죽·관광·의료·건강관련·철도·기계부품·디자인산업·재생에너지·광업·바이오산업·전자산업 등이다. 이를 통해 2022년까지 인도의 제조업 비중을 22%까지 끌어올리고, 정부는 이를 통해 세금이 많이 늘어날 것으로 기대하고 있다.

일단 절반의 성공은 했다. 모디 정부의 '메이크인인디아' 슬로건은

세계 기업들의 주목을 끌어들여 투자에 관심을 갖게 하고 실제 투자로 이어지고 있기 때문이다. 투자할 곳이 마땅치 않은 전 세계 제조업 투자자들을 다시 한 번 인도에 관심을 갖게 하는 데 성공했고, 많은 외국인들이 기대를 하고 있다. 따라서 인도 정부는 제조업 활성화를 위해 인프라를 확충하고 각종 제도적인 걸림돌을 제거하는 데 집중하고 있다.

그중 혁신적인 변화 중 하나는 인도 방위산업에 외국인 투자 49%, 철도에 100% 외국인 투자를 허용한 것이다. 각종 인허가에서도 온라인화가 진행되고 있다. 이는 부패로 얼룩진 인허가 업무를 온라인화해서 투명성을 높이고, 인터넷망 구축을 가속화해 정부 시스템을 개선하는, 이중의 목적을 가지고 있다. 또한 높은 세율과 복잡함 때문에 기업인들의 불만이 높은 조세제도도 개혁하고 있다.

그 대표적인 것이 GST(Goods and Services Tax: 통합물품용역세)의 추진이다. 이는 세금의 종류가 많고 주마다 적용방식이 달랐던 세율을 통합하는 작업이다. 그리고 보이지는 않지만 주력한 것이 관료주의의 철폐다. 인도 정부가 적극적으로 제조업 육성정책을 시작하면서 국내외 기업들도 인도에 대한 많은 투자를 하고 있다.

하지만 넘어야 할 산도 많다. 제조업이라는 것이 하루아침에 성장시킬 수 있는 것이 아니다. 제조업이 잘되려면 인프라가 잘 갖춰져야 한다. 하루에도 정전이 여러 번 일어나고, 시내를 통과해 어디를 다녀오면 하루가 꼬박 걸리는 낙후된 도로 환경, 그리고 상하수도 문제 등 넘어야 할 산이 한두 개가 아니다. 이런 열악한 인프라는 각종 비용을 상승시켜 가격 경쟁력에도 타격을 입힌다.

또한 한국의 포스코가 제철소를 인도에서 세우지 못하고 10여 년을 허비하다가 포기했듯이, 인도의 공장 건설을 위한 토지 수용의 어려움은 아직도 해결이 되지 않고 있다. 토지 수용의 문제를 해결하기 위한 법률안이 개정 중인데, 언제 통과되어서 언제 발효될지 아무도 모른다.

인도는 정권이 바뀔 때마다 제조업 육성을 부르짖는다. 하지만 매번 실패로 끝났다. 그래서 인도의 의식 있는 많은 사람들은 모디의 추진력에 큰 기대를 하고 있다. 그가 구자라트 주 총리를 하면서 기존의 질서와 명분, 관행 등과 같은 어려움을 극복하고 주의 경제를 끌어올렸던 것을 목격했기 때문이다. 필자도 내심 기대를 해본다.

인도는
중국에게…?

 한국의 경쟁국으로 무섭게 떠오른 중국은 인도에서 어떤 위치인가요?

최근 특히 주목할 점은 중국에 대한 인식이다. 중국은 인도와 국경 분쟁 및 정치 등 경제외적인 면에서 불편한 관계로 서로 내켜 하지 않는 분위기가 역력하다.

실제 신문사 설문 조사 등을 살펴보면 인도의 안보에 가장 위협이 되는 국가 1·2위는 항상 파키스탄과 중국이 차지하고, 응답 비율도 거의 비슷하다. 특히 2015년 모디 총리의 중국 방문 등으로 해빙 무드가 조성되었으나, 네팔에 대한 중국의 야욕으로 중국과의 관계는 다시 악화되었다. 예를 하나 들자면 최근 어떤 사안에 대해 네팔 의회 결정을 인도 정부가 변경할 것을 요구하며 국경을 봉쇄한 것이 원인이 되었는데, 네팔은 내정간섭이라고 인도의 의견을 거부했다. 이로 인해 결국 인도로부터 들어가던 생필품 등 보급이 끊기게 되었다. 내륙국인 네팔로서는 두손 두발을 들 수밖에 없는 상황이었으나, 바로 중국이라는 구세주가 나타나 석유를 비롯한 생필품을 공급했다.

인도 입장에서는 네팔·방글라데시 등은 인도의 부속국으로 여기고 자국이 지원을 하지 않으면 살아남지 못한다고 생각하고 있었는데, 갑자기 중국이 네팔 대지진 지원을 빌미로 영향력도 강화하고 물자도 적극적으로 공급하는 등 인도의 기득권 행사에 방해를 하고 있기 때문이다.

뿐만 아니라 중국 입장에서는 눈엣가시인 달라이 라마의 망명정부를 인도에서 지원하고 있기 때문에 중국과 인도 두 강대국의 긴장감은 항상 지속되고 있다고 할 수 있다. 같이 일하는 인도 직원들이나 외부 사람들과도 이야기해보면, 중국에서 생산된 제품이라고 하면 인도 자국 생산품과 동등하거나 이에 미치지 못한다는 인식이 대부분이고, 중국을 자신들보다 한 수 아래로 평가하고 있다.

필자가 실제 사무실에서 중국서 생산된 최신의 IT 제품을 사용하고 있었는데 직원 중 하나가 한국 제품인 줄 알고 역시 선진국 제품이라서 좋다고 이야기했다. 그런데 중국 제품이라고 말하니 바로 왜 한국 사람이 성능이 나쁜 중국 제품을 쓰냐며 되물었다.

이렇듯 우리는 중국이 벌써 제조업 분야에서 한국과 어깨를 나란히 하고 있다는 것을 인식하고 있지만, 인도는 중국에 라이벌 의식을 가지고 있어 애써 중국제품의 경쟁력을 한국보다 한참 아래라고 평가하고 있다. 필자도 중국으로부터 마케팅 활동에 필요한 제품들을 직접 수입하려고 했으나 통관 절차 및 관세 측면에서 한국산이 비싸더라도 직접 수입해서 쓰는 것이 여러 모로 유리해 그렇게 진행한 적이 있다.

한국과 인도는 CEPA협정*이 체결되어 2010년 1월 1일부터 발효되

---

* 포괄적 경제동반자 협정(Comprehensive Economic Partnership Agreement)을 말한다. 명칭은 시장 개방보다는 경제협력에 무게를 두고 있지만, 상품 및 서비스 교역·투자 등 실제 내용은 자유무역협정(FTA)과 큰 차이가 없다.

었다. 2016년 6월 양국은 2017년 말까지 CEPA를 개정해 현재 일본·인도 간 맺어진 수준으로 관세 철폐 품목을 늘릴 예정이다.

인도의
진짜 매력은?

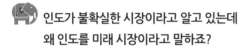 **인도가 불확실한 시장이라고 알고 있는데
왜 인도를 미래 시장이라고 말하죠?**

하지만 중국과 다른 인도 시장의 진정한 매력은 뭘까? 바로 인도의 미래인 젊은이들이라고 말할 수 있다. 그들은 중국과 다른 차별적 가치를 지닌다. 즉 소비하는 소비자이면서 생산자이자 또 그것을 글로벌로 수출하는 개척자다.

최근 뜨고 있는 콘텐츠를 예를 들자면, 인도에서 만들어진 콘텐츠들은 중국과는 달리 자국에서만 소비되지 않고 영어라는 무기와 해외 거주 인도인들의 네트워크를 통해 널리 퍼져나가고 있으니 말이다. 때로는 그들 자신이 훌륭한 수출품(?)이 되어 해외를 개척하고 있다.

이러한 사실은 인도인 출신 CEO 숫자를 비교해보면 알 수 있다. 「하버드 비즈니스 리뷰(HBR)」에 따르면 2014년 기준 포춘 글로벌 500대 기업의 외국인 CEO 중 인도인 비율은 30%나 된다.

구글의 선다 피차이, 마이크로소프트의 사티야 나델라, 펩시콜라의 인드라 누이, 영국 주류업체 디아지오 이반 메네제스 등이 대표적인 인도 출신 최고경영자다. 이 밖에도 노키아·샌디스크·어도비·마스터카드·도이치뱅크·레킷벤키저 등 인도의 최고 수출품은 '사람'이다라는 말처럼 다양한 분야에 진출해 있다.

바로 미래와 해외를 개척하고 있는 그 젊고 개방적인 소비자는 우리의 미래 고객이 될 수도 있고, 그렇게 만들어진 비즈니스 모델은 인도를 통해 다시 해외 시장으로 개척해나갈 수 있다는 것이다.

SM엔터테인먼트 경영진을 비롯한 임직원들이 2015년 봄 뭄바이에 있는 인도 최대 영화사 '야스라지 필름', 소니(Sony) TV 사장을 지낸 유명 방송 제작자와 인도의 국민배우 샤루칸, 그의 매니지먼트사인 '레드 칠리스(Red chillis)' 관계자들을 만났고 샤루칸의 촬영현장도 방문했다.

인도 방문을 통해 글로벌 시장에서 최근 경쟁력을 더해가고 있으나 우리에게는 아직 생소한 인도 엔터테인먼트 산업의 생생한 현장을 살펴볼 수 있는 기회와 그들이 가진 장단점도 파악해볼 수 있었다.

인도는 한국·중국·일본과 같은 아시아권에 속하지만 시장 환경이 여러 가지 면에서 크게 다르다. 따라서 한국 기업들이 제대로 이 시장에 정착해 지속가능한 기업으로 자리 잡기 위해서는 고객과 시장을 분석해 입체적이며 차별화된 전략이 필요하다. 이를 위해 경영진을 비롯한 임직원들이 이렇게 시장을 직접 방문해 살펴보는 것은 시장 전략 관점에서 무척 중요하다.

인도를 경험한 필자의 관점에서 보면 SM엔터테인먼트의 이러한 노력과 그들이 가진 아이디어와 경험, 체계적이며 선진적인 매니지먼트 시스템이라면 인도에서 성공 가능성은 무궁무진할 것이라는 희망을 발견한 자리였다. 전망이 밝고 화려할 것만 같은 인도의 영화 등 엔터테인먼트 산업에서 인도는 아직 체계적인 스타 육성 프로그램, 창의적인 콘텐츠 개발 능력 등 우리가 채워줄 빈 곳이 도처에 널려 있다.

즉 20여 년 전 한국 제조업들이 가능성만 있었고 모든 것이 열악했던 인도에 체계적이고 선진화된 기술과 제품으로 과감하게 진출해 인도 시장뿐만 아니라 세계로 시장을 넓혔던 경험과 용기를, 엔터테인먼트 부문에서도 발휘한다면 또 다른 시장을 만들 수 있는 계기가 될 것이라 기대해본다.

아시아의 큰 우산 인도와 중국, 하지만 빨간 우산과 파란 우산

 중국(인)과 인도(인)의 근본적인 차이점이 뭘까요?

인도가 가지고 있는 기회는 중국이 가지고 있는 기회와는 차원과 성격이 전혀 다르다. 해외를 나가보면 차이나타운은 있지만 인디아타운은 찾아볼 수 없다. 인도인은 해외에 진출해 현지인들과 융화해 그 사회의 일원이 되지만, 중국인은 그렇지 못하기 때문이다. 다시 말하자면 해외 진출한 사람의 수는 중국과 인도가 비슷하지만, 그 사회의 일원이 되어 2차적인 비즈니스를 만들기 용이한 것은 바로 인도인이라 할 수 있다.

예를 들면 샤루칸이 주연한 영화를 PPL(Product Placement: 간접광고)로 진행하고 있을 때, 영연방에 속해 있는 영국·호주 등 해외법인 현지인들이 샤루칸과 샤루칸 영화를 마케팅 수단으로 활용 가능한지 여러 번 문의가 온 적이 있다. 이는 현지 시장에서도 이제 인도 문화가 주류로 자리 잡을 수 있다는 가능성을 보인 것으로 이해할 수 있는 대목이다.

또 다른 기회는 높은 기술 수준에 비해 상대적으로 저렴한 제작 환경이다. 인도에 일하면서 옴니콤, WPP 등 글로벌 유수의 광고회사들이 인도에 진출해 있는 것을 확인할 수 있었다. 하루는 그들과 만나서 이야기를 나눌 기회가 있었는데, 그들의 비즈니스 모델은 인도 자체는 미래 시장으로서 계속 남겨두고, 현재 자국에서 제작 중인 광고의 컴퓨터 그래픽(CG) 작업을 인도에서 진행하면서 비즈니스 기회를 만들고 있다고 했다.

즉 미국 및 유럽 등 광고회사 본사는 기획과 스토리를 만들고, 인도에는 본사에서 파견한 슈퍼바이저를 두고 그래픽 작업을 진두 지휘해서 글로벌 본사로 납품(?)을 하는 구조로 일을 하는 것이다. 본사에서 슈퍼바이저를 파견해 일을 하는 이유는, 본사의 방향대로 제작이 되는지 감독하고 인도인들이 부족한 부분을 채워 넣기 위해서다.

실제 필자가 똑같은 스토리를 광고로 제작하기 위한 컴퓨터 그래픽을 한국과 인도 중소 광고대행사를 통해 견적을 각각 받은 적이 있었다. 인도에서는 무려 3분의 1 가격에 비슷한 퀼리티를 제작할 수 있었다. 하지만 문제는 크리에이티브가 들어가는 스토리텔링 요소였다. 따라서 스토리 라인은 한국의 도움을 받고 제작은 인도에서 하는 방법을 활용했다. 결과적으로 제작 기간과 비용은 물론이고 다수의 인도인 직원들도 만족한 성과를 낼 수 있었다.

글로벌 제작사 인도 파견 슈퍼바이저들도 공통으로 지적하는 것도 인도의 현재는 저렴한 비용으로 수준 높은 제작이 가능하다는 점이고, 또한 인도의 미래는 기획부터 제작 전 과정이 가능하다는 점이다.

그리고 또 하나 그들이 이야기한 장점은, 방향을 정해주면 본사 담당자들과 인도인 담당자들이 서로 커뮤니케이션을 하면서 일을 만들어나간다는 것이다. 즉 인도인들의 영어능력과 높은 업무능력으로 인해, 초기에 방향만 잘 정해주면 일이 순조롭게 진행되는 것이다. 이러한 현상은 특히 IT 관련 서비스 산업에서 두드러진다. (이와 관련한 자세한 내용은 제3부에서 다루려 한다.)

인도가 갖는 매력을 선진국 기업 주재원들이 이렇게 말한 적이 있다. 인도에서 일하는 중간관리자들을 뽑아 자신들이 생각하는 오지(멕시코·동유럽·아프리카 등지)에 파견해서 활용을 했는데, 현지 시장에서 보여준 높은 적응력과 성과로 인해 그들을 중용하게 되었고, 끝내 그들이 자기 회사의 CEO까지 올라가는 모습을 목격했다고 이야기했다.

중국과 다른 인도의 매력은 바로 인도를 지렛대 삼아 한국이 세계로 뻗어나갈 수 있다는 사실이다. 나는 이 사실을 서양인들을 통해 다시 한 번 확인할 수 있었다.

그리고 한 가지 더, 중국과 비교한 인도의 가치는 일본을 통해 확인할 수 있다. 2010년 중국은 일본과 센카쿠(다오위 다오) 열도 분쟁으로 갈등을 겪을 때 LED, 휴대폰 등 첨단 전자제품 생산의 필수 원료인 희토류 수출을 제한해 일본을 길들이려 했다. 일본은 주식회사 일본이라는 명성에 걸맞게 마루베니 등 종합상사를 통해 중국에서 수입하던 희토류를 인도를 비롯한 동남아 심지어 아프리카에서도 조달해 중국 리스크를 피해나갔다.

현재 우리의 대 중국 수출 의존도는 39%에 이르러 일본의 23%에 비해 무척 높다. 즉 경제적 의존이 높다는 것은 2000년 마늘파동에서도 알 수 있듯이 우리나라와 중국이 정치경제적으로 첨예한 이해 관계가 걸렸을 때 그들의 요구를 피해나갈 수 없다는 것이다. 투자의 격언 중 '계란을 한 바구니에 담지 말라'는 말이 있다. 인도의 가치는 이렇듯 중국과의 리스크를 피해나갈 수 있는 정치경제적 리스크 헤징(Risk Hedging)의 수단으로서도 높은 가치를 갖는다.

과도한 중국 의존을 줄일 수 있는 매력적인 시장이다.

일본 군국주의를 부활시킨 인도

인도에 진출한 일본 기업은 대략 4,000개가 넘는다. 다른 동남아 국가들과 유사하게 일본 정부가 선장으로서 해당 국가에 차관 등을 제공하는 주도적인 역할을 하고, 일본 기업들이 따라서 진출하는 그런 방식을 인도에서도 사용하고 있다.

하지만 이것은 표면적으로 보이는 것이고 일본의 기업들은 일본과 인도의 국교 수립(1952년)과 동시에 일찌감치 인도에 진출해 50% 가까운 점유율을 보이고 있는 인도 1위 자동차 기업 마루티-스즈키를 비롯, 인도 최고의 TV 방송국인 Sony TV 등 인도를 대표하는 기업들 중에는 일본 기업이 많다.

특히 인도-일본 대표적 합자기업인 마루티-스즈키는 스즈키에서 인도 마루티가 가지고 있는 대부분의 지분을 사들여 현재 거의 스즈키가 소유한 기업이 되었다.

일본과 인도의 관계를 단적으로 보여주는 예로, 2014년 모디 수상이 취임 100일도 되지 않았을 때인 8월 28일부터 9월 3일까지 5일 동안의 일본 방문을 들 수 있다. 수상 취임 후 첫 번째 해외 방문국이었으며 수상 취임 100일을 해외에서 맞아 인도에서도 화제가 되었다. 2014년 5월 31일 아베 총리는 싱가포르에서 열린 제13차 아시아안보회의에서 한 기조연설을 통해 모디 총리의 일본 방문이 이뤄지면 환영할 것이라고 밝혔고, 앞서 모디의 총리 취임 직후에 한 통화에서 첫 해외 방문국으로 일본을 선택해달라고 요청한 바도 있다.

일본 방문에서 모디가 이끌어낸 성과는 5년 동안 350억 달러의 투자와 원조 약속을 받아냈으며, 인도 환경 개선, 인프라 건설과 보건 문제에서도 일본의 협조를 얻기로 합의했다. 또한 일본은 향후 10년간 일본 제조업체에게 중국과 동남아를 대체할 시장으로 각광받게 될 인도 시장 진출의 주

춫돌을 놓게 된 것이다. 인도철도 현대화 사업에도 참여하기로 합의를 했고, 실제 지난 2015년 11월에 두 나라 정부는 서부 상업중심지 뭄바이와 인도 기업들이 많이 진출해 있는 공업도시 아메다바드(Ahmedabad)를 잇는 고속철도 부설을 일본 정부의 차관 제공 합의로 현실화시켰다.

2014년 8월 우리나라 일부 정부 관계자들과 언론의 분석은 인도의 일본 방문을 중국을 견제하기 위한 포석으로 분석했으나, 이는 일본과 인도의 관계를 조금만 면밀히 알면 다른 시각으로 분석할 수 있었을 것이다.

모디는 일본 방문 동안 한가로이 다도(茶道) 강습도 받고 교토에 있는 진각종 본사도 방문하는 등 무려 닷새나 머물렀지만 한국은 방문하지 않았다. 이 대목은 인도인들의 일본에 대한 생각을 잘 보여준다. 즉 정치·경제적 목적 이외에 아시아에서 가장 발전한 나라인 일본을 제대로 느끼고 공부해서 자국의 희망으로 삼겠다는 생각도 가지고 있다는 것이다.

인도와 일본은 공식적으로 제2차 세계대전에서는 서로 적대국이었다. 인도를 향하려는 일본의 버마 원정군에 맞서 인도 부대가 영국군의 지휘를 받아 전쟁을 벌인 적도 있었지만, 정확하게 이것은 인도와 일본의 문제가 아니라 영국과 일본의 문제였고, 식민지로서 인도의 어쩔 수 없는 상황이었다. 실제로 1942년도에는 영국과 독립운동을 벌이던 인도인들 일부가 일본의 지원을 받아 인도국민군을 결성해 영국을 상대로 투쟁을 한 것으로 역사는 기록하고 있다.

두 나라의 정서적 유대감은 근대적 제도를 받아들였던 뿌리가 영국인 것에서도 찾을 수 있다. 근대적 제도가 크게 미국과 영국을 기준으로 발달해왔다면, 영국의 제도가 영향을 미친 나라는 인도와 일본이라는 공통점을 가진다. 참고로 세 나라가 공통으로 도로에서 차량의 진행 방향이 우리나라와 미국 등과는 달리 좌측 방향이다.

인도는 또 공식적으로 전 세계에서 일본으로부터 가장 많은 공적 원조(ODA: Official Development Assistance)를 받고 있다. 인도와 일본의 관계가 가장 무르익었을 때는 2006년 인도의 수상이었던 마모한 싱(Mamohan

인도 독립을 위해 조직된 인도국민군 마모한 싱(가운데)과 일본군 후지하라 소령(왼쪽에서 두 번째). 1942년 12월 모한 싱은 제2차 세계대전 시, 인도 독립운동을 이끌던 인도국민군의 고급 장교였고, 독립 후에 인도 상원(Rajya Sabha) 의원을 역임했다.(출처: www.indianetzone.com)

Singh) 시절 '전략적 동반자'로서 위상이 확립되었다. 그 결과 인프라 건설에 일본 정부 차관을 제공받고 공동 군사 훈련 실시 등 경제뿐만 아니라 군사적 동맹도 강화해나갔다.

2013년 BBC가 실시한 조사에 따르면, 일본인 가운데 42%가 인도에 대해 긍정적으로 생각하고 있는 반면, 오직 4%만이 부정적으로 생각하고 있다고 한다. 과거로 거슬러 올라가면 고대서부터 불교로 맺은 인연으로 시작해 인도와 일본은 서로 많은 교류를 했던 기록이 나온다. 특히 16세기 고아(Goa)에 있었던 포르투갈 동인도 회사를 통해 포르투갈인들이 인도인들과 함께 일본에 진출했고, 이 시기에 일본인들은 포르투갈 사람들을 인도에서 온 '인도 사람들'이라고 여겼다고 한다. 이 시기에 조총도 전해져 임진왜란 때 사용이 되었다.

근세 들어 인도인들이 일본에 관심을 가지게 된 것은 19세기 말 메이지 유신 이후 일본의 개혁과 1905년 세계 열강이었던 러시아를 상대로 조그만 섬나라 일본이 전쟁에서 이긴 것을 목격한 이후부터 일본에 대한 관심은 높아졌다. 특히 서구인들에게 수백 년 지배를 받아온 인도인들은 일본인을 통해 희망을 발견했던 것이다.

과거 일본제국주의의 희생양이었던 한국 국민으로서 같은 제국주의 희생양인 인도 오피니언 리더들과 만나서 일본에 대한 생각을 확인할 기회가 있었다. 그들이 생각하는 일본은 자기들에게 직접 피해를 입히지 않았고 자신들의 적인 영국과 적이 되어 싸운 아시아의 유일한 국가로 생각하고 있다는 사실이다. 즉 '영국의 적은 우리의 친구'라는 인식이 그들의 머리에 어느 정도 깔려 있으며, 이것이 일본을 좀더 친근하게 받아들이는 인식의 기반이라고 하겠다.

일본인들은 중국과 한국을 통해 불교가 전해진 8세기 이후, 우리와 마찬가지로 인도를 '천축(天竺)' 또는 '서방정토(西方淨土)'로 동경해왔다. 1592년 정명가도(征明假道: 명나라를 정복하기 위해 길을 내줄 것을 요청)를 기치로 조선과 전쟁을 벌였던 임진왜란 때 일이었다. 당시 도요토미 히데요시가 인식하는 세계는 인도·중국(한반도 포함)·일본, 이렇게 3개국으로 구성된 세계관이었다. 따라서 그는 삼국을 모두 정복하고 이를 통괄하는 황제가 되는 것이 최종 목적이었다. 이 구상에 따르면 그가 이 세상에 존재하는 3개 나라를 다 점령하면 일본의 형식적 지배자인 덴노(天皇)도 삼국 황제 중 하나로서 '도요토미 히데요시' 아래 놓이게 될 것이라고 여겼다.

그래서 임진왜란이 일어나기 1년 전인 1591년 고아의 포르투갈 총독에게 편지를 보내 '조공을 바치지 않으면 정복하겠다'는 일종의 협박을 한 것을 보면 나름대로는 꽤 구체적으로 생각을 펼쳤던 것으로 보여진다. (당시 도요토미는 포르투갈 총독을 인도의 지배자로 여겼다) 그 후 일본이 인도에 관심을 가지게 된 것은 메이지(明治) 시대였다. 1899년에 동경제국대학교에 산스크리트어과가, 1903년에는 일본-인도협회가 창설되었다.

또 1910년대 인도 독립운동이 한창일 때 영국 동인도 회사의 추적을 피해 일부 독립운동가들이 일본으로 망명했던 때부터 관심은 더욱 커졌다. 이들 망명객들이 현대 인도-일본 관계의 기초를 세운 사람들이었고,

이들 중 한 명인 수바스 찬드라(Subhas Chandra)는 현재에도 일본인뿐만 아니라 한국인들이 무척 애호하는 '일본식 카레라이스'를 유행시킨 인물로 유명하다. 일본 애니메이션 중에 〈개구리중사 케로로〉〈나루토〉 등 정말 셀 수 없이 많은 애니메이션에서 주인공들이 선호하는 음식이 카레로 나올 정도로, 인도 카레와는 완전히 다른 새로운 문화가 만들어졌다.

2015년 8월 말 일본 아베 수상이 모디 수상을 만났을 때 "우리 일본의 모든 사람들은 제2차 세계대전 때 일본의 전범들을 재판했던 인도인 재판관 '팔(Pal)'에 대해 잘 알고 있다"고 여러 차례 언급했다.

거슬러 올라가 2007년 아베가 첫 총리를 역임하면서 인도를 방문했을 때 가장 우선 순위에 두고 한 것은 콜카타 방문이었다. 그곳에서 그는 재판관 '라드하비노드 팔(Radhabinod Pal)'의 아들과 만났다. 이때 인도에서 그가 한 연설에서 일본인은 재판관 팔을 너무나도 존경하며, 그는 일본과 인도를 연결하는 가교라고 언급했다. 왜 아베는 이런 말을 여러 차례 했을까?

자의든 타의든 인도가 일본인들의 마음을 움직이게 만든 것은 아이러니하게도 도쿄전범재판 때였다. 연합국 재판관이었던 인도인 판사 팔은 11명의 재판관 중 유일하게 피고인 전원의 무죄를 주장하는 소수의견을 제출했다. 팔은 '전쟁의 승패는 힘의 강약에 의한 것이지 정의와는 관계없다'는 전제 아래서 '침략전쟁의 책임을 개인에게 묻는 일은 부당하다'는 내용의 「판결 이유서」를 제출했다. 팔의 의견은 판결에는 영향을 주지 못했지만, 난징 학살을 부정한 대표적인 우익의 책 『난징에서는 무슨 일이 일어났나?(*What Really Happened in Nanking?*)』의 저자로 알려진 다나카 마사아키(田中正明)의 1952년 『일본무죄론(日本無罪論)』의 논리적 근거로 작용했다.

이는 현재 일본 우익들에게도 사상적으로 큰 영향을 미치고 있다. 1966년 팔은 일본에서 1급 국가훈장을 받았고, 현재 그의 모습은 군국주의의 본산 야스쿠니 신사에서 확인할 수 있다. 또한 인도는 1951년 열강

인도 재판관 라드하비노드 팔 기념비.(출처: www.cwporter.com)
📺 야스쿠니 신사의 팔 360도 영상.

들이 참석한 샌프란시스코 평화협약에도 열강들이 일본의 주권과 독립을 저해한다는 이유로 참석을 하지 않았던 적도 있다.

한국이 고대 가락국(가야)의 시조 김수로왕과 결혼한 것으로 전해지는 인도 아유타국(현 아요디아) 공주인 허황후와의 혼인을 예로 들며 한-인도 간의 연결을 끈으로 삼고 있는 것에 비해 좀더 정치적으로 상징적인 인물을 인연의 끈으로 삼고 있는 것이다.

1949년 네루(Jawharlal Nehru) 총리는 전쟁의 상처로 고통 받고 있는 일본의 어린이들에게 인도 어린이들의 친선의 선물로서 자기 외동딸의 이름과 같은 '인디라(Indira)'라는 코끼리를 도쿄의 우에노 동물원에 보내주었다. 이 코끼리는 당시 일본사회에 큰 화제가 되었었고, 1983년 고령으로 죽을 때까지 많은 일본인들의 사랑을 받았다. 인도는 1980년대부터 동방정책의 중요한 국가로 일본을 지목했고, 일본도 이에 부응해 1986년에는 최대 경제 원조국이 된 이래 아직까지도 최대 원조 공여국으로 이름을 올리고 있다.

얼마 전, 70대 초반의 은퇴한 유명 인도 언론인 밥 루파니(Bob Rupani)와 이야기를 나눈 적이 있는데, 그가 인도인의 일본에 대한 인식을 영화와 노래를 예로 설명을 해주었다. 1955년 나온 영화의 주제가인 〈메라 주따 헤 자빠니(Mera Joota Hai Japani: 내 신발은 일본제)〉를 소개하며 인도 영화 역사상 가장 유행한 노래 중의 하나일 것이라고 덧붙였다. 가사 내용은 모든 것은 다 외세로부터

🎬 영화 〈메라 주따 헤 자빠니〉 중 노래가 나오는 장면.

받아들여도 근본은 유지하자는 내용이다. 이 내용의 철학적 배경이 된 것은 1880년대 일본 근대화의 핵심 정신 '동도서기(東道西器)'로부터다. 동도서기는 동양의 도덕·윤리·지배질서를 그대로 유지한 채 서양의 발달한 기술·기계를 받아들여 부국강병을 이룩한다는 사상이다.

이러한 사상을 인도 힌두주의자 비베카난다로 알려진 나렌드란드 다타(Narendranath Datta)가 받아들였다. 알려진 바에 따르면, 모디 총리는 그의 열렬한 추종자이며 10대 후반 이래 힌두민족주의 단체인 RSS(민족의용군)의 단원으로 활동해왔다.

따라서 모디와 지배층들은 일본의 잔학성이나 침략주의에 대한 비판보다는 일본인들이 가진 불굴의 정신과 집단적 충성심에 특별히 관심을 보이는 것이다. 모디 개인적으로도 일본에 대해 각별한 호감을 가질 수밖에 없는 것이다.

또한 모디의 주지사 시절 중점적으로 추진했던 '구자라트 경제 활성화(Vibrant Gujarat)' 투자설명회에 해마다 주인도 일본대사가 참석했고, 2013년에는 100명이 넘는 일본기업인들이 참석하여 실질적인 투자계약을 성립시켰다. 이에 따라 일본에 대한 관심은 자연스럽게 커져 일본에 대한 인도인의 감정은 남다르다고 하겠다.

한국,
인도에 있다

 왜 인도는 한국에 관심을 갖고 있나요?

필자가 기업에서 글로벌 브랜드 전략을 담당했을 때와 대통령직속 국가브랜드위원회에서 근무하면서 우리나라의 글로벌 이미지를 조사한 적이 있다. 그런데 아쉽게도 선진국에서 우리나라의 위상은 우리가 알고 있는 것보다 낮았다. 하지만 한 인도 언론인은 성격 급한 인도인들에게 한국인들의 빨리빨리 문화가 딱 들어맞는다고 언급했다. 인도인은 급하기만 했지 업무 효율과 퀄리티는 낮은 반면 한국인은 일처리도 빠르고 퀄리티도 높다는 것이다. 따라서 이는 인도인이 한국인에게 배워야 할 점이라고 의아하게 생각했던 나에게 설명했다.

인도는 세계에서 몇 안 되는 우리나라 기업 브랜드 이미지가 일본 브랜드 이미지와 비슷한 나라 중 하나다. 일본 미쓰비시와 함께 뉴델리 지하철에도 한국이 참여했고, 전자 분야에서는 일본을 누른 지 오래고, 자동차 시장에서도 일본 브랜드보다 한국 브랜드 이미지가 상당히 높은 수준이다.

인도에서 한국 기업들이 성공을 하는 이유는 인도가 세계에 문을 열었을 때 일찌감치 진출한 선점 효과와 더불어 일본이 가지지 못한 장점을 가지고 있기 때문이다. 즉 가장 최근에 인도가 원하는 성공의 모델을 가지고 있고, 또한 성공하는 방법도 공유하기 때문이다.

NEC·닛산·혼다 등 일본 기업에서 일해본 직원들의 한결같은 이야기와 오피니언 리더들이 말하는 한국과 일본의 가장 큰 차이점은 '해봤어?'의 문화와 DNA를 일본인은 가지고 있지 못하며, 또 한국은 기꺼이 그들과 스킨십을 함께하며 공유하고 발전시키려 하지만 일본인들은 인도를 3류 국가로 생각한다는 점이다. 일본은 국가적으로는 인도에 관심을 가지고 있으나 정작 일본인 중 우수한 인재들은 인도에 오지 않으려 하는 현상을 지적하고 있는 것이다. 다시 말해 감성적으로 일본과 일본인에게 호의적이고, 한국과 한국인에 대한 친근감과 관심 또한 높다는 사실이다.

그들은 우리나라가 일본 식민지배와 한국전쟁의 폐허를 어떻게 극복했으며 일본과 어떻게 어깨를 나란히 하게 되었는지에 대해 더 큰 관심을 갖고 있다. 이는 아직도 인도 스스로는 식민지배가 끝나지 않고 있다고 인식하고 있기 때문이다.

한국어와 인도 남부 타밀어, 닮아도 너무 닮은 언어

인도와 일본의 역사적인 인연을 이전 장에서 언급했지만 인도에서 가장 놀란 것 가운데 하나가 타밀어와 한국어가 상당히 유사하다는 사실이다. 타밀어는 인도 남부에서 사용되는 언어다.

인도문화와 우리 문화의 관련성이 종종 제기되는 대표적인 것이 허씨 왕후에 대한 이야기다. 하지만 전설인지 역사인지 모를 정도로 과거로 올라가야 한다.

언어에서, 특히 한국어와 인도 드라비다어와의 유사성을 제기한 사람이 있는데, 그는 한국사람이 아닌 구한말 조선에 온 미국인 선교사 호머 헐버트(Homer B. Hulbert, 1863~1949)였다. 그의 책『조선어와 인도 드라비다어의 비교문법』(1905)과 『The passing of Korea(대한

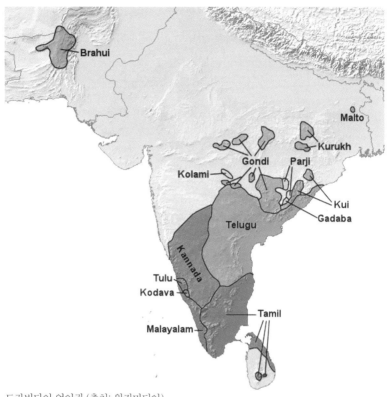

드라비다어 언어권.(출처: 위키미디어)

제국 멸망사)』(1906)에서 40여 개의 어휘를 비교하여 그 유사성을 설명했다.

　고대 드라비다어는 현재 4가지 종류의 언어로 파생되어 발전했다. 타밀어·말라얄람어·텔루구어·칸나다어가 그것이다. 이 가운데 타밀어와 텔루구어는 과거 촐라국의 언어로서 오늘날 인도 타밀나두 주에서, 말라얄람어는 체라국의 언어로서 오늘날 케랄라 주에서 사용되고 있다.

　인도에서 사무실에 타밀어를 쓰는 직원과 이야기를 해봤는데 너무나 유사하여 상당히 놀랐다. 우리 조상들이 과거 드라비다 족과 오랜 기간 접촉하지 않고는 이렇게 유사할 수가 없을 것이다.

아래는 「신라 4대 왕 석탈해는 인도인」(『뉴스메이커』, 2006년 8월 11일)이란 제하의 기사를 간략히 정리한 것이다.

- 석탈해(昔脫解): 자신을 '숯과 숯돌을 사용하는 대장장이 집안 출신'이라 함.
- 성씨 석(Sok): 타밀어로 대장장이란 뜻의 '석갈린감(Sokalinggam)'의 줄인 말. 석갈린감이나, 줄임 말의 석 또는 '석가(Soka)' 등은 현재도 타밀인의 남자 이름으로 남아 있음.
- 탈해(Talhe): 타밀어로 '머리' '우루머리' '꼭대기'를 의미하는 '탈에(Tale)'나, '탈아이(Talai)'와 거의 일치.
- 단야구(鍛冶具): '대장간 도구'란 뜻인데, 당시 타밀어의 '단야구(Dhanyaku)'와 발음이 완벽히 일치.
- 니사금(尼師今): '임금'의 어원. 타밀어의 '니사금(Nisagum)'으로, 일반적인 왕보다 상위 개념의 황제나 대왕을 뜻함.
- 대보(大輔): 석탈해가 처음 맡은 국무총리 격의 벼슬 이름. 타밀어에서 '신의 다음 자리' 또는 '막강한 사람'이란 뜻의 '데보(Devo: 남성)'와 '데비(Devi: 여성)'에서 비롯됨.

여기서 두어 가지 덧붙인다면, 첫째 석탈해가 자신의 출신지를 다파나국(多婆那國)이라 했는데, 다파나는 산스크리트어와 고대 타밀어로 태양을 뜻하는 다파나(Tapana) 또는 다파난(Tapanan)과 일치해 다파나국은 '태양국', 즉 당시 타밀인의 촐라왕국임을 말하는 것이다.

또 한 가지는 석탈해가 가져온 동물 뿔로 만든 술잔인 각배(角杯)인데, 각배는 지중해 연안의 그리스와 서아시아의 페르시아(이란), 아프가니스탄 등에서 발생한 것으로, 그동안 우리 학계에선 중앙아시아를

한국어와 타밀어의 유사성

한국어	타밀어
엄마	암마
아빠	아빠
나	나
너	니
하나	아나
둘(두)	두
셋	셋
나는 너와 서울에 왔다.	나누 닝가룸 서울 구완돔.
나는 그런 것 모른다.	나누 그런 거 모린다.
나는 너보다 우람하다.	난 닝길비다 우람.
너, 이거 봐.	니 이거 바.
너, 이리 와	니, 이리 와

거쳐 전해진 것이라 보았지만, 정작 고구려나 백제에선 발견되지 않은 것으로 보아 바다를 통해 신라에 전해진 것으로 보인다.

이렇듯 타밀어와 한국어의 유사성에 대해서 살펴보았다. 역사적 기록으로 우리와 인도의 접촉에 대해서 기록된 것은 거의 남아있지 않다. 그러나 이러한 언어의 유사성을 연구해 인연을 만드는 것도 중요한 의미가 있지만 인도의 젊은이들에 대해 연구하고 알아가는 것도 미래를 위해 상당히 중요할 것이다.

뉴델리 지하철, 여기 인도 맞아?

　뉴델리 지하철은 총연장 213km로 6가지 색 노선에 160개 역을 가진 전 세계에서 12번째 규모의 지하철이다. 2002년 레드 라인(red line)이 건설된 이래 총 6개 노선을 보유하고 있다. 운행시간은 5시 30분부터 24시까지이며, 하루 평균 약 250만 명이 지하철을 이용한다.

　초기 전동차는 일본의 미쓰비시와 현대 로템이 참여하여 공급했다. 델리 지하철 공사는 현재 2단계가 완성되었고, 3단계는 2016년 말까지, 4단계 공사는 2021년까지 완료될 예정이다.

델리 지하철 역사. 깔끔한 역사가 인상적이지만 출퇴근 시에는 지옥철로 변한다.(출처: 델리 지하철 회사(DMRC))

🐾 뉴델리 지하철의 안내 영상.

인도 델리 지하철에서 시민과 이야기 나누고 있는 모디 총리.(출처: 모디 총리 페이스북)

공항-도심 간 전동차. 무척 편리하다.(출처: DMRC)
🐘 공항 철도의 풍경과 델리 시내를 1인칭 시점에서 감상할 수 있다.

젊은 인도인들,
넌 어느 별에서 왔니?

인도의 비밀무기는
어디에…?

 왜 인도를 '젊은 인도'라고 부를까요?

최근 방송 및 언론 보도를 보면 여기저기에서 '젊은 인도' '젊은 인도'라는 말이 자주 나오고 있다. '젊은 인도'라는 말은 어떻게 해서 나온 것일까?

2015년 UN DESA(UN Department of Economic and Social Affairs: 유엔 사무국 경제사회국)에서 조사한 바에 따르면, 전 세계 10~24세 인구는 약 18억 명이고 이 가운데 인도 인구는 3억 5,600만 명으로 1위, 중국이 2억 6,900만 명으로 2위, 인도네시아가 6,700만 명, 미국이 6,500만 명으로 전 세계 10~24세 인구의 약 20%가 인도인이다.

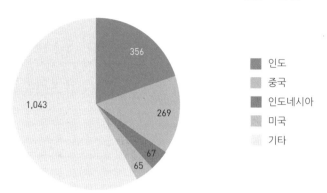

전 세계 10~24세 인구(총 18억 명)

(단위: 100만 명)

356
269
67
65
1,043

■ 인도
■ 중국
■ 인도네시아
□ 미국
▨ 기타

　또 인도의 평균 연령은 26.7세(전 세계 평균 29.6세, 중국 37세, 한국 40.6세, 호주 37.5세, 싱가포르 41세 등)로 상당히 젊은 편이다. 출산율에서도 한국은 1.23명, 중국이 1.55명인 데 반해, 인도는 2.48명으로 지속적인 인구 증가가 예상된다. 따라서 2030년이 되면 15억 2,000만 명이 될 것으로 전망되고, 2022년에는 중국을 추월해 세계 1위의 인구 대국이 될 것으로 UN DESA는 예상하고 있다.

　자, 이 숫자만 보더라도 향후 시장은 어느 곳에 있는지 자명하다. 인도가 2030년이면 세계 3위의 경제 대국으로 성장할 것이라는 세계 유수의 경제연구소의 예측 중 가장 큰 근거 하나가 바로 이 '젊은 인도'라는 가능성이다. 인도는 발전할 것이고, 그 발전의 중심에는 인도의 젊은 층이 자리하고 있다.

　몇 해 전 미국 CNBC의 대담 프로그램에서 한 패널은 인도의 가능성을 언급하며 "인도의 성장을 이끄는 인도의 비밀무기는 다름 아닌 젊은 인도인들 그 자체다"라고 말했다.

　하지만 인도의 미래와 세계의 미래를 짊어지고 있는 인도 젊은 세대와 젊은 층에 대한 연구는 인도 내부에서조차 잘 이뤄지고 있지 않은 실정이다. 이유는 다른 국가와 달리 인도는 젊은이를 하나의 개성을 가진 인격체나 집단으로 보는 것이 아니라 대가족에 소속되어 있는 종속적인 역할을 하고 있는 존재로 인식하기 때문이다. 이러한 사실은 숫자를 통해 들여다보면 좀더 쉽게 이해할 수 있다.

보수와 개방,
그 혼돈의 중심에서

2015년 9월 인도 유력지 「힌두스탄 타임스(Hindustan Times)」에서는 흥미로운 조사를 했다. 전국 15대 도시 거주 18~25세 5,000명을 대상으로 조사한 바에 따르면 응답자의 56%가 정기적으로 기도, 즉 종교활동을 하고 있고, 88%는 종교관습에 따른 전통 혼례를 선호했으며, 67.4%는 결혼 후에도 가족과 계속해서 같이 거주하고 싶어 했다. 혼전 성관계에 대해서도 여성 응답자의 4%, 남성 응답자의 15%만이 가능하다고 답했다. 반대로 전체 61%는 더 이상 혼전 성관계가 터부의 대상은 아니라는 이중적인 답변을 했다.

인도도 다른 나라와 마찬가지로 비슷한 점은 델리나 뭄바이 등 대도시에서는 서구의 영향을 받아 더 개방적이고 개인적인 성향을 보인다는 것이고, 반면 보수적인 남부나 종교적인 색채가 강한 북서부 구자라트 주의 아메다바드 같은 도시에서는 훨씬 더 보수적인 성향을 보인다는 점이다.

하지만 종합적으로 분석해보면, 그들의 실제 삶에서 자신보다는 아직은 자신이 속해 있는 집안과 가족을 자신과 동일시하고 있다는 것을 알 수 있다. 이는 인도가 가진 종교적 영향과 카스트의 잔영이 아직도 남아 있는 독특한 구조 때문이라고 풀이된다.

이와 더불어 민족 및 언어에 기반한 지역적인 차이도 무시할 수 없는 요소로 작용하고 있다. 현재 대가족 시스템과 종교적 삶에 의해 많은 영향을 받아 성장한 인도의 아이들은 아직은 보수적 관점에 입각해 의사결정을 하고 있다. 하지만 인터넷 등에 의한 정보의 자유로운 유입과 도시화로 인해 대가족 제도는 서서히 무너져가고 있으며, 종교에서도 종교 중심의 삶에서 인간 중심의 삶으로 급격하게 변하고 있다. 이러한 모습도 인도 사회 변화의 큰 조짐을 예측할 수 있도록 만들고 있다.

인도는 1947년 독립 후 퍼밋 라지(Permit Raj: License Raj, 라지Raj는 힌디어로 규칙rule이라는 의미)라는 사회주의 성격이 강한 정책을 1990년까지 지속했다. 이 정책은 '레드 레프(Red Lape)', 즉 관료적 문서주의라고도 불렸다. 그 당시에는 인도에서 사업을 시작하려면 최대 80개 행정기관의 허가를 받아야 사업을 할 수 있었다. 그러던 것이 1991년 통화위기를 계기로 인도형 사회주의의 실험을 끝내고 경제자유화로 정책이 전환되었다. 이를 계기로 28개의 주와 17개의 공식 언어로 구성된 인도 사회는 그때부터 비로소 자신들이 지켜야 할 전통보다 외부 변화에 적응하는 것이 더 시급하다는 것을 깨닫게 되었다. 그러나 실제 인터넷이 등장한 2000년대 이후에야 본격적인 인식의 변화가 일어나게 되었다.

젊은 층과 대화를 해보면 전통과 종교, 가족의 가치가 아직 젊은 층의 무의식에 자리하고 있다는 점을 알 수 있다. 그러나 기성세대와는 달리 맹목적으로 믿고 의지하고 실천하는 것이 아니라 비판적인 사고를 하고 있는데, 이런 비판적 사고의 핵심에는 바로 세상과 소통하는 수단인 '인터넷'에 있다.

2014년 컨설팅회사 맥킨지 조사에 따르면 SNS와 스마트폰 사용

인구의 85%는 35세 이하다. 실제로 필자가 만난 뭄바이에 거주하는 샹띠 샤띠(Shankti Shetty, 직장여성, 28세)는 부모와 함께 살고 있으며 중산층이다. 인도에서는 결혼 적령기를 살짝 넘긴 나이지만(2011년 WHO 조사에 따르면 인도 평균 결혼 연령은 남자 28.7세, 여자 22.6세/세계 평균은 남자 28.7세, 여자 26.8세/한국 남자 31.8세, 여자 28.9세), 나름 직장인으로서는 성공적인 삶을 살고 있다. 그녀는 가정 내에서 공유하던 정보의 흐름이 예전과 많이 달라졌다고 필자에게 설명해주었다.

과거에는 어떤 사건이나 정보 등을 부모님이 신문이나 TV 등으로 확인해 자녀에게 필요한 것만 알려주고 부모님과 주변 친지들의 의견까지 담아 전달했다면, 지금은 집에 도착하기 전 벌써 모바일로 정보를 살펴보고 또 친구들과 SNS로 서로의 의견을 공유한 이후 집에 도착하게 된다고 한다.

TV는 집에 가서 스위치를 켜야 정보를 알 수 있고 더군다나 신문은 다음 날 아침은 되어야 겨우 정보를 알 수 있어 더 이상 보지 않는다고 했다. 신문은 아버지가, TV는 어머니가 세상을 만나는 창이지만, 젊은 자신과 동생은 인터넷을 통해 세상과 만난다고 한다. 따라서 과거와 달리 식사 시간에 부모님이 자녀들에게 전달하는 정보는 그들이 갖고 있는 정보에 비해 최신이 아니기에 애써 참고 듣기는 하지만, 그렇다고 해서 자신의 의견도 굳이 말하지는 않는다고 했다.

이젠 젊은 층이 자신의 부모 및 집안 어른들보다 양질의 정보를 많이, 그리고 빨리 가지게 됨으로써, 어른을 존경하게 만들었던 어른 중심의 정보의 비대칭은 사라지고 오히려 자녀에 의한 정보의 비대칭이 만들어지고 있는 것이다. 또 부모와 그의 집안이 어떤 사안에 대해 공통적인 의견을 가지는 것에 대해서도 더 이상 큰 관심을 갖지 않게 되고 있다.

겉으로는 보수,
뒤로는?

 인도 사람들은 듣던 대로 정말 보수적인가요?

　이들의 가치관 변화를 보여주는 한 가지 사례가 있다. 바로 성인문화다. 인도에서 살다보면 뭄바이, 뉴델리 등의 대도시를 제외하고 여성이 짧은 치마를 입는 것을 볼 기회가 거의 없을뿐더러 TV 프로그램은 건전함과 지루함으로 가득 찬 드라마와 토론 프로그램 등이 화면을 가득 채우고 있다. 인도에 직장을 두고 일하는 외국인들을 만나보면 인도는 참 보수적이며 지루한 나라라는 것에 대해서는 의견 일치를 보이고 있다.

　이런 인도에서 지난 2015년 7월 법원은 아동이 등장하는 857개의 성인 사이트 접속을 중단시키는 결정을 했다. 인터넷 인프라가 아직 완벽하지 않은 인도가 전 세계 네 번째로 많은 성인 사이트 접속 국가이며, 이 가운데 방문자의 23%는 여성으로 집계된다. 인도의 많은 사람들이 보수적이라고 하지만, 이들의 이면을 살펴보면 삶의 지루함에서 벗어나려는 욕구가 강하다는 것을 알 수 있다. 오랜 기간 인도에 살고 있는 외국인들은 대부분 공감할 것이다. 직접 만난 인도인들의 앞모습과 뒷모습이 전혀 다른 것이 인도인임을!

　이와 같이 인터넷을 통한 기존과 다른 문화 접근을 경험하게 되는 젊은 층이 많아지고 있고, 이러한 현상을 막으려는 정치세력 등에 의해 법원에서는 성인 사이트 접속 불가라는 판결을 내렸다. 하지만 아직 인터넷 관련 법 조항이 제대로 정비되지 않은 인도인지라, 법원에서 내린 결정임에도 불구하고 오래지 않아 번복되고 말았다. '통신의 자유에 저촉된다'는 미명하에, 그리고 '아동이 나오지 않는 성인물에

한한다'는 전제하에 서비스 접속이 재개된 것이다. 물론 사이트에 아동이 출연하는 것이 있는지는 아직도 알 수는 없는 노릇이다.

인도의 젊은이들은 인터넷을 통해 받아들여지는 정보 등으로 인해 어떻게 달라지고 있을까? 결론부터 이야기하면 인도 전체를 파악해 하나로 이야기하는 것은 불가능한 일이다. 하지만 그들과 실제 일해보고 그들과 같이 일하는 다른 인도기업 CEO들과 인도 젊은이들과 이야기해보면 벌써 상당히 많은 변화가 일어나고 있음을 알 수 있었다.

우선 기업 경영자들과 만나서 그들이 만나게 된 변화의 모습을 들어볼 수 있었다. 뉴델리 인근 구르가온이라는 신도시에 기반을 둔 40대 후반의 소프트웨어 관련 CEO가 자신의 경험을 이야기해주었다.

그는 몇 달 전에 20대 초반 젊은 사원 하나가 자신의 사무실에 들어와 둘러보고 웃음지으며 "헤이 맨(Hey man), 당신 사무실, 정말 크네요. 거참"이라고 이야기하는 것을 듣고 받은 충격을 잊지 못한다고 이야기했다. 그 젊은이가 한 말은 그가 기존에 가졌던 전통적 가치관에 입각한 직장 생활에서라면 절대 벌어질 수 없는 일이었기 때문이다. 너무 빨리 젊은 직원들이 바뀌는 모습에 정신이 없다는 이야기도 곁

'서니 레온(Sunny Leone)'이라고 알려져 있는 인도 유명 성인영화배우 카렌짓 카울 보라(Karenjit Kaur Vohra). 캐나다 국적의 인도인이고 발리우드 스타이자 전직 포르노 배우다. 할리우드 영화에도 출연한 바 있다.(출처: movies.upcomingdate.com)

인도 뉴델리 인근 구르가온 직장가.
📷 지하철을 타고 찍은 구르가온 전경.

들였다. 하지만 지금 일할 만한 사람을 구하기 어려운 인도에서는 이런 일이 벌어지더라도 쉽게 사람을 해고하지 못한다고 한다. 자신이 포용력이 낮다는 비난과 일할 만한 좋은 사람을 뽑는 것이 쉬운 것이 아닌 현실에 기인한다고 토로했다.

정도의 차이는 있지만 요사이 그런 친구들이 하나둘 늘어간다는 것이다. 필자도 역시 경험한 사례인데, 인도 현지인들과 함께 신입 사원 인터뷰를 할 때다. 현지인들은 그 친구의 사회적 배경과 신분을 직접 물어볼 수는 없기 때문에 "너그 아버지 뭐하시노?"를 넘어 엄마, 할아버지, 할머니 등 가족에 대한 질문을 거의 인터뷰의 반 이상을 할애하며 지원자에게 충고를 가장한 일장 훈시를 늘어놓는 것이 가능한 인도의 직장 문화에서 바라본다면, 이는 엄청난 파격이라 하지 않을 수 없다.

필자가 이끌었던 부서도 35명 직원 중 한두 명을 제외하고는 거의 대부분이 35세 이하의 영국유학파를 비롯해 경영대학원을 졸업한 중상류층 이상 집안 출신이었다. 그들과 그들의 친구들, 그리고 중산층 이상의 평범한 직장인들과 경영자들을 만나서 식사와 차를 마시며 이야기할 기회가 많이 있었는데, 점점 보수적인 면에서 벗어나 서구화되고 있음을 발견했다.

직장관으로 살펴본 사회 변화와 신세대 직장인들의 고민

🐘 **인도인의 직장관은 우리와 어떻게 다르며, 신세대는 어떤 가치관을 가지고 있나요?**

우선 직장의 의미가 그들의 부모세대들과 어떻게 변화했는지 다음과 같이 7가지 변화로 정리해보았다.

첫 번째 변화: 직장은 이제 인도 로컬 비즈니스의 장이 아니라 글로벌 비즈니스의 장으로 변화. 과거와는 달리 인도 기업들은 이제 로컬 시장뿐만 아니라 글로벌 시장을 염두에 두고 비즈니스를 하고 있다. 과거에는 일부 인도인들만이 교육과 출장을 목적으로 해외를 갈 수 있었으나, 이젠 기업들은 글로벌 기준에 맞춰 경쟁하는 것은 상식이 될 정도로 정착되었다.

두 번째 변화: 글로벌 회사의 백업 오피스에서 자신의 핵심 경쟁력을 키워나가는 곳으로 변화. 초기에 글로벌 회사들이 인도에 진출했을 때 인도는 단순히 비용을 절감하기 위한 노동 공급처로서 콜센터 같은 단순한 역할을 담당했으나, 이젠 숙련된 고급 노동자들을 활용해 세계

를 공략하는 기지로 역할을 바꿔 탈바꿈해나가고 있다.

세 번째 변화: 일을 할 수 있는 최소한의 사무기기가 구비된 곳에서 일을 하기 위한 모든 것이 충분히 갖춰진 곳으로의 변화. 과거 인도의 직장은 책상과 최소한의 일을 할 수 있는 도구와 공간이 주어지는 곳이었다. 또한 건물에서는 자신의 회사가 어떤 브랜드라는 것을 표현해 주지 않았다. 하지만 이제 직장은 일할 수 있는 충분한 공간은 물론 사무용품들이 제공되는 곳일 뿐만 아니라, 직원들이 소속감을 갖고 일할 수 있는 곳이자 그 기업의 브랜드를 직접 체험할 수 있는 공간으로 변화하고 있다.

네 번째 변화: 전통을 지켜가는 곳에서 변화를 만드는 곳으로 변화. 인도는 전통적으로 가족 비즈니스를 중심으로 사업체가 운영되는 곳이 많다. 뿐만 아니라 직장에서조차 종교 생활과 관련된 전통이 존중받고 지켜져왔다. 직장 내에서 관습, 출신지 및 집안 배경 등은 자신과 남을 구별해 주는 중요한 수단이었다. 하지만 이제는 직장에서의 성공이 곧 자신의 위치와 파워를 나타내주는 수단으로 점점 바뀌고 있다. 즉 직장에서의 직위와 급여의 많고 적음이 미래의 그들을 대변해주게 된 것이다. 그들도 전통을 갑자기 바꾸지 못하는 것을 알고 있다. 하지만 점점 변화하는 사회를 자신이 소속된 카스트 신분에 의해서 유지하는 게 어렵다는 것은 이제 상식이 되어버린 지 오래다.

다섯 번째 변화: 직업의 안정을 통해 가족을 부양하는 원천에서 경력관리를 통해 자신의 미래를 변화시키는 곳으로 변화. 과거 인도 직장인들은 가족을 부양하고 은퇴 후의 안정적인 직장생활에서 상당히 중요한 요소였기 때문에 공무원의 인기가 상당히 높았다. 하지만 최근

젊은 친구들은 자신의 경력 관리가 잘 될 수 있는 직업을 고르는 일이 무엇보다 중요해졌다. 부유한 미래를 위해서는 과거의 안정보다는 지속적인 경력 관리를 통해 자신의 미래를 만들 수 있는 것으로 변화하고 있다.

여섯 번째 변화: 직장은 일만 하는 곳에서 일과 여가의 밸런스를 맞춰서 생활하는 곳으로 변화. 과거 인도는 회사와 조직을 위해 더 나아가 가족의 부양을 위해 개인은 많은 것을 희생했으나, 이제 인도의 젊은 직장인들은 글로벌 기준에 맞춰 일하는 데 익숙해져서 일과 삶의 조화는 그 어느 것보다 중요한 요소로 자리 잡았다. 뿐만 아니라 젊은 근로자들은 현명해져서 자신을 대체할 사람을 쉽게 찾지 못한다는 것을 잘 알고 있다. 기업가들도 그런 사실을 잘 알기 때문에 직장 내 갖가지 이벤트와 복지 정책으로 직원들을 끌어안으려고 노력하고 있다.

일곱 번째 변화: 그들이 속한 지위와 관계를 형성하고 확인하는 곳에서 협업을 통해 새로운 문화를 만드는 곳으로 변화. 과거 인도 직장은 직책과 역할이 개인이 갖는 실력보다 중요했다. 그로 인해 팀원들의 업무는 보스에 의해 주어지고 보스와의 관계에 의해 직장 생활의 성패가 달려 있다 해도 과언이 아니었다. 하지만 지금은 개인의 실력 기반하에 팀워크를 이뤄 협력하는 것이 기업의 불문율로 자리 잡고 있다. 글로벌 기업들과 많은 협업과 협력 등이 이러한 문화를 만들어가고 있는 것이다.

이러한 변화를 간접적으로 알아볼 수 있는 자료가 있다. 2013년 인도 「어니스트 영」에서 직장인 2,120명을 대상으로 한 설문조사에서 '직장을 그만두는 5가지 이유'를 조사했는데, 내용은 다음과 같다.

첫째, 기회 부족/ 둘째, 직장 분위기/ 셋째, 과한 야근/ 넷째, 낮은 임

2016년 1월 개봉한 영화 〈카야 쿨 하인 홈(Kaya Kool Hain Hum 3: 멋진 우리)〉. 인도 젊은이들의 의식이 변화하고 있다는 것을 보여주는 영화다. 성적인 내용이 많아서 200군데 장면을 가위질 당한 끝에 심의가 통과되어 개봉할 수 있었다.(출처: 발라지 영화사)
🎬 〈카야 쿨 하인 홈〉의 공식 트레일러 영상.

금/ 다섯째, 잦은 출장 등이다. 이는 위에 필자가 언급한 7가지 변화와 어느 정도 일맥 상통한다고 볼 수 있다.

한편 젊은 인도인들은 어떤 주제에 대해 많은 이야기를 나눌까? 한 조사 기관에서 이들이 트위터상에서 가장 많이 언급하는 키워드를 조사한 적이 있는데, 정치·스포츠·영화·친구·연예가십·시사문제 등이 많이 트윗되었다.

인도의 젊은이들이 다른 나라와 비교해 특별히 다른 점 중 가장 큰 하나는 정치에 대한 관심이다. 젊은이들이 정치에 관심이 높다는 것은 인도 신세대들이 꼽은 10대 아이콘 중 한 명이 정치인인 것만 봐도 알 수 있다.

그럼, 인도의 젊은이들이 롤모델로 삼는 사람은 누구일까?

신세대들이 꼽은
인도 10대 아이콘

2015년 인디아 TV(India TV)에서 선정한 인도 10대 아이콘을 살펴보면 인도의 현 주소를 어느 정도 파악해볼 수 있다. 전통악기 연주자와 전통 안무가가 3명, 해외에서 활약하는 유명 스포츠 선수 1명, 국내 스포츠 스타 1명, 체스 선수 1명, 영화배우 3명, 가수 1명, 정치인 1명 등으로 구성되어 있다. 우리와 비교해보면 전통악기 연주자와 안무가가 10명 중 3명이나 차지한다는 것이 상당히 독특하다. 그중에 영화배우가 3명이나 되고, 정치인이 포함되어 있는 점도 흥미롭다.

1. 나레인 카르시케얀(Narain Karthikeyan)

인도인 최초로 월드컵·올림픽과 함께 세계 3대 스포츠 이벤트 중 하나로 꼽히는 F1 레이싱 선수가 되었다. 2005년부터 F1 레이싱에 참가했는데, 출전기록이 좋았다. 인도 정부는 그가 국가의 이미지를 드높인 공로를 인정하여 2010년 파드마 슈리(Padma Shri) 훈장(국가훈장 중 4순위에 해당)을 수여했다.

나레인 카르시케얀과 그의 동료 레이싱 팀원들이 경기 전 포즈를 취하고 있다.(출처: www.motoroids.com)

2. 라비르 싱(Raveer Singh)

가수이자 카사노바 이미지로 유명한 영화배우. 춤에도 능란하며 대표곡으로 〈지가다 툭다(Jigar da Tukda, Dr. Liver Tukda)〉가 있다.

(출처: www.bollywoodhungama.com.)
🐭 〈지다가 툭다〉 뮤직비디오.

3. 비랏 콜리(Virat Kohli)

현재 가장 인기가 많은 크리켓 스타. 2014년 영국 스포츠 잡지 「스포라츠프로(SporatsPro)」에서 뽑은 '세계에서 가장 영향력 있는 스포츠 스타' 2위에 선정되었다. FC 고아(FC Goa) 축구팀 공동 구단주이기도 하다.

(출처: Virat Kholi Flickr.)

4. 데피카 파두콘(Deepika Padukone)

인도 최고의 발리우드 여배우 중 한 명. 인도에서 가장 섹시하고 아름다운 여인으로 손꼽히고 있다. 디자이너이자 페미니즘에 관심이 많아 칼럼니스트로도 활동 중이다.

(출처: 영화 〈해피 뉴 이어(Happy New Year)〉 캡처)

5. 라울 간디(Rahul Gandhi)

인도에서 두 번째로 영향력 있는 정치인. 집안배경이 좋다(어머니 소니아 간디, 아버지 라지브 간디 전 수상, 할머니 인디라 간디 선 수상, 외증조부 네루 전 수상 등).

인도의 한 타블로이드지에 한 부자가 자기 딸과 결혼한다면 약 250억 원을 결혼 지참금으로 줄 용의가 있다고 밝히는 등 젊은 층에게 인기 있는 정치인이다. 하지만 능력이 떨어지고 멍청하다는 이미지도 가지고 있다.

(출처: 인도 국민의당 홈페이지)

6. 아누쉬카 샹카(Anoushka Shankar)

유명 인도 전통 악기 시타르(Sitar) 연주자. 아버지도 유명 시타르 연주자 출신으로 현재 영국에서 활발히 활약을 하고 있다. 2003년에 세계 여성의 날에 '올해의 여성'으로 선정되기도 했다. 2004년 아시아판 「타임스(Times)」지에 20명의 아시안 히어로로 선정되기도 했다.

(출처: 유튜브 공연 장면 캡처)

7. 코네루 함피(Koneru Hampi)

세계적으로 유명한 여성 체스 선수. 역사상 가장 어린 15세의 나이에 그랜드 마스터 타이틀을 거머쥐며 천재적인 체스 선수로 이름을 날렸다.

(출처: es.chessbase.com)

8. 아만(Amaan Ali Bangash)과 아얀 알리(Ayaan Ali Bangash) 형제

전설의 사로드(Sarod)라 불리는 전통 악기 연주자. 아마자드 알리 칸(Amjad Ali Khan)의 아들들로 국내는 물론이고, 해외에도 많은 팬을 거느리고 있다.

(출처: www.soundbox.co.in)

9. 암라팔리 암베가오카(Amrapali Ambegaokar)

미국에서 활약 중인 힌두 전통 댄스, 카딱(Khattak)의 유명한 댄서이자 영화배우. 유명 미국 드라마 〈그레이스 어나터미(Gray's Anatomy)〉에서 '데니 만디비(Dani Mandvi)' 역으로 출연한 바 있다.

(출처: 공연장면 유튜브 캡처)

10. 다쉴 사파리(Darsheel Safary)

청소년 영화배우. 〈미드나이트 칠드런(Midnight's Children)〉이 대표작으로 하이틴 영화배우로 각광받고 있는 스타다.

이상 인도 젊은이들이 좋아하는 인물들을 살펴봤다. 인물들의 면면을 들

(출처: Darsheel Safary 트위터)

여다보면 다양성이라는 관점에서는 뭔가 부족함이 느껴진다. 왜 그럴까? 한국과 비교해서 다양성을 존중받지 못하기 때문이기도 하지만, 그만큼 다양한 경험을 할 기회가 상대적으로 적기 때문이다.

부모님이
원하기는 하지만

 한국과 비교해서 인도는 자녀와 부모의 관계가 어떤가요?

　필자는 자료와 경험을 통해 인도인들이 살고 있는 삶이 전통을 기반으로 현대를 살며, 과거의 틀과 공존하고 있는 모순을 실제로 확인할 수 있었다.

　실례를 들어보면, 필자가 인도 젊은 층을 대상으로 인터넷을 통해 호주 크리켓 월드컵 SNS 취재단을 모집하는 이벤트를 했었는데, 먼저 회사 페이스북을 통해 이를 알렸다. 본래 의도는 약 100~200명 정도 소규모로 응모를 받을 생각이었는데, 기대 이상으로 엄청난, 1만 5,000명의 인원이 응모를 해 놀랐었다. 공정성을 기하기 위해 부랴부랴 외부 전문가 3명을 섭외해 응모자의 능력과 경험 등을 평가해 최종 20명을 골라냈고, 이 중에서 가장 우수한 신청자 6명을 엄선했다.

인도 크리켓 ICC 월드컵을 응원하는 인도인들.

하지만 출발을 위한 오리엔테이션이 다가오자 6명 중 4명이 포기를 했고, 최종 참가자는 2명만이 남아서 예비로 뽑아놓은 인원 중에서 급하게 4명을 선정했으나, 이마저도 비자 발급 문제 등으로 결격 사유가 생겨 또다시 2명을 뽑는 혼란을 겪었다.

왜 이런 현상이 나타났을까? 그것은 다름 아닌 그들이 처해진 현실이 만든 결과였다. 즉 초기 최종 선발자 6명 중 4명은 다음과 같은 이유가 불참 원인이었다. 부모가 반대해서, 즉 여자이기 때문에, 또 나이가 어려서(21세) 부모가 동행하는 조건이 아니면 힘들고, 참가자 스스로가 해외에 처음 가는 거라 덜컥 겁이 나서 포기한다는 불참 보고를 받았다.

또 나머지 추가 선발자 중 2명은 무직인 상태인데다 준비 도중 너무 많은 서류 제출로 인해 스스로 포기하고 말아 비자를 못 받아 그만두게 되었다.

이 일을 경험하면서 인도 젊은이들이 놓인 상황을 잘 알게 되었다. 인도 젊은이들은 인터넷을 통해 많은 정보와 지식을 받아들이고 그 받아들인 정보를 통해 해외에 나가 새로운 것을 경험하고 싶어하고, 무언가에 참여하고 도전하려는 욕구는 강해서 손쉬운 접근 수단인 디지털을 통해 많은 시도를 하려고 한다. 하지만 그들 앞에 놓인 현실과 새로운 경험에 대한 두려움이 아직 그들을 세상과 마주하기엔 더 많은 시간과 용기가 필요하게 만든다. 하지만 그 변화 시간이 그리 머지 않았음을 느낀다.

바로 이러한 변화의 움직임을 간접적으로 경험할 수 있는 것이 영화 〈PK〉다. 인도 젊은이들의 변화하는 모습과 기성세대와 다른 종교와 가치관을 그린 영화인데, 인도에서는 빅히트를 쳤다.

역대 최고 히트 영화, 〈PK〉를 통해 엿보는 신세대의 변화

역대 흥행 1위 인도 영화는 어떤 영화일까? 우리나라에는 2015년 9월에 개봉한 2014년작 〈PK: 별에서 온 얼간이〉로, 〈세 얼간이〉의 감독과 배우가 신과 맹목적인 믿음을 풍자한 작품이다.

발리우드 힌두어 영화 역대 베스트 5
1위. 〈PK: 별에서 온 얼간이〉(2014): 아미르 칸 주연. 1억 1,000만 달러 수익
2위. 〈바지란지 바이잔(Bajrangi Bhaijaan)〉(2015): 살만칸 주연. 9,100만 달러 수익
3위. 〈둠 3〉(2013): 아미르 칸 주연. 8,200만 달러 수익
4위. 〈첸나이 익스프레스〉(2013): 샤루 칸 주연. 6,400만 달러 수익
5위. 〈세 얼간이〉(2009): 아미르 칸 주연. 6,000만 달러 수익

영화 〈PK: 별에서 온 얼간이〉(피케이Peekay: 힌디어로는 '술 취한'이라는 뜻)는 지구를 탐사하러 온 외계인(아미르 칸)이 벌거벗은 몸으로 배회하다 목에 걸고 있던 우주선 리모컨을 도둑맞고 이를 찾으러 다니면서 벌어지는 이야기다. 리모컨을 찾아다니는 이 외계인은 지구, 즉 인도의 행동과 관습을 모르고 기이한 행동을 하게 되니깐, 사람들로부터 'PK(술 취한 놈)'라고 불린다. 그가 만나는 사람들은 리모컨을 찾으려는 그에게 신에게 답을 구하라고 조언을 한다. PK는 신을 찾아 나서지만 인도에 신이 얼마나 많은가. 어떤 신을 찾아야 할지부터가 막막하다. 그러다 방송국 기자 자구(아누쉬카 샤르마)를 만나면서 집에 돌아갈 희망이 생긴다.

〈PK〉에서는 남녀의 사랑과 신(神)에 관해 이야기한다. 종교에 대한 맹목적인 믿음을 지구에 온 외계인의 시각으로 풍자하며 재미나게 그려냈

다. 신에게 기도해도 소원이 이뤄지지 않는 상황을 다른 신에게 '잘못 건 전화'라고 이야기하는 등 독특한 점이 많다. 또 흥미롭고 유쾌한 전개방식으로 웃음과 함께 깨달음도 전한다. 공포와 불안감에 휩싸여 인간이 만든 신을 믿는다는 단순하지만 믿기는 쉽지 않은 진실이 가슴에 와 닿는다.

내용은 방송국 기자 자구(여주인공)가 과거 유럽에서 보냈던 파키스탄 남자와 사랑을 하는 것으로, 힌두교와 이슬람교의 종교 간 대립도로 잡아 현실적이지만 은유적으로 그려냈다. 또 자구가 유럽에 있을 때 종교의 차이와 적성국(파키스탄)이라는 이유와 부모의 반대로 헤어졌으나 PK(아미르 칸 분)가 준 깨달음으로 다시 만나게 된다.

과거엔 상상하지 못할 내용인데 이젠 영화 속에서도 그려지게 된다. 인도사회가 종교와 신 중심에서 인간 중심으로 점점 바뀌고 있다는 사실을 보여주고 있다.

또한 이를 극복하는 도구는 바로 휴대폰과 방송 등 현대 디지털 기계다. 이것을 통해서 현재 인도인들이 만나고 있는 종교, 즉 미신을 고발한다.

〈PK〉의 흥행에서 간접적으로 보여지듯 인도의 변화는 이미 시작됐고, 그 중심에는 인도 젊은이들이 있다.

한국 개봉 당시 영화 〈PK〉의 포스터.
🎞 영화 〈PK〉 트레일러.

3

그들의 고민: 가족, 미래,
그리고 탈출구

가족이라는
울타리 속의 굴레

 인도와 한국 가족의 공통점과 차이점은 무엇인가요?

누구나 인도를 경험한 사람들이 공통적으로 연상하는 단어가 2개 있다. 하나는 '가족'이고 다른 하나는 '신'이다. 두 단어는 인도 사회의 근간을 이루는 뼈대다. 신의 영역은 우리가 다룰 수 없는 영역이라 접어두더라도, 인간의 영역인 가족으로 들어가보면 '과거 우리 아버지와 할아버지 세대가 경험한 대가족 제도가 이런 것이었구나'라는 것을 경험하게 된다.

경제생활에서도 가족이라는 것이 인도에서는 하나의 비즈니스 단위(unit)로 특화되어 있다 해도 과언이 아니다. 인도에서 가족 기업은 일반화된 기업 경제 활동의 대단히 중요한 한 부분이다.

인도는 독립 이후 유지되어온 사회주의 경제체제와 카스트 제도 등의 영향으로 가족 기업의 비중이 상당히 높다. 더군다나 상속 및 증여세가 없는 조세제도로 말미암아 다른 나라보다 가족 기업이 그 생명력을 더 길게 유지해나갈 수 있는 토대가 잘 마련되어왔다. 투자은행인 크레디트 스위스가 2014년 조사한 바에 따르면, 인도의 가족 기업 비율은 67%로, 인도네시아가 61%, 한국 58%, 홍콩 52%에 비해 상당히 높은 비율을 보이고 있다. 전반적으로 가족 기업의 비율은 서구보다는 아시아가 비중이 높고, 아시아 국가들 중에 인도가 가장 높은 비율을 보여주고 있다.

인도의 가족 비즈니스에 대한 인식은 어릴 때부터 시작되어 상당히 자연스럽게 형성되어 있다. 인도에서 전통 공예품 판매를 하는 사업가와 자동차 연관 비즈니스를 하는 사업가, 또 알고 지내던 인도인 기자와 저녁 식사를 할 기회가 있었다. 집에 초대를 받아 식사를 하는 자리인지라 자연스럽게 그들의 가족을 소개받았다.

집주인은 열 살짜리 딸과 열네 살짜리 아들을 소개했고 이들은 곧 자연스럽게 어른들과 어울렸다. 그러다 갑자기 궁금해지기에, 그 두 아이에게 미래의 소원이 뭔지 물어봤다. 그들은 놀랍게도 자신들의 아버지가 하는 일을 자랑스러워하고 있었고, 자기들도 꼭 아버지의 일을 물려받아서 성공한 전통 공예품 판매 상인이 되겠다고 이야기했다.

또 자동차 비즈니스를 하는 사업가의 경우 장성한 딸과 아들이 식사 자리에 같이 참석했다. 그의 아들은 아버지 뒤를 이어 일을 하고 있었다. 또 상당히 똑똑한 것으로 기억되는 딸은 아버지의 비즈니스를 좀더 발전시키기 위해 연관 비즈니스를 시작해 어느 정도 자리를 잡아나가고 있는 상황이라며, 자신의 포부를 자신 있고 당당하게 이야기했다. 같이 식사 자리에 참석한 사람들에게 마치 회사 홍보 자리를 잡은 듯 자신의 사업 비전에 대해 열심히 설명했다. 자리를 마치고 집에 가기 전 기자와 차를 마시며 이런저런 이야길 하며 인도의 가족 기업

델리에 있는 전형적인 가정집 전경. 인도 중산층 주거단지 중 한 주택으로, 안에 들어가보면 잘 정돈되어 있고 아늑하다.

에 대해 이야길 들었다.

인도의 대표적인 가족 기업은 나노(Nano)라는 자동차 브랜드로 유명한 타타(TATA: 대우상용차를 인수한 기업) 그룹, 쌍용자동차를 인수한 M&M 그룹(마힌드라 & 마힌드라Mahindra & Mahindra) 등 실로 많은 기업들이 가족 비즈니스로 다양한 사업을 펼치고 있다.

인도에서 가족 비즈니스가 갖는 장점은 다른 나라와 비교해서 상당히 크기 때문에 그런 기업들이 인도에서 큰 대기업으로 성장해 자리를 잡고 있다. 하지만 가족 비즈니스의 비중이 높은 만큼 다양한 문제점도 상존한다고 할 수 있다. 예를 들자면 인도의 가장 큰 문제점 중의 하나로 지적되고 있는 유통의 문제가 이 가족 비즈니스로 인해 해결되지 않고 있다.

가족 비즈니스가 유통과 무슨 상관이 있냐고 생각할 수도 있겠지만 인도의 다양한 사회를 들여다보면 이해가 될 만한 상황이다. 가령 당신이 인도의 한 도시에서 거리를 지나다가 '콜라' 하나를 사먹으려 한다면, 한참을 가야만 편의점을 겨우 발견해 살 수 있고(주로 주유소 안에 있고 4~5개 주유소당 1개 정도 존재한다), 구멍가게라도 찾으려고 한다면 그 또한 쉬운 일이 아니다. 만일 조그만 가게를 찾는다면 당신은 우리의 1970년대와 1980년대의 동네 구멍가게인 인도 키라나 (Kirana)를 통해 타임머신을 타지 않고도 볼 수 있을 것이다.

나 역시 이런 키라나에서 파는 물건을 믿지 못해 차를 타고 30분 넘게 가서 대형 마트에서 콜라 한 박스를 샀던 경험이 있다.

이는 정부가 지역의 소규모 가족 기업들의 표를 의식해 대규모 유통점들이 확장하는 것을 못하게 하기 때문이다. 대기업이 소유한 마트보다 유통의 90%를 차지하고 있는 소규모 가족 기업 중심의 키라나

키라나 전경.(출처: www.outlookindia.com) 키라나는 우리로 따지면 동네 슈퍼마켓으로 쌀을 비롯한 다양한 제품이 판매되지만 물건의 다양성은 떨어진다.

는 변화보다는 현상 유지가 가장 큰 관심사이기 때문에 자신들을 보호할 정치인을 적극 지지하고 영향력을 행사한다.

제2차 세계대전 이후 영국에서 독립한 인도는 1990년대 경제 자유화 조치가 시행되기 전, 복잡하고 까다로운 관료화적 사업 승인제도로 인해 새로운 사업자의 출현은 많지 않았다. 또한 기존에 해오던 가족이 하는 비즈니스를 할아버지가 아버지에게 아버지가 자식에서 물려주며 사업을 했기 때문에 경쟁도, 새로운 비즈니스 구조도 만들어지기 힘들었다.

인도 정부는 이런 불편함과 불합리함이 인도 경제의 활력을 가로막고 있다고 판단해 모디 정권이 들어선 이후 이러한 것을 해결하기 위해 많은 법들을 준비해 비즈니스의 지형을 바꾸기 위한 사전 정지 작업을 하고 있다.

또한 이러한 변화의 물결을 거부하고는 인도에서 성공하기 어렵다는 정부의 기조를 읽은 많은 선진 기업들도 현재 차곡차곡 인도 진출을 위해 많은 투자를 하고 있다. 실례로 스웨덴 가구 기업 이케아는 인도 진출을 위해 현재 준비 실무단을 파견했고, 2017년에 이케아 첫 매장을 인도 하이데라바드(Hyderabad)에 연다고 언론 발표까지 했다. 그리고 향후 25개의 매장을 연다는 목표로 실무단이 준비를 하고 있다.

우연히 이케아 실무진과 이야기를 한 적이 있었다. 왜 그렇게 시간이 오래 걸리냐고 물었더니 토지를 매입하고 인도 내에서 소싱(sourcing)할 업체를 찾기 위해서 확실한 준비가 필요했기 때문이라고 한다. 수입해서 들여오는 것이 아닌 인도 내에서 소싱 업체를 찾아 제대로 준비해 론칭할 생각이고, 현재 약 360개 가구 공급업체를 찾아서 일을 추진하고 있다는 것이다.

하지만 아직까지 변화에 준비가 부족한 로컬 가구 업계도 대표적인 가족 비즈니스 산업이다. 인도에 거주할 때 가구를 사려고 여러 번 가구점들을 다녔었다. 인도의 가구는 디자인, 기능성, 편리함, 실용성 등여러 면에서 수준 이하이고 가격 또한 상당히 비쌌다. 예를 들어 필자가 허리가 좋지 않아 하이펙 의자처럼 인체공학적으로 설계된 가구를찾으려고 상당히 애를 썼다. 하지만 물건 자체가 인도에서는 존재하지 않아서 끝내 한국에서 비싼 돈을 주고 수입해서 가져왔던 기억이있다. 주재원들 사이에서는 한국에서 좋은 가구를 사가지고 와서 인도주재기간 마치면 팔고 가라는 이야기도 많이 한다.

인도에는 참 많은 허리질환 환자들은 있지만 그들을 배려하는 가구시장은 아직 존재하지 않는 것을 보면, 아직은 생산자 중심의 시장임을 실감하고 있다. 가족 기업의 한계로 지적되는 전통에 입각한 생산으로는 변화하는 소비자의 니즈를 충족시키기는 어렵다. 많은 한국기업들이 인도에 진출해 이런 생산자 중심의 시장을 소비자 중심의 시장으로 바꿔준다면 많은 기회를 가져갈 수 있을 것이다.

이상과 같이 가족 기업이 발달할 수밖에 없는 요인을 정치·사회적배경 설명을 통해 이야기했다. 또한 가족이 젊은이들에게 씌우는 문화적 굴레도 무시할 수 없었다. 필자가 자주 방문하는, 인도 전통 카펫을파는 직원이 10명이나 되는 상점에는 MBA를 마친 상당히 스마트한산제이(Sanjay)라는 30대 초반의 젊은 친구가 있다. 인도인치고는 상당히 개방된 사고를 가진 친구였다. 어느 일요일 오후 늦게 손님이 뜸한 매장을 방문했는데, 차를 한 잔 하자고 해서 여러 가지 이야길 나누게 되었다. 우선 그는 자신이 이 일을 시작한 배경에 대해서 설명해주었다.

그는 아버지가 대대로 운영해오던 가족 사업인 카펫 사업을 여동생과 함께 경영하고 있었다. 아버지는 아직 매일 출근하고 자신은 경영전반을 책임지고 있고, 여동생은 회계를 맡아서 일한다고 했다. 인디아 오일(India Oil)이라는 인도 굴지의 석유 회사에서 5년 동안 마케팅

인도 카펫 판매 매장 안. 인도에서 카펫 판매는 대표적인 가족 기업이다. 품질이 우수하고 생각보다 상당히 비싸다.

업무를 했었고 동생도 글로벌 기업에서 회계 부문을 맡아서 수년 동안 일한 적이 있었다. 이를 듣고 필자는 한국적 시각에서 질문을 하게 되었다. 왜 그런 좋은 경력과 기회를 놔두고 아버지 사업에 동참하게 되었는지, 그리고 지금 가족과 함께 일을 하면서 느끼는 점은 무엇인지에 대해서.

그는 할아버지, 삼촌 등 대가족이 모여 회의를 했고 자신은 그 가족회의 결과에 따를 수밖에 없었다고 했다. 사업 관련해서 외국인들 대상 비즈니스가 가장 큰 비즈니스였는데, 요사이 외국인들은 전통시장을 가거나 아니면 대형 쇼핑몰에 가서 쇼핑을 하기 때문에 사업을 꾸려가는 것이 정말 어렵다고 이야기했다. 그는 인터넷으로 비즈니스를 시작하고 싶고 많은 변화를 주고 싶지만, 아버지의 고집이 변화를 이끌어내기 상당히 어렵다며 쓴웃음을 지었다.

그의 주변에서 가족 비즈니스를 이어받아 사업을 꾸려가는 친구도 많은데, 그들 대부분 가족 비즈니스 미래에 대해 낙관적인 시각으로 보지 않고 있으며, 많은 경쟁 사업자들의 공격적인 도전을 이런 전통적인 방식으로는 제대로 대응하기 어렵다는 한계 상황도 이야기를 해 주었다. 점차 새로운 비즈니스들이 다양한 방식으로 시장에 진출하고 있는 반면, 가족 기업이 갖는 태생적 한계는 시장을 분석해 의사 결정을 하는 구조가 아니기 때문에 시장의 트렌드를 좇아가기 어려우므로 한계가 있다고 이야길 덧붙였다.

기업에서 경험했던 것을 적용하려고 부단히 노력하고 있으나 아직은 부모님 영향력이 큰 상황이라 좀더 많은 시간이 필요하며, 가장 큰 두려움은 시간이 많지 않다는 점이라고 토로했다. 다시 말해 세상은 빨리 변화하는데 그 변화의 속도를 못 맞춰 도태될 것이 두렵다는 것이다.

인도에서 이러한 상황은 변화를 모색하고 경험하고픈 젊은이들의 선택을 인도에서만 국한하지 않게 하고 있다. 가족의 영향하에서만 움직여야 하는 인도 안에서는 부처님 손바닥이라 자신이 개척할 수 있는 범위가 한계가 있다고 생각하고 인도를 넘어 다른 나라로 눈을 돌리고 있다. 또한 인터넷 등을 통해 경험하는 세상의 빠른 변화보다 늦은 인도의 변화 속도는 그들에게 또 다른 용기를 줘서 세상 밖으로 향하게 만들고 있다.

해외로,
해외로!

 왜 인도사람은 해외에 그렇게 많이 살고 있나요?

인도 유력지 〈힌두스탄 타임스〉에서 2015년 9월에 인도 25세 이하 청소년 2만 8,000여 명을 대상으로 설문조사를 실시했는데, '만일 미국에 갈 기회가 생긴다면?'이라는 질문에 응답자의 56%가 당장이라도 떠날 용의가 있다고 답했다. 미국뿐만 아니라 다른 나라까지 합친다면 그 숫자는 80% 이상으로 늘어났다.

또 인도 MTV와 인구위원회가 공동으로 13~25세 1만 1,000명을 대상으로 조사한 결과 '누구를 자신의 롤모델로 삼고 있는가?'라는 질문에서 조사 대상자의 42%는 자신의 부모, 16%는 누구도 내 롤모델이 아니다, 13%가 셀럽, 11%는 주변 선배, 10%는 형제, 6%는 슈퍼히어로라고 답을 했다.

우리나라의 여러 조사 결과, 반 이상의 청소년이 자신의 롤모델로 유명 연예인을 선택한 것과 비교를 하면 부모에 대한 존경 못지않게 부모가 자식에게 미치는 영향력이 그만큼 크다는 것도 유추해볼 수 있다.

얼마 전 인도 모 신문에서 미국에서 일하고 있는 인도인이 쓴 칼럼을 읽은 적이 있다. 이 사람은 캘리포니아에 거주하고 있는 인도인으로 자신이 포르노 업계에서 일하고 있으며 미국에서 제작된 인도 포르노물에 대한 수요가 높아서 남자 배우를 하나 뽑으려고 인터넷에 올렸다고 한다. 자신은 미국에 거주하는 인도인이 지원하기를 바랐는데 엄청난 수의 인도 거주 젊은이들이 이메일을 통해 자신을 뽑아달라고 요청이 왔다고 한다. 그러면서 자신을 무조건 미국에 데려가달라고 하는 맹목적인 요구에서부터 자신이 왜 미국을 가야 하는지를 설명하는 내용까지, 너무 많아서 일일이 다 읽어보지도 못할 정도로 많이 지원했다고 한다.

그는 어릴 때 미국에 와서 실상을 잘 몰랐는데 그 메일들을 받은 이후 왜 인도의 청년들이 그렇게 자신의 조국에서 빠져 나오고자 하는 욕구가 강한지를 궁금하게 여기게 되었다는 내용이었다.

어떤 요인들이 그들의 인도 탈출 욕구를 자극하게 되었을까? 인도의 유명 저널리스트가 2015년에 조사한 인도의 고학력 인재들이 인도를 떠나 외국으로 나가려 하는 10가지 이유를 기술한 내용이 있다.

그들이 해외로 나가려는 10가지 이유

 인도 사람이 기를 쓰고 해외로 나가려고 하는 이유는 무엇인가요?

첫째, 도전과 탐험

인도 젊은이들의 마음 한구석에는 자신의 미래를 위한 도전의식이 상당하다. 그들과 만나서 이야기해보면 새로운 도전으로 자신을 발전시키고자 하는 욕구가 충만하다. 실제로 많은 젊은이들이 인도 출신으로 글로벌 기업에서 승승장구하는 CEO 등을 보며 자신의 삶도 변화시키려는 욕망이 크다는 것을 발견할 수 있다. 이것을 보며 인도가 무섭고 부러운 것이 우리에겐 글로벌 100대 브랜드 안에 한국인 출신으로 해외에서 CEO가 된 사람은 찾을 수 없지만, 인도 출신 CEO는 3분의 1에 육박하기에 그들을 자극하기에 충분하다고 할 수 있다.

Top 10 Indian-Origin
CEOs
Of Global Tech Giants

인도 출신 글로벌 10대 하이테크 기업 CEO.(출처: technochords.com)
(왼쪽부터 시계방향으로) 1. 순다르 피차이(Sundar Pichai | 구글Google), 2. 샷타 나델라(Satya Nadella | 마이크로소프트Microsoft), 3. 라지브 수리(Rajeev Suri | 노키아 솔루션&네트웍스Nokia Solutions & Networks), 4. 샨타누 나라엔(Shantanu Narayen | 어도브Adobe), 5. 산제이 지하(Sanjay Jha | 모토롤라Motorola), 6. 산제이 메로트라(Sanjay Mehrotra | 샌디스크Sandisk), 7. 니케시 아로라(Nikesh Arora | 소프트뱅크 인터넷&미디어Softbank Internet & Media Inc), 8. 조지 쿠리안(George Kurian | 넷앱NetApp), 9. 프란시스코 디소우자(Francisco D'Souza | 코그니잔트Cognizant), 10. 디네쉬 팔리와이(Dinesh Paliwal | 하만Harman)

둘째, 단조로운 삶으로부터 탈출

인도에서 삶은 단조롭기 그지없다. 인도에서 잘 살려면 2가지를 잘 찾아야 한다. 우선 좋은 와인을 찾는 것이고, 다른 하나는 좋은 병원을 찾는 것이다. 좋은 와인을 찾는 것은 단조로운 삶을 극복하는 것이고, 좋은 병원을 찾는 것은 내 신체의 위험을 헤쳐나가기 위한 것이다. 인도 젊은이들의 삶 역시 단조롭기 그지없다. 그들은 우리가 아는 그런 유흥 문화도 많지 않고, TV에 방영하는 스포츠도 80% 이상이 크리켓 방송이며, 유일한 여가 활동은 영화다. 그런 단조로움이 그들을 질리게 만들고 있다. 인터넷에서 그들이 보았던 해외의 다양한 삶은 그들을 유혹하기에 충분했기에 그들을 해외로 향하게 하는 것이다.

셋째, 사회의 투명성에 대한 열망

투명성은 인도의 정치·사회적인 상황을 이야기한다. 인도는 개발도상국으로서 아직은 투명성이 높지 않은 사회다. 따라서 젊은이들은 그들이 처한 상황이 투명하지 못한 정치·사회적인 요인들로 인해 그들이 많은 기회를 얻지 못하고 있다고 생각하고 있다. 따라서 자신의 불공평한 상황은 인도에서는 극복할 수 없다고 생각하고 선진국으로 나가면 더 공정한 기회를 가질 수 있다고 믿기 때문이다. 하지만 인도 관료 및 지식인들도 문제의 심각성을 인식하고 있고, 그것을 극복하려고 많은 노력을 하고 있다.

넷째, 삶의 질 향상

인도도 한국 못지않게 초과 근무가 많고 토요일에 근무하는 직장이 많다. 나라가 크다보니 국내 출장도 잦고 대가족 중심의 문화로 자기 자신보다 회사나 가족을 위한 삶을 살게 된다. 그리고 직업뿐만 아니라 여러 가지 의사결정에서 자기 중심이 아닌 그들에게 놓인 환경을 중심으로 의사결정을 하게 된다. 이는 자신의 삶의 질을 높일 수 있는 결정이 아니라고 그들 스스로 판단하고 있다. 해외로 나가는 것은 자신이 중심이 되어 사는 것이고, 다시 말해 자기 중심적인 삶을 살아갈 수 있느냐 없느냐의 문제인 것이다.

다섯째, 사회적 지위 향상

인도인이 해외로 나가서 미국이나 영국 등의 국적을 얻는다는 것은 사회적으로 봤을 때 대단한 신분 상승이다. 그들이 선진국의 국적을

SBI 보스와나 은행(Bank SBI Botswana) 광고.(출처: 은행 광고 캡처) 인도인들의 진출이 많은 나라에서는 그 나라에서 살고 있는 NRI(Non-Resident Indian and Person of Indian Origin: 인도 출신 교포)들을 대상으로 다양한 광고와 서비스를 펼친다.

얻는다는 것은 자신의 꿈을 이뤘다는 것을 떠나서 그들의 사회적 지위가 높아졌음을 의미하기 때문이다. 이런 사회적 지위는 자신이 인도로 다시 돌아와 사업을 할 때 큰 장점으로 작용한다.

여섯째, 더 나은 환경

더 나은 직장과 더 나은 교육 여건을 가진 해외에서의 환경은 자신의 미래를 더 밝혀줄 것이라고 많은 인도 젊은이들은 생각하고 있다. 그래서 더 나은 기회를 만들기 위한 여건을 조성하기 위해 그들은 해외로 해외로 향하려고 한다.

일곱째, 안정적인 삶을 찾기 위해

인도에서의 삶은 안정적이기보다는 유동성이 심하다는 인식을 갖고 있다. 인도의 급격한 변화보다는 선진국의 안정된 환경이 정치·사회·개인적인 안정뿐만 아니라, 직장과 가정생활도 안정을 보장해줄 것이라 생각한다.

여덟째, 개방적인 사회를 찾아

인도인들이 생각하는 서구인들의 삶은 인도인보다는 문화·사회적으로 훨씬 개방적이라고 인식하고 있다. 집안에서는 장유유서가 엄격하고 직장에서는 상하관계가 상당히 엄한 인도사회는 젊은이들을 좌절하게 만들고 그들의 가슴을 옥죄어 해외로 해외로 눈을 돌리게 하고 있다.

아홉째, 더 많은 경험을 쌓기 위해

인도 젊은이들은 세계로 나가서 경험을 쌓는 것이 향후 인도로 돌

인도의 지폐 중 100루피와 10루피. 인도의 화폐(이 밖에 5, 20, 50, 500, 1,000루피)에 나오는 모든 인물은 오직 '간디' 한 명뿐이다.

아와 활동을 할 때 더 많은 기회를 제공해준다고 믿는다. 실제 많은 스타트업 기업들의 CEO들은 해외 경험을 통해 쌓은 더 많은 경험이 인도에서 새로운 비즈니스를 하는 데 많은 도움이 되고 있다고 말한다.

열 번째, 더 많은 가치 창출하기 위해

인도 사회에서는 직업적으로 엔지니어와 의사가 되는 것이 사회적인 성공이라고 여기는 경향이 강하다. 하지만 이와 다른 길을 가고자 하는 사람들에게는 인도의 이런 사회적인 분위기가 그들을 좌절하게 만든다. 따라서 이들은 자국을 떠나 다른 능력을 가진 다양한 사람들이 성공할 수 있는 곳을 향해 나가려고 하는 것이다.

인도 젊은이들의 성공에 대한 공식은 해외로 진출해 자신의 운명을 개척해나가겠다는 것에 맞춰져 있다 해도 과언이 아니다. 그 방법이야말로 그들의 사회·정치·종교적 배경에서 자유로워질 수 있다고 믿기 때문이다. 또한 이는 인도라는 가족주의에 입각한 굴레에서 벗어나 자유롭게 자기의 삶을 살아갈 수 있는 방법이기도 하다.

브레인 드레인, 두뇌 유출

 고급두뇌가 해외로 유출돼도 괜찮은가요?

2014년 〈더 힌두(The Hindu)〉라는 신문 기사에서 인도 출신 미국 박사 취득자의 80%는 현지에서 머물러서 두뇌 유출(Brain Drain)의 문제점을 지적한 적이 있었다. 그들이 인도로 돌아오지 않으려는 이유로 크게 주거 여건, 급여, 연구 지원을 받기 쉬운 점 등을 들었다.

IIM(Indian Institute of Management: 인도경영대학원) 조사에 따르면 2000~2010년 동안 인도인 유학생 숫자는 무려 연평균 256%의 성장을 보이고 있으며, 그 후에도 성장세는 다소 꺾였지만 여전히 많은 유학생이 해외에서 공부를 하고 있다. 인도 상공회의소의 조사 자료에 따르면 연간 유학 비용으로 연간 17억 달러를 비용으로 쓴다고 한다. 또한 유학목적지는 미국이 매년 10만 명 수준으로 53%를 차지하고 있고, 영국이 17%, 독일·프랑스·스웨덴·덴마크·이탈리아 등지로 유학을 가고 있다. 최근 영국이 지고, 캐나다·아일랜드가 유학 목적지로 각광받고 있다.

이유는 단 하나 현지 정착이 쉽다는 이유다. 미국 유학생의 1~2위를 차지하는 인도 유학생과 중국 유학생의 특징을 〈부르킹 연구소〉 자료를 통해 살펴보면 2008~2012년 평균 미국으로 진학하는 중국인 유학생은 매년 28만 4,173명, 인도인 유학생은 16만 8,034명이다. 인도학생은 주로 약 80% 석사학위를 목적으로 그다음이 박사·학사순이었고, 중국인의 경우 44%가 학사학위, 41% 정도는 석사학위를 목적으로, 나머진 박사학위를 취득하기 위해 미국에서 공부하고 있다.

또한 전공에서도 인도인은 과학·기술·엔지니어링·수학에 해당하는 STEM(Science·Technology·Engineering·Mathmatics) 전공 비율이 32%로, 중국인 17%에 비해 높다. 대신 중국인은 비즈니스·마케팅 등 논테크(NonTech: Business, Marketing) 전공자가 61%나 되었다.

참고로 미국 교육통계센터(National Center for Education Statistics) 조사 자료에 따르면 2013~2014년 외국인 등록 학생은 88만 6,000명으로 1999년에 비해 72% 증가했는데, 대부분이 아시아 출신 학생들이었다. 또 중국이 27만 4,439명으로 35%를 차지하고, 두 번째가 인도 10만 2,673명, 한국이 그 뒤를 이어 6만 8,047명으로 3위를 차

유학원 광고와 길거리 유학원 사무실 전경.
인도 유학 광고를 보면 유학이 '더 나은
삶'을 보장한다는 메시지로 광고를 많이
한다.
(오른쪽) 최근 유학원에서 추천하고 있는
주요 유학 대상 국가들.

지했다. 그런데 재미있는 것은
전공 비율이다. 중국인 학생의
전공은 비즈니스와 경영(28%),
엔지니어링(20%), 수학과 컴퓨
터사이언스(12%)순이었고, 인도인은 엔지니어링(38%), 수학과 컴퓨
터사이언스(26%)순이고, 한국인은 비즈니스와 경영(17%), 엔지니어
링(13%), 예술분야(13%)순으로 전공자가 많았다.

　위에서 언급했듯 인도인 유학생의 대다수는 미국에서 정착한 뒤
직업을 구하기 쉬운 STEM 관련 학문을 전공하고 있다. 「포브스 인디
아(Forbes India)」가 2013년 1월 조사한 바에 따르면 미국 인텔 직원
의 25%, 마이크로소프트의 직원 역시 25%가 인도인이라고 한다. 약
46만 4,000여 명의 인도인이 굴지의 IT 업계에서 근무하고 있는 것으
로 조사되었는데, 인도인을 선호하는 이유는 지적이며 성실하고 영어
에 능통하고 조직 내 갈등을 잘 극복하기 때문이라고 한다. 필자도 인
도인과 일을 하면서 다른 글로벌 사업장에서 일하는 직원들보다 실제

훨씬 나은 능력을 확인해볼 수 있었다.

인도인들에 대한 높은 평가는 1980~1990년대 싱가포르·네덜란드·노르웨이·스웨덴 등지에서는 50~100%의 장학금을 지급하면서 인도인 학생들을 유치하려고 많은 노력을 하는 데서 드러난다. 이것은 그들의 산업발전에 따른 인재 부족을 인도인을 통해 메우려는 노력의 일환이었다.

베인앤컴퍼니(Bain & Company)가 비즈니스 관련 전공자를 대상으로 조사한 자료에 따르면 많은 중국인 유학생들은 본국으로 귀국 후 컨설팅 회사에 입사가 많았고, 인도인들은 투자은행·컨설팅사·미디어 관련 분야로 진출이 많았다. 이는 중국은 안정된 성장을 기반으로 성장을 위한 컨설팅 수요가 많고, 인도는 성장의 초기 단계라 투자은행에 대한 수요가 많음을 알 수 있다.

공부만이
탈출구다

 인도인들의 학구열은 어느 정도 되나요?

얼마 전 인도 최고의 명문대생 몇 명과 많은 이야길 나눴다. 그중 한 사람은 델리 대에서 경제학을 전공하고 있었는데, 델리 대를 입학하기 위한 컷오프는 대략 점수 평균 90~98% 수준이 넘어야 하고 그는 졸업 후 미국 유학을 가려고 GMAT(Graduate Management Admission Test: 미국 대학원 입학시험) 준비를 하고 있었다.

미국대사관을 통해서 얻은 자료에 따르면 미국 대학원 진학을 위

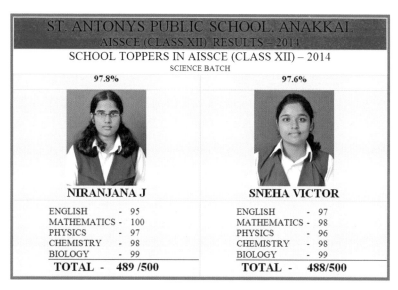

인도 자연계 대학입시 점수 결과.(출처: 학원 광고) AISSCE는 매년 5월에 결과를 발표하며 영어·물리·수학·화학·생물 등 5과목, 각 과목당 100점이며, 총 만점은 500점이다. 2014년에는 총 1,004만 명가량이 시험에 응시했고, 남학생이 607만, 여학생이 432만 명이 응시했다. 시험은 10학년 때 한 번, 12학년 때 한 번 친다.

한 GRE(Graduate Record Examination: 미국 일반대학원 입학시험)와 MBA 진학자를 위한 시험인 GMAT 응시인원이 매년 늘고 있다. GRE는 2013년(3만 3,504명)→2014년(5만 6,782명)으로 70%나 늘었고, GMAT는 2013년(2만 5,394명)→2014년(3만 213명)으로 19%가 늘었다. 인도인들의 해외진학에 대한 열망은 식지 않고 있다.

알고 지내는 인도 기자의 자녀 중 우리나라 고등학교 3학년에 해당되는 12학년에 재학 중인 소냐라는 친구가 있었다. 이 친구는 의사가 되고 싶다는 생각이 간절한데 우리나라 대입수능에 해당되는 AISSCE(All India Senior School Certificate Examination: 인도 대학입학 인증시험)를 잘 치르지 못해 낙담하고 있었다. 그 대안으로 미국 유학을 준비하고 있다고 한다. 자신의 실력이면 충분히 미국에서 의사가 될 수 있을 것이라 생각하고 있지만 부모는 걱정이 크다. 다름 아닌 학비 부담이 만만치 않기 때문이다.

인도도 한국 이상으로 대입 열기가 엄청나다. 하지만 인도 교육을 들여다보면 창의력보다는 암기에 의존하는 공부가 대부분이다. 다시 말해 인도 교육의 핵심을 이야기하라고 하면, 지속적으로 암기하고 암기를 잘하는 사람이 좋은 점수를 받는 그런 시스템이다. 따라서 암기는 그동안 국제사회에서 경쟁력 있는 리더를 양성해온 인도의 중요한 수단이다.

하지만 글로벌화가 되면서 다양성과 개성을 존중하지 못하는 시스템은 인도를 창의적이지 않은 사회로 만들고 있다. 즉 일반 공공 학교에 주요 과목이 아닌 음악·미술·체육 등의 시간은 있지만 수업하지 않는, 다시 말해 대입 과목이 아닌 것은 가르치거나 배우지 않는 그런 시스템이 현재 인도 교육을 망치고 있다고 많은 전문가들은 지적하고 있다. 한마디로 시험을 위한 교육이 현재의 인도 교육인 것이다. 시험으로 인생이 결정되는 인도의 교육 열기에 지쳐서 많은 인도 젊은이들이 신음하고 있다.

왜 또다시
인도로?

 어렵게 해외로 나온 인재들이 왜 다시 인도로 돌아갈까요?

투샤 구라니(Tusha Gugrani)라는 개인사업을 하는 30대 후반의 친구를 우연한 기회에 알게 되었다. 그 친구는 어릴 때 인도에서 태어나 부모님을 따라 미국으로 이민을 떠났고 자신은 3년 전 인도에 정착하기 위해 돌아왔다고 했다. 돌아온 이유를 물으니 이런 말을 했다. "You can go out of India, but you cannot take India out of you." 즉 인도 밖으로 떠날 수는 있지만, 자기 안의 인도를 몰아낼 수가 없다는 말이다. 자신이 '인도인'이라는 것을 지울 수는 없었음을 얘기하는 것이다.

그는 미국에 거주하면서도 인도에 있는 친척을 만나려고 매년 한두 차례 이상 인도를 방문했고 인도에서 자신의 비즈니스를 시작하기 좋다는 판단이 서서 부모님을 제외한 부인과 아이들을 데리고 다시 인도에 오게 되었다. 전반적인 생활의 만족도는 80점 정도 이상 점수를 줄 수 있다고 했다. 구체적으로 미국과 비교해서 헬스서비스 비용도 저렴하고, 밤 11시까지 즐길 수 있는 나이트 라이프도 있고, 생활비도 저렴하고, 미국과 유사한 쇼핑몰이 있고, 맥도날드, 도미노 피자가 있고 지하철도 잘 되어 있으며, 고속도로는 4차선으로 잘 정비되어 있

「이코노믹 타임스」에 실린 인도 2위 이동통신 회사 보다폰(Vodafone)의 전면 광고. 미국에서 다시 인도로 돌아온 인물을 전면에 내세워 보다폰의 글로벌 이미지를 강조하고 있다.

고, 쇼핑 체인들도 하나씩 들어와 생활여건은 날로 개선되어간다고 평가를 하였다. 반면 미국 문화가 빠르게 받아들여지는 것에 비해 기초질서, 부패문제, 길거리에서 침을 뱉는 것은 아직 이해하기 어렵다고 이야기했다.

하지만 그는 국적을 바꿀 생각은 없다고 한다. 이런 사람을 흔히 인도에서는 'NRI(Non Resident Indian)'라고도 한다. 즉 인도 비거주 인도인, 우리말로 하면 '교포'라고 번역하는 것이 맞을 것 같다. NRI는 전 세계적으로 약 4,000만 정도 흩어져서 살고 있다. 하지만 통계에 잡히지 않고 있는 숫자까지 합한다면 거의 1억 명 이상이 될 것으로 추측하고 있다.

1990년대 초 인도의 경제자유화 이후 많은 우수한 두뇌의 인도인들은 IT붐 등에 힘입어 서구로 진출할 수 있었다. 이때 인도에서는 'Brain Drain', 즉 '고급두뇌 유출'이라며 큰 사회문제로 제기되었다. 하지만 최근 하버드 로스쿨 출신 인도인의 50%가 인도로 다시 돌아가고 있으며, 전반적으로 미국에 남아 있기보다 인도로 향하려는 경향이 지난 10년간에 비해 약 310% 정도 늘었다고 한다. 왜 그들은 다시 인도로 머리를 돌리게 되었을까? 그것은 다름아닌 미국의 경기가 좋지 않기 때문이다. 요즘 인도 경기가 좋아 인도에서 기회를 얻기가 더 좋아졌기 때문이다.

재미있는 점은 인도로 다시 돌아가는 것에 대해 이들 중 일부는 배우자를 찾기 위함이라고 한다. 실제로 내가 공항에서 만난 서니(Sunny)라는 30대 초반의 인도인 남성은 남자아이와 부인을 데리고 뉴욕으로 향하는 비행기를 기다리고 있던 중이었다. 그는 뉴욕에서 일을 하고 있고 15년 전에 건너가 살다가 자신과 종교가 같은 배우자를 만나기 위해 인도로 왔고, 부인을 중매로 만나 결혼을 하고, 혼자 미국에 건너갔다가 이번에 다시 들어와 아들과 부인을 데리고 뉴욕으로 가서 살려는 참이었다. 비록 뉴욕에서 택시 기사를 하고 살고 있지만 아이에게는 자신과 다른 기회를 만들어주고 싶다는 포부도 가지고 있었다.

또 다른 NRI인 라구 쿠마르(Raghu Kumar)라는 주식 중계회사의 CEO는 미국에서 컴퓨터 사이언스를 전공했고, 자기와 비슷하게 인도에 들어와 사업이나 회사에 다니는 사람들 네트워크 회원이 약 500명이 된다고 했다. 이들 중에 다시 미국으로 돌아간 사람은 6명뿐이라며 외국에서 공부를 한 사람들에게 인도 정착은 더 많은 기회를 주고 있다고 말했다.

필자가 구글 인도와 일을 하면서 알게 된 드위시 라잔(Deeyush Rarjan)과 그의 부인 말리카(Mallika)는 각각 인도 IT 도시 벵갈루루(Bangalore)에서 구글 인디아 R&D센터와 MS에서 일을 하고 있다. 그들은 유학기간을 포함해 미국에서 15년간 생활을 했고, 미국 구글과 MS를 다니면서 인도의 실리콘밸리라는 벵갈루루로 이주할 것을 결정해서 근무를 시작한 지 약 2년이 넘었다고 한다.

그는 인도 이주의 장점으로 기회를 많이 잡을 수 있다는 점을 꼽았다. 즉 새로운 시장을 만들 수도, 사업을 시작할 수도 있다. 그리고 가족과 가까이 살 수 있으며 좀더 여유롭게 살 수 있는 점이 또 다른 장점이라고 했다.

단점으로는 공원·하이킹 등 주말에 즐길거리들이 부족하고, 오염·교통소음 등이 견디기 힘들고, 너무 관료적인 업무환경이 업무를 할 때 힘든 점이라고 지적했다. 또한 평상시 이용했던 코스트코(Costco)나 프라이스(Frys: 전자제품전문판매점) 정도 수준의 쇼핑 환경도, 캘리포니아의 좋은 날씨도 그립다고 웃음을 지었다. 또 덧붙여 나쁜 점이긴 하지만 크게 걱정하지 않는 장시간의 노동과 출장, 개인의 자율성 보장이 약한 것, 그리고 친구를 새로 만드는 것과 이웃들의 뒷담화 등도 말하며 크게 웃었다.

이렇듯 인도는 해외로 나간 인도인에게 이제는 부담이 아닌 기회의 땅으로 자리매김하고 있다.

'두뇌 유출'에서
'두뇌 유입'으로

2015년 9월 미국 산호세 실리콘밸리를 방문한 인도 모디 총리는 다음과 같이 이야기했다.

"과거 우리는 '브레인 드레인'에 대한 많은 두려움을 가지고 있었다. 하지만 나는 요즘 많은 인도 두뇌들이 인도로 돌아오는 것을 목격한다. 그때의 우려(Brain Drain)를 나는 브레인 디파짓(Brain Deposit: 두뇌를 저축해놓는 것)이라 여기고 있고, 지금 저축된 두뇌들이 다시 인도로 들어오는 브레인 어게인(Brain Again: 두뇌 유입)의 물결을 만들고 있다."

말이 참 청산유수다. 하지만 현실이 그렇다. 모디 총리도 인정하듯 인도의 삶은 젊은이들에게 무척 팍팍하다. 따라서 인도에 있는 젊은이들은 밖으로 나가려 하고, 밖에 있는 젊은이들은 다시 기회를 찾아 인도로 돌아오려고 하는 이 상황을 어떻게 지켜봐야 할까?

참고로, 인도 젊은 층의 생각과 관심사를 읽을 수 있는 가장 좋은 방법은 언론에서 다루는 내용도 좋지만 더욱 좋은 방법은 야후 인디아(Yahoo India), 구글 인디아(Google India)에서 다루고 있는 것이 어떤 것인지를 살펴보면 된다.

야후를 예를 들자면 야후는 현재 중국에서 사업을 철수하는 등 고전을 면치 못하고 있으나 인도와 일본에서는 아직까지 자신의 영역을

모디 총리가 2015년 9월 미국 실리콘밸리 방문 시 인도 교민들과의 만남 행사 때 연설하고 있다. 1만 8,000명이 참석했다.(출처: 유튜브 캡처)
🐭 유튜브 연설장면 영상.

확보하고 있다. 우선 야후 인디아의 카테고리 구조를 살펴보면, 메일/크리켓/ 파이낸스/ 뉴스/ 게임/ 스타일/ 영화/ 셀럽/ 모바일 등의 순으로 구성되어 있다. 메인 화면을 살펴보면 뉴스(정치 기사가 주요 비중으로 차지하고 있고 스포츠-크리켓, 엔터테인먼트-영화배우, 경제 관련 기사 등)가 주요하게 구성되어 있다.

　게임, 스타일, 모바일 등은 미국 야후와 내용이 거의 유사하고, 미국 야후의 스포츠 대신 인도는 거의 종교의 반열에까지 오른 크리켓, 엔터테인먼트는 영화배우의 일거수일투족 말 한마디 한마디가 모두 기사화가 된 것을 볼 수 있다. 인도를 알고 싶다면 이렇게 인도 포털을 살펴보는 것도 좋은 방법일 것이다.

4

강남도 울고 갈
인도 교육시장

한국이나 인도나
교육으로는 세계 최고

 인도의 교육열이 어느 정도인가요?

인도 대도시에서 맞는 아침 풍경 중 과거 1970~1980년대 우리나라와 비슷한 장면이 있는데, 이는 바로 학생들의 통학 광경이다. 그런데 버스를 기다리는 인도 학생들이 너나 없이 책을 들고 공부를 하고 있는 모습은 참으로 인상적이다.

인도의 교육열은 우리가 상상하는 그 이상이다. 인도라는 사회에서 자력으로 성공하기 위한 거의 유일한 수단이 공부라고 생각하기 때문이다. 심하게 말하면 자력으로 인도에서 공부 이외 성공할 수 있는 방법은, 크리켓 선수 또는 영화배우가 되지 않는 한 상당히 어려운 일이다.

인도 사회는 시장 조사하는 사람의 관점에서 본다면 '대세 추종형'

인도 학생들의 아침 등교 모습. 우리나라의 옛 모습을 보는 듯하다.

고객이 가장 많은 곳이다. 즉 주변 사람들이 하는 대로 따라 하는 성향의 사람들이 많다는 것이다. 이들은 어떤 정해진 틀이 결정되면 새롭게 시도하기보다는 기존의 안전한 길을 따르려고 한다. 요즘은 해외에서 새로운 것들이 들어와 인도인들의 시야를 넓혀주고 있으나 여전히 '안전하고 검증된 길'을 가려 하는 현상이 뚜렷하다.

　마케팅 관점에서 본다면, 사실 새롭게 수요를 창출하는 방식보다는 기존 수요를 활성화시키는 방식이 시장에서 더 잘 먹힌다. 하지만 새로운 수요를 창출하면 그게 길이 되고 그것이 또 대세가 될 수 있는데, 선진국은 이를 잘 알기에 현재 비즈니스 플랫폼을 만들어 시장에 정착시키는 데에 초점을 맞추고 있다. 우리나라의 경우에는 아직 플랫폼보다는 그 플랫폼에 올라탈 방법을 찾는 데 좀더 힘을 기울이고 있다.

　그렇다면 인도인을 대상으로 새로운 수요를 어떻게 만들 수 있을까? 가장 간단한 것은 그들의 학습 욕구를 자극해 마케팅적으로 활용하는 방법이다. 또 인도인들의 이러한 성향으로 미처 활성화하지 못한 분야가 있다면 그 분야를 집중해 공략하는 것도 한 방법이 될 수 있다.

　예를 들면 인도는 거의 유일하게 '디자인 위크(Design Week)'가 없는 주요 경제대국이다. 이것은 디자이너 숫자도 숫자지만 디자인 수준과 관심이 높지 않음을 짐작하게 해준다.

실제 인도의 디자이너의 수준은 우리나라보다 많이 떨어진다. 기술적인 면에서는 큰 차이가 없으나 디자인 콘셉트를 만들고 이해하고 창의적으로 해석해 제작하는 것에는 한계를 보인다. 하지만 그들의 약한 부분인 이 디자인에 집중하면 많은 기회가 있음을 잘 기억해두어야 할 것이다.

영어가 만들어내는
新 카스트

 영어를 잘하는 인도에서 왜 영어교육이 열기일까요?

필자가 다니던 교회에 목사님이 가장 열성적으로 챙기던 것은 인도인들을 위한 '영어학교'였다. 선교의 대상이 인도의 주류인 '힌디'보다 사회·경제적 약자인데, 그들이 자립해 더 나은 삶을 사는 주류로 만들어가기 위해서는 바로 영어가 핵심이라고 보았기 때문이다.

실제로 인도의 공식언어 중 중요한 것이 영어이지만(참고로 인도는 국가 공식어가 정해져 있지 않음) 인도 근로자들도 영어를 사용하는 근로자와 하지 못하는 근로자는 임금, 승진, 취업 기회 등 여러 가지 면에서 큰 차이를 보인다.

인도에서 유창한 영어는 필수다. 이유는 간단하다. 기업과 정부가 이를 요구하고 있고, 엘리트 및 중산층 계층도 영어의 필요성을 절감하고 있기 때문이다. 실제로 전국 규모의 회사나 정부에서는 영어를 사용하지 않으면 커뮤니케이션을 할 수 없다. 지방별로 다양한 언어를 사용하고 있기 때문이다. 참고로 인도의 언어를 살펴보면 다음과 같다. 힌두어(4억 2,200만 명), 벵갈어(8,300만 명), 텔루구어(7,500만 명), 마라하시어(7,100만 명), 타밀어(6,000만 명), 우르두어(5,100만 명), 구자라트어(4,600만 명), 펀자브어(2,900만 명) 등 20개 이상의 언어가 영어와 더불어 정부 문서에 활용되고 있다.

한 지방의 소규모 언어만 해도 웬만한 나라의 인구 규모다. 예를 들어 구자라트 주에서 주로 쓰이는 언어는 4,600만 명으로, 한 주의 인구가 우리나라 정도의 규모가 된다. 뿐만 아니라 해외 기업 진출이 많은 인도에서는 영어를 유창하게 잘하는 인재를 계속해서 원하고 있으며, 또한 그들에게 높은 수준의 급여와 기회를 보장해 주기 때문이다.

이제 인도사회에서 유창한 영어실력은 '신 카스트(新 Caste)'라고 불린다. 즉 새로운 카스트 제도라고 불릴 정도로, 영어에 대해서는 인도 사회 전체가 광적인 열정을 보이고 있다.

인도 집권 BJP당은 힌두주의를 표방하는 정당으로 민족주의 색채가 상당히 강한 정당이다. 따라서 기존 집권 정당과는 달리 공식 석상에서 힌디어를 많이 사용한다.

인도 교통부장관과 업무 협상을 위해 미팅을 한 적이 있다. 그는 BJP당 수장으로 있는 모디 총리의 오른팔로 공공장소에서는 반드시 힌디어를 사용했다. 특히 공식 회의가 있을 때는 꼭 힌디어를 사용해서 같이 갔던 직원이 필자에게 영어로 설명을 다시 해주었다. 우연히 그가 가족들과 영어로 이야기를 나누고 있는 모습을 목격할 수 있었다. 표를 의식하는 정치인이라 국민들 앞에서는 힌디어를 사용하는 사람으로 포지셔닝을 하고, 정작 자신과 자신의 가정을 위해서는 영어로 커뮤니케이션을 하고 있었다.

인도에서 웬만한 중산층 가정, 특히 젊은 부모가 있는 가정에서 나이 든 부모는 힌디어를 영어랑 섞어서 자녀들과 이야기하지만, 젊은 부부들은 아이들과 대화할 때 영어를 주로 사용한다.

인도 국민의 약 30%에 해당되는 4억 가까이 되는 인구가 영어를 사용할 수 있는데, 이 숫자는 곧 자동차(이륜차 포함)를 살 수 있는 소득 수준이 되는 사람을 의미한다.

영어에 대한 열정은 대단하다. 심지어 영어 사용에 거의 지장이 없는 직원들도 더욱더 완벽한 영어를 구사하기 위해 영어학원을 다니는 것을 목격했다. 인도에서 영어를 '한다와 못한다'의 차이는 우리나라에서 영어를 '한다와 못 한다'와 차원이 다르다. 즉 인도에서는 인생의 기회를 가질 수 '있다와 없다'로 구분된다.

이렇듯 영어는 인도 사회를 지탱하는 기반언어로 자리 잡고 있고 인도의 고등교육은 영어로 된 교재와 수업으로 진행되고 있다. 인도 남부 첸나이에 있는 한 영어 아카데미를 방문한 적이 있는데, 한 교실에서 MBA 학생, 엔지니어링 전공 학생, 컴퓨터 판매하는 비즈니스맨,

2012년 개봉한 영화 〈잉글리시 빙글리시(English Vinglish)〉. 한국에서는 〈굿모닝 맨하탄〉으로 개봉되었으며, 영어를 잘하는 가족들에게 은근히 무시를 당하는 가정주부가 영어를 잘하게 되어 세상 밖으로 나가게 된다는 내용을 담고 있다.
🎬 〈잉글리시 빙글리시〉 영화의 한 장면(영화 포스터 캡처).

인도 영어학원 전단지. 이 학원의 스피킹 웰 잉글리시(speaking well English) 2개월 과정은 5,800~6,500루피(약 87~98달러, 1일 2~3시간)다.

신용카드회사 중견간부 등이 영어 수업을 듣고 있었다. 21세의 엔지니어링 전공 학생은 좋은 직장을 들어가기 위해, 중견간부는 델리 본사로 근무할 수 있는 기회를 얻기 위해, 컴퓨터 판매상은 기술적인 언어를 제대로 습득해 고객을 응대하기 위해서 등 다양한 이유가 영어 학습의 이유였다. 결과적으로 그들이 이야기하는 핵심은 영어는 인도에서 삶의 자신감을 불러일으키는 훌륭한 도구라는 것이다.

챈나이를 근거로 한 '베타(Veta)'라는 영어학원의 TV 광고는 참으로 재밌다. 우리나라 중학생 정도의 아이가 책상에 엎드려 자고 있는데 이 아이를 깨우기 위해 가정부가 조심스럽게 영어로 된 노래를 부르고 아이는 자기보다 낮은 계층인 가정부가 영어를 하는 데 놀란다. 그러고 나서 바로 베타 학원에 등록해 영어를 더욱 열심히 공부하게 된다는, 유치하기 그지없는 광고지만 신분제를 교묘히 활용해 강한 인

베타 영어학원 광고를 캡처한 화면.
🐾 재미있는 베타 영어학원 광고 영상. 타밀어로 되어 있다.

상을 남겼다.

선진 기술과 사회의 빠른 발전으로 많은 정보를 받아들이게 되는데 이때 영어가 상당히 유용한 도구라는 것은 더 이상 새로운 사실이 아니다. 영어를 사용하면서 인도에 거주하며 얻게 되는 정보의 양과 다양한 분야는 우리나라에서 얻게 되는 정보에 비교할 수 없을 정도다.

해외에서는 인도가 영어가 잘 통용되는 국가로 알려져 있지만, 사실 전 인구의 5%만이 그 명성에 걸맞은 유창한 영어를 한다. 인도 인구 센서스 자료에 따르면 인도인의 30%가 영어로 기본적인 대화가 가능하고, 20%는 아직 문맹으로 남아 있다고 한다.

어떤 직업이든 선택은 자유?
단, 의사와 엔지니어 중 하나!

 인도사람은 왜 그렇게 이공계에 종사하는 사람이 많나요?

재미있는 통계를 하나 소개하려고 한다. 주인도 미국대사관에서 발표한 자료인데, 인도인 약 90% 학생들이 이공계(의학 포함)를 선택하기 위해 미국행 비행기에 몸을 싣는다는 것이다.

인도인의 이공계 선호는 오직 기술을 가지는 것만이 그들의 삶을 변화시킬 수 있다는 믿음에서다. 다시 말해 과학자로서 삶을 펼칠 수 있는 목적으로 이공계를 선택하는 것이 아니라, 이공계를 선택해야 해외에 나갈 수 있고, 이를 통해 자신의 삶을 변화시킬 수 있다는 것이다.

필자의 개인 기사로 일했던 50대 초반 산지브(Sanjeev)를 통해서도 이를 확인할 수 있었다. 그의 큰아들은 대학교 4학년, 딸은 갓 취업을 했고, 막내는 대학교 1학년인데, 큰아들은 기계공학을 전공하고 있고 딸은 약학을 전공해 약사로 일하고 있다며 자랑을 했다. 또 막내는 공부를 잘해서 인도 최고의 명문인 IIT(Indian Institutes of Technology: 인도 공과대학)에 1학년에 재학 중이라고 뿌듯해했다. IIT는 전 세계 3대 공대 중 하나로, 미국의 유수의 IT 기업 인도인 CEO들이 나온 학교로 유명하다. 흔히 IIT에 떨어져서 MIT에 들어간다는 우스갯소리가 있을 정도로 입학이 어렵다고 알려져 있다.

세 자녀들이 모두 이공계(의약) 분야로 진로를 선택하게 된 이유에 대해 물었다. 그는 자신과 같은 카스트가 차별받지 않고 살아가려면 기술을 가져야 하고, 영어도 잘 구사해야 하기 때문이라고 답했다. 자신과 부인이 결정해서 아이들에게 전공을 권했고, 아이들은 잘 따라주었다고 미소를 지었다.

인도 학생들의 상당수는 우리나라 고등학생에 해당되는 10~11학년 때 부모에 의해 'Science'(한국의 이과)를 그들 자녀들의 적성에 상관없이 선택하도록 강요받는다.

인도인들의 자녀 진로 선택에서 다음과 같은 말이 있다. '얘야, 넌 네가 원하는 것은 뭐든지 할 수 있단다. 단, 의사나 엔지니어 중에서! (Son, You can be anything what you want, Doctor or Engineer!)'

델리 시내 한국인들이 많이 거주하는 하우즈카스(Hauz Khas) 지역에 IIT 델리 캠퍼스가 있다. 이 학교를 다니는 학생들과 이야기해보면 미국 MIT나 버클리 공대와 차이가 없다고 한다. IIT를 졸업하면 졸업하는 자체가 보증서 역할을 해서 그가 할 수 있는 일이 많아진다.

IIT 졸업 시즌이 되면 마이크로소프트·인텔 등 세계 유수의 기업 수백여 곳 채용 담당자들의 방문이 줄을 잇는다고 한다. 마이크로소프트의 빌 게이츠 회장도 '세계적으로 유례가 없는 교육기관'이라고 언급할 정도다. 실리콘밸리 벤처 창업자의 15%, 미국 항공우주국(NASA) 직원의 32%가 IIT 출신이다. 인도 IT 재벌 인포시스(Infosys)의 회장, 세계적 소프트웨어 업체 위프로(Wipro)의 아짐(Ajim) 회장이 IIT 출신이다.

IIT는 미국 「타임스」가 선정한 세계 공대 평가에서 3위를 차지했다. (참고로 카이스트는 37위, 서울대 공대는 67위) 인도 고등학생들은 IIT에 가기 위해 하루 평균 9~12시간 동안 입학시험인 JEE에 매달린다. 지난해 30만 명이 지원해 4,800명만이 합격했다. '인도에서 가장 뛰어난 건 IT, 그보다 더 뛰어난 건 IIT'란 말이 있을 정도다. IIT의 경쟁력을 보면 아주 간단하다. 좋은 학생을 뽑아서 잘 가르치는 것이다. 따라서 학생과 교수 선발의 자유가 완벽히 보장된다.

입학시험인 JEE 출제에 대해서는 어느 누구도 간섭하지 않는다. IIT가 설립한 이래 정부에서 JEE 출제 방식과 난이도에 대해 한 번이라도 간섭한 적이 없다. 우리나라는 매해 정부에서 쉽니 어렵니 하면서 간섭하는 것과는 천양지차다. 입시 과목인 수학·물리·화학 시험은 어떤 때는 객관식으로만 나오다가 그다음 해는 주관식으로 바뀐다. 시험이 1차에서 끝나다가도 어떤 해는 2차까지 보기도 한다. 인도다운 예측 불허의 입시 때문에 불만이 무척 높지만 그래도 그냥 따른다. 학교 내 JEE 문제 출제만을 연구하는 곳에서는 1년 내내 시험 방식과 문제를 연구한다.

IIT 입학시험 난이도는 상상 이상이다. 그래서 IIT 입학시험 문제는 인도 다른 공대의 벤치마킹 대상이 된다. IIT 입시에서 낙방한 학생도 높은 수준으로 공부를 했기 때문에, 다른 공대를 가는 데 많은 도움이 되어 IIT 시험 관련 불만이 없는 것도 인도에서 통용되는 룰이다. 이런 자율성은 초기 IIT가 개교할 때 특별법을 제정해 자율성을 보장했기 때문이다.

IIT의 장점은 인도의 대다수 학교의 수업과 비슷하게 교양이 많은

전 세계 토픽이 된 커닝 모습.(출처: 「타임스 오브 인디아(Times of India)」, 2015년 6월 2일) 하지만 이런 모습은 지방의 일부일 뿐 대도시에서는 있을 수 없는 장면이다. 주요 대도시에서 치러지는 시험이나 대학의 시험 감독은 엄격하기 때문이다.
🎥 커닝 관련 TV 뉴스 영상.

일반인(generalist)보다는 스페셜리스트(specialist)를 키워내는 것이다. 즉 수업의 90%가 전공 과목이다. 1학년 때 교양과목이나 클럽활동 등을 끝내고 그다음부터는 컴퓨터·전기·기계공학을 집중적으로 공부한다.

IIT 졸업생들이 인기 있는 또 다른 이유는 영어 실력이다. 인도는 IIT를 비롯한 명문 대학의 입학시험 문제가 모두 영어로 돼 있고 학교 강의도 모두 영어로 진행되기 때문에 어릴 때 집에서도 영어를 쓰지 않으면 안 된다.

매년 12월이 되면 재미있는 것을 볼 수 있는데, 인도 신문에 IIT 졸업생들의 연봉이 공개되는 것이다. 참고로 IIT는 현재 전국적으로 19개 캠퍼스가 있고 2016년 3개 캠퍼스가 더 개교되었다. IIT 델리에서 최고 연봉을 받은 취업생이 났다고 보도되면, 다음 날 다른 지역 IIT에서 좀더 높은 연봉을 받은 학생이 나타난다. IIT 출신 연봉은 입학점수에도 영향을 미쳐서 IIT가 의대나 경영대보다 더 높은 경쟁력을 가질 수 있고 IIT 캠퍼스 간에도 경쟁을 유발하고 있다. 따라서 이 대학에 진학을 위해서 목숨을 거는 학생들이 많은 것이다.

뉴델리의 노량진,
깔루 사라이

🐘 **인도에도 노량진과 같은 입시 거리가 있다는데 맞나요?**

뉴델리 하우스카즈 근처 깔루 사라이(Kalu Sarai)는 IIT에 진학을 원하는 학생들로 넘쳐난다. 우리나라로 따지면 노량진과 같이 학원가가 형성되어 있다.

IIT 합격자를 가장 많이 배출한다는 브릴리언트 튜토리얼(Brilliant Tutorials) 학원에는 인도 전역에서 몰려온 학생들이 공부를 많이 하고 있다. IIT가 내신을 보지 않기 때문에 다른 지역에 사는 고등학생은 학교는 아예 가지 않고 인도의 노량진에서 공부한다. 수학과 물리·화학 과목을 일주일에 4번 4시간씩, 46주 과정(거의 1년 과정)으로 공부한다.

학원 근처 문구점+서점 체인인 프라케시 북 디팟(Prakash Book Depot). 사진에 보이는 GATE(Graduate Aptitude Test in Engineering)는 공대 진학을 원하는 학생이 치는 시험을 말한다.(출처: justdial.com)

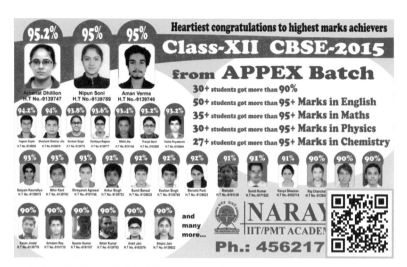

학원 광고. 인도에 거주하면서 가장 많이 접하는 광고 중 하나가 학원 광고다.
 'Think Twice(두 번 생각)'라는 자살 방지 캠페인 영상.

세계 의사 수출국
1위

전 세계에서 가장 많은 의사 수출국이 인도라면서요?

공식적으로 통계에 잡힌 숫자만으로도 현재 4만 7,000여 명이 미국에서, 2만 5,000여 명이 영국에서 의사로 근무하고 있고, 기타 다른 나라에도 인도인 의사가 많다. 우리나라도 한국전쟁 시 인도가 중립국으로 병원선과 의사를 보내 우리에게 도움을 준 적이 있을 정도로 인도의 의학 수준은 전통적으로 높이 평가받는다.

참고로 연세의료원에서 인도를 방문해서 첸나이에 있는 공립병원의 수준을 언급한 적이 있는데 대략 한국 수준의 80% 수준이라고 몇 년 전에 진단한 적이 있다. 하지만 최고 수준의 병원은 실력이 무척 뛰어나다고 알려져 있다.

인도 전역에는 398개의 의과대학이 있으나 교육 수준을 유지하기 위해 정부에서 주기적으로 실시하는 의대 교육 평가에 의해 퇴출도 지속적으로 일어나고 있다. 2010년에는 교육 여건이 갖춰지지 않은 69개 대학과 부정입학으로 문제가 된 대학 24개가 퇴출당했다.

의사가 되기 위해서는 MBBS(의학 학사 과정)를 마치고 '졸업 후 과정(post graduation)'을 거쳐야 한다. 인도에서는 매년 약 4만 5,000명이 MBBS 학위를 취득하고 2만 2,000개의 졸업 후 과정 자리가 난다고 한다. 이런 자리 부족의 이유가 아니라도 의대 졸업생의 상당수는 미국·호주·캐나다 등으로 가서 수련의 과정을 거치고 있는 것으로 알려져 있다. 필자와 같이 근무했던 직원들도 형제 자매가 미국 및 영국 등지에서 의사로 활동하는 사람이 여럿 있었다.

일전에 같이 일하던 직원의 동생을 만난 적이 있다. 그 친구는 인도 최고의 명문으로 손꼽히는 의대를 졸업하고 바로 미국으로 건너가서 미국 대학 병원에서 일하다가 지금은 뉴욕에서 자신의 병원을 개업해서 일하고 있다고 한다.

미국으로 간 이유를 장황하게 설명하긴 했지만 한 마디로 어릴 때부터 인도를 떠나 해외로 떠나고 싶어 했고, 가장 확실하고 안전한 그리고 다른 국가에서 인정을 받을 수 있는 직업이 의사였고, 아버지의 권유와 자신의 선택으로 그 길을 가게 되었다고 했다.

인도는 현재 인도 보건 문제를 우려할 정도로 의사 부족으로 시달리고 있다. 의사의 수는 인구 1만 명당 7명 수준으로 미국 25명, 유럽 32명, 한국 22명에 비해 턱없이 부족한 편이다. 이러한 현실 아래 인도 정부는 꾸준히 의대를 늘려왔다.

최고의 의대에 들어가는 것은 복권 당첨 확률보다 낮다고 한다. 인도 최고의 명문 의대 중 하나인 크리스천 의과대(Christian Medical

College)의 경우 약 8만 명 가까운 지원자 중에 오직 72명만이 합격한다. 1980년 인도 의대는 100개의 국립의대, 11개 사립의대가 있었지만 35년이 지난 지금은 각각 183개, 215개로 늘어났다. 이러한 노력으로 현재 약 94만 6,000명 정도의 의사가 있지만 여전히 공급 부족에 시달리고 있다. 이렇듯 수요와 공급에서 수요가 넘치는 의사는 인도 내에서도 고소득과 존경을 받을 수 있는 직업이다.

인도 최고지 「타임스 오브 인디아(Times of India)」는 2014년 8월에 전국 7시 주요도시 초등학생 6만 5,000명을 대상으로 설문조사를한 결과, 전체 응답자의 29%가 의사를, 15.8%가 크리켓 선수, 11.6%가 엔지니어를, 9.2%가 교사를 미래의 희망으로 손꼽았다.

특히 의사를 꿈꾸는 학생들 중 여자의 비율이 남자의 비율에 비해 2배 가까운 차이를 보였다. 이는 인도에서 전문직으로 살아가는 것이 여성에게 큰 매력으로 다가오기 때문인 것으로 보인다.

수학은 해외로 나가기 위한 도구일 뿐

 인도 수학이 그렇게 유명하다는데 사실인가요?

의사나 엔지니어가 되려면 '수학'이 필수다. 인도가 수학이 발달되었다고 하지만 유명한 수학자는 없는 이 상황을 어떻게 설명해야 할까? 문제를 푸는 기술은 아마 전 세계 최고가 아닐까 싶다. 수학의 노벨상이라는 필즈상 수상자도 인도 출신은 없고(물론 한국 출신도 없음), 세계적인 수학자도 없으며, 수학올림피아드 성적도 그리 높지 않다.

하지만 의사나 엔지니어가 되려면 수학·과학 시험 성적이 좋지 않으면 진학할 수 없다.

그렇다면, 왜 인도인의 미래 준비는 곧 의사와 엔지니어가 되는 것이라고 할까?

먼저 정치적인 배경에서 살펴보면, 과거 인도는 독립 후 1962년에 있었던 중국과의 국경 전쟁인 중인도(Sino-Indian) 전쟁, 1965년 인도 파키스탄 전쟁 등 큰 전쟁을 경험했다. 또 농업 혁명과 더불어 국가의 자존심과 과학 기술을 통해 과거의 역사를 반복하지 않고 자주적인 나라로 성장시키기 위해서는 과학기술이 필수라고 생각했다. 그래서 구소련과 마찬가지로 과학에 매진했다.

따라서 구소련을 모델로 해 설립된 ISRO(Indian Space and Research Organization: 인도우주과학연구소)를 만들어 1975년 첫 위성인 아라야브할토(Aryabhalto, 5세기 인도의 수학자)를 구소련의 지원을 받아 쏘아올렸다. 재미있게도 인도는 1990년 이후 첫 상업 위성발사사업을 진행했고, 그 첫 대상이 1999년 발사된 한국의 우리별 3호였다.

1964년 중국이 핵을 보유하게 되자 이에 자극 받아 비밀리에 핵개발에 돌입했고, 1974년에는 핵실험에 성공하게 되었다. 그리고 핵을 실어 나를 추진체인 ICBM(대륙간 탄도 미사일)을 개발하면서 우주 발사용 로켓 발사체를 개발한 것이다.

이렇듯 인도는 건국 초기부터 국가가 나서서 과학을 이끌어갈 인재를 길러냈다. 그래서 1951년 IIT가 최초로 설립이 되었고, 1961년도에는 4개가 더 만들어져서 현재 전국적으로 19개의 캠퍼스로 늘어나게 되었다. 인도가 잘살고 못살고를 떠나 이러한 과학적 성취는 선진국들을 자극해, 특히 1960년대부터 1990년대까지 인도 학생들에게 장학금과 일자리를 제공해가면서 그들을 유치했던 것이다.

인도인은 '기술자가 되는 것은 생활의 안정과 미국이나 해외로 이민

인도 핵 개발의 아버지로 존경받았던 2015년 사망한 압둘 칼람 전 대통령. 인도 우주연구소에서 일하며 인도 최초의 위성과 미사일 발사를 성공시키는 등 인도 과학기술의 오늘을 만든 주인공이다.

가기 위한 가장 기본적인 준비를 하는 것'이라는 인식을 가지고 있다. 또 의사가 되는 것은 '사회적으로 인정받는 신분이 되는 것을 포함해 자기 일을 해서 부자가 될 수 있는 길'이라고 생각하는 것이 일반적이다. 인도에 이런 말이 있다. 현명한 아이(Bright kids)는 기술자가 되는 것이고, 부자 아이(Rich kids, 아버지를 부자로 둔)는 의사가 되는 것이며, 멍청한 아이(Dumb kids)는 예술을 전공해 예술가가 되는 것이다.

카스트에 의해 지배되던 인도는 이렇듯 새로운 카스트 시스템으로, 즉 '영어+기술(의학)'로 과거와 단절해나가고 있다.

매년 의대에서 4만 5,000명의 의사를 배출하고 있으나 여전히 미국을 비롯한 선진국에서 인도 출신 의사를 선호해 그들을 자국으로 데려가고 있다. 미국은 현재 이러한 두뇌들을 자국으로 신속히 데려가기 위해 신속한 비자 발급 제도를 운영하고 있다. 매년 1만 8,000명의 의

사가 배출되는 미국이지만 의료 인력은 아직 부족하다. 인도의 의대 학비는 연간 국립의대가 1만 1,500루피(172달러), 사립의대가 70~90만 루피(1만~1만 3,000달러)다. 사립의대를 가기 위해서는 든든한 뒷받침이 필요해 가난하지만 열심히 공부하는 학생들은 국립의대의 치열한 경쟁을 뚫기 위해 노력하고 있다.

의사를 향한 열정은 매년 9,000명이나 되는 인원이 중국에서 의학을 전공하고 있으며(2013년 기준) 약 200억 루피(약 3억 달러)나 되는 예산이 드는 의대 설립에 몰두하게 만든다. 하지만 교육 여건이 우수한 학교를 만들기 위해서는 교통·전임교원 확보 등이 무척 중요해서 돈이 있어도 의대를 설립하기 무척 어려운 상황이다. 일부 의대에서는 설립 후 전임 교원 확보가 어려워 정부가 조사할 때만 다른 의대에서 교수를 빌려온 것이 발각되어 대거 의대 인가가 취소되기도 했다.

인도는 매년 3,345개 대학에서 150만 명의 엔지니어가 배출되고 있다. 하지만 이 가운데 20~33%가 직업을 구하지 못한 채 졸업하고 있다. 인도에서 배출되는 공대 졸업생 인원은 중국과 미국의 공대 졸업생을 합친 인원보다 많다. 하지만 숫자에 집착해서는 안 된다. 제대로 교육도 안 된 상태에서 배출되는 인원도 고려해야 할 것이다. 하지만 매해 많은 인원들이 배출되는 이유는 간단하다. 인도 경제가 성장을 지속하고 있기 때문이다.

IT 산업은 지난 5년간 매해 평균 약 30%씩 성장을 해오고 있고 연간 1,100억 달러 규모의 IT 아웃소싱 비즈니스가 인도에서 일어나고 있다. 이러한 규모를 뒷받침하기 위해서는 막대한 인력이 소요가 되는데, 인도의 대표적인 IT 기업 중 하나인 TCS와 인포시스(Infosys)는 매년 대규모 채용을 하고 있다. TCS는 2015년에 3만 5,000명을, 2014년에는 2만 5,000명을 채용했고, 매해 채용 규모를 늘리고 있다. 임금 수준을 살펴보면 IIT 출신은 대졸 초임의 경우 1만 5,000~1만 6,000달러 수준으로 지급하는 반면, 중위권 학교 출신자는 대략 3,000~3,500달러 정도다.

참고로 보수가 높은 의사를 제외하고 수요가 많고 안정적인 직업을 구할 수 있는 공대를 제외하면 얼마의 급여를 받을까?

인도에서 대우를 많이 받지 못하는 직업군 중의 하나인 그래픽 관련 직업의 평균 연봉을 보면 그래픽 디자이너는 15만~70만 9,859 루피(2,300~1만 달러), 시니어 그래픽 디자이너는 30만 루피(4,500 달러), 아트 디렉터는 42만 1,907루피(6,300달러), 시니어 UX(User eXperience)디자이너는 64만 2,000루피(9,600달러), CD(Creative Director)는 130만 9,924루피(1만 9,000달러) 정도 받는다. 하지만 중견 간부 이상으로 올라가면 급여와 혜택은 상당히 높아진다.

인도에서 교육에 대한 투자는 우리나라와 마찬가지로 엄청나다. 사교육시장은 정확한 통계를 집계할 수 없을 정도지만 대략 한화로 약 100조 원 규모의 시장이다. 우리나라도 사교육시장을 비롯한 교육시장의 규모는 정부 예산 집행의 두 번째 규모(55조 원)로 비춰봤을 때 무척 클 것이다. 거기에 들이는 시간과 돈도 이루 말할 수 없을 것이다. 하지만 효율성 차원에서 본다면 어느 나라가 더 효율적일까? 답을 하지 않아도 결론을 쉽게 유추할 수 있다. 그럼, 이런 막대한 교육시장에서 IT 산업의 발달과 함께 가장 혜택을 누릴 수 있는 분야가 어떤 것일까? 바로 '온라인 교육'이다. 온라인 교육에 대해서는 추후 곧 살펴보기로 하겠다.

교육보험이
잘 팔리는 나라

인도는 교육에 대한 관심이 많아 학비에 대한 부담도 만만치 않다. 인도 아비바(Aviva) 생명에서 조사한 바에 따르면 교육을 위해 인도 평균 각 가정당 약 47만 루피(7,000달러)를 저축하고, 전체적으로 보면 81%의 가정에서는 자녀 교육을 위해 저축을 못 한다고 한다. 교육에 관심은 있으나 자녀의 교육을 위한 미래 준비는 상위 20% 정도만이 하고 있는 것이 현실이다.

인도 친구 중 아니타 카푸르(Anita Kapur)라는 친구가 있는데 아들을 뉴욕으로 보냈다. 좀 부유한 집안이라서 2채의 집을 담보로 4년 학비를 충당하는데, 그는 유학 비용을 50만 달러 정도 생각하고 있다. 대출에 대한 걱정은 집값이 급격히 오르고 있어 크게 신경쓰지 않고 있었다.

인도에서는 자녀를 위해 부모가 교육비를 대는 것은 너무나 당연한 일로 여긴다. 학부모들의 약 3분의 1은 담보대출을 받아 자녀들에게 교육을 시키고 있다. 보험회사 마케팅 내용도 자세히 살펴보면 부모의 책임감을 부각시켜 보험 가입을 유도하고 있다.

해외 대학원 유학이 많았으나 요사이 트렌드는 대학 입학을 앞둔 학생들도 점점 많이 유학을 떠나는 추세다. 매년 인도인 25~30만 명이 해외로 유학을 가고, 이들의 유학 비용의 80%는 주택담보 대출 등으로 유학 비용이 충당된다.

보통 교육비 대출은 250~600만 루피(3만 7,000~9만 달러) 정도로 무담보 대출로 많이 이뤄지고 있다. 또 500만~1,500만 루피(7만 5,000~22만 5,000달러) 수준의 유학 비용을 융통하기 위해서 대출도 많이 일어난다.

이러한 이유로 인도에서는 한국의 1970~1980년대와 마찬가지로 교육보험 판매가 높다. 인도 보험시장에서 가장 핫한 보험이 '차일드 에듀케이션 플랜(Child Eudation Plan)'으로 불리는 교육보험으로 가장 일반적인 상품은 월 3,000루피, 15년 납입 상품이 가장 많이 팔린다. 인도 방송이나 신문에서도 교육보험에 관해 상품별 특징이나 장단점을 소개한 기사를 자주 볼 수 있다.

인도의 디지털 활용 방법, 온라인 교육

 IT 강국 인도의 온라인 교육도 한국처럼 활성화되어 있겠네요?

인도의 인구 구성을 살펴봤을 때 가장 많이 있는 나이대가 25세 이하다. 그럼 그들의 수요가 가장 많은 것은 엔터테인먼트 이외에 어떤 것이 있을까? 바로 '교육'이다.

젊은 콘텐츠 소비자의 관점에서 바라보면 디지털, 즉 온라인을 활용하는 방법에는 크게 2가지가 있을 것이다. 하나는 젊은 학생들은 흥미를 가지지만 어른들 입장에서 보면 시간 낭비 요소가 강한 게임, 음악 등이 있을 것이고, 반대로 어른들의 입장에서는 자녀들이 많이 했으면 하는 것이 온라인을 이용한 학습일 것이다. 교육과 관련되어 인도의 교육열은 한국보다 열기가 강하면 강했지 약하지 않다. 특히, 디지털 인프라가 늘어나면 교육의 디지털화는 피할 수 없는 대세가 되었다. 인도의 사교육시장 규모는 2014년 기준으로 5조 9,000억 루피(885억 달러, 약 101조 5,000억)이다.

참고로 대한민국의 사교육비 규모가 2015년 기준 17조 8,000억 원이고 온라인 교육시장 규모는 1,900억 원 정도다.

교육 스타트업 기업만 많고,
교육은 없고

인도의 온라인 교육 규모는 2015년 약 200억 달러 규모인데 2017년까지는 400억 달러(약 46조 원)로 늘어날 전망이다.

현재 인도에도 많은 스타트업, 벤처 기업이 교육사업에 뛰어들려고 많은 노력을 기울이고 있다. 하지만 새롭게 시장에 진입하는 기업들이 기존 교육기업들만큼 큰 성과를 거두지 못하고 있다. 그 이유는 무엇일까?

2015년 7월 인도의 한 방송에 인도 유명 온라인 교육업체 엠바이브(Embibe)의 설립자이자 CEO인 아디티 아반티(Aditi Avathi)가 다음과 같이 말했다. 기술 기반의 교육기업들은 전반적으로 교육시장에 대한 이해가 전통적인 교육 기관의 이해보다 훨씬 떨어진다. 그래서 교육 소비자 대상의 깊은 성찰 없이 기술적인 자신감으로 시장에 접근하는 것이 큰 패착이다.

교육은 다른 기술과 달리 오프라인에서의 경험이 기본이 되지 않으면 어렵다. 따라서 스타트업의 경우 고객을 온라인으로 데려오는 것에만 집중하기에 실패하게 된다. 그래서 콘텐츠의 질보다는 양으로 승부하려는 것도 주요한 실패의 원인이다. 이는 인도의 독특한 온라인 교

엠바이 홈페이지. 인도 최고의 온라인 교육 인터넷 사이트로 주로 대입과정을 메인으로 강의한다.

육 시스템의 성격을 알면 이해가 될 것이다. 우선 공장 시스템에서 만드는 교육 내용이다. 기존 만들어진 선진 교육 시스템은 가져다놓았으나, 한 교육 시스템을 가지고 소비자에게 맞는 과정 개발이 충분치 않다는 것이다. 가령 기업의 세일스 기법 교육을 예로 들어보면 해외에서 들여온 프로그램을 다양한 산업에서 같이 쓰고 있는 것을 목격했다. 단지 다른 것은 제품의 가격이나 간단한 상품 설명 정도다. 따라서 교육 교재는 정말 빨리 만들지만 그 회사만이 적용할 수 있는 차별화 포인트가 있는 교육 자료를 만들지 못하는 것이 한계다.

이러한 것은 또 교육을 담당하는 사람들의 실력에도 기인한다. 인도의 가장 고질병이라고 할 수 있는 무책임, 다시 말해서 '난 위에서 지시를 받았고, 그러면 교육 전문업체를 사무실로 불러서 이런 교육 자료를 만들어야 하니 만들어 와'가 끝이다. 그리고 몇 주를 기다려 결과를 받아서 교육한다. 그러니 제대로 된 교육이 이뤄질 리가 만무하다.

더구나 제일 중요하지만 개선하기 어려운 것은 '스토리텔링 능력'이다. 교육을 담당하는 사람도 교육 교재를 제작하는 업체도 스토리텔링 능력은 굉장히 수준 이하다. 따라서 욕심만큼 좋은 교육 내용이 생산되기 힘든 구조다. 그럼에도 교육의 중요성을 정말 많이 인식하기에 그 낮은 질의 교육이라도 많은 기회로 만드는 것이 바로 인도다.

성공한 교육
스타트업들의 비결

 인도에서 성공한 교육 스타트업들의 비결은 무엇인가요?

성공한 교육 스타트업은 어떻게 이렇게 어려운 인도 시장에서 성공을 거뒀을까? 다음과 같이 몇 가지 비결이 있다.

첫째, 가장 어려운 것은 인프라, 즉 인터넷의 열악한 환경을 극복하는 것이다.

인도의 인프라는 전국이 고르지 않다. 또 쉽게 끊기기도 한다. 고객 입장에서는 교육 서비스를 받을 때 갑자기 끊기거나 속도가 느려지면 인터넷 공급망을 담당하는 회사를 탓하기보다 교육 업체를 탓한다. 따라서 이 점에 집중해서 고객 경험을 긍정적으로 만드는 데 집중을 한다. 다시 말해, 무거운 영상파일보다 가벼운 영상파일로 다운로드가 미리미리 되어 교육이 되도록 조치한다.

둘째, 적절한 가격 전략을 세우는 것이다.
고객의 니즈에 걸맞은 적절한 가격 전략이야말로 상당히 중요한 요인 중의 하나다. 교육에 대해 중요하다고는 하지만 온라인 교육은 제대로 된 가치를 쳐주지 않기 때문이다.

셋째, 뭐니 뭐니 해도 '콘텐츠'가 중요하다.

필자가 만나본 온라인 교육업체 CEO들도 같은 생각이다. 따라서 콘텐츠 디자인을 어떻게 하는지가 관건이다.

인도의 온라인 교육 비즈니스의 가장 큰 경쟁자는 누구일까? 같은 온라인 경쟁자? 아니다. 그들의 경쟁자는 바로 오프라인 교육이다. 인도의 99% 교육은 교실에서 이뤄지고 있다. 만약 1%의 온라인 교육을 10%로만 끌어올린다면 엄청난 기회가 만들어질 수 있을 것이다.

인도에 지금 교육 사업을 시작하기로 결정을 했다면 어느 분야로 들어가는 것이 좋을까? 니치 시장을 뚫는 것이 그나마 시장의 주목도를 높여 성공의 가능성을 열 수 있을 것이다. 예를 들면 기존 교육(입시·성인교육 등)을 가지고 차별화를 한다는 것은 상당히 어렵다. 그래

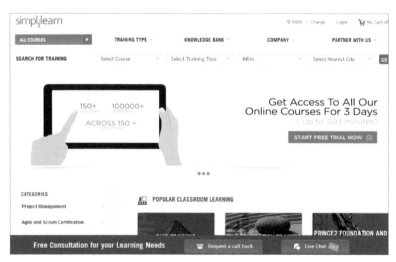

심플리런 메인 페이지. 온라인 교육 업체 심플리런은 인도에서 창업해 본사를 미국으로 옮겨 전 세계로 진출하고 있다.

서 직업기술 교육이나 취미(음악·미술, 심지어 e-스포츠 등) 등도 좋은 시장이 될 것이다. 중요한 것은 인도의 교육시장이 무섭게 성장하기에 시도를 충분히 해볼 수 있다는 점이다.

인도의 온라인 업체 중 하나인 심플리런(Simplilearn) 회사가 있다. 이 회사의 CEO는 인도가 IT 기술자는 많은데 제대로 된 교육을 받을 수 없다는 데 착안해 프로젝트를 매니징하는 방법을 알려주는 개인 블로그를 운영했다. 그러다가 찾는 사람들이 많아지자 본격적으로 IT 직업을 가지고 있는 사람들에게 프로젝트 매니징하는 방법을 가르치게 되었고, 지금은 디지털 마케팅, 빅데이터 관리 기법 등 10개의 코스로 영역을 넓혔다.

이 회사는 미국 실리콘밸리로부터 약 1,500만 달러 투자를 받았고, 지금은 미국·그리스·캐나다·영국으로 시장을 확대했다. 현재까지 약 3만 명이 교육을 받았다.

우리나라와 마찬가지로 젊은이들이 많은 곳에는 역시 교육시장이 있고, 교육시장은 또 다른 기회를 제공해준다.

인도로 간 한국의 1위 교육기업, 이투스

우리나라의 온라인 1위 교육기관인 이투스(Etoos)는 2011년에 인도 입시의 도시 코타(Kota)에 자리 잡았다. 이 도시 인구는 약 69만 명이나 학원생은 16.5만 명(그중 공대 준비생은 12만 5,000명, 의대 준비생은 4만 명)에 이를 정도로 학원 도시로서 유명하다. 2010년에는 8만 2,000명이었던 것이 2배가 넘게 성장한 것이다. '인도 학원 교육 수도(The Coaching capital of India)'라 불리기도 한다.

대략 학생들은 그 도시에서 2~3년 거주하면서 시험을 준비한다. 코타에는 많은 학원(Cram School)이 존재한다. 코타의 입시학원 특징은 오직 IIT와 AIIMS(명문의대) 진학이 목적이란 것이다. 하지만 이런 엄청난 스트레스로 인해 2015년만 해도 약 30명이 자살을 했다고 한다. 그만큼 입시에 대한 압박이 심한 곳이 인도다. 그곳에 한국의 이투스가 깃발을 내려서 기존 교육 시스템과는 다른 입시만을 위한 교육을 하고 있다.

인도 시장에 진출하기 위해 처음에는 시장에 대한 공부를 하기 위해 TFT를 구성해 인도 시장을 연구했고 그 결과를 가지고 인도에 진출하기로 결론 내려 시장 진입을 하게 되었다.

쟁쟁한 교육기업들 사이에서 뿌리를 잘 내려가고 있다고 하지만 정착에는 많은 어려움이 있었다. 이투스는 코타에 3개, 인도 중북부 파트나에 2개, 동북부 칸푸에 1개로, 총 6군데의 스마트 러닝센터를 두고 있다.

현재 이투스 온라인 등록 인원은 2014년 20명의 학생으로 시작했으나 2015년엔 1,657명까지 늘어서 어느덧 정상 궤도에 접어들었다고 한다. 하지만 좀더 잘 시장에 정착하기를 바라는 마음이 간절하다. 인도 다른 학원들은 그 학원 출신의 많은 수의 IIT나 의대 입학생을 가지고 홍보를 하고 학생을 모으지만 이투스의 경우 그런 수단을 쌓기 위해서는 좀더 많은 학생이 와서 듣고, 성공해야 그것을 마케팅에 활용할 수 있을 것이다.

이투스 인도 강사들의 우수함을 알리는 광고.
☞ 이투스 인도 온라인 강의 장면.

　인도인의 특성 가운데 하나는 이투스와 같은 새로운 경험에 대해 도전을 잘 하지 않으려고 하는 성향이 강하기 때문에 진출기업이 초기에 많은 고전을 하게 된다. 따라서 인도에 진출하고자 한다면 이 점도 간과해서는 안 된다.

제2부

인도 소비자
& 인도 마케팅

넓은 나라 인도에서 고객 찾기

인도 소비자를 알면
시장이 보인다

인도에서 사업하기 어때?
응, VUCA야!

 인도가 그렇게 부패도 심하고 사업하기 어렵다고 하던데 어떤가요?

친한 친구가 나에게 "넌 인도에서 살아봤잖아? 인도에서 사업하기 어때?"라고 묻는다면 '온탕과 냉탕이 공존하는 혼돈의 시장'이라고 답해줄 수 있을 것이다. 다시 말해 VUCA, 즉 상황이 '변동적이고(Volatile) 불확실하며(Uncertain) 복잡하고(Complex) 모호한(Ambiguous)' 시장이다. 인도의 경제 수준은 흔히 이야기하는 1인당 국민소득으로 따져보면 2015년 기준 1,834달러(명목소득 기준, IMF 자료)로, 중국 8,280달러에 비해 현저한 차이가 난다(참고로 한국은 2만 7,513달러). 하지만 최근 일반적으로 쓰는 PPP 기준으로 따지면 6,266달러로 상당히 높은 수준까지 올라간다.

경제 규모 면에서만 따져본다면, 인도는 세계 7위의 GDP(명목 소득 기준, 2014년 IMF 자료) 수준이며, PPP 기준으로 우리 이웃인 일본을 2012년에 일찌감치 제쳐 이미 세계 3위의 경제 대국이다.

한 예를 들면 인도 경제도시 뭄바이(Mumbai)와 뿌네(Pune)를 끼고 있는 인도의 한 주 마하라슈트라 주(Maharashtra州, 인구 1억 1,400만 명)의 경제 규모(2014년 GDP 기준 약 2,200억 달러)가 유럽의 한 나라인 포르투갈과 경제 규모가 비슷하다. 인도의 경제 성장률은 2015년 7.6%, 2016년에는 약 7.7~8.0%(기관마다 다름)로 전년 대비 더 성장할 것으로 예상하고 있다. 인도도 다른 나라와 비슷하게 지역적인 소득 불균형을 보이고 있다.

힌디어를 쓰는 인도의 주류인 북서부 지방이 다른 지역에 비해서는 상대적으로 소득이 높다. 인도의 당면한 과제 중 하나인 인도의 통합, 지역적 편차를 제거하는 문제를 푸는 지름길은 이러한 경제적인 편차를 없애는 것이기에, 인도 정부도 많은 고민을 하고 있다.

인도의 긍정적 지표와는 대조적으로 인도가 안고 있는 구조적인 모순도 여러 데이터를 통해서 살펴볼 수 있다. 많은 인도인들과 외국인들이 우려하는 것은 본인들의 비즈니스와 관련이 깊은 인도의 '구조적인 부패문제'를 언급한다. 필자도 정부와 일을 하면서도 이런 문제에 몇 번이나 부딪혔다. 하지만 하위직을 제외한 인도를 이끄는 중앙 공무원을 2가지 유형으로 규정해 접근해보면 간단하다. 즉 선출직 공무원(정무직)과 고시 출신 공무원(관료)으로 구분하면 된다.

선출직 공무원과 달리 우리의 행정고시와 유사한 시험에서 뽑힌 관료들은 내가 알고 있던 것과 상당히 다른 모습을 보여주곤 했다. 물론 모든 사람이 다른 모습을 보여주지는 않지만 그들과 만나면서 우리 인식과 다른 모습을 많이 발견했다. 예를 들면, 뉴델리 경찰청은 중앙정부 직속기관이다. 뉴델리 경찰청의 고위직 간부를 찾아가 만난 적이 있었는데, 만남을 기념해 자그마한 선물을 준비했다. 나오는 길에

주별 GDP 지도

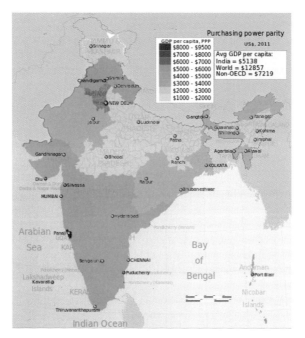

인도의 지역별 소득 수준. 진한 색이 소득이 높은 지역이다. 공업과 상업이 발달한 뭄바이와 델리 주변인 북서부가 짙은 색으로 표시되어 있다.

건네주니 정색을 한다. 무척 스마트한 사람이었고 열정적인 사람이었는데 오히려 건네는 손이 무안할 지경이었다. 이 사람은 CSE(Civil Services Examination: 행정고시) 시험을 쳐서 공무원으로 근무하는 사람이다. 정통 관료들과 이야기를 하다보면 정말 청렴하고 인도의 미래를 걱정하는 관료도 많이 만나게 되어 놀랄 때가 많다. 하지만 선출직 공무원(정치인)이나 그와 함께 합류하는 정무직 공무원들은 공공연하게 뇌물을 요구하기도 하고, 또한 교묘한 방법으로 여러 가지 혜택을 요청해 기업 관계자들을 곤란하게 만든다.

인도의 행정고시 CSE란 무엇인가?

CSE는 중앙정부에서 일하는 공무원을 선발하는 시험을 일컫는다. 매년 응시자의 0.1~0.3%만 합격하는 것으로 알려져 있다. CSAT라는 1차 시험과 논술인 2차 시험과 인터뷰로 구성된다. 대졸 학력을 보유한 사람만이 응시 가능하며, 나이는 21~32세까지만 응시 가능하다. 하지만 자기가 속해 있는 카스트 계급에 따라 37세(불가촉천민계급)까지도 응시 가능하며, 응시 횟수도 카스트 계급별로 다른데 불가촉천민 계급은 무제한 응시 가능하고, 중간계급은 9회, 상위 카스트는 6회까지만 응시 가능하다.

2015년 약 94만 5,000명이 원서를 제출했고, 이중 절반 정도인 46만 3,000명이 응시해 1차에 1만 5,000명이 선발되었고, 2차 최종 418명이 선발되었다.

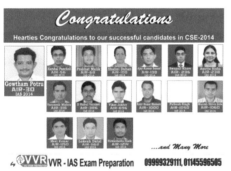

(왼쪽) CSE 관련 학원 광고.
(오른쪽) CSE 준비용 책.

뇌물의 시장 기준가격을
알려드립니다

 인도의 부패 원인은 무엇이며 어떤 자정 노력을 하고 있나요?

국제투명성기구가 밝힌 자료(2015년)에 따르면 인도는 전 세계 168개국 중 투명성지수 순위로 따졌을 때 76위로, 브라질/태국(76위), 중국(83위) 등과 비슷한 수준이며, 러시아(119위), 필리핀(95위), 베트남(112위) 보다는 나은 모습을 보여주고 있다(같은 기간 한국은 37위).

하지만 반가운 사실은 2012~2014년을 지나면서 점점 나아지는 모습을 보여주고 있다. 이러한 부정부패에 대한 지속적인 언론의 감시와 국민 의식의 개선은 향후 인도가 부정부패로부터 탈출할 수 있다는 가능성을 보여준다.

인도에서 일하면서 만나게 된 많은 언론인과 경찰 고위 간부들, 그리고 인도의 젊은 직원들은 인도를 개혁하기 위한 가장 시급한 과제로 부패를 꼽았고, 그들 스스로 청렴하기 위해 상당히 많은 노력을 하고 있는 것도 사실이다. 그들은 믿는다. 인도의 변화로 미래에는 자신들이 세계를 주도할 수 있다고. 돌이켜보면 우리도 급격한 경제 성장 시절에는 부정부패가 만연했다. 따라서 지금 우리가 상대적으로 인도보다 부정부패가 적다고 결코 인도를 얕볼 수 없는 일이다. 왜냐면 그들이 부정부패에서 멀어졌을 때 인도와 한국의 관계는 지금 관계와는 상당히 달라져 있을 것이기 때문이다.

국제투명성기구 발표에 따르면 인도의 부패지수는 2015년 '38'로, 2014년과 변화가 없다('100'이 가장 청렴하고, 숫자가 적을수록 부패하다. 즉 '0'이면 최악의 부패를 뜻한다). 컨설팅 회사 어니스트 영의 자료에 따르면 2011년 10월~2012년 9월까지 부패로 인한 손해가 연간 약

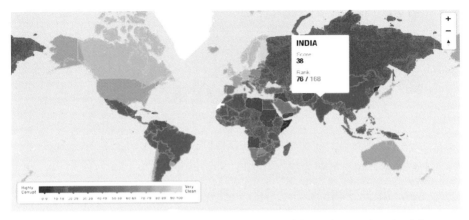

인도의 부패지수. 붉은색이 짙을수록 부패가 심하다는 의미다. (출처: 2015년 국제투명성 기구)

3,600억 루피(약 54억 달러)라고 한다. 이는 인도의 주력 전투기인 프랑스 라팔 전투기를 36대 구매하고도 남는 돈이다. 그럼 어느 분야가 가장 부패가 만연할까?

인도에서 가장 많은 부패가 양산되는 것은 역시 인프라 건설과 부동산 분야다. 인도, 특히 뉴델리 도심의 도로는 포장한 지 한 달이 지나지 않아 아스팔트가 벗겨지면서 흙먼지가 날린다. 같이 일하는 직원들도 매번 지적하듯이, 왜 같은 도로를 매해 계속 포장하는지에 대한 불만을 토로한 적이 많다.

필자도 집 근처 도로 포장하는 것을 여러 번 보았다. 건설회사를 다녔던 경험이 있어서 유심히 살펴보았는데, 땅을 파고 자갈을 깔고 고르기를 하고, 다시 잡석으로 채우고 다지고 아스팔트를 까는 과정이 아니었다. 그냥 맨땅에 자갈을 대충 뿌리고 아스팔트로 도로를 포장해 다지니 도로가 엉망이 될 수밖에 없다. 돌부리가 튀어나온 것 위로 아스팔트를 부어서 롤러로 다지니 그 부분이 바로 파손이 되는 것이다. 이뿐만 아니라 도장 찍고 허가 내주는 분야는 거의 뇌물 문제로 얼룩져 있다고 인도인들은 이야기한다.

대표적인 부서가 건설 및 교통, 광산 관련, 국방 관련, 그리고 발전소 관련 부서의 부패가 심각하다. 모디 총리의 오른팔이자 필자가 여러 번 미팅을 했던 도로교통부 장관은 인도에서도 손꼽히는 부패정치인으로 소문나 있다. 하지만 이름만 오르내리지 아직까지 살아 있는 권력 아래라 조용히 넘어가고 있는 모양새다.

부패 문제가 발행하는 이유는 다음과 같이 정리할 수 있다. 법적인 제도와 처벌 미비, 복잡한 세금 규정과 면허발급 시스템, 이권을 챙기기 위한 사업자들의 움직임, 비합리적인 행정 등이다.

이 중에 필자도 직접 경험한 것은 급행료다. 인도에서는 외국인이 인도 거주를 위해 매년 등록을 갱신한다. 따라서 조금 빨리 받기 위해 약 500루피 정도 공무원에게 친절을 베풀면 일주일 이상 걸리는 것이 하루면 된다. 인도에서는 부패 방지를 위한 법이 현재 4건이나 하원에 올라가 있다. 하지만 2011년 제출된 법률도 아직 묶여 있다.

한 자료에 따르면 2013년 기준으로 인도 내에서 3조 3만 7,000억 루피(약 540억 달러)의 불법 자금이 거래되었다고 한다. 전 세계 4위 규모다. 인도보다 위에 있는 나라는 1~3위에 중국·러시아·멕시코가 있다. 인도 모디 총리가 정권을 잡을 때 깨끗한 정부를 주장했으나 모디 총리가 속해 있는 BJP 총재 아미트 샤(Amit Shah), 그리고 재정경제부 장관인 아룬 자이틀리(Arun Jaitley)와 다른 장관들 이름이 심심치 않게 부패로 엮여 언론에 등장하고 있다. 아무리 정권이 바뀌어도 힘든 문제가 바로 부패 척결의 문제가 아닌가 싶다.

하지만 부패 문제는 시간이 흐르면서 점차 개선이 되고 있다. 필자가 인도에서 흥미롭게 지켜봤던 것은 시민들의 자발적인 움직임에 의한 부패 방지 노력이다. 이는 디지털의 발전에 힘입은 바가 크다. 그런 대표적인 활동이 'IPAB'다.

부패한 인도를
깨끗하게 만드는 힘, IPAB

인도 IPAB(I Paid A Bribe: 나는 뇌물을 줬습니다)는 2010년 8월 인도 벵갈루루에서 탄생한 온라인 부패 고발 사이트다. 현재까지 8만 개가 넘는 부패 관련 보고서와 1,000개가 넘는 도시에서 287억 루피의 부패 금액이 기록되어 있다. 흥미롭게도 이 사이트에 가면 어떤 일을 할 때 얼마를 줘야지 일이 잘되는지에 대해서도 자세히 나와 있다.

2015년 7월에는 국제투명성기구 등과 함께 25개 나라에서 이와 비슷한 사이트를 오픈해서 활동하고 있다.

IPAB에는 3개의 카테고리가 있다(I Paid a Bribe/ I Did Not Pay a Bribe/ I Did Not Pay a Bribe/ I Met an Honest Officer). 이 사이트에 접속해서 각자 맞는 카테고리로 가서 기록을 남길 수 있다. 또한 이 정보들은 관련 정부기관으로 보내진다.

I Paid a Bribe는 누가 얼마나 왜 뇌물을 요청했고 얼마를 줬는지, 마찬가지로 I Did Not Pay a Bribe는 그런 요청을 거절한 사례를, 마

IPAB 웹사이트. 실시간으로 부패에 관한 사항들이 업데이트된다.(출처: IPAB 홈페이지)

지막 I Met an Honest officer는 정직한 공무원에 대한 칭찬으로 구성되어 있다.

한 인도인 친구가 미국으로부터 서핑 보드를 구매했는데 세관에서 통관을 할 때, 이리저리 핑계를 대면서 통관을 늦췄다고 한다. 그래서 세관에서 요청하는 2,000루피를 뇌물로 줬고 IPAB에 글을 남겨, 끝내 그 세관원은 처벌을 받게 되었다.

웹사이트에 들어가보면 요구하는 금액대별로 설명이 잘 나와 있다. 그중에서 가장 많은 비율은 500루피 미만이고, 10만 루피 이상을 요구해서 줬다는 것도 보인다. 참고로 가장 민원이 많은 것이 여권 발급 민원이다.

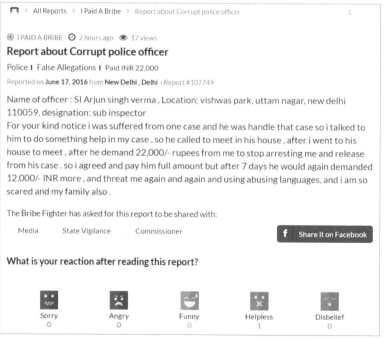

IPAB 실제 고발창. 뇌물을 준 사람, 직급, 날짜와 시간, 장소, 그리고 얼마를 줬는지가 상세히 나온다.

인도의 눈으로 바라본
기업하기 좋은 나라

 정말 인도는 기업하기 좋은 곳인가요?

세계은행이 2015년에 발표한 기업하기 좋은 나라 순위에서 인도는 130위를 차지해(총 189개국) 전해에 비해 4단계 올라갔다. 이 조사에서 우리나라가 4위에 올라선 것에 비교해서 크나큰 차이가 나고 있다.

하지만 눈여겨 살펴볼 것은 다른 수치는 낮지만 특히 소액투자자 보호는 우리나라와 같은 8위에 올라 감사의 선임과 해임을 주주가 승인해야 하는 등 주주보호지수가 높다. 투자 환경을 좋게 만들려는 정부의 의지를 확인해볼 수 있는 것인데, 이것은 영국 식민 지배 영향을 받아 발달한 아시아에서도 수준 높은 인도의 금융 환경을 보여준다.

이러한 주주 친화정책은 지배구조 개선과 투명경영, 주주권익 보호를 강화한다는 측면에서 긍정적이다. 소액주주의 의결권 보호제도를 도입한 기업들은 투명한 경영으로 기업가치가 높아질 수 있으며, 대주주들이 사적으로 유용할 수 있는 현금흐름을 감소시킬 수 있고, 이에 따른 경영 성과가 개선될 수 있기 때문에 아주 중요한 지표라고 할 수 있다.

하지만 세계은행에서 발표한 기업하기 좋은 나라 지수는 사업을 하기 위해서 몇 번의 공식 등록 절차를 거쳐야 하는지를 측정하는 것으로 실제 비즈니스 환경과는 다소 거리가 멀다. 또한 지난 10여 년간 매년 두 자릿수의 성장을 주도한 중국의 경우 100위 언저리에 머물러 있어서, 이 자료의 신뢰성이 다소 의심스럽고, 선진국의 편리한 잣대로 생각한다는 이견도 많다.

따라서 세계은행이 발표한 자료만을 가지고 정말 투자하기 좋은지에 대한 판단은 내리기 어렵다. 실제 투자환경은 여러 가지 요소가 결합되어 있기 때문에 이 지표만 가지고 이해할 수는 없다. 이 지표만으로는 중국과 인도 등 신흥 시장은 투자할 수 없는 나라가 되기 때문이다. 또한 우리나라가 4위로 상대적으로 순위는 높지만 실제 기업하기 좋은지를 물으면 다들 고개를 절레절레 흔들 것이다.

다시 말해 기업 하기 좋은 나라에 대한 평가는 시장이 정체하는지, 아니면 시장이 성장하는지가 더 중요하다고 하겠다. 또 좀더 관심을 가지고 지켜봐야 할 것은 기업의 영속성을 확보할 수 있는가다. 즉 한국에서는 100년 기업이 나오기 어려운 환경이지만 인도는 100년 이상 된 기업이 많다. 선진국 독일 등 유럽 국가들과 마찬가지로 인도는 100년이 넘는 역사를 지닌 기업들이 많지만, 한국의 기업들은 상속·증여세뿐만 아니라 다양한 경제 여건 등 부담 때문에 100년 기업 가업승계가 상대적으로 쉽지 않은 것이 사실이다.

우리에게도 잘 알려진 인도의 타타 철강(TATA Steel)은 1907년 창업해 올해로 110년이 되었다. 4대에 걸친 가업승계로 호주·네덜란드·싱가포르·태국·중국·영국을 비롯한 전 세계 26개 국가에서 8만 명이 넘는 고용인원으로 비즈니스를 하고 있다. 뿐만 아니라 1788년에 창업해 1820년 회사명을 변경한 기차 차량 및 중장비를 생산하고 있는 제숍(Jessop)을 비롯해 1838년 창업한 인도 최대의 미디어 회사 더 타임스 오브 인디아 등 셀 수 없을 정도로 인도의 많은 기업들은 위기상황에서도 기업들을 키워 세계로 진출시키고 있다.

인도는 1985년도에 상속세 정책을 철폐해 현재는 상속·증여세가 전혀 존재하지 않는 나라다. 따라서 인도에서 정착해 사업이 잘 영위가 된다면 기업을 지속시키는 것은 그리 어렵지 않다는 것을 알 수 있다. 참고로 우리나라의 상속세 최고세율은 50%로 일본 55%보다 낮지만 대주주 할증액을 포함할 경우 65%에 달하고, 소득세와의 격차도

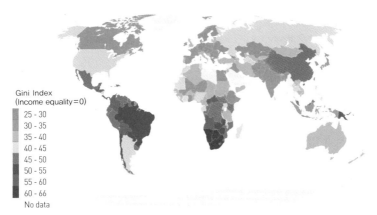

Gini Index
(Income equality=0)
25 - 30
30 - 35
35 - 40
40 - 45
45 - 50
50 - 55
55 - 60
60 - 66
No data

2014년 지니 계수. 녹색은 빈부의 차이가 낮고, 갈색은 빈부의 차가 크다는 것을 보여준다.
(출처: 세계은행 자료)

27%포인트로 세계 최고 수준에 해당한다. 이렇게 되면 한국의 4위가 실제 4위로 보이지 않게 될 것이다.

IMF가 최근 발표한 글로벌 국가 경쟁력 지수를 살펴보면 인도는 총 140개 국가 중 55위로 한국(26위), 중국(28위) 등에 비해 다소 낮으나 중국 등과 함께 소속된 중하위 소득 그룹 국가 중에서는 상당한 경쟁력을 가지고 있다.

기업하기 좋은 환경을 글로벌 관점에서 선진국과 상대적인 비교를 통해 지켜본다면, 인도는 기업하기 좋은 환경이라고 이야기할 수 없다. 하지만 성장(emerging) 시장만 놓고 보면 어느 기업이든 그 시장에 진출해 그곳에서 성공하기 위해서는 많은 어려움을 극복해야 하는 것은 사실이다.

하지만 왜 글로벌 기업들이 이 성장 시장에 목을 내놓고 달려들까? 바로 성장의 기회를 얻을 수 있기 때문에 리스크가 많음에도 불구하고 달려드는 것이다. 성장 가능성과 도전은 동전의 양면과 같고, 어떻게 보면 인도는 바로 성장 시장의 전형적인 모습을 보여주고 있다.

곰곰히 생각을 해보면 부패하고 변덕이 심하며, 혼란스럽고, 인프라가 부족한 시장이긴 하지만, 가능성은 무궁무진한 시장을 전 세계 어디서 만나볼 것인가? 따라서 인도라는 어려운 조건에서 기업을 성공시키면 전 세계 어느 곳이든 성공할 수 있지 않을까?

2013년 세계은행 자료를 보면 2003~2011년까지 인도의 소득은 약 3배 성장했으며, 연평균 약 17.3%씩 소득 성장을 보여주었다. 하지만 눈여겨봐야 할 것은 이런 성장뿐만 아니라 '지니 계수(소득 불평등도)'다. 인도는 우리나라와 비슷한 수준의 소득 분배 수준을 보여주고 있다. 오히려 소득 평등 지수를 본다면 중국과 미국에 비해 공정하게 분배되고 있다는 것을 알 수 있다. 이는 향후 경제가 발전하면서 겪게 되는 소득 불평등으로 인한 사회 갈등의 소지를 많이 줄여 사회적인 비용을 절감하게 만들어줄 수 있을 것이다.

인도의 수출·수입 구조를 살펴보면 재미있는 점을 많이 발견할 수 있다. 주요 수입 품목은 경제의 원동력인 원유, 인도인의 끔찍한 귀금속 사랑을 보여주는 금과 귀금속류, 그리고 자체 기술이 없어 수입에 의존할 수밖에 없는 전자제품류, 기계 도구, 화학제품, 플라스틱 제품,

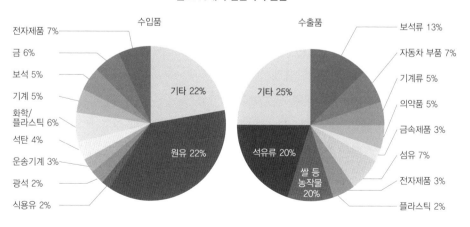

인도 10대 수입품과 수출품

수입품
- 전자제품 7%
- 금 6%
- 보석 5%
- 기계 5%
- 화학/플라스틱 6%
- 석탄 4%
- 운송기계 3%
- 광석 2%
- 식용유 2%
- 기타 22%
- 원유 22%

수출품
- 보석류 13%
- 자동차 부품 7%
- 기계류 5%
- 의약품 5%
- 금속제품 3%
- 섬유 7%
- 전자제품 3%
- 플라스틱 2%
- 기타 25%
- 석유류 20%
- 쌀 등 농작물 20%

2011년 타타 자동차에서 선보인 금으로 된 나노(Nano). 80킬로그램의 금과 15킬로그램의 은을 사용해 만들었다.(출처: 타타 자동차 홈페이지)
🐭 타타 자동차의 나노 금장식 모델을 설명하는 행사 영상.

원자재와 연료로 쓰이는 철광석과 석탄, 그리고 식용으로 사용하는 식물기름 등이다.

인도의 수출품목은 석유가공 제품, 농산물(쌀 등), 가죽, 보석 또한 화학산업이 발달한 국가답게 제약품·화학제품, 면화의 대규모 생산국다운 섬유 제품들, 최근에는 자동차 생산이 많아지면서 자동차 수출도 주요 수출 품목에 올려놓고 있다. 또 최근에는 IT 강국답게 소프트웨어 수출이 상당히 활발하게 늘고 있어 2015년 17% 수출이 증가했으며, 매년 10% 이상의 높은 성장을 보이고 있다.

이렇듯 인도의 수출품과 수입품을 살펴보면 인도의 산업 구조의 모습을 얼핏 살펴볼 수 있다. 수출입 품목을 살펴보면 인도는 경제 발전을 이룩한 다른 나라들이 거쳤던 경제 발전의 양상과는 조금 다른 면모를 보인다는 것을 알 수 있다.

인도인의 유별난 금 사랑

인도인의 금 사랑은 전 세계적으로 유명하다. 무역 수지 적자의 주범이 바로 금 소비로 인한 것이라고 한다. 2014년 통계를 보면 343억 달러 (930톤)의 금을 수입한 세계 2위의 금수입국이다. 한 자료에 따르면 인도 GDP의 약 40%에 해당되는 8,450억 달러(2만 톤 이상) 상당의 금이 유통이 되지 않고 개인들이 보유하고 있다고 한다.

왜 인도에서 이렇게 금 소비가 많을까? 인도는 매년 800만 쌍 이상 결혼을 한다. 인도 결혼식에 가보면 신부는 금으로 칭칭 감았다고 해도 과언이 아닐 정도다. 많은 사람들이 신부 선물로 금을 선사한다. 신부의 목에 두른 금을 보면서 목이 버틸 수 있나? 하는 생각이 들 정도로 장식을 한다. 뿐만 아니라 남자들도 팔찌 서너 개를 비롯해 반지도 서너 개를 기본적으로 끼고 있는데 대부분 금이 많다.

인도의 금속류 사랑은 정말 재미있다. '디왈리'라는 인도 최대의 명절도 금붙이를 사기에 가장 좋은 시기라서 귀금속 가게를 비롯해 자동차 대리점도 손님들로 인산인해를 이룬다.

힌두교에 따르면 인도에서 금은 무한한 가치를 가진 존재로 기록되었다. 수천 년 전부터 금을 사랑해왔다고 전해진다. 금은 자신의 신분을 드러내는 장식적인 측면부터 안전 자산으로서의 가치, 또 가난한 자들이 집 없이 쫓겨날 때 자신이 가질 수 있는 유일한 재산이었다.

또한 신축 건물의 기초를 다질 때도 금 몇 그램을 기초를 다지는 곳에 놓는데, 이는 부정을 방지하기 위함이다. 사람이 죽을 때도 금을 죽은 이의 입에다가 물린다. 또한 의약품으로도 사용이 되기도 하고 음식으로도 사용된다.

또 금으로 자기가 믿는 신으로 만들어놓기도 한다. 또한 종교 지도자들에게도 일반인들이 금을 선물한다. 금 활용처가 정말 다양하다.

은도금이 된 인도 스위트. 설탕 덩어리 그 자체다.
인도 여인의 금장식. 필자와 같이 근무했었던 인도 여직원 말리카(Mallika)의 결혼 사진.

　참고로 전 세계에서 가장 많은 은을 먹는 나라도 인도다. 인도인이 즐겨 먹는 스위트에 포일 형태로 포장이 되어 많이 소비된다. 우리가 먹는 은단처럼 은이 도포되어 있다.

1차에서 3차, 그리고
다시 2차 산업으로

인도는 기형적으로 3차 산업이 발달되었는데, 그 이유가 뭔가요?

일반적인 국가의 발전 모형을 보면 산업의 원료가 되는 1차 산업을 기초로 공업 생산(2차 산업)을 발전시키고, 그 후 서비스 산업으로 발전의 모습을 보인다. 그런데 인도는 1차에서 2차는 건너뛰고 3차 산업을 발전시키는 특이한 모습을 보이고 있다. 따라서 전반적으로 농산물은 싸지만 질이 낮고, 공산품은 비싸고, 서비스 산업은 상대적으로 수준이 높은 모습이다.

2011년 생산액 기준으로 산업 구조를 보면 인도경제에서 제조업이 차지하는 비중은 35% 대를 유지하고 있어 낮다고 할 수 없으나, 부가가치를 기준으로 추정하면 15% 대에 머물러 있다. 제조업에서 보여주는 특이점은 질적 성장이다. 지난 10여 년 동안 인도의 산업 구조를 보면, 전통 제조 부문인 음·식료 및 담배, 섬유 및 섬유제품, 화학 및 화학제품의 비중이 축소되고, 그 대신에 기초 및 조립 금속, 수송기기의 비중이 높아졌다. 이러한 것을 본다면 노동집약적인 제조업에서 자본집약형 제조업으로 도약하고 있음을 보여준다.

반면 서비스업의 비중은 2011년 생산액 기준으로는 53.1%를, 부가가치액 기준으로는 66.4%를 차지하고 있다. 그동안 2차 산업의 진출이 많은 한국 진출 기업들은 중국을 비롯한 경쟁국들의 강력한 인도 진출로 인해 인도에서 그간 가졌던 경쟁력을 서서히 잃어가고 있다. 하지만 3차 산업인 서비스 분야에는 아직 우리나라 기업이 많이 진출하지 않았으나, 우리가 상대적으로 강점을 보유한 분야들이 많아 다양한 가능성을 엿볼 수 있는 산업이 3차 산업이다. 향후 우리나라가 시장의 규모가 큰 3차 산업을 중심으로 진출한다면 인도 시장을 효과적으로 개척해나갈 수 있을 것이다.

그렇다면 왜 인도가 2차 산업이 발전하기 어려운 것일까? 이유는 다양하다. 자원과 인프라의 부족, 공장 등 생산시설을 건설하기 위한 다양한 규제들, 그리고 조세를 포함한 복잡한 유통구조가 발목을 잡고 있기 때문이다. 하지만 인도 정부의 많은 노력으로 다양한 규제들은 점차 철폐되고 있고 인프라 부족 문제도 대규모 투자를 통해 지속적으로 개선해나가고 있다.

하지만 유통 관련 조세제도는 그동안 해결이 되지 않고 있다가 2016년 8월 초 극적으로 법안이 의회에서 통과되었다. 모디 정부가 정권의 명운을 걸고 역점을 둔 관련 법안이 바로 'GST' 법안이다.

인도를 경험한 사람들의 한결같이 이야기하는 3가지가 있다. 첫째, 인도에는 사람이 없다. 둘째, 인도에는 人道(인도)가 없다(실제 도시에서 인도 찾기가 힘들다). 셋째, 인도에는 印度(India)가 없다. 즉 국가 개념이 희박하다.

한국인 마음에 쏙 들게 일하는 사람이 없고, 인도로 걸어다니는 것이 거의 불가능한 도심의 도로 사정과 또 다양한 인종과 언어로 이뤄진 나라답게 국가에 대한 생각이 동양의 다른 나라보다 희박하다. 자신들이 사는 동네와 더 나아가 주(州) 정도가 중요하다고 생각하고 그 상위의 개념은 상대적으로 희박하다.

따라서 인도의 주(州)와 주 사이는 다른 나라로 따지자면 국가와 국가에 해당될 정도로 어려운 물류와 세금 상황을 보여주고 있다. 예를 들면 델리에서 술을 사는 가격과 델리 바로 옆의 다른 주의 도시이자 한국인이나 외국인들이 많이 사는 구르가온의 가격은 아예 다르고, 또 델리는 소고기를 호텔에서 먹을 수 있으나 바로 델리와 붙어 있어 10분이면 가는 위성 도시에서는 소고기를 유통하지 않아 먹을 수 없다. 심지어 간디가 태어난 구자라트 주의 경우 아예 술 유통이 금지되어 이 주에서는 술 먹는 것을 포기해야 할 정도다. 뿐만 아니라 식료품 등을 온라인 쇼핑으로 살 때 자신이 사는 지역에 배송이 되는지도 무척 신경 쓰이는 부분이기도 하다.

이렇듯 주와 주 사이가 조세와 기타 정책 등이 다름으로써 생기는 산업의 역동성 하락은 국가 발전에도 좋지 않다. 그래서 인도 산업의 큰 혁명으로 다가올 GST의 향배에 온 나라뿐만 아니라 해외에서도 관심이 높았다.

그럼 모디 정부뿐만 아니라 모디 이전의 정부에서도 강력히 시행하려고 하는 GST에 대해 설명을 하자면 다음과 같다.

인도 조세 혁명 GST법 통과와 그 파급효과

인도의 도심을 벗어나면 시원한 고속도로가 펼쳐진다. 간혹 인도 도시를 보다가 시원히 펼쳐진 고속도로를 달리면 전혀 다른 모습을 보게 되어 심지어 여기가 인도가 아닌 유럽의 한 나라 같다는 생각마저 들 때가 있다. 하지만 시원한 고속도로의 한편에 주와 주 사이의 경계가 있는 곳에서는 승용차는 씽씽 달리고 있지만 트럭들은 한없이 늘어서 있다. 주를 통과할 때 내는 통행세를 내기 위해서다.

GST 관련해서는 한 지역에서만이 아니라 전국을 대상으로 일을 하다 보면 가장 아쉬운 것이 물류다. 언젠가 3,000km를 트럭으로 화물을 가지고 이동하는데, 미국과 인도가 얼마나 시간이 걸리는지 따져본

델리-아그라(Delhi-Agra) 고속도로. 델리에서 타지마할이 있는 아그라까지 펼쳐진 고속도로다. 도로를 달리면 유럽의 어느 한 곳에 와 있는 착각마저 든다.

적이 있다.

가령 미국은 3~4일이 걸리지만 인도는 2배 이상 시간이 걸린다. 이유는 다름 아닌 주를 거치면서 다양한 세금을 내고 그것을 확인하는 과정이 오래 걸리기 때문이다. 이러한 것들은 결국 물류의 효율성을 저하시키고 비용으로 제품 가격에 반영된다.

또한 인도의 가장 심각한 점은 경제의 큰 비중을 차지하는 농작물 유통에 있다. 날이 더운 인도에서 농산물 유통시간이 길어진다는 것은 판매가 불가능하다는 의미이기 때문에 물가에 미치는 영향도 크다. 어떤 한 주가 날씨로 인해 농작물 작황이 불안정해지면 다른 주로부터 농산물이 들어와 물가를 안정시켜야 하는데, 물류의 동맥경화로 인해 그러한 역할을 하지 못하게 만든다.

2016년 8월 3일 모디 총리의 숙원이었던 GST 법안이 인도 의회에서 드디어 통과되었다. GST를 재정의해보면 소비자가 재화나 서비스를 살 때 부과되는 세금을 말한다. 인도는 헌법 제245조에 따라 연방

정부는 오직 생산단계의 재화와 용역에 대한 세금만을 부과할 수 있고(146~147쪽 표 참조), 주정부는 재화의 판매에 대해서만 세금을 부과할 수 있다. 또한 부가가치세와는 별도로 주별로 사치세·판매세·오락세·구매세·복권세 등과 같은 간접세를 징수하고 있다. 브라질·인도네시아 등 국토 면적이 큰 나라에서는 이미 시행 중이다.

GST는 2007년 당시 재무부 장관이 제안을 했는데 벌써 10년 가까이 걸린 것이다. 그는 인도의 조세체계가 비효율적이고 비용이 많이 발생한다는 문제를 지적했다. 따라서 복잡한 조세체계를 하나로 통합하는 새로운 조세제도 GST를 도입하자고 제안한 것이다.

당시엔 2010년부터 실행될 예정이었으나 시행이 지연됐다. 인도의 법체계는 이러한 세금과 관련된 사항은 상·하원으로 나뉜 인도 의회에서만 통과되어야 하는 것이 아니라 개별 주별로 합의를 이끌어내야 하는 헌법 개정 사항이다. 인도의 헌법은 전 세계에서 가장 복잡하고 내용이 방대한 것이 특징이다. 웬만한 내용이 헌법에 녹아들어가 있다. 따라서 고치기 어렵고 까다롭다. 조세 제도는 주마다 여건이 다르기 때문에 개별주의 찬성을 받아야 법률도 제정될 수 있다. 따라서 GST 도입 지연의 주요 원인은 주들과의 견해차라 할 수 있다.

일부 주에서는 세입 확보 체계의 변화로 재정적 타격을 받을 것을 염려해 헌법 개정을 거부해왔다. 대부분 의견은 합의를 보았지만 가장 첨예한 세금은 석유세와 주세(酒稅)다. 이 세금의 비중이 상당히 크기 때문에 합의를 이뤄내는 것이 정말 어렵다. GST가 시행되면 중앙정부에서 세금을 일괄 걷어들여 각 주 별로 나눠주게 된다. 우리나라로 따지면 국세를 걷어서 지방 교부금으로 나눠주듯이 그런 방식으로 배분하게 되기 때문이다.

지금도 우리나라에서 담배세·취등록세·면허세 등이 지방세이고, 강남과 같이 부동산 가격이 높아 취등록세가 많이 걷히는 곳이 있고,

GST에 도입 및 제외되는 세금	
개요	• 현 조세제도는 중앙정부와 주정부가 개별적으로 세금을 부과하도록 구성됨 　→ 복잡한 세제 구조는 기업 비용 증가 및 부정부패 증가로 이어져 경제 성장에 　　악영향 미침 • 현 세금체계: 중앙정부(중앙판매세·서비스세 등 6종)/지방정부(부가가치세·판 　매세 등 10종) • 개선 방안: 총 16여 종의 각종 세금을 GST로 통합 → 세제 구조 단순화/일원화 • 조세 체계 변경에 따른 가격 시나리오(GST 20% 과세 / VAT 12.5% 및 물품세 　14% 과세 기준)

(단위: 루피)

	현행 조세 제도	GST 도입 후	비고
생산자 공급가	100,000	100,000	세금 미포함
도매가	126,825	112,000	10% 마진 및 VAT/ GST 포함
소매가	141,093	125,440	10% 마진 및 VAT/ GST 포함

시행 방향	• 인도 현황에 맞는 Dual GST 모델 도입 예상(브라질·캐나다 모델) 　→ Dual GST: 중앙 정부와 주정부가 각각 과세하는 구조 • 시행 시기: 2017년 4월 1일(회계연도 시작일) 　→ GST 도입을 위한 헌법개정안 상정 중 → GST 법규 의회 승인 → 지방의회 　　승인을 거쳐 실시 예상 • 예상 세율: 필수품에 낮은 세율을 적용하고 귀금속 등에 높은 세율을 적용 　→ 필수품 12%, 서비스 16%, 일반 상품 20% 적용 예상/ 20% 적용 시(중앙정 　　부 10%, 지방정부 10% 과세) • 중앙정부는 GST 도입에 따른 주정부 세입 손실을 보상 계획 　→ 도입 후 3년간 세입 손실 100% 보상, 향후 매년 75%, 50%로 비중 축소 총 　　5년간 보상 예정

	중앙정부세	지방정부세
GST 포함	Central Excise Duties (Including Additional Excise Duties)	VAT or Sales Tax
	Service Tax	Entry Tax and Octori
	Counter Veiling Duty(CVD)	Entertainment Tax (Other then entertainment tax levied by local bodies)
	Special Additional Duty(SAD)	Stamp Duty
	Surcharges & Cesses	Taxes on Vehicles
	Central Sales Tax(CST)	Taxes on Goods and Passengers
		Taxes and Duties on Electricity
		Luxury Tax, Purchase Tax
		State Cesses and Surcharges
		Taxes on Lottery, Gambling And Betting
	중앙정부세	지방정부세
GST 불포함	Customs & Import Duties	Excise Duty and Other Taxes on Alcohol for Human Consumption
	Duties on Excise on Specified Petroles Products, Natural Gas and Tobacco	Taxes on Sale of Petroleum Products
		Taxes on Amusement and Entertainment Levied and Collected by Local Bodies/District Councils

* 위 도표는 필자가 직접 조사해 만든 자료이므로 수치는 다소 차이가 날 수도 있다.

지방과 같이 부동산 가격이 낮아 취등록세 의해 세수가 딱히 늘지 않는 곳이 있듯이, 인도도 지역별로 차이가 많다. 이렇게 GST에 지방정부의 수입이 많이 발생하는 석유세가 포함되면 재정에 막대한 타격을 받고 뿐만 아니라 중앙 정부에 의한 통제도 강해지기 때문에 꺼려한다. 하지만 언론에 비쳐지는 것은 중앙이나 지방 모두가 GST가 필요하다는 의견에 일치하나 각론에서 차이가 있는 상황이다.

인도 정부의 재무장관인 아룬 자이틀리(Arun Jaitley)는 GST 세율이 연방정부와 주정부 간의 수입 중립적인 비율(RNR)로 조정될 것이며, 장기적으로 연방정부와 주정부의 세입은 GST의 영향을 받지 않을 것이라고 언급했다.

GST가 본격 시행되면 경제성장을 촉진해 국내총생산이 1.5~2% 증가할 것으로 각 경제기관들이 예측하고 있다. 필자가 보기에 이번 GST 통과는 혁명과 같은 일이라서 GDP 증가 이상의 효과가 날 것이라고 생각한다. 그동안 이 세금 납부를 위한 엄청난 세무상의 복잡함이 사라지기 때문이다. 한번은 회계를 담당하는 친구 사무실을 방문했는데, 정말 기절할 만큼 세금 서류가 쌓여 있었다. GST는 그런 복잡한 세무업무, 그에 따른 각종 부정부패, 비합리적인 것들을 상당히 많이 해소시켜주게 될 것이다.

경제가 성장한다,
중산층이 늘어난다

🐘 **최근 들어 인도의 중산층이 많아지면서 소비가 활성화되고 있다는 것이 사실인가요?**

최근 인도 경제의 주요한 변화를 정리하자면 3가지로 요약할 수 있을 것이다. 첫째, 서비스 분야가 경제를 이끌어나가고 있고, 둘째, 도시화가 심화되고 교육 수준이 높아감으로써 경제의 허리인 중산층이 증가해 이들이 소비를 이끌고 있으며, 셋째, 이는 또 경제를 발전시키는 원동력으로써 선순환 구조를 만들어나가고 있다.

2010년 NCAER(National Council for Applied Economic Research: 인도국가응용경제연구소)에서 발표한 자료에 따르면 중산층의 규모는 약 1억 6,000만 명 정도다. 정부의 공식적인 통계는 나와 있지 않으나 현재는 각 기관에서는 2~3억 명 정도로 더 많다고 예측하고 있다.

2010년 인도 전체 인구를 12억 1,200만으로 계산했을 경우, 부유층 수는 1,600만 명으로 연 소득 3만 5,000달러이고 전체 인구의 1.3%, 중산층은 1억 6,000만 명으로 연 소득 8,000달러 전체 인구의 13%, 중산층으로 올라갈 가능성이 있는 경계에 놓인 인구는 연 소득이 3,500~8,000달러로 약 3억 5,000만 명으로 전체 인구의 약 30%를 구성하고 있다. 이를 바탕으로 2015년과 2025년 소득 계층별 인구구조 변화를 예측하면 인도의 부유층과 중산층 규모는 상당히 빠른 속도로 늘어나고 있음을 볼 수 있다.

150쪽 도표와 같이 인도의 중산층 규모는 점차 늘어나고 있지만 정작 중요한 것은 중산층뿐만 아니라 현재 중산층은 아니더라도 스스로를 중산층으로 여기는 계층이 늘어가고 있다는 사실이다.

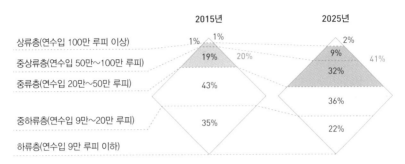

소득계층별 인구구조 변화

	2015년	2025년
상류층(연수입 100만 루피 이상)	1% 1%	2%
중상류층(연수입 50만~100만 루피)	19% 20%	9% 41%
중류층(연수입 20만~50만 루피)	43%	32%
		36%
중하류층(연수입 9만~20만 루피)	35%	22%
하류층(연수입 9만 루피 이하)		

(출처: NCAER의 2010년 계층별 소득자료를 인용하여 재구성)

2015년 선진인도조사 센터(Center for the Advanced Study of India)에서 전국 6만 9,920가구 조사를 한 결과, 응답자의 약 62%가 자신은 중산층이라고 답했다. 2010년 정부가 조사한 통계를 근거로 각 계층별 비율을 정해 조사를 했으나 전체 응답자의 상당수가 중산층이라고 답하는 것은 그만큼 가정의 경제 사정이 나아지고 있고 미래도 긍정적으로 본다는 증거다.

NCAER의 조사에 따르면 중산층 비율은 2002년 5,200만 가구에서 2014년 1억 3,500만 가구로, 2025년에는 3억 4,000만 가구로 확대될 것으로 예상하며, 매년 8.5%씩 증가할 것으로 전망하고 있다. 이는 구매력의 상승으로 현재 약 3,000억 달러인 중산층의 구매력도 마찬가지로 매년 8.5% 증가한다고 예측해볼 수 있다.

중산층의 증가는 그 의미가 다른 나라와 사뭇 다르다. 그건 바로 가정의 경제 사정이 나아졌다는 의미를 넘어 카스트 제도도 서서히 붕괴함을 의미하는 것이다. 중산층이 두터워진다는 것은 복잡한 계층으로 구분되어온 카스트 제도가 경제력에 의해 평등한 사회가 되어간다는 것을 이야기한다. 이는 인도 사회를 근본적으로 움직이는 동력을 제공해주고 있다.

한 예로 경제지도의 변화로 인해 직장에서 볼 수 있는 변화가 있다. 남부 타밀 지역에 있는 공장의 동일한 부서에서 일하는 카스트 중 최고의 계급과 뉴델리 본사에서 일하는 카스트 중 최고의 계급을 대하는 직원들의 자세다. 남부라는 보수적인 지역의 요인인지는 몰라도 남부는 회사에서 직급이 낮아도 카스트가 높다면 그 사람을 어느 정도 존중을 해주지만, 북부에서는 카스트가 높지만 직급이 낮은 직원이 낮은 카스트의 직장 상사로부터 꾸지람을 듣는 것을 자주 목격한다. 이젠 카스트보다는 직장의 서열이 더 중요해지고 있는 것이다.

계층별 소득 구분에서 유심히 살펴봐야 할 것은 그 구조가 아니다. 해외 유수의 기업들은 어떻게 인도의 경제 구조를 파고들어 비즈니스를 하고 있는가다. 즉 해외 기업들은 일단 최고의 고객층을 공략해 시장 진입을 한 후에 현지화를 거쳐 중산층으로 파고드는 전략을 펼쳐 나가고 있다.

인도 2위의 통신회사 보다폰은 2016년 1월 1억 4,151만 9,840명의 가입자로 21.54%의 시장 점유율을 보이고 있다. 2000년대 초 인도 진출 시 조세제도, 각종 규제, 터프한 시장 환경을 딛고 2위로 올라섰다. 현재는 분당 요금 평균 0.02달러의 금액으로 월 1인당 약 3달러의 이익을 얻어내고 있다. 그들은 1인당 수익성을 향상시켜 수익을 내는 대신에 시장을 넓혀 확대를 기반으로 수익성을 높이고 있다. 즉 가입자를 늘리는 방식을 쓰고 있고 실제로 가입자가 지속적으로 증가하고 있는 것이다. 뿐만 아니라 보다폰은 이러한 성공의 공식을 아프리카 시장으로 넓혀가고 있다.

또 다른 사례 중 하나로 미국 트랙터 제조사 디레(Deere)는 미국시장에 맞는 큰 장비를 가지고 초기 인도 시장을 공략하는 데 어려움을 겪었다. 초기에는 많이 힘들었지만 인도 농촌 환경에 맞게 장비를 소형화 하는 등의 노력을 통해 인도 시장을 공략했을 뿐만 아니라 인도

뿌네(Pune)에서 생산된 인도형 트랙터 등을 전 세계 70개 국가로 수출해 오히려 인도가 사업 포트폴리오 구성을 풍성하게 해줬고 더불어 회사의 성장도 가져다주었다.

　인도의 성장하는 시장만을 바라보고 인도에 진출하는 것보다 인도를 허브(hub)로, 전 세계를 공략한다는 생각으로 접근한다면 인도 시장을 보는 눈이 많이 달라질 수 있을 것이다.

　이상 인도에서 사업하기 어떤가에 대한 답을 깊이 있는 자료로 분석해 살펴보았다. 하지만 이 답을 듣고 아직도 갈피를 잡지 못할 수도 있을 것이다. 그러나 중요한 것은 보다폰의 사례처럼 1인당 낮은 수익률이라도 시장은 무섭게 성장하기 때문에 그 낮은 수익성에도 불구하고 전체 파이가 늘어나기에 시장에서 버티고 이겨내 다른 시장을 향해 나아갈 수 있는 것이다.

　인도를 접근하는 눈을 조금만 바꿔보자. 소비시장으로서의 인도를 생각함과 더불어 새로운 시장으로 들어갈 수 있는 문으로 생각하면 새로운 용기가 솟아날 것이다.

　벵갈루루에 있는 인도의 유명 경영대학 IIM(Indian Institute of Management)의 라구나스(Raghunath) 캠퍼스 교수 라비 벤카테산(Ravi Venkatesan S.)이 미국 하버드 비즈니스 스쿨에서 강의 도중 인도의 상황을 '미드웨이 트랩(Midway Trap)'으로 비유했다. 인도에 대해 말하길, "기업의 성장을 위해서는 반드시 극복해야 하는, 하지만 이러지도 저러지도 못하는 어려운 시장"이라고 설명하면서 다음과 같은 말로 강의를 마쳤다.

　"인도에서 성공하면 전 세계 어디에서나 성공할 수 있다(If you can win in India, you can win everywhere)."

변화하는 인도 소비자, IT가 소비를 바꾼다

소비자 의사 결정에 영향을 미치는 4대 요소

 인도 소비자의 마음을 여는 중요한 요소가 있다면 무엇인가요?

일반적으로 각 국가의 경제활력을 측정할 때 소득·소비·저축·투자·고용 등으로 그 국가의 경제 활력도를 측정한다. 하지만 기업을 하는 사람 입장에서 시장 진입을 검토할 때 객관적 크기보다 우선해 관심을 갖게 되는 것은 제품 시장 진출 가능성의 기초, 즉 고객의 소비성향과 소비 패턴에 대한 이해가 먼저일 것이다. 어떤 구매행동이 일어난다는 것은 결과적으로 기업의 마케팅 및 판매활동이 고객의 구매의사결정 과정에 관여하게 된다는 것이다.

다시 말해 그러한 구매의사 결정을 이끌어내 판매로 연결시키기 위해 제품을 가지고 홍보·마케팅·세일스·A/S 등 일련의 과정에 대한 전략을 세우고 주어진 자원을 활용해 시장에 본격적으로 진출하게 된다.

하지만 인도 소비자는 우리가 가진 경험과 생각, 그리고 예측과는 다른 많은 차이점을 보이고 있다. 소비자 중심으로 변화하고는 있으나 아직은 생산자 중심의 시장으로, 고객은 제품 구매과정에서 당연히 가져야 하는 제품의 차별점(unique sales point)과 다양한 정보를 제한적으로 가지고 소비하고 있는 것을 발견하게 된다.

마케터 관점에서 인도 기업의 마케팅 활동을 지켜보면, 상품이 있고 판매는 존재하나 상품을 기본으로 하는 마케팅은 아직 걸음마 단계로, 따라서 기업 관점에서 보면 기회가 무궁무진한 시장이라 할 수 있다.

그럼 인도의 이러한 시장 특성을 이해하기 위해 먼저 구매 의사를 결정하는 요소는 어떤 것이 있는지 살펴보자. 구매 의사결정을 하기 위한 소비자 행동에 영향을 미치는 것은 다음 4가지로 요약할 수 있다.

첫째, 문화적 요인

이는 소속집단·지역·가족·종교 등 문화적인 요인에 의해 그 소비

인도 시크교들이 많이 거주하는 지역인 펀자브의 관문 스리 구루 람 다스 지 공항(Sri Guru Ram Dass Jee International Airport). 인도 북부 펀자브 주의 주도 암리타살(Amritsar) 시에 있다.

행동이 나타난다. 인도의 가장 흔한 모습 중 하나가 남녀 구분하지 않고 몸에 많은 귀금속을 지니고 있는 것이다. 문화·종교적 요인 등에 의해 다른 나라에 비해 귀금속 소비가 높다.

예를 들면 인도인 중에 북부 편자브(Punjab) 지역에서 많이 믿는 대표적 종교인 시크교(Sikhism)는 15세기 인도 북부에서 힌두교의 신애(信愛: 바크티) 신앙과 이슬람교의 신비사상(神秘思想)이 융합되어 탄생한 종교로, 현재 신도만 전 세계적으로 2,300만에 이르는 세계 5대 종교 중의 하나다. 그 시크교도들을 예를 들자면 그들은 종교적인 이유로 다음과 같은 물건을 몸에 지니고 있어야 한다. '5개의 케이(Five Ks)', 즉 케쉬(Kesh: 깎지 않은 머리카락과 수염), 캉가(Kangha: 나무 빗), 키르판(Kirpan: 단검), 카라(Kara: 쇠팔찌), 카체라(Kachera 또는 Kacchera: 속바지) 등을 항상 몸에 지닐 것을 장려한다. 시크교인 직원들에게 물어보면 현재 단검을 제외하고는 다른 것들은 몸에 항상 지닌다고 한다. 이런 종교·문화적 요인도 주요한 소비 행동을 결정하는 요소가 된다.

시크교 창시자인 구루 람 다스지(Guru Ram Dass Ji, 1574~1581).
(출처: sikh-history.com)

시크교도의 5K.
(출처: sikhmissionarysociety.org)
🐭 터번을 매는 방법을 설명한 영상.
파트카(patka)에 천을 두르면 시크터번
(dastar)이 된다.

시크교 어린이들이 머리에 하는 파트카, 용맹하기로 유명한 시크교 대공포병사가 시크터번
을 쓰고 있다. 시크교도들은 충성스럽기로 소문나 있어 고위 장성 출신들은 시크교도가 많
다.(출처: 위키사전)

둘째, 사회적 요인

자신이 소속되어 있는 소규모의 집단에 의해 소비가 발생하기도 한
다. 즉 가족·직장 모임, 소속되어 있는 친구의 그룹, 그리고 사회적 지
위에 의해서도 소비가 일어난다. 가령 가족의 거주지(도심 또는 농촌)
에 따라서, 그가 속해 있는 그룹, 사회적 지위에 따른 소비의 양상도
달라진다.

셋째, 개인적 요인

개인적인 소비는 가장 근원적인 소비 형태의 단위다. 개인의 생애주기(lifecycle stage)에 따라, 직업 및 경제 상황에 따라 소비행동이 달라진다. 전 세계 소비자들도 마찬가지겠지만 인도에서도 직업을 비롯해 자신의 상황에 맞는 소비가 이뤄진다. 하지만 인도 개인 소비의 가장 큰 걸림돌이자 큰 가능성은 구매, 즉 상품에 대한 경험 부족이다.

인도 소비자들은 2차 산업과 물류 등이 발전하지 못한 구조적 요인과 디자인 등 심미적인 경험 부족으로 인해 선진국이나 우리가 경험한 다양한 소비를 경험하지 못했다. 가령 인도 도시에서 30대 전후 직장인들의 옷을 살펴보면, 교복이라고 할 정도로 천편일률적이며 다양한 개성이 부족한 것을 발견하게 된다. IT 기업들이 몰려 있는 곳을 가봐도, 젊은이들이 많이 찾는 쇼핑몰 등을 다녀봐도 개성과는 다소 거리가 멀다. 이는 경험이 부족하고 새로운 것에 대한 도전을 꺼려하는 대세추종형 소비를 하는 인도인의 성향이 반영된다고 할 수 있다.

넷째, 심리학적인 요인

심리학적인 요인은 구매동기, 취향, 학습에 의한 것 등에 의해 발현될 수 있다. 예를 들어 자동차 구매 과정에서도 구매 동기와 취향, 학습에서 의해 복합적인 모습이 나타나기도 한다. 특히 우리나라에 잘 알려진 브랜드인 마힌드라의 경우 인도에서는 SUV에 특화되고 남성적인 차량으로 인식되고 있다. 뿐만 아니라 그들 자체도 그러한 방향으로 마케팅을 펼치고 있으나, 문제는 인도 시장에서 더 이상 SUV는 남성 위주의 남성성을 상징하는 제품이 아니라는 것이다. 이제 SUV는 도심에서 즐기는 댄디한 직장인의 상징물로 바뀌고 있으나 마힌드라는 아직 그런 시장의 흐름을 읽지 못해 신차 판매도 신통치 않은 편이다. 그래서 대도시에서의 판매는 줄어들고 중소도시나 농촌 지역에서

(위) 인도 최고급 상가에 있는 직장인 모습. (아래) 론칭쇼 진행 당시 직원들의 모습. 필자
가 직접 의상을 고르고 코디해 론칭쇼에 임하게 했다. 평상시에는 위의 사람들처럼 복장을
입고 일을 한다.

판매가 유지될 뿐이다. 그래도 인도가 농촌과 중소 도시의 시장이 커
지고 있어서 버티고 있지 만일 다른 국가 같으면 벌써 문을 닫을 수도
있었을 것이다.

이상으로 인도 구매에 미치는 4가지 요인을 살펴보았다. 인도 소비
자 구매에 영향을 미치는 최소한의 요인을 알아야 시장 전략을 수립
할 때 다양한 각도로 접근할 수 있을 것이다.

인도의 소비재시장 규모는 2006년 3,100억 달러, 2011년 4,700억
달러, 2016년에는 6,800억 달러 정도로는 시장이 5년마다 50% 내

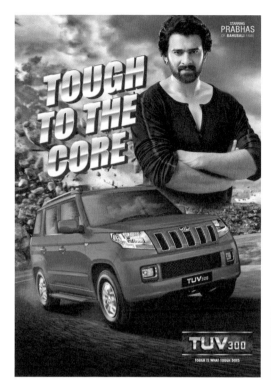

2015년 6월에 출시한 마힌드라 TUV 300. 시장에서의 반응은 시원치 않다.
☞ TV 광고 장면. '마힌드라'는 인도인들에게 남성적인 이미지의 브랜드로 인식되어 있다.

외의 큰 성장을 보이고 있다. 2020년엔 2012년 기준 세계 소비의 약 2.7%의 점유에서 5.8%로 2배 가까운 성장을 보이며 세계 소비시장의 중심에 우뚝 서게 될 전망이다. 그리고 이 시장에서 주목할 점은 이런 성장세가 향후 15년 이상은 진행된다는 것이다. 이 점이 바로 전 세계 유수의 기업들과 국가들의 눈을 인도로 향하게 만들고 있다. 2030년 엔 미국·중국을 넘어서며 어떤 일들이 인도 안에서 벌어질지 자못 궁금하다.

소비자를 바꾼
5가지 계기

 인도 소비자들의 소비 생각을 바꾸게 만든 계기가 있었나요?

현재 인도 소비자들은 끊임없이 변화하고 있다. 아직은 생산자 우위의 시장인 것은 부인할 수 없지만 그래도 시장은 지속적으로 변화하고 있다. 그러면 인도의 소비자 행동 변화를 이끄는 주된 요인은 어떤 것일까? 최근 소비자의 변화는 단순히 어제오늘의 변화가 만든 건 아니다. 다음과 같이 주요한 5가지 계기들로부터 시작된 것이다.

첫째, 사회주의적인 경제가 개방 경제로 바뀐 것
1991년에 사회주의 경제가 개방 경제로 바뀐 것이 그 신호탄이다.

둘째, 가파른 경제 성장
인도는 2000년 이래 매년 7~8%를 상회하는 경제 성장이 소비의 형태를 변화시키고 있다.

셋째, 인도 경제 성장의 상징인 IT 붐
특히 IT 붐은 경제의 근간을 흔들어놓기에 충분했다. 기업가들에게는 쉽게 창업하고 저렴한 인건비로 기업을 영위할 수 있게 되었고, 젊은 기술자들은 좀더 쉽게 직장을 잡고 경제활동을 할 수 있으며, 새로운 형태의 구매를 시도하는 충실한 소비자로 키워냈다. 결과적으로 이러한 변화가 전통적인 직업관에 대한 혁명적 변화도 이끌어내게 되었다.

넷째, 디지털에 강한 젊은 인구의 급격한 증가

인도의 평균 나이는 26.7세로 젊은 인구의 비율이 전 세계 가장 높은 나라로 꼽힌다. 이런 디지털에 친근한 젊은 경제 주도층 인구의 증가는 기업으로 보면 최적의 조건이 될 수 있다. 이들이 소비의 트렌드를 주도하며 많은 기업들에게 기회를 주기 때문이다.

다섯째, 세계화

세계화를 통해 다양한 상품을 비교해 구매할 수 있게 되었다. 하지만 그런 제품을 설사 인터넷을 통해 해외 직구를 한다 해도 인도의 통관 물류 시스템 등과 맞물려 내 손에 도달하게 되기까지는 험난한 과정의 연속이다. 그러나 이러한 문제들은 현재 서서히 풀려나가고 있다.

이와 같이 인도의 변화를 이끈 5가지 계기 중 우리가 주목해야 할 것은, 인도의 현재와 미래를 대표하는 IT, 그리고 IT의 열기와 함께 불어온 디지털의 열풍과 그 산업을 이끌고 소비하는 인도 젊은이들의 삶이다. 이러한 것들이 어떻게 변화의 엔진으로서 인도를 움직이게 하는 역할을 하게 되는지 앞으로 계속해서 살펴보기로 하자.

인도의 IT 붐은 '길거리 상가보다는 인터넷 상점을'이라는 말을 만들어내며 산업의 변화를 이끌었다. 또한 보수적이고 상하관계가 엄격한 인도사회에 디지털(social media)의 영향은 일부 언론인이 언급하듯 카스트를 허무는 역할을 톡톡히 해내고 있다.

그 변화의 움직임에 편승한 인도 디지털 산업의 현황은 전 세계 2위의 휴대폰 보급률(약 7억 명이 사용), 또 2억 명 이상의 인터넷 사용자(세계 3위) 등 양적으로 어마어마하다. 하지만 지금 겨우 경제 발전에 눈을 뜬 상황이기 때문에 아직도 인구에 비해 IT 인프라는 여전히 부족하다.

외국인들이 바라본 시장의
6가지 주요 변화

 인도에 있는 서구인들은 인도의 변화를 어떻게 바라보고 있나요?

인도에 진출한 지 10년이 넘은 미국 기업인 몇 명과 유럽 출신 기업 마케팅 담당자들과 이야기를 나눈 적이 있다. 그들이 바라보고 그들이 생각하는 인도의 변화를 다음과 같이 6가지로 요약해보았다.

첫째, 개인 중심

인도의 기본적이고 전통적인 삶의 단위는 '가족'이다. 하지만 인도 역시 도시화가 되면서 과거 5%인 단독 가구 비중은 9%로 급성장하고 있다. 그리고 과거엔 가족 단위의 의사결정이 이뤄졌다면 이제는 개인 단위의 의사결정이 이뤄지고 있다.

둘째, 의식의 변화

그들이 보낸 10여 년을 돌이켜보면 인도인들의 의식구조가 과거와 달리 이제는 많이 달라지고 있음을 느낄 수 있다. 소비의 경험이 점차 바뀌고 경제 수준이 향상되면서 종교나 정치 등 사회적인 관심보다는 개인적으로 좀더 안락하고 고급스러운 삶을 선호하는 방향으로 바뀌고 있다.

셋째, 여성의 경제 참여

인도에서 일하는 여성의 비율은 현재 29%이고 2020년이면 40%로 늘어날 것이다. 현재 인도에서는 여성의 경제 참여 분야가 늘어나고 있다. 과거 아시아 어느 나라보다 일찍 여성 총리가 정권을 잡았어도 인도의 무게중심은 아직은 남성에 있다. 하지만 여성의 경제 참여가 많아지면서 소비생활에서 여성의 참여가 만드는 변화가 크게 일고 있다. 즉 의사결정 과정에서 여성의 역할이 중요해지며 제품의 구매와 선택 기준이 바뀌고 있다는 것이다.

하나의 예로 과거에는 여성들의 구매가 거의 없었던 SUV의 판매 시장에서 여성 소비자의 증가는 여성이 그간 선택지로 여기지 않았던 제품들도 이젠 선택지 안으로 들어오게 된 것이다.

넷째, 농촌 경제 여건 향상

인도에서 도시와 농촌은 확연한 소득차뿐만 아니라 여러 가지 면에서도 큰 차이를 보인다. 하지만 요즘 인도에서 가장 내구재를 많이 사는 곳이 농촌 지역이다. 즉 자동차 회사를 비롯한 많은 소비재 기업들

도시에서는 열세를 면치 못하지만 그나마 농촌 지역에서는 판매가 지속적으로 이뤄지는 마힌드라.(출처: 줄라이카모터스Zulaikhamotors 딜러)

이 농촌 지역으로 시장을 확대하고 있고, 이러한 농촌에서의 판매 증가는 기업들을 농촌으로 영역을 넓혀 경제의 저변을 확대하는 데 큰 기여를 하고 있다.

다섯째, 젊은 소비층

그들이 인도 소비시장의 변화로 가장 손꼽는 것이 바로 젊은 층이다. 이 매력적인 시장의 변화를 이끌어내는 것이 젊은 소비층이다. 그들은 인도의 현재의 변화를 이끌어내고 있으며, 또한 미래의 인도 시장을 더욱 단단히 만들어내고 있다고 주저 없이 이야기했다.

여섯째, 디지털 혁명

2016년 인도의 인터넷 사용 예상인구는 3억 5,000만 명 정도 된다. 또한 이커머스(e-commerce) 시장, 즉 온라인쇼핑 시장도 2020년이면 약 700억 달러 이상으로 증가할 것으로 내다보고 있다. 인도에서 디지털, 즉 IT는 '평등'과 '혁명'이라는 두 단어를 연상시키기에 충분하다. 특히 소비시장에서 IT 붐은 혁신에 혁신을 거듭하고 있고, 아마존(Amazon)·이베이(e-Bay) 등 글로벌사와 플립카트(Flipkart)로 대표되는 로컬사들의 사활을 건 경쟁을 벌이고 있고, 천문학적인 자금을 마케팅 비용으로 쏟아붓고 있다. 이런 이커머스 시장을 바꾸는 방법 중 하나는 'EMI'라는 결제 방법이다.

EMI, 인터넷 쇼핑이 탄생시킨 인도의 혁신

인도 인터넷 쇼핑몰을 들어가보면 신용카드 결제와 착불 결제로 할 수 있게 되어 있다. 착불결제는 택배사 직원이 물건을 가져오면 물건값을 건네주는 방식으로 초기 온라인 쇼핑 결제의 90% 이상이 이 방식을 사용했다. 어떻게 보면 인간적인 신용 사회의 면모를 보이고 있다. 또 흥미로운 것은 EMI다. 길거리 상점이나 인터넷 상점을 막론하고 'EMI' 이용 가능 문구를 볼 수 있다.

EMI란 비싼 제품을 구매할 때 주로 카드 할부를 활용하는 우리와 달리 목돈 마련의 부담을 덜기 위한 원리금 균등 분할 상환(Equated Monthly Installment)의 약자다. 이 제도는 우리와 같으면서 다른 점이 가령 10만 루피의 물건을 1년간 9.5%의 금리로 이용할 경우, 매월 원금과 이자를 합쳐 8,768루피씩 12번에 걸쳐 상환하는 것이다. 그러나 실제 이용해보면 중계 수수료, 진행 수수료 등 명목이 붙어 5% 정도가 추가로 더 붙게 되어 실제로는 15% 이상의 금리로 이용하게 된다.

또 EMI는 은행계좌가 있어야 함은 물론이고 신용카드도 보유하고 있어야 이용할 수 있다. 대략적인 기본 금리는 기간에 따라 다르나 연리 10~15% 사이이므로 상당히 높다.

EMI는 인도 1위의 쇼핑몰인 플립카트가 처음 쇼핑몰을 열었을 때 고객의 부담을 줄이려고 고안한 방식이다. 결과적으로는 이러한 결제 방식을 통해 플립카트가 인도에서 1위의 쇼핑몰로 성장할 수 있었던 계기가 된다.

최근 들어 인도의 디지털 결제 방식도 혁명적인 변화를 보이면서 디지털 결제 비율이 거의 40%에 육박하고 있다.

🐭 삼성 인도법인 EMI 이용 광고.

소비를
바꾸는 IT

 최근 인도의 IT 산업의 성장 배경에는 어떤 것이 있나요?

　전반적으로 언급된 인도의 소비를 바꾸는 큰 축은 젊은 소비층과 이들이 열광하고 있는 IT다. 다시 말해 시장의 키는 젊은 소비자층이 쥐고 있는 것이다. 사회·문화적 특성상 밖에서 실제적인 경험을 할 수 있는 여건이 안 되는 젊은 소비자들이 선택한 최선의 방법은 바로 IT를 활용한 삶이다.

　그럼 젊은 층들은 IT를 어떻게 받아들이고 활용하고 있을까? 사실 인도 하면 IT 강국으로 많은 사람들이 인식하고 있다. 이 말은 맞는 말이기도 하고 어쩌면 틀린 말이기도 하다.

　우선 규모 면에서 인도의 IT 산업의 변화를 살펴보도록 하자. 산업 규모에서 인도 정부 자료에 따르면 인도 IT 산업의 시장은 연간 1,460억 달러를 넘는 엄청난 규모다. 우리나라가 약 500억 달러 규모인 것에 비해 규모 면에서는 우리나라와 비견될 바는 아니고, 중요한 것은 시장의 성장성이다. 즉 우리나라의 시장은 큰 성장보다는 정체 내지는 미미하게 성장하는 모습을 보이고 있는 반면에 인도의 성장은 두드러진다.

　2014년에는 1,180억 달러(하드웨어 포함) 규모였으나 2015년에는 무려 23.7%가 성장한 규모를 보이고 있다. 2010~2015년까지 평균 성장률을 들여다보면 연평균 15% 정도로 전 세계 IT 산업 성장의 3~4배에 해당되는 모습을 보이고 있다. 특히 인도 GDP에서 차지하는 비중은 1998년도 1.2%에 불과했으나 2015년에는 거의 10%에 육박하고 있다.

시장 구성에서 보면 기술 컨설팅 서비스(은행·보험 등 전산 서비스, 680억 달러), 소프트웨어(240억 달러), 하드웨어(135억 달러) 등 순이다.

참고로 포레스터 리서치 자료에 따르면 우리나라의 IT시장에서 가장 높은 비중을 차지하는 분야는 통신(18조 3,000억 원)이고, 소프트웨어(11조 2,000억 원), 통신장비(10조 3,000억 원), 기술 컨설팅 서비스(6조 원), 컴퓨터 주변기기(6조 원)순으로 집계된다.

구성으로 보면 인도의 IT 산업은 우리나라와 같은 하드웨어 위주의 IT 산업이 아닌 노동집약적인 기술 서비스와 소프트웨어 중심의 산업으로 우리나라와는 큰 차이를 보인다. 이러한 성장 배경에는 인도 IT 산업의 주요 교역국인 미국보다 3~4배 저렴한 인건비와 숙련된 기술자가 그 근간이 되고 있다.

아래 표에도 언급하다시피 매년 시장에 나오는 IT 기술 보유 인재는 무려 600만 명에 육박하며, 연 평균 전년 대비 9.4% 이상의 증가율로 인재들이 시장에 배출되고 있다. 다시 말해 매년 500만 명 이상이 IT 산업으로 쏟아져 나온다. 특히 영어가 가능한 인도 IT 인재들은 세계에서 가장 큰 미국시장을 두드리는 데도 상당히 유리한 모습을 보이

인도의 연도별 IT 산업 진출 졸업생 수

(100만)　　　　　　　　　　　　　　　　　　　　(단위: 명)

2010	2011	2012	2013	2014	2015
3.7	4.0	4.4	4.7	5.3	5.8

(출처: 나스컴Nasscom: 인도소프트웨어서비스연합회)

고 있다. 이는 IT 산업을 글로벌 아웃 소싱 허브로 육성하려는 인도 정부의 노력도 숨겨져 있다.

결론적으로 인도의 IT 산업을 성장시키는 주요한 요소는 5가지로 다음과 같다.

첫째, 세계적 요구에 걸맞은 기술 경쟁력. 이는 전 세계적으로 성장 추세인 IT 산업을 떠받칠 수 있는 다양한 경쟁력을 인도가 가지고 있기 때문에 가능하다.

둘째, 풍부한 인력풀. 인도는 매년 쏟아지는 풍부한 인력을 IT 산업 발전의 견인차로 적극 활용하고 있다.

셋째, 인도 내수시장의 성장. 인도는 내수시장 자체가 산업의 성장에 발맞춰 꾸준한 성장을 보이고 있고, 또 정부 차원에서 E-크란티(E-Kranti: 전자정부) 정책을 적극적으로 펼쳐가고 있다. 이런 내수시장에서의 니즈도 IT 산업 발전에 큰 견인차 역할을 하고 있다.

넷째, 정책 지원. 세제 혜택뿐만 아니라 스타트업 지원 프로그램 등 정책 지원을 지속하고 있다(2015년 1,650만 달러 규모, 정부의 지원은 미미하지만 민간 지원은 상당하다).

다섯째, 인프라 구축. IT로 유명한 벵갈루루와 같은 다수의 디지털 도시 건설을 위해 교육기관 육성, 각종 정부 차원의 지원사업 추진을 적극적으로 펼쳐가고 있다.

이와 같은 환경이 현재 인도의 IT를 강하게 만들고 있다. 하지만 눈여겨 살펴봐야 할 것은 기술 컨설팅 서비스나 소프트웨어 산업에서는 부가가치가 높은 분야가 아닌 코딩을 비롯해 기존 설계된 프로그램을 구축하고 서비스하는 분야에 많은 자원이 집중되어 있다는 점이다. 또한 IT 산업에 걸맞은 하드웨어 산업(2차 산업)이 뒷받침되고 있지 않는

뉴델리 네루 플레이스 전자상가. 과거 우리나라의 세운상가와 유사한 분위기다. 하지만 세운상가에서 돌았던 '인공위성도 만들 수 있는 기술'을 찾아보긴 힘들다.

 인도 전자상가의 생생한 모습을 볼 수 있다.

것도 인도가 안고 있는 숙제라고 할 수 있다.

이상 인도의 IT 산업에 대한 전반적인 그림을 한번 살펴봤다. 정리하자면, IT 산업은 크지만 우리나라(2차 제조업 중심)와 다른 서비스 위주(3차 서비스업 중심)이고, 규모가 크고 빠른 성장을 하고 있다는 것이 핵심이다.

그러면 젊은 층이 IT로 대표되는 인터넷에 대한 집중도가 뛰어난 이유는 뭘까? 이전 장에서도 언급을 했지만, 인도 특유의 기술에 대한 선호와 더불어 현실적으로 즐길 거리가 없기 때문이다.

지루한 인도를 탈출하는
가장 간편한 수단은?

 인도에서의 일상은 무료하다고 들었는데 실제는 어떤가요?

  1,900만의 인구에 육박하는 인도 수도, 뉴델리만 해도 영화관을 제외하고는 변변한 놀이동산을 찾아볼 수 없는 것이 현실이었다. 최근에서야 중소 규모의 테마파크가 속속 들어서고는 있지만, 규모나 숫자 면에서는 아직 충분하다고는 할 수 없고, 동네 공원 정도에 불과하다.

  필자를 비롯해 테마파크에 다녀온 사람들의 의견은 특별히 재미가 넘치는 곳은 아니다라는 평가가 많다. 하지만 2013년 유니버설 스튜디오를 모방해 개장한 경제 중심지인 뭄바이와 뿌네 사이에 개장한 아달랍스 이매지카(Adlabs Imagica)는 규모 면이나 시설 면에서도 선진국과 많이 가까워졌다. 하지만 국토가 넓은 인도에서 최소 2~3일을 잡지 않는 한 갈 수 없고 가격도 비싸다(입장료: 어른 1,599루피, 아동

오이스터 비치 워터파크. 델리 인근 구르가온에 위치해 있으며 약 1만 2,000평 규모로 축구장 5개 정도의 규모다.
🐘 오이스터 비치 워터파크 전경 영상.

1,299루피; 20~24달러).

디지털 사용 관련 BI 인텔리전스(BI Intelligence)라는 기관에서 2013년 발표한 자료에 따르면, 인도 전체 12억이 넘는 인구 중 120명의 한 명꼴로 태블릿을 이용하고, 모바일 인터넷은 10명 중 1명, 소셜미디어 이용은 13명 중 1명, 인터넷은 6명 중 1명이 이용한다고 한다.

하지만 2016년이 된 지금의 인도는 계속해서 성장하고 있고 아직 확장 가능성이 충분하다는 것이 시장 참여자들에게는 정말 큰 매력이다. 특히 인터넷 사용자 증가는 가히 폭발적 수준이다.

인도 리버넷 라이브(Linvernetlive)에서 발표한 자료에 따르면 인터넷 사용자는 2013년 1억 9,000만, 2014년 2억 3,000만, 2015년 3억 5,000만이고, 2016년에는 4억 6,000만으로 사용자 증가가 예상된다. 이는 매년 인구 증가율 1.2~1.3%인 점을 감안하면 가히 무서운 속도

이매지카 광고 사진. 유니버셜 스튜디오를 모방한 테마파크인 인도만의 독특한 분위기가 느껴진다.
🎬 이매지카의 면면과 흥겨운 광고 영상.

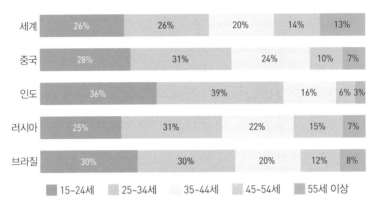

	15~24세	25~34세	35~44세	45~54세	55세 이상
세계	26%	26%	20%	14%	13%
중국	28%	31%	24%	10%	7%
인도	36%	39%	16%	6%	3%
러시아	25%	31%	22%	15%	7%
브라질	30%	30%	20%	12%	8%

브릭스 국가의 인터넷 사용 연령별 분석.(출처: 컴스코어Comescore)

가 아닐 수 없다. 성별로 보자면 여성이 39%, 남성이 61%로 4 대 6의 비율이다.

컴스코어(Comescore)의 자료에 따르면 브릭스(BRICs: 브라질·러시아·인도·중국) 국가 중 인도가 35세 이하 젊은 층 인터넷 사용 비중이 가장 높은 75% 수준으로, 전 세계 51%, 중국 59%에 비해 확연한 차이를 보이고 있다. 이는 IT 기술을 받아들이는 것이 그만큼 상대적으로 용이하다는 것을 의미한다.

그럼 인터넷 서비스 중 가장 많이 사용하는 분야는 무엇일까? 우선 젊은 층이 많은 관심을 보이고 있는 것은 통계적으로 보면 결혼 관련 분야다. 2,000만 명 이상의 젊은 인도인들은 자신의 결혼대상자를 구하기 위해 인터넷을 적극적으로 활용한다.

인도에는 우리나라처럼 소개팅이나 미팅의 기회가 많은 편은 아니다. 결혼의 대부분은 집안과 연결되어 있는 중매 결혼이 많은 편이다. 따라서 자유로운 성향을 가진 젊은이들은 자신과 맞는 파트너를 찾기 위해 인터넷을 적극 활용하고 있다. 참고로 오프라인의 경우, 매주 주말이 되면 신랑·신부를 찾는 광고를 볼 수 있다. 일요일이면 신문에

온라인 매칭 사이트인 심플리메리 닷컴(SimplyMarry.com). 카테고리별로 선택할 수 있게 한 점이 흥미롭다. 종교(8종), 언어-국가별(58개 언어: 프랑스어도 들어가 있다), 카스트 계급별(43개 카스트).

한때 사회적 문제가 되었던 게이 아들을 위한 부모가 낸 배우자를 찾는 광고. 25~40세, 채식주의자이며 동물을 사랑하는 사람을 찾는다는 신문광고. '카스트 노 바(Caste no bar)'란 카스트에 상관없다는 의미다. 하지만 이어(Iyer)라는 카스트(타밀 출신의 브라만 계급)를 선호한다는 내용이다.

🎞 재미있는 결혼 광고 모음.

최소 5~6개 면이 이런 광고로 넘쳐난다.

　다음과 같이 온라인 연결 사이트들도 많이 생겨나고 있으나 활용해 본 직원들의 이야기를 들어보면, 우리나라 온라인 중매 사이트에 비해 언어·종교·카스트 등 따질 것이 많아 개인을 알 수 있는 정보는 극히 단순하여 우리나라 매칭 서비스와는 수준 차이가 크다고 한다.

연간 1억 대씩 팔리는 스마트폰,
그 용도는?

 인도에서는 휴대폰으로 주로 뭘 하나요?

인터넷 사용자의 상당수는 모바일 인터넷을 통해 인터넷을 즐긴다. 2016년 1월 기준 인도의 등록된 휴대폰은 약 10억 1,700만으로 집계되고(실제 사용자의 숫자와 차이 있음) 전 세계 두 번째 스마트폰 시장으로 성장했다. 물론 저가형부터 고가형까지 모두 존재하는 시장이다.

같이 일하던 직원들 중에서 휴대폰을 두 개씩 들고 다니는 직원들도 많다. 기자들은 말할 것도 없이 비즈니스로 만나 교류하고 있는 사람들 중에서도 마찬가지로 두 개의 휴대폰을 사용하고 있었다. 이유를 물었더니 가정용과 직장용을 철저하게 구분해서 사용한다고 한다. 이렇게 보면 많은 직장인들과 사업가들은 두 개의 휴대폰을 가지고 있다는 것으로 생각하고 통계의 숫자를 다시 꼼꼼히 읽어봐야 할 것이다.

시스코(Cisco)에서 2014년에 발표한 자료에 따르면 2019년까지 매년 1억씩 스마트폰 사용자가 증가할 것이라고 내다보는 자료를 내놨다. 매년 약 1억이라는 사용 증가를 분기별로 따지면 2,500만 명 이상이 증가되는 막대한 숫자다. 태블릿 사용자도 2014년 200만에서 2019년 1,870만으로 약 9.2배 증가가 예상된다고 한다.

인도 IT 종사자나 관련 분야 종사자들을 만날 때마다 스마트폰을 구입해서 주로 무엇을 하느냐고 물어본 적이 있다. 한결같이 '비디오'라고 이야기를 했다. 즉 인도의 스마트폰 구입 사유 중 하나는 '동영상'을 보는 것이다.

구글과 글로벌 프로젝트를 진행할 때 인도 구글 담당자와 같이 바이럴(Viral) 영상을 만들기 위해 여러 명의 영상 제작자를 만날 기회가 있었다. 대부분이 스타트업 기업들이었다. 구글에서 이야기 해 준 바에 따르면 인도의 스마트폰 구매 이유는 가장 큰 요인이 SNS 이용이고, 앱 활용, 인터넷을 통해 정보를 얻는 등 우리와 비슷하지만 전문가들이 말하는 인도 소비자의 인터넷 사용의 가장 큰 특징은 '비디오'라고 입을 모았다.

전문가들이 분석한 자료에 따르면 인도 인터넷 사용자들은 매일 4시간 56분을 평균 데스크탑 등을 통해 인터넷을 사용한다고 한다. 3시간 36분을 스마트폰으로 인터넷을 사용하며 그 사용자들이 SNS로 시간을 보내는 시간은 평균 2시간 26분이라고 한다. 하지만 중요한 것은 사용자의 55%는 매일 동영상을 SNS를 통해 접한다는 점이다.

그렇게 많은 동영상이 나오는데 볼 사람이 있을까 하는 의문도 들지만, 한 바이럴 필름 제작자가 이런 말을 했다. "If you create it, they will watch it." 즉 인도의 무서운 성장을 보이는 인터넷 환경에서 새로운 제작물을 만들기만 한다면 사람들을 보게 하는 것은 큰 문제가 되지 않는다는 말이다. 아무리 제작해도 보는 인구 증가 속도가 더 빠르다는 것이다.

인터넷 광고를
끝까지 지켜보는 인내심

 성격도 급한 인도인들은 왜 인터넷 광고를 끝까지 지켜보죠?

구글 담당자로부터 실제 재밌는 정보를 들은 적이 있다. 모바일 광고의 시청 완료도를 측정했는데, 무려 88.3%의 시청자가 처음부터 끝까지 시청을 한다는 것이다.

공동 마케팅을 하기 위해 만난 의류회사 마케팅 담당 이사도 TV 광고 후에는 고객의 구매 비율이 16%였지만, 유튜브 광고 후 구매 비율은 34%로 인터넷 광고가 효과적이라고 한다. 물론 유튜브 광고 시청자와 TV 광고 시청자의 타깃과 환경은 다르지만 인도에서 마케팅을 하면서 느낀 점은, 인도인들의 이러한 특성이 제품광고에는 확실히 도움이 된다는 것이다.

어느 매체에 광고를 할 것인지를 결정하는 사람들은 주로 TV를 시청하는 사람들이고, 반대로 주로 제품을 사는 마케팅 대상은 TV보다는 온라인을 소비하는 사람들이기 때문에 아직은 TV 광고 시장에 큰 변화는 없으나 TV 방송 관계자들이 느끼는 불안감은 상당하다. 현실은 점점 변화하고 있고 온라인 광고 또한 엄청난 속도로 시장이 커지고 있다.

인도 소비자들은 왜 그렇게 온라인 광고에 높은 집중도를 보이는 것일까? 우리나라의 경우 유튜브를 볼 때 광고가 나오면 처음 몇 초는 기다리지만 바로 스킵하고 넘어가는데 말이다.

그것은 2가지 이유다. 첫째는 볼만한 콘텐츠가 부족하다는 것이고, 둘째는 신규 유입자의 영향 탓이다. 콘텐츠 부족은 인도에 사는 누구라도 인정할 수 있을 것이다. 재밌는 것을 찾아보기가 상당히 어렵다. 그래서 뭔가 새로운 것이 나오면 사람들이 모여들고 시청하게 된다.

매년 수십 퍼센트의 인터넷 사용자가 증가하고 매 분기별 2,500만의 모바일 인터넷 사용자가 많아지는 환경에서 하드웨어에 부합하는 소프트웨어의 부족은 당연한 현상이 아닐까 싶다. 그리고 반복해서 광고를 봐도 또 보는 습성도 무시할 수 없을 것이다.

뭘 하고
하루를 보내지?

 보통의 인도 청소년들은 하루를 어떻게 보내고 있나요?

그럼, 젊은 층들은 하루를 어떻게 보낼까? 여러 차례 언급했지만 인도는 지루한 나라 중 하나다. 이 지루함을 탈출하기 위한 야외활동도 더운 날씨, 교통 등의 영향으로 쉽지만은 않다. 인도 MTV에서 40개 도시 25세 이하 청소년들 4,000명을 대상으로 하루 시간을 어떻게 보내는지 조사한 자료에 따르면, 휴대폰을 이용한 여가 보내기는 6.8시간, 가족과 집에서 3.5시간, 그리고 친구와 교류 2.8시간, 나머지 1.7시간은 데이트로 보낸다고 한다.

인도 최대 일간지 「타임스 오브 인디아」. 인도 1·2위의 온라인 쇼핑몰 전면 광고가 일요일자에 실려 있다.

젊은 층들의 용돈 중 가장 많이 지출을 하는 것은 휴대폰 요금, 카페, 외식, 인터넷 사용료, 선물 구입, 학원비, 영화비 등이 그 뒤를 이었다.

인도 최대지 〈타임스 오브 인디아〉의 전국 규모 1면 광고비용은 대략 1,500만 루피(약 2억 6,000만 원)이다. 한국의 주요 일간지의 전면 광고 비용 수천만 원에 비교할 바가 되지 않을 정도로 광고 비용은 비싼 편이다. 최근 플립카트 등 온라인 쇼핑몰 회사는 전국 규모의 신문 전면 광고를 거의 매주 실어내고 TV와 온라인에도 온라인 쇼핑몰의 광고는 넘쳐난다. 실로 엄청난 물량 공세다.

우리나라 명절 중 추석에 해당되는 디왈리 축제(Diwali Festival) 시즌에만 플립카트에서 무려 10억 루피(약 1,500만 달러)를 사용했다. 보통 자동차 회사들이 신차를 시장에 내놓을 때 사용하는 마케팅 비용의 무려 2~3배의 해당되는 마케팅 비용을 쏟아붓는 것이다. 1년 예산도 상상을 초월하는 규모다.

지난 해 미국의 한 투자사가 온라인 쇼핑몰의 가치 평가를 했는데, 플립카트의 가치는 무려 150~180억 달러 규모로, 우리가 상상한 그 이상의 기업으로 성장했다(하지만 주식 소유를 보면 외국 투자사들이 많이 소유하고 있다).

인도에서 젊은 층에게 소비는 무엇을 상징할까? 우리나라와 달리 인도 소비의 시작은 자아를 인식하는 수단과 동일시된다. 예를 들면 닥터 판촐리(Dr. Pancholli) 집안의 첫째 아들 산줄(Sanjul)이 아닌, ○○○에서 IT를 공부하는 또는 ○○○에서 마케팅 일을 하는 식으로 바뀌는 시점에 그들은 하나의 독립된 개체로 어른들에게 인정을 받는다. 어른이 되기 전 모든 것은 집안의 어른들에 의해 결정되고 자기가 필요한 것조차 어른들이 대신 주게 된다. 자기가 자신의 의사결정으로 소비의 중심에 있는 인도 젊은이들이 '소비'를 그들의 개성을 표현하는 수단 중 하나로 인식하는 것이다.

점점 젊어지는 소비층

 인도에서 광고나 제품을 판매할 때 주요 타깃층은 누군가요?

인도 소비의 또 하나의 특이점은 점점 젊어지는 소비층이다.

우리나라라면 인구통계학적으로 구매는 연령에 따라 달라지는 것이 상식인데, 시장조사 업체를 통해서 조사된 자료를 들여다보면 제품에 상관없이 웬만한 타깃 자체가 25~35세로 형성되어 있다는 것을 발견할 수 있다.

특히 여성의 화장품 구매 시기 등도 살펴보면 과거보다는 구매 연령이 더 낮아졌다. 즉 좀더 젊은 층이 구매의 주체로 나섰다는 것에 주목할 필요가 있다. 더불어 그들을 바라보는 기성세대들도 젊은 층이 인터넷 사용으로 자신보다 현명한 구매 결정을 할 것이라는 믿음이 강해지고 있는 것도 현재 벌어지고 있는 상황이다. 한국의 장유유서로 상징되는 유교문화보다 훨씬 강한 위계질서를 가지는 힌디 문화에서 이런 변화는 가히 혁명적이라고 할 수 있다.

이렇다보니 마케팅에서도 한국과는 매우 다른 전략이 필요하게 된다. 우리나라에서 예를 들면 소형차는 젊은 층, 대형차는 50대 전후가 구입을 한다고 생각하는 것이 거의 상식이지만, 인도는 그 모든 것이 35세 이하로 맞춰져 있다. 자동차 구매 평균 연령도 최근 들어 30대 중반에서 20대 후반으로 변화된 것을 보면, 그들의 니즈에 맞는 제품의 변화는 당연하지만 아직은 제조 환경이 그렇게 따라가고 있지 않다.

하지만 인도 시장이 그렇다고 젊은 층만의 전유물은 아니다. 화장품 업계의 이야기를 들어보면 40대 이상 시장도 젊은 시장에 영향을 받아 노화방지 시장 중심으로 크게 커지고 있다고 한다.

젊은 층의 이런 구매 움직임의 핵심에 서 있는 것은 바로 '온라인 쇼핑'이다. 온라인 쇼핑은 디지털 기기를 자유롭게 다루고 인터넷 접속을 자주 하는 그들의 욕망을 충족시켜 주는 주요한 두 축(엔터테인먼트와 소비) 중 하나다.

2014년 온라인 쇼핑 증가율은 66%, 2015년 78%로 우리나라의 시장 성장 속도와 규모 면에서 큰 차이를 보이며, 전 세계에 이런 증가세가 있을까 싶기도 하다. 이런 시장의 급격한 증가는 몇 가지 이유가 있는데, 우선 젊은 소비자들을 공략하기 위한 매력적인 판매조건과 공격적 마케팅(Flash Sale·Daily Deal 등), 각종 로열티 프로그램, 그리고 스마트폰, 태블릿 등 인터넷 접속 가능 디바이스의 증가도 큰 몫을 하고 있다.

2015년에는 약 5,500만 명이 온라인에서 구매를 했는데 전문가들에 따르면 2016년에는 8,000만 명으로 무려 45% 이상 증가할 것으로 예상하고 있다. 일례로 스마트폰 판매가 2015년 온라인을 통해 약

인도 전자상거래 및 전자 소매 시장 변화

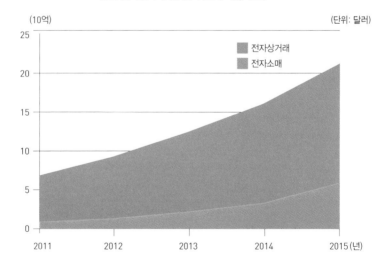

11%가 판매되었으나 2016년에는 약 27% 증가가 예상된다고 한다. 인터넷 쇼핑의 증가는 현재 약 250억 달러 규모에서 매년 35~40% 성장해 5년 이내 1,000억 달러 돌파가 예상된다.

여기서 자료 분석에 다소 유의해야 할 것은 이커머스와 전자소매 (E-Tailing)다. 참고로, 전자소매는 온라인에서 물건을 사고 파는 것 이고, 전자상거래는 훨씬 더 광의의 개념이다. PWC 이커머스 인디아 (PWC's Ecommerce in India)의 자료에 따르면 인도의 시장 규모는 전 체적으로 증가세를 보이고 있으며 최근 들어 전자소매의 증가세가 두 드러진다고 할 수 있다. 온라인 상거래뿐만 아니라 인도의 온라인에서 가장 눈여겨봐야 할 특이점은 2014~2015년을 거치면서 전용 모바일 앱을 사용한 구매가 인터넷 사이트를 활용한 구매를 앞질렀고, 그 성 장율은 무려 전년 대비 335%나 증가한 점이다.

쇼핑몰의 순위를 보면 2015년 기준 플립카트 30%, 스냅딜 23%, 퀴커 11%, 올렉스 10%, 민트라 10%, 아마존 인도 8%, 숍듀스 6%, 자봉 4%, 이베이 3% 등 인도 업체들이 강세를 보이고 있다.

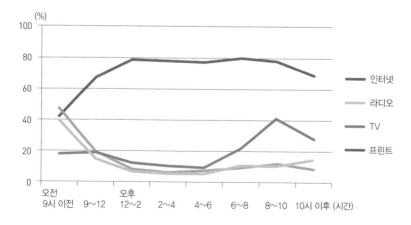

인도의 시간대별 매체 접속 비율

참고로 플립카트의 가치는 현재 150~180억 달러(미국 Sand Captat Management 발표)로, 우리에게 타이거 펀드(Tiger Fund)로 알려진 타이거 글로벌이 최대 주주이고, 남아공의 미디어사, 러시아의 재벌 등이 주요 주주다. 스냅딜은 일본의 소프트뱅크(Softbank)와 아이폰 제조사로 알려진 대만의 팍스콘(Foxconn)이 대주주로 참여하고 있다.

　181쪽의 도표는 어떤 시간대에 어떤 매체를 활용해야 효과적인가를 분석한 표다. 인도 진출을 결정하고, 광고나 매체를 활용할 때 도움이 될 수 있을 것이다.

최신 인도 마케팅 트렌드와
마케팅 비법 하나

인도에 진출하려는 기업들 앞에 놓인 어려움을 꼽자면 한두 개가 아닐 것이다. 시장의 가능성을 믿고 과감히 진출했는데 워낙 시장이 크다보니 어디서, 어떻게, 무엇을 가지고 전략을 짜고 마케팅을 해야 할지, 어렵고 어렵기만 하다. 넓은 국토, 다양한 소비계층, 마케팅 툴은 무엇을 써야 하고 홍보는 어떻게 해야 할지 막막하기만 하다.

그리고 인도는 사례가 있더라도 찾기 어렵고 더군다나 마케팅 사례 집을 찾아본다고 하는 것은 사치에 가깝다. 이러한 점은 우리나라 기업뿐만 아니라 해외 기업들도 마찬가지다.

마케팅을 하기 위한 참고 서적이나 교과서는 다 영어로 되어 있긴 하지만, 영미 등 서구에서 워낙 잘 만들어져 있는 자료만 있을 뿐이다. 따라서 굳이 자신들이 책이나 자료를 만들 필요가 없는 것이 아닌가 싶다.

데이터만으로는 부족한
인도 이해하기

 인도 시장을 어떤 방식으로 이해해야 할까요?

우선 인도의 최신 마케팅 트렌드를 살펴보기 전에 몇 가지 사실을 가지고 위밍업을 하고자 한다. 맥이 풀리는 이야기가 될지도 모르지만 먼저 이해해야 할 것은 인도는 기존 데이터만으로 인사이트를 만들기 어려운 시장이라는 점이다.

아이러니하게도 인도 시장에서 인도인들이 조사 설계를 한 자료만 가지고는 시장에 대한 인사이트를 만들기가 어렵다. 물론 그들의 능력을 비하하는 것이 아니다. 전략이란 내가 가진 지식을 기반으로 자료를 가지고 새롭게 재해석해서 방향을 수립하는 것이다.

따라서 시장 진출의 가능성과 마케팅 전략을 수립 및 추진하기 위해서는 마케팅 교과서에 충실해야 한다는 것은 자명한 사실이다. 15년 넘게 마케팅 분야에서 일해왔던 필자도 초기에 실제 경험을 해보지 못한 시장인지라 마케팅 교과서에서 나오는 프로세스를 따라 하다보면 방법이 생길 것이라는 생각으로 마케팅을 시작했었다.

현재 인도에서 가장 잘 팔리고 많이 팔리는 '크레타(CRETA)'라는 컴팩트(소형) SUV를 시장에 론칭할 때 일이다. 신차가 나오기 전, 실제 차를 어느 특정한 장소에 전시하고 비밀리에 몇 개의 타깃 고객군을 초청해 평가를 했다. 인도인 직원들이 중심이 되어 대도시 5군데를 선정해 고객을 초청해 그들의 이야기를 듣는 FGD(Focus Group Interview)를 실시했는데 결론은 하나였다. '디자인이 우수한 콤팩트 SUV'라는 결론이 도출되었고 타사와 가장 차별화되는 요소 또한 디자인이었다.

인도 담당 직원들은 고객들의 평가가 너무 좋게 나와서 상당히 들뜬 모습으로 필자에게 보고를 했다. 하지만 마케팅 관점에서 디자인은 상당히 주관적인 요소이고, 모든 사람들이 좋아하는 디자인은 구매 동인을 불러일으키는 주요한 수단이다. 결과적으로 핵심사항은 우수한 디자인 요소가 장기적인 관점에서 과연 SUV의 판매에 도움이 될 것인가였다. 그래서 기존 타사 차량의 마케팅 차별화 요소가 무엇인지? 그리고 실제 시장에서 고객들은 왜 SUV를 구매하는지? 그 구매 예상 고객들의 성향을 다시 조사를 지시했다.

결론은 SUV를 구매하는 대부분은 남성이고, 이미지적인 측면에서 마초적인 특성을 보이고 있었다. 운전기사가 주로 운전을 하는 세단과 달리 실제 운전에서 자기가 직접 운전하는 오너드라이브 비중이 상당히 높은 것으로 드러났다. 또한 주된 구매 요인으로 '튼튼하고 강한'이라는 이유가 많았다. 활용 측면에서도 인도의 배수로 환경이 좋지 않기 때문에 우기에는 물웅덩이가 도로에 군데군데 생긴다. 따라서 지상고가 높은 SUV는 승용에 비해 선호도가 높다.

한국과 달리 세계 유수의 브랜드들이 들어와 있는 시장에서 새로운 제품들이 쏟아져 나오면서 디스카운트 없이는 팔기 어려운 시장 환경도 고려해야 했다. 그러기 위해서는 초기에 강력한 이미지 구현은 필수였다.

이를 위해 먼저 시장 트렌드를 살펴봤고 이 차를 구매하면 장착하고 싶은 애프터마켓 제품과 무슨 옷을 입고 이 차를 탈 것인지도 조사했다.

장착하고 싶은 제품에는 디자인을 더욱 남성답게 보이고 싶어 하는 장식품들이 주를 이뤘고, 입고 싶은 옷은 도시형 비즈니스 캐주얼이었다. 기존 타사 SUV 차량을 살 때 입는 청바지를 입고 단추를 하나 푼 상의를 착용하는 이미지와는 다른 선택을 한 것이다.

'The Perfect SUV'라는 광고 슬로건이 시장에 큰 반향을 일으켰다.
🐾 크레타 광고. 인도 벵갈루루에서 촬영했다.

　　소비자가 입고 운전하고 싶어 하는 브랜드를 찾아보니 스페인 수입 의류 브랜드 '자라(ZARA)'였고, 그 브랜드에 대한 특징을 자라 마케팅 임원으로부터 들을 수 있었다.

　　자라의 주 타깃은 30대 전후의 도시형 이미지를 가지고 싶어 하는 직장인과 중·상류층이 주로 판매 대상이었고, 판매도 지속적인 성장세를 보이고 있다는 좋은 정보였다. 또한 그들은 일과 여가를 균형 있게 살고 싶어 하는 성향도 보인다고 했다. 그리고 인도도 점점 남성들이 화장품을 사용하는 비중이 높아지고 있기 때문에 구매 예정자들에게 그에 대한 선호도 조사도 했다. 역시 타사 구매 차량보다는 자신을 가꾸는 사람의 선택이 많은 것으로 조사되었다.

　　결과적으로 마케팅은 기존과 다른 새로운 시장을 만드는 방향으로 잡았다. 기존 정해진 SUV 고객이 아니라 새로운 고객을 만들어내는 방법으로 방향을 잡았고, 이를 위해 이 차량의 전략적 역할과 이미지 역할에 대한 정의부터 다시 내렸다.

　　뿐만 아니라 인도인들의 속성을 이용해 SUV의 근본, 강점을 강화시키면서 디자인도 완성했다는 스토리텔링도 만들어 입소문을 냈다. 타 깃 고객 이미지를 만들기 위해 론칭쇼 등장인물을 비롯한 광고도 설 정된 전략 목표를 완성시키는 방향으로 만들어나갔다.

이러한 변화는 기자들의 관심을 유발시켰고, 결과적으로 전략은 성 공했다. 판매는 6개월 이상 어떤 모델은 10개월 이상 주문이 밀릴 정 도로 주문이 쇄도했다. 뿐만 아니라 인도에서는 최초로 3년 연속 '올 해의 자동차상'을 수상하는 영광도 안게 되었다.

크레타는 비슷한 시기에 론칭한 1위 경쟁사의 신형 SUV 모델보다 마케팅 비용은 3분의 1을 사용했지만, 결과는 큰 차이를 보인 사례였 다. 시장의 트렌드를 파악하고 그 트렌드와 소비자들의 SUV에 대한 기본적인 인식을 강화 및 변화하도록 만들면서도 새로운 시장을 개척 한 사례라고 할 수 있다.

인도를 진출하려는 기업들이 가장 염두에 두어야 할 것은 시장 조 사할 때 인도 소비자의 의견을 너무 맹신하지 말라는 사실이다. 선진 국에서는 고객 조사를 통해 인사이트를 뽑아낼 수 있지만 인도에서는 시장 조사만으로 인사이트를 뽑아내는 것이 무척이나 어렵기 때문에 다양한 방법을 활용해야 한다.

필자는 이를 위해 교과서에는 나와 있지 않지만 인사이트를 얻기 위해 인도의 마케팅 전문가, 교수, 컨설턴트들, 그리고 타 산업 마케팅 담당자를 만나서 인도에서 펼칠 수 있는 효과적인 마케팅 기법에 대 해 여러 차례 문의를 했다. 하지만 그들로부터 어떤 뚜렷한 비법을 찾 아낼 수 없다는 것을 알게 되었다.

중요한 것은 시장을 이해하기 위해서는 산업을 뛰어넘는 다양한 방 법이 동원되어야 인사이트를 도출해낼 수 있고, 이를 통해 시장을 리 딩할 수 있다는 사실이다.

소비자의 특성,
3가지

 인도 소비자들이 가지고 있는 독특한 특징이 있다면 뭘까요?

인도 소비자의 특성은 다음과 같은 3가지로 요약할 수 있다.

첫째, 합리적 소비 성향을 가지고 있다

인도인들의 자동차 구매 프로세스를 살펴보면 우리나라와 마찬가지로 사전에 다양한 자료를 인터넷에서 찾고, 그리고 대리점 등에 방문해서 가격을 비교하고 구매를 한다. 하지만 조금 다른 것이 있다면 우리나라의 경우는 차량 구매 시 풀옵션(full option)을 먼저 생각하고 구매를 하지만 인도는 내가 정말 이 기능을 사용할 것인지를 많이 고민하고 구매를 한다는 점이다. 럭셔리 브랜드나 내구재를 구매할 때 특히 고려를 많이 하는 것 가운데 하나가 A/S에 대한 고민이다. A/S가 어려운 제품에 대해서는 아무리 그 제품이 자신을 빛나게 해주는 제품일지라도 구매를 꺼리게 된다.

둘째, 가족 중심으로 소비한다

인도는 '가족'이 항상 모든 일에 우선이 되는 사회다. 유교적인 사상을 지닌 우리나라와 유사하지만 조금 다른 모습을 보인다.

친척 중 누구 하나가 병원에 입원하더라도 하루 월차를 내고 병원을 들러 문병하는 모습, 그리고 부모님이나 자녀가 문제가 생겼을 때 그 가족을 먼저 챙기는 것은 우리와 유사하다. 하지만 지나친 가족주의는 우리가 지닌 유교적 사고로도 이해하기 어려운 측면이 있다. 가족이 중심이 되는, 다시 말해 가족의 생활에 뒷받침 되는 제품이 인도

시장에서는 소비자 행동을 유발시키는 것이다.

셋째, 제품 및 서비스에 대한 개인의 감성적 유대가 중요하다

인도인들을 움직이는 가장 큰 요인 중의 하나는 감성을 움직이는 것이다. 인도사람들과 일하며 생활해본 필자가 가장 편하면서 힘들었던 것이 감성적 교감을 형성하는 것이었다. 마케팅 측면에서 제품이 나에게 어떤 감성적인 가치와 느낌을 줄 것인지가 상당히 중요한 요소가 되는 것이다.

너무 감성적이라서 문제가 되는 것 또한 시장조사다. 시장 조사나 그 어떤 조사를 해도 직접적이고 듣고 싶은 것은 잘 말하지 않고 좋은 것이 좋다는 식의 답변이 많아서 정확함을 기해야 하는 마케팅 조사에서 항상 많은 애를 먹게 되기도 한다.

 최신 인도의 시장과 마케팅 트렌드가 궁금합니다

그럼, 최근 인도의 소비를 좌우하는 시장과 마케팅 트렌드는 어떤 것이 있을까? 다음과 같이 4가지로 살펴볼 수 있다.

첫째, 전자상거래에 의한 마케팅의 확대

인터넷을 통한 상거래는 이제 인도에서 대세가 되었다. 모바일을 활용한 인터넷 접근성이 좋아지면서 물건을 사기 위해 기존 매장에 가야 하는 수고를 덜어줬기 때문이다. 인도의 가장 빛나는 창의정신인 '주가드(195쪽 참조)'의 정신을 다시 한 번 확인할 수 있는 것이 바로 전자상거래 시장을 통해서다.

글로벌 기업인 아마존이나 이베이가 인도 시장에서 시장을 개척

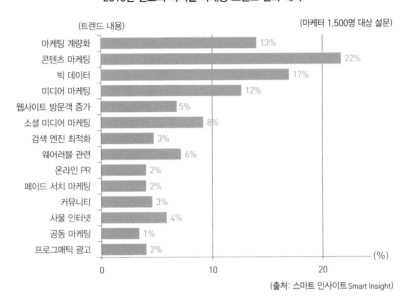

2016년 인도의 디지털 마케팅 트렌드 변화 예측

(트렌드 내용)　　　　　　　　　　　　(마케터 1,500명 대상 설문)

트렌드	비율
마케팅 계량화	13%
콘텐츠 마케팅	22%
빅 데이터	17%
미디어 마케팅	12%
웹사이트 방문객 증가	5%
소셜 미디어 마케팅	8%
검색 엔진 최적화	3%
웨어러블 관련	6%
온라인 PR	2%
페이드 서치 마케팅	2%
커뮤니티	3%
사물 인터넷	4%
공동 마케팅	1%
프로그매틱 광고	2%

(출처: 스마트 인사이트Smart Insight)

하려 했으나 워낙 낮은 신용카드 발급률로 비즈니스 환경이 개선되지 못해 초기에 고전을 했으나, 인도 국내 기업인 플립카트는 신용카드를 사용하지 않은 대다수의 인도인을 위해 대금교환인도(Cash on Delivery)라는 분야를 개척했다.

참고로 인도의 마켓 트렌드를 가장 잘 살펴볼 수 있는 곳은 가장 핫한 디지털 마케팅에서다. 위 도표에서 눈여겨봐야 할 것은 '콘텐츠 마케팅'이다. 다시 말해 인도 마케터들은 콘텐츠의 중요성을 인식하고 있고, 또한 콘텐츠가 좋으면 시장에서 잘 먹힌다는 의미다.

둘째, 셀러브리티(celebrity)의 영향력

인도의 유명인의 영향력은 상상을 초월한다. 특히 인도 마케팅에서 영화배우 등 유명인을 활용해 브랜드 앰버서더의 역할을 맡기는 것은 매출이 어느 정도 보장이 된다는 이야기이기도 하다. 인도를 대표하는 영화배우 3대 칸(샤루칸, 살만, 아미르 칸)을 모델로 활용한다는 것은 그 회사 제품은 최소한 시장에서 망하지는 않는다는 뜻이기도 하다.

현대차도 인도 시장 진입 초기 샤루칸을 모델로 사용해 무려 18여 년을 그의 성장과 같이했다. 소형차부터 시작해서 어느덧 고급 모델까지 했으나, 현재 구매 타깃과 거리가 있는 나이 등으로 인해 기업 이미지 관련 광고와 농촌 지역의 강한 인지도로 그곳의 광고 모델로 활용하고 있다. 또한 그의 성장을 배경으로 한 영화 〈더 팬(The Fan)〉이 2016년 4월 13일에 개봉했는데, 이 영화에 샤루칸의 성장과 같이하는 현대차의 내용도 담고 있다. 이런 스타들을 활용한 마케팅이 강력한 효과를 발휘하는 이유는 바로 영화와 국민 스포츠 크리켓의 영향 때문이기도 하다.

발리우드로 대표되는 인도 영화는 크리켓과 함께 인도인들의 거의 절대적인 엔터테인먼트 수단이다. 따라서 유명 배우의 스타일, 말 한 마디 한 마디는 인도인들에게 큰 영향을 미친다.

인도에서 셀럽들을 활용했을 때 고객들이 받아들이는 제품에 대한

인도 영화배우 3대 칸. 왼쪽부터 살만, 아미르, 샤루칸.(출처: 지뉴스ZeeNews)

〈더 팬〉 영화에서 샤루칸은 1인 2역을 했고 현대차가 론칭하는 장면도
나온다. 신분이 바뀔 때마다 타는 차도 바뀐다.(출처: 유튜브 캡처)
🎬 영화 〈더 팬〉의 트레일러.

긍정적 이미지는 다른 나라보다 상당히 높은 편이다. 50% 이상의 광
고에서 셀럽이 광고에 활용된다. 또한 이런 셀럽들을 활용해 기업의
신뢰도 손쉽게 올릴 수 있다. 액센추어 인디아(Accenture India)에서
농촌 대상으로 조사한 바에 따르면, TV 광고에서 셀럽으로 인해 고객
의 70% 이상이 영향을 받는다고 조사되었다.

셋째, 서비스 퀄리티를 강조한 마케팅

인도인들은 일정 수준 이상의 고급품을 구입할 때 집안에 오래 놓
고 쓸 것이라고 항상 생각한다. 이때 가장 중요시 여기는 것이 이 제품
이 고장 났을 때나 문제가 있을 때 받는 서비스다. 따라서 아무리 좋은
제품이라도 서비스를 제대로 받지 못하게 되는 경우 제품 구매를 꺼
린다. 이에 따라 서비스 퀄리티의 우위는 상당한 마케팅 툴로 자리하
게 만들 수 있지만, 인도의 서비스 마케팅은 아직 걸음마 단계다.

넷째, 공짜 상품을 활용한 마케팅

인도의 특이한 점 하나가 공짜상품이 제품 구매에 영향을 미친다는 점이다. 예를 들어 한 개 사면 한 개 공짜, 냉장고를 구매하면 소형 가전제품을 증정하는 것 말이다. 치약, 비누 등 공산품에서부터 쿠킹 오일, USB, 헤드폰, 스피커에 이르기까지 다양하다. 이 공짜 마케팅의 하이라이트는 '정치'다.

암마(Amma) 소금, 생수, 약국 등 암마 브랜드.(출처: WoldTV 뉴스)
🎥 암마 미네랄 워터 광고 감독판이다.

암마 베이비 킷: 아이를 낳으면 무료로 베이비 킷을 증정한다. 16가지 종류의 물품이 들어 있다.(출처: 〈더 힌두〉)

대표적인 예가 남부의 가장 큰 주인 타밀라두 주 수상이자 '암마(Amma)'라는 애칭으로 불리는 자야 자일리타(J. Jayalalithaa, 전직 영화배우)가 펼치는 선심성 행정이다. '암마(Amma)'라는 제품으로 저소득층을 대상으로 선심성 행정을 편다. 암마 랩탑(The Amma Laptop), 암마 드링킹 워터(The Amma Drinking Water) 계획(20리터의 정수를 공짜로 제공)까지 있다. 심지어 언론에서 '암마(The Amma)' 브랜드로 통한다. 암마 시리즈는 암마 캔틴(Amma canteens: 암마 물통), 암마 파머시(Amma pharmacy: 암마 약), 암마 솔트(Amma salt: 암마 소금), 암마 시멘트(Amma cement: 암마 시멘트) 등 셀 수 없을 정도로 많다. 물건은 공짜 또는 아주 저렴한 가격에 공급한다. 참고로 앞서 제1부에서 언급했듯이, 암마는 '엄마'라는 뜻의 우리말과 유사한 타밀어다.

인도식 창의력, 주가드

미국 〈타임스〉에 따르면 '주가드(Jugaad)'는 예기치 못한 위기 속에서 즉흥적으로 창의력을 발휘하는 능력을 뜻하는 힌두어라고 정의 내려진다. 열악한 환경 속에서 생존하기 위해 독창적인 방식으로 해법을 찾아내는 경영으로, 인도 기업의 경영철학을 상징적으로 나타내는 용어다.

인도 시골에서 사용되는 짜깁기 자동차도 '주가드'라고 부른다. 제한적인 자원과 열악한 환경을 탓하는 것이 아니라, 이에 적응해 즉흥적으로 해결하는 방식으로 인도 기업들이 저렴한 제품을 신속하게 소비자에게 공급하는 추세를 이르는 말로 사용된다. 우리나라말로 적절한 용어는 '적정 기술'일 것이다.

네슬레 회장인 이자이 방가(Ajay Banga)가 네슬레 인도법인에서 근무할 때 초콜릿을 팔기 위해 고군분투했던 이야기는 주가드의 대표 사례로 꼽힌다. 섭씨 38도를 넘나들던 여름철 냉장 설비와 전력 공급망이 제대로 갖춰지지도 않았던 상황에서 냉장 카트와 수송 차량, 창고 등을 아주 저가로 특별 제작해 품질을 유지했다는 것이다.

그의 형인 빈디 방가의 창의력도 뒤지지 않았는데, 유니레버 제품을 보급하기 위해 직업이 없는 여성들을 판매원으로 고용하는 신의 한 수를 뒀다. 광고에 공을 들이는 대신 이들을 통한 구전 마케팅 기법을 사용한 것이다. 이를 통해 여성들에게는 돈을 벌 수 있는 기회를, 회사는 유통망을 확보하는 발판이 됐다.

또 다른 사례는, 타타그룹이 5,000달러(약 575만 원) 이하의 자동차를 생산하는 것은 불가능하다는 업계의 통념을 깨고, 2009년 10만 루피(약 280만 원)짜리 자동차 '나노(Nano)'를 인도에 출시한 것이다.

라탄 타타 회장은 인도 저소득층의 구매력을 감안해 자동차가 구동하기 위한 실질적인 부품을 제외한 에어백·라디오·파워스티어링 등의 부

네슬레 전 회장이자 현 마스터카드 회장인 이자이 방가.(출처: NDTV 방송)

품을 빼버리거나 생산 공정을 모듈화했다.

또 대부분의 부품을 플라스틱으로 교체하고, 차를 조립할 때 비싼 용접을 하는 대신, 저렴한 화학본드를 사용해 상식 이하 가격의 자동차를 만들어냈다. 처음에는 이와 같은 방침이 '현실성 떨어지는 지나친 즉흥 경영'이라는 비난을 받기도 했지만, 나노는 출시 전부터 100만 대가 예약 판매되는 인기를 끌어 주목됐으나, 결과적으로는 시장에서 실패했다.

주가드 정신에 입각해 제품이 나왔으나 마케팅적으로는 실패했다. 인도에서는 나노를 탄다는 것은 내가 돈이 없음을 드러내는 것이 된다. 남의 눈을 많이 의식하는 인도 사회에서 나노를 탄다는 것은 신분이 낮다는 의미도 될 수 있기 때문이다.

마케팅? 홍보?
인도에선 10대 파워 셀럽이면 끝!

셀럽에 대한 엄청난 관심은 필자가 인도에서 마케팅과 홍보를 하면서 절실히 느낀 경우가 많았다. 특히 셀럽이 참석하는 행사는 흥행이 보장되고 장관을 비롯해 정부 관료들의 관심도 이끌어낼 수 있다. 물론 기자들을 모아야 하는 마케터의 피 말리는 노심초사도 줄일 수 있다. 그럼, 인도를 대표하는 셀럽은 누굴까?

「포브스 인디아」가 2014년에 선정한 10대 셀럽은 다음과 같다.

1위, 샤루칸(Shah Rukh Khan) 50세 나이로 인도 최고의 명문 델리 대학 출신이다. 〈첸나이 익스프레스〉〈내 이름은 칸〉 등으로 유명한 배우다. 현대자동차뿐만 아니라 수많은 광고모델로 활동 중이고, 크리켓 구단, 인도 키자니아 등 10여 개 이상의 사업을 영위하고 있다. 아들이 2명이 있으며, 첫째는 고등학생으로 태권도에 열성적이며, 막내는 2세로 우리나라의 로보카 폴리를 사랑한다고 한다.

2위, 마헨드라 싱 도니(Mahendra Singh Dhoni) 인도의 크리켓 국가대표 주장으로, 2011년 크리켓 월드컵 대회에서 인도를 승리로 이끈 일등공신이다. 뭄바이에서 치러진 스리랑카와의 결승전 경기에서 도니는 고국 관중들 앞에서 패색이 짙었던 인도를 구원했다.

(출처: 인디아 TV 뉴스)

3위, 살만칸(Salman Khan) 인도의 3대 칸 중의 하나이며 유명영화배우자이자 제작자로도 승승장구하고 있다. 10여 년 전에 벌인 음주운전 뺑소니 사고로 한 명을 죽이고 기소가 되어 감옥에 갈 위기에 처했으나, 10년 이상 법정 공방으로 2015년 5년 형을 선고받았다. 하지만 증거 불충분으로 바로 풀려났다.

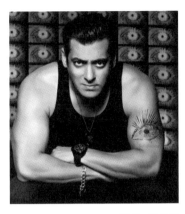

(출처: 유튜브)

4위, 사친 텐둘카(Sachin Tendulkar) 인도 크리켓의 영웅이자 전설이다. 인도 크리켓 월드컵 우승을 여러 차례 만든 주역이기도 하다. 2013년 은퇴를 했다. 그는 664회의 국제경기를 참여했으며 총 3만 4,357점 득점을 한 기록은 아직 깨지지 않고 있다. 그를 기념하기 위한 우표가 발행될 정도로 활약상이 대단하다.

사진의 우표 2종은 각 20루피의 가격으로, 300만 장이 넘게 팔리는 대기록을 수립했다.

5위, **아미타브 바치찬**(Amitabh Bachchan) 영화배우로 인도 거리를 걷거나 슈퍼마켓에 들러서 상품을 살 때 이 사람의 얼굴을 안 볼 수가 없을 정도로 유명인이다. 1970년대 중반부터 영화배우를 했으며 1980년대 중반에는 정치인으로도 활약했다. 1980년대 말 은퇴를 선언했다가 1996년도에 컴백했다. 이 사람의 특이점은 비즈니스에 많은 투자를 한다는 것이다. 클라우드 서비스를 하는 기업뿐만 아니라 다양한 분야에 투자를 하고 있다.

(출처: 유튜브)

6위, **악셰이 쿠마르**(Akshay Kumar) 발리우드의 액션 스타다. 군장교인 아버지의 영향을 받아서 마셜 아트(martial art)에 심취해 있다.

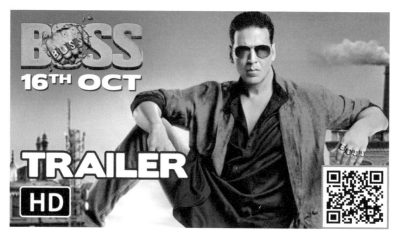

악셰이 쿠마르의 영화는 남자 냄새가 물씬 풍긴다. 영화 〈보스〉의 포스터.(출처: 유튜브)
🐭 영화의 내용은 단순하기 짝이 없다.

7위, **비랏 콜리**(Virat Kohli)
어린 크리켓 선수로 최근 핫
한 스포츠 스타다. 현재 인
도 크리켓 국가대표 부주장
을 맡고 있다. 그의 여자친구
는 유명 영화배우인 아누슈
카 샤르마(Anushka Sharma:

(출처: 「News18」)

한국에 소개된 영화 〈PK〉의 여주인공)이다. 연예계 소식에 빠짐없이 등장
한다. 재미있는 것이 축구의 불모지인 인도에서 콜리가 좋아하는 스포
츠가 축구로 알려져 있다는 점이다. 그래서 인디아 슈퍼리그 FC 고아
의 공동 소유주이기도 하다. 또한 스포츠센터 프랜차이즈에도 많은 투
자를 하고 있다.

 8위, **란비르 카푸르**(Ranbir Kapoor) 역시 영화배우다. 어머니와 아버
지 역시 영화배우다. 할아버지 역시 영화감독이며, 사촌·삼촌 등 모두
가 연예계에 있는 독특한 집안이다.

(출처: celebritykick.com)

9위, **카트리나 카입**(Katrina Kaif) 영화배우이며 홍콩에서 태어났다. 인도 여배우 중 최고의 몸값을 자랑하며, 원래는 모델로 데뷔했다.

(출처: santabanta.com)

10위, **히리틱 로샨**(Hrithik Roshan) 영화감독 출신의 아버지의 영향을 받아 배우로 성장했다. 영화배우로 우리에게도 잘 알려진 영화에 다수 출연했다. 특히 남성적인 연기를 많이 했다.

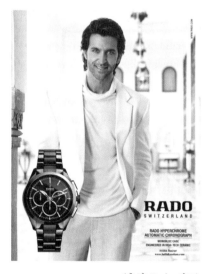

이상으로 인도의 10대 셀럽을 살펴보았다. 셀럽의 영향력은 무척 크지만 이에 못지않게 그들을 움직이기 위해서는 천문학적인 금액이 든다.

셀럽을 활용해 마케팅하는 방법은 가장 단순한 기법이다.

(출처: Rado 광고)

하지만 충분한 마케팅 예산이 없이도 인도 10대 셀럽을 활용해 마케팅을 할 수 있는 곳이 인도다. 구체적인 내용은 제4부에서 다룰 예정이다.

최근 소비자
구매 트렌드

 인도 사람들의 최근 구매 트렌드는 어떤가요?

최근 인도 소비자는 다음과 같이 5가지 구매 트렌드를 보이고 있다.

첫째, 대용량 구매

도심화가 되면서 인도의 가장 큰 변화 중 하나로 대용량으로 구매하는 현상이다. 이는 최근 급격히 성장하는 하이퍼(hyper) 마켓의 영향도 있지만 인도의 도시화가 만들어낸 현상이다. 또한 교통 인프라가 열악한 인도 환경에서 마트 등을 자주 방문하기보다는 한 번에 많은 구매를 해, 시간과 비용의 낭비를 줄이려는 현상으로도 풀이된다. 따라서 기업들도 이러한 특성을 고려한 제품들을 만들어 판매에 나서기도 한다. PIAI(Packaging Industry Association of India: 인도패키지산업 연합회)에 따르면 인도 패키지 시장 규모는 약 165억 달러 규모이고, 매년 12.3% 정도의 성장이 예상된다. 현재 전체 패키지 시장에서 식품포장이 차지하는 비중이 48%, 개인용품이 27%, 의약품이 6%, 기타가 19% 정도이고, 특히 식료품 등의 패키지는 대용량 구매로 인해 날로 커지고 있다.

둘째, 구매로 트렌디한 삶을 영위

인도에 거주해보면서 가장 많이 느끼는 것은 인도인 스스로가 아시아의 한 부분이라고 생각하기보다는 서구의 일부라고 인식하는 경향이 크다는 점이다. 물론 자유로운 영어 사용과 자막 없이 보는 서구의 TV 프로그램들로 인해 그들의 시야는 서구에 맞춰져 있고, 특히 도시화에 맞춰 중산층 이상이 급격히 늘어나면서 이제는 화면에서 봤던 트렌디한 삶을 따라 소비를 따라 하게 된다. 이러한 요인으로 럭셔리 시장의 성장 속도는 무서울 정도다.

우리나라 사람이 인식하기에 인도인들은 내세를 믿으며 종교적인 삶에 충실하게 살아갈 것 같지만, 이는 반은 맞고 반은 틀리다. 오히려 같이 생활하다보면 현재를 잘 즐기는 것이 목적인 것처럼 보인다. 이렇듯 현실적인 삶을 즐기는 그들의 의식이 구매에도 큰 영향을 미치고 있다.

같이 근무를 하고 있는 젊은 인도 친구들은 그들의 부모나 친척 세대와 달리 몸매에 신경을 쓰며 일주일에 적어도 4일 이상 유산소 운동을 한다. 한 설문 조사에 따르면 20대 인도 직장인들의 60%는 주 2회 이상 운동을 한다고 한다. 뿐만 아니라 물건 구입에서도 내구재뿐만 아니라 전자제품 등에서도 할부 구매 비율이 무척 높다. 일단 구매하고 쓰자는 분위기가 팽배해 있다.

셋째, 생산자 중심에서 구매자 중심으로

인도 시장을 보면 더디긴 하지만 서서히 생산자 중심에서 소비자 중심으로 움직이고 있음을 알 수 있다. 생산자 중심이라는 것을 가장 많이 느낄 때는 인구에 비해 제품의 다양성이 상당히 떨어진다는 점이다.

온라인 쇼핑몰에서 쇼핑을 할 때 우리나라 사람이 보면 상당히 심심하다고 생각한다. 제품의 종류가 너무 적기 때문이다.

유통분야에서 인도의 빅뱅으로 예상되는 이케아(IKEA)의 인도 진출은 인도 가구시장을 넘어 유통시장에 큰 영향을 미치고 있다.

예를 들면 필자가 가구를 구입하기 위해 인도의 5개 주요 메이커의 가구를 검색한 적이 있다. 정말 구매자 중심으로 만들어졌는지에 대한

인도 가구는 색상과 디자인을 비롯해 다양성이 떨어진다. 판매 포인트는 항상 가격이다.

의구심을 가지기에 충분했다. 즉 다양성이 부족하다. 거의 유사한 디자인에 유사한 색상이다. 왜 인도인들이 이케아 진출을 손꼽아 기다리는지 알 수 있다.

넷째, 친환경 제품 선호

최근 들어 인도인들의 친환경 제품에 대한 선호는 그 어느 때보다 높다. 환경에 대한 인식이 높아진 영향도 있지만 인도 대도시의 오염은 심각함을 넘어서 도저히 살 수 없을 정도로 악화되었기 때문이다.

일례로 얼마 전 미국 등 선진국의 주재원이나 외교관들의 인도 델리 주재 기간을 1년 이상 줄였다. 인도의 환경은 중국의 대도시 이상의 최악의 상황이다. 재미있는 것은 일본의 움직임이다. 인도인들에게 일본은 깨끗한 환경을 지닌 선진국으로 인식되고 있다. 일본 기업들도 이런 인도인의 인식을 읽어서 적극적으로 인도 진출을 도모하고 있다. 특히 일본 기업 중 하나인 도시바의 경우 인도의 환경전문기업 UEM 지분을 사들여 정수시장, 물재생산업, 친환경 산업에 적극 뛰어들고 있다.

참고로, 세계 저명한 경제학자들에 따르면 전 세계적으로 물 사업의 중요성은 점점 커지고 있고, 전 세계적으로 이동통신 사업보다도 물 사업이 5대 산업으로 벌써 올라섰다. 미국 「포춘」지에 따르면 블루골드(물산업)가 블랙골드(석유산업)를 조만간 앞설 것으로 예상하고 있다. 뿐만 아니라 우리에게는 손 세정제로 잘 알려진 위생업체 데톨도 공기 정화가 가능한 마스크를 개발해 판매하고 있다.

대기오염의 심각성은 2015년 인도 법원이 델리 시내에 10년 이상 된 디젤 차량의 운행을 금지시켰으며, 디젤 차량 판매도 한시적으로 중지시킨 적이 있다. 인도의 환경 문제는 심각을 넘어 생존 자체를 위협받을 정도로 심각하다. 이러한 상황이 모디 총리도 취임 초기 강력히 시행하고 있는 정책 중 하나인 '클린 인도'로 발현되고 있다.

다섯째, 소셜 미디어의 강력한 영향

인도도 최근에 인터넷 사용자들의 댓글, 그리고 의견 등이 구매에 상당한 영향을 미치고 있다. 그러나 우리나라의 댓글 성향과 인도의 댓글 성향은 큰 차이를 보인다. 가장 큰 차이는 우리나라의 경우 인터넷에서 형성된 여론이 판매를 비롯해 대세에 큰 영향을 미친다. 하지만 인도는 그 정도가 상대적으로 우리나라보다는 약하다.

실제로 우리나라에서 필자가 마케팅을 할 때는 인터넷 댓글에 의해 피말리는 상황까지도 몰렸으나 인도의 상황은 다음과 같이 다른 양상을 보여준다.

첫째, 정확한 정보를 통해 통제가 가능하다. 우리의 경우 댓글을 다는 사람이 어느 정도 자신이 가진 배경지식과 왜곡된 정보를 가지고 자신만의 논리를 펴고 기업과 대결구도까지 만들어간다. 하지만 인도는 기업에서 정확한 정보만 전달한다면 인터넷 세상에서는 그것을 수용하고 긍정적인 반응까지 쏟아낸다.

둘째, 우리나라의 블로거는 상당히 치밀하게 파고들어가지만 인도의 블로거들은 어떤 사안에 대해 깊이 있게 들어가지 못한다. 정보와 깊이가 우리나라와 다르다. 인도는 한 가지 정보를 깊이 있는 내용으로 인터넷 시장에 흘리면 그 정보에 대해 맹신하고 따르는 경향이 강하다.

셋째, 파워블로거가 없다. 인도에서 자동차 관련 파워블로거를 찾으려고 2015년 대대적인 조사를 한 적이 있다. 하지만 그냥 블로깅 하는 수준이지 파워블로거는 존재하지 않았다. 우리나라는 감탄사가 절로 나오는 내공으로 무장된 블로거들과 그를 따르는 사람들이 많지만, 인도는 여론을 주도하는 주도적 파워블로거가 없다.

소셜을 통한 영향력이 강한데, 제대로 된 소셜 마케팅을 인도에서 펼친다면 인도는 우리나라와 달리 다른 차원의 마케팅이 가능한 곳이다.

죽음의 강 '야무나' — 심각한 인도의 오염문제,
일본기업에겐 기회로

 2015년 뉴델리를 흐르고 세계적인 문화유산인 타지마할을 굽이돌아 갠지스 강과 합류하는 '야무나 강(Yamuna River)'의 오염을 더 이상 지켜볼 수 없었던 주민들이 데모를 일으킨 사건이 있었다.
 물론 이 같은 데모는 과거에도 종종 있었다. 뉴델리를 관통하는 이 강 주변에 살고 있는 인구는 뉴델리 1,900만을 비롯해 수억 명이 이 강에 의지해 농산물을 키우는 등 활용하고 있으나, 하수 처리 시설이 미비한 인도에서 이 강의 오염은 항상 뉴스거리로 등장하고 있다.
 야무나 강에 그동안 오염해결을 위해 인도 정부는 '강가 액션 플랜과 야무나 액션 플랜(Ganga Action Plan and the Yamuna Action Plan)'이라는 명목으로 투자한 금액은 무려 5억 달러가 넘어섰으나 아무 성과 없이 프로젝트가 끝났다. 여러 주의 이해관계가 얽히고 우기와 건기가 뚜렷한 상

필자가 거주했던 파리다바드 인근. 다수의 주민들이 도로를 막고 시위에 참여해서 반나절 이상 교통이 마비됐다.(출처: 〈더 힌두〉)

황에서 정화시설을 설치·관리·운영하는 것이 쉽지 않았기 때문이다.

　야무나 강의 명성은 '전 세계에서 가장 오염된 강'이라는 오명에서도 알 수 있듯이 심각하다. 사태의 심각성을 인식한 인도 정부의 이해와 일본은 경제적 이해가 맞물려 일본의 178억 엔의 차관을 제공해서 하수도 시설을 건립하도록 했으나, 일본 기업들이 인도로 진출하는 데는 도움이 되었지만 실질적인 개선에는 큰 영향을 미치지는 못했다. 이러한 환경에 대한 심각성은 주류는 물론 하층민도 나서고 있으나 해결이 되지 않고 있다.

　문제를 인식하고 해결하기 위해서 위정자는 지속적으로 관심을 가지고 고치려고 하는 집요함과 근성이 필요하다. 하지만 인도에서는 이를 찾아보기 어려운 것이 현실이다.

　인도를 방문하는 사람들이 가지는 가장 큰 이미지는 '인도는 더러운 나라'다. 물론 이 말에 대해 전적으로 동감한다. 길거리에서 아무 데나 소변을 보는 사람, 쓰레기들, 동물과 인간이 공존하는 도로 풍경, 지저분한 건물과 간판 등 이런 것들만 생각하면 한숨이 나온다.

　하지만 누군가는 그 환경에서 도로를 청소하고 있고 누군가는 깨끗이 하려는 시도를 하고 있다. 그것은 마치 우리나라 1970년대를 기억해보면 크게 다를 바 없을 것이다. 그 당시 우리도 지금의 인도 모습과 크게 다르지 않았다. 한강을 비롯한 많은 강들을 살린 경험을 인도 시장에 적용한다면 새로운 비즈니스 기회를 만들 수 있지 않을까?

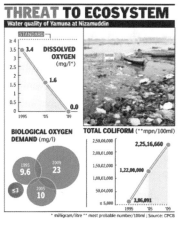

(위) 거품으로 뒤덮인 야무나 강에서 종교의식을 거행하고 있다. 뒤로 노이다 톨 브리지 (Noida toll bridge)가 보인다.(출처: hinduhumanrights.info)

(아래) 용존 산소량 0ppm, 생물학적 산소 요구량 3mmp, 100ml의 대장균 수 2,200만 마리.(출처: Dailymail.co.uk)

인도인도 모르는 숨겨진
소비 트렌드 2가지

 인도인 스스로 인식하지 못하고 있는 트렌드가 있다면 뭔가요?

첫째, 선택적 소비의 증가

선택적 소비란 가계의 총 소비지출에서 기초적 소비지출을 제외한 지출을 의미하는데, 선택적 소비지출 증가는 소득 수준 향상과 중산층 확대로 인해 나타나는 대표적인 현상이다.

선택적 소비지출은 가전제품·휴대폰·자동차 등의 내구소비재와, 화장품·의료기기 등의 비내구소비재로 구성된다. 인도 내 선택적 소비지출은 지속적으로 확대되어 2025년에는 소비에서 약 59%가 선택적 소비로 지출될 전망이다. 선택적 소비의 가장 큰 특징은 상품 정보에 의한 의사결정보다는 상품의 가치에 따라 의사결정이 이루어진다는 점이다. 하지만 인도에서 이러한 선택적 소비의 증가에 가장 눈여

인도 내 선택적 소비의 증가율

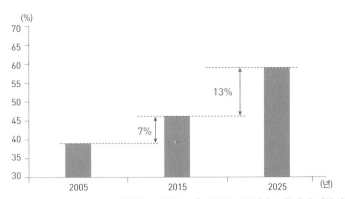

* 선택적 소비 구성: 교육 및 여가, 건강관리, 교통, 통신, 개인 서비스
(출처: McKinsey & Company, 2011, Global Institute "Bird of Gold")

겨봐야 할 점이 있다. 그것은 가치를 전달하는 수단의 변화다. 즉 디지털이 상품의 가치를 결정짓는 역할을 한다.

둘째, CSR 활용

인도 마케팅 교수나 전문가들은 잘 이야기하지 않지만, 사회공헌 활동(CSR)에 대한 관심이 무척 크다. 필자 역시 우리나라에서 CSR 관련해서 여러 가지 일도 했지만 마케팅적으로 잘 활용하기만 한다면 인도 사회에 깊게 들어갈 수 있게 만드는 수단이 바로 CSR이다.

인도 중부 지방에 출장 갔을 때 한 부유한 사업가 집을 방문한 적이 있다. 이 집에 사는 사람은 딱 3명, 하지만 일하는 사람은 수십 명이었다. 인도에서는 일반 가정에서도 일하는 사람을 여럿 두고 지내는 것을 볼 수 있다. 부자인데 일하는 사람을 여럿 두지 않는다면 다른 사람들로부터 지탄의 대상이 되는 것이 인도다. 즉 일거리를 만들어줘서 사회적인 책임을 다하는 것이 부자의 미덕이라고 생각한다.

이 사람이 필자를 집에 초대한 이유는 자신이 기부하는 병원의 고가 장비를 사는 데 도움을 받을 수 있는지 알아보기 위해서였다. 자기가 후원을 해서 신규로 저소득층을 위해 개원하는 병원에서 쓸 MRI를 기부해줄 수 있는지 상의했다.

그러면 왜 부유한 사람들이 자신이 충분히 후원할 수 있는데도 불구하고 다른 후원자를 찾아 나서게 될까? 체면을 중시하는 그들 입장에서 본다면 자기의 노력으로 후원을 받았다는 것이 큰 자랑이 될 수 있을 것이고, 실리를 추구하는 그들의 인색함도 한몫을 한다. 인도의 사회공헌에 대한 그들의 인식은 힌두교라는 종교적 밑바탕이 깔려 있다. 물론 감성적 성향의 그들의 정서도 큰 영향을 미친다.

그럼 사회공헌 등을 하는 인도의 NGO 숫자는 얼마나 될까?

인도 정부 기관인 CBI가 2011년 발표한 자료에 따르면, 약 200만

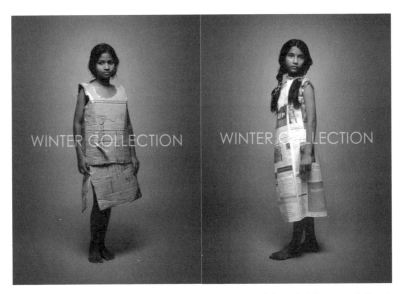

뉴 아크 미션(New Ark Mission)이라는 구호기구의 인도 거리의 어린이를 보호하자는 광고.(출처: Newarkmission.org)

개의 NGO가 등록되어 있다. 인구 600명당 한 개꼴이다. 이 숫자는 대법원이 CBI(Central Bureau of Investigation: 대법원 산하 인도 중앙조사국)에 요청을 해서 조사한 숫자다. 하지만 전문가들의 따르면 이중 약 10%만이 활동을 하고 있다고 한다. 이 기간 동안 약 20억 달러의 사회공헌 기금이 해외로부터 조달되었다. 국내는 이것보다도 훨씬 많은 금액이 조성되어 사용되고 있는데, 많은 비용이 제대로 사용되지 않고 있어서 사회적으로나 법적으로 문제가 되고 있다.

인도에서 미국 등 선진 기업과는 달리 우리나라 기업들의 사회공헌 활동은 상대적으로 약한 편이다. 인도 사람들의 마음을 얻으려면 사회공헌 활동은 필수조건이 되었다. 하지만 중요한 것은 방법이다. 기업의 존재 이유는 이익창출이지 사회공헌 자체가 목표가 될 수 없기 때문이다. 그러면 인도에서 어떻게 하면 기업의 이익과 사회의 이익을 고려할 수 있는 사회공헌 활동이 될 수 있을까? 다음에서 계속해서 살펴보기로 하자.

세계 유일의 CSR 의무법은
재앙이 아닌 기회

2014년 1월 사회공헌 활동과 관련해 인도 하원에서 통과한 사회공헌 관련 법규로 인해 현재 기업들은 CSR 전문가를 고용하느라 홍역을 치르고 있다.

주요 내용은 연간 일정 규모(자산 20억 루피, 매출 100억 루피) 이상의 기업에서 5,000만 루피 이상의 순익이 발생하면, 그 순익의 최소한 2%를 사회공헌 비용으로 무조건 써야 한다는 법규다. 이를 위해 직장 내 CSR 운영위원회를 운영해야 한다. 또 그 금액은 정부가 지정한 10개 사업, 즉 농촌에 체육시설 건설, 아동보호, 여성보호, 클린 인디아 관련 등의 사업을 해야 하고, 만일 기업이 직접 추진할 수 없을 때는 수상실에 그 금액을 전액 기부하도록 하는 내용이다.

물론 아직은 이행하지 않았을 때 처벌 규정은 없으나, 현재 논의가 이뤄지는 처벌 규정은 2017년까지 경과기간을 둬서 이행하지 않을 경우, 벌금을 포함한 대표의 구속 등 강제 조항도 들어가 있다. 인도의 사회공헌 활동은 선택이 아닌 필수가 되고 있다.

인도는 1인당 GDP가 낮은 편인데도 사회공헌에 대한 활동 폭이 넓다. 특히 국민 참여율이나 기부금액에서는 최상위에 속하고 있다. 이런 인도의 환경에서 사회공헌은 이제 의무가 아닌 필수인 것이다.

기업들은 CSR 의무법이 시행되면 기업 활동에 큰 지장을 받을 것이라고 많이 걱정한다. 특히 외국계 기업들이 볼멘소리를 많이 한다. 하지만 인도기업들도 똑같은 상황이다. 어쩔 수 없이 비용을 지출할 수밖에 없다면 인도기업들보다 훨씬 차별화된 활동을 할 수 있을 것이고, 궁극적으로 기업 이미지 향상에 도움을 줄 수 있을 것이다. 이 기회를 오히려 반전의 기회로 삼아 선제적으로 사용하는 용기가 필요하다.

〈로보카 폴리〉가 인도로 간 까닭은?
― 콘텐츠 중심의 사회공헌 활동

인도 마케팅의 중요한 수단은 '콘텐츠'다. 광고 등 많은 마케팅 활동의 뼈대는 스토리텔링이다. 우리 기업의 경우 우리나라에서 만들어진

〈로보카 폴리〉 교통안전 캠페인 론칭, 로이비주얼 이동호 대표.
🐭 어린이와 샤루칸이 함께 자리한 론칭 행사장.
🐭 로보카 폴리와 샤루칸.

우리나라 콘텐츠 〈로보카 폴리〉와 함께하는 교통안전 캠페인을 통해 인도인들에게 고퀄리티의 콘텐츠 경험을 제공했다.

콘텐츠를 적극 활용하면 적은 비용으로 큰 효과를 거둘 수 있다. 그 대표적인 사례가 〈로보카 폴리〉를 활용한 교통안전 캠페인이다.

이 캠페인은 인도 도로교통부가 부처 설립 이후 최초로 민간기업과 시행한 교통안전 캠페인이다. 로보카 폴리를 이용해 현대차가 들인 예산은 경쟁사인 1위 기업 마루티-스즈키가 사용한 예산의 20분의 1도 안 되는 금액이었다. 하지만 홍보에서는 현대차의 캠페인이 언론 보도 횟수가 1,000회를 넘었고, 현대차보다 20배 많은 예산을 쓴 마루티-스즈키는 언론에 200회 정도 그것도 단수로 보도되는 데 그쳤다. 왜 이런 차이가 있었을까? 바로 콘텐츠가 가진 힘이 결과의 차이를 가져온 것이다.

마루티-스즈키는 기존에 하듯 NGO를 통한 기부 방식으로 교통안전 캠페인을 벌였다. 하지만 현대차는 전 세계적으로 인기를 끌고 있는 만화 애니메이션 〈로보카 폴리〉를 활용해 도로교통부장관, 현대차 홍보대사, 영화배우 샤루칸, 그리고 인도 1위의 어린이 채널인 헝가마

(Hungama)와 델리 경찰청 등을 참여시켜 하나로 만드는 데 성공했기 때문이다.

필자는 교통부 장관이자 모디 총리의 오른팔인 나틴 가디카리를 세 번 만나 협의를 했다. 첫 만남에 샘플로 보여준 영상에 눈을 떼지 못했 다. 그리고 그 자리에서 바로 결정을 한 것이다. 이 콘텐츠는 기존 자 신이 본 어느 것보다 차별화되었다고 하면서 흔쾌히 캠페인에 동참할 것을 다짐했다. 영화배우 샤루칸도 이 콘텐츠에 매료되어 적극적으로 참여했다.

2015년 11월 30일 본격적인 캠페인 시작을 알리는 행사도 크게 거 행했다. 이 행사는 장관이 참여하는 행사라서 인도 전국에 생중계되었다. 하지만 일개 기업이 이 모든 것을 하기엔 정말 어려운 문제다. 이 캠페 인을 위해 한국문화원의 보이지 않은 노력도 큰 기여를 했다.

중소기업을 위한 CSR을 활용한 팁 하나를 이야기한다면, 지방정부 를 통해 불우한 계층 등에 기부행위를 할 경우 지방정부와 연결된 기 자들을 같이 참여시켜 충분히 기사화하는 것이다. 이는 곧 인터넷에서 검색이 가능하게 만들어주며 제품의 신뢰도도 높여줄 것이다.

4

인도에서
우리 고객 찾기

마케터가 되어
시장 바라보기

　필자는 마케팅 분야에서만 15년 이상 일을 해왔다. 어느 시장이나 상관없이 새로운 제품에 대한 소비자들의 반응을 알아보는 것보다 더 중요한 것은, 그들의 생각을 먼저 읽어야 한다는 사실이다. 여기에는 여러 가지 방법이 있을 수 있다.

　직접적 방법으로는 설문조사·전화조사·방문조사·그룹 인터뷰 등이고, 간접적인 방법은 대리점 사람들을 만나 인터뷰를 하는 등 다양한 방법으로 소비자들의 의견을 수집할 수 있다. 특히 인도에서는 외국인으로서 시장을 객관적인 눈을 통해 바라보기 위해서 현지인들보다 더 많은 노력이 있어야 한다. 더군다나 그들은 우리가 경험해보지 못한 고객이지 않은가?

　무엇을 좋아하고 어떤 성향을 가지며 구매할 때는 어떤 것을 얼마의 가격으로 원하는지 이런 것들에 대한 정보만 쏙쏙 골라서 조사해 주는 기관이나 업체가 있다면 얼마나 좋을까라는 생각도 많이 해봤다.

　의사 결정하는 사람이나 조직에서 직접 조사를 하게 되면 조사 과정에 주관적인 의견이 개입되어 조사 결과의 객관성이 떨어진다. 따라서 일반적으로 객관성을 유지하기 위해서 외부의 조사 기관을 활용하게 되는 경우가 많다. 인도에서도 별도의 조사 회사 등에서 객관적으로 실시한 조사 데이터를 가지고 이용하게 되는데, 불행히도 그런 조사를 우리의 입맛대로 해주는 업체는 없다고 해도 과언이 아니다.

　결론적으로 마케팅 교과서에도 있는 이야기지만, 조사 결과는 전체적인 의견을 취합한 것이어야만 유용하다고 할 수 있다. 또 조사 결과의 데이터는 살아 있는 것이 아니라 죽은 데이터라는 것이다. 데이터가 미래를 결정짓지 않는다. 즉 데이터에 생명력을 불어넣고 미래를 예측할 수 있도록 만드는 것은, 그 자료를 활용하는 사람, 즉 '마케터'라고 할 수 있다.

시장을
접근하는 방법

 인도에서 마케팅을 하려면 어떻게 하면 되나요?

　초심자가 인도 시장을 접근할 때는 신입사원이 되어야 한다. 신입사원일 때는 대부분 회사 건물을 떠나 외부에서 근무하는 것을 좋아한다. 필자 역시 마찬가지로 건설회사 해외영업팀에서 근무할 때 처음엔 해외에 나갈 일도 없고 답답하게 서류에 묻혀 지내게 되었다. 그러다

간혹 해외 건설 현장이 있는 각국 대사관에 다니면서 POA(Power Of Attorney: 위임장)를 받으며 그 나라에 대해 대사관 직원들에게 묻고 또 묻고 그러면서 궁금한 것을 하나하나 알게 될 때 기뻐했던 것이 생각난다. 또 자동차회사 입사 초기 현장조사를 나가서 판매 일선에 있는 이들을 직접 만나서 불만 사항을 수집하고 여러 가지 의사 결정에 필요한 사항에 대해 질문하는 방법으로 일을 하기도 했었다.

하지만 이것도 잠시뿐이고 몇 년 근무하다보면 요령도 생기고 업무에 익숙해지기 때문에 외부에 나가서 힘들게 뛰어다니는 것을 싫어하는 경향이 강해진다. 소비자들을 만나서 대화하고 직접 나가서 확인해야 할 사항도 전화 한 통화로 대신하게 되고, 전화로 대화하면서 확인해야 할 사항도 주변에 아는 사람을 통해서 대충 조사해서 보고하는 경우도 종종 발생하게 된다. 그렇게 작성된 조사 보고서가 현장의 의견을 제대로 반영했을 수도 있지만, 일부 부정확한 내용을 담고 있을 수도 있다.

물론 소비자들이 존재하는 시장에서 직접 얼굴을 맞대고 조사하는 것이 타당하지만 시간·공간·비용상의 제약으로 인해서 어려운 것이 사실이다. 그래서 어쩔 수 없이 체계적이고 전략적으로 설계된 설문조사를 통해서 조사된 결과 보고서를 받아들고 고민하는 수밖에 없는 것이다.

유능한 마케터는 소비자들이 있는 현장에서 만들어진다. 죽어 있는 데이터를 가지고 책상머리에서 고민하는 것도 중요하지만, 소비자들과 직접 얼굴을 맞대고 불만을 확인하는 과정이 반드시 필요하다.

인도에 진출하려는 많은 이들은 신입사원의 모습이 아니라 회사에 어느 정도 적응한 대리·과장의 모습으로 다가가는 경향이 있다. 하지만 다시 한 번 강조하지만, 시장 조사 자료만이 시장 진출의 아이디어를 만들 수는 없다. 그런 길이 있었다면 조사업체가 시장을 개척하고 차지할 수 있을 것이다. 그리고 인도와 비즈니스 거래를 하기 위해 인도 사람들과 협상에 임하게 된다면 협상의 가장 중요한 점은 내가 데이터를 가지고 시장을 알아야 상대방과 협상이 쉽다는 것이다.

그들은 우리가 그 시장에 대해 모른다는 것을 잘 안다. 하지만 바꿔놓고 보면 그들도 그 시장에 대해 잘 알지 못한다. 인도인들과 같이 일해보고 전문가라는 사람들과 많은 이야기를 해보며 느낀 점은 정확하게 아는 사람은 많지 않다는 것이다.

누가 만들어놓은 데이터를 가지고 앵무새처럼 반복하는 사람들을 접하게 되는 것은 나만 하게 되는 경험은 아닐 것이다. 시오노 나나미의 역작인『로마인 이야기』에도 현장 조사와 직접적인 경험의 중요성을 일깨워주는 구절이 있다.

로마군은 정확한 전시 상황 판단을 위해 포로가 말단의 일개 척후병이라도 사령관이 직접 심문하는 것이 관례였다. 정보 수집은 객관적 사실(데이터)을 모으는 일일 뿐만 아니라 객관적 사실들 사이에 숨어 있는 무언가를 찾아내는 작업이기도 하기 때문에 남에게 맡길 수 없는 중요한 일로 여겼다. 그래서 로마군에서는 아무리 하찮은 포로라도 사령관이 몸소 심문하는 것이 전통으로 자리잡고 있었다고 한다. 로마의 영광은 현실과 현실 너머 세계를 정확하게 바라보고 행동했던 로마인의 행동 철학에서 나왔음을 항상 기억해야 할 것이다.

전 세계 어딜 가더라도 시장을 침투하기 위해서는 항상 머릿속에 넣어야 하는 것이 있다. 바로 마케팅 프로세스다. 계속해서 이에 대해 살펴보기로 하자.

인도만의
마케팅 프로세스

어느 새로운 시장을 들어갈 때 기업하는 입장에서 가장 궁금한 것은 누가 우리 고객이고, 그리고 어떻게 그 고객을 찾아내 비즈니스를 시작할 것인가다. 하지만 5,000만 국민 모두가 우리의 고객이 아니듯, 인도의 13억 인구가 우리 모두의 타깃은 아님을 기억해두자.

먼저 인도의 고객은 우리나라 고객과는 달리 넓은 국토와 언어·민족·소득 수준·거주지·종교·교육 수준·가족 구성원·종교 등 다양한 기준이 있다. 하지만 몇 가지 큰 기준을 고려해 생각한다면 범위를 좁혀가기가 상대적으로 수월할 것이다.

마케팅의 핵심은 시장을 분석하고 우리 고객이 누군가를 찾아내서 그 대상을 공략하는 과정이다. 인도 시장에 들어온 많은 사람들이 알고는 있지만 간과하는 것이 있다. 바로 그것은 마케팅을 하는 프로세스가 시장이 안정된 선진국과 비슷할 것이라는 선입견이다. 물론 비슷하긴 하다. 하지만 이면을 면밀히 들여다볼 필요가 있다.

전통적 마케팅 프로세스의 기본 중 기본은 리서치(내·외부 환경분석)를 통해 고객은 누구이고, 고객의 니즈와 경쟁자, 그리고 시장 환경은 어떤지를 알아내는 것이다. 그 후 STP(세분화Segmentaion·타기팅Targeting·포지셔닝Positioning) 분석을 통해 분석한 타깃에게 우리가 가진 제품을 통해 어떤 이익을 제공할 것인지를 결정하는 것이다. 그리고 마케팅 믹스(4P: 상품Product·가격Price·유통Place·판촉Promotion)를 통해 전술적인 실행 안을 마련해 본격적인 실행에 들어간다. 실행을 했다고 끝나는 것이 아니라 실행 결과를 분석해 문제가 있으면 문제점을 해결해 다시 시장에 진입하는 과정을 거친다.

필립 코틀러의 마케팅 프로세스

Research →	STP →	Marketing Mix →	Implemen tation →	Control

[리서치]
▶정보수집 및 분석
· 고객이 누구인가?
· 고객의 Needs는?
· 경쟁자는 어떠한가?
· 시장 환경은?
등을 분석하고 관련
자료를 수집하는 단계

[STP]
▶MKT 전략적 계획
· Segmentaion
 (시장세분화)
· Targeting(타겟팅)
· Positioning(포지셔닝)
고객을 세분화해 구체
화하는 단계

[마케팅믹스-4P]
▶적략적 MKT
· Product(제품)
· Price(가격)
· Place(장소, 유통)
· Promotion(프로모션)
정리해둔 MKT 전략이
현실화되기 시작하는
단계

[실행]
▶MKT 전략의 실행
시장 환경의 분석에
따른 전략의 방향성에
의거하여 작성한
플랜의 실행

[컨트롤]
▶통제, 평가
앞서 세워놓은 MKT
전략의 실행 효과
측정의 피드백을 통해
전략의 방향성이나
콘셉트의 재검토,
플랜의 추가,
수정 작업 진행

하지만 이런 전통적 프로세스를 경험한 선진 시장 출신 마케팅 경험자들이 인도에 오면 혼란을 겪게 된다. 왜 그럴까?

선진국인 미국·일본·유럽에서 파견 나온 많은 마케팅 주재원들은 하나같이 인도 시장은 교과서대로 되지 않지만 다행스럽게 성장하는 시장이니 고객을 찾아 시장에 진입하는 것이 상대적으로 쉬울 뿐이라고 한다. 뭔가 제대로 된 프로세스와 체계를 만들고 싶은데 그게 쉽지 않은 것이 인도라는 것이다.

선진 시장은 데이터도 많고 신뢰할 만하고 그것을 활용해 전략을 짜서 가고자 하는 방향으로 쉽게 갈 수 있다. 하지만 시장 성장은 정체이며 고객의 규모 및 성향은 크게 변하지 않고 아주 혁신적인 제품이 아니면 새롭게 시장을 개척하기도 어렵다. 반면 인도의 시장 조사 데이터는 담당자가 관심을 가지고 면밀히 살펴봐야 하는 경우가 많다.

한 번은 어느 조사 기관에서 우리가 실시한 마케팅이 효과가 높아서 계속 해야 한다는 이야기를 하면서 조사 결과를 보내왔다. 물론 자료를 보면 우리가 실시한 마케팅이 효과적으로 추진되었다는 생각에 기분이 흐뭇했다. 하지만 조만간 그것은 실망으로 바뀌었다. 조사 타깃 선정이 처음부터 잘못되었다는 것을 발견했기 때문이다.

우리의 타깃은 30대 전후의 최소한의 수입을 가진 대도시와 중소도시 사람을 대상으로 조사가 되었어야 하는데, 그 조사의 대상은 그 마케팅, 즉 행사를 가장 좋아하는 20대 초반이 반, 20대 후반이 반으로 구성되어 있고 도시와 시골이 반반으로 구성되어 있었다.

담당 인도인 직원이 자신이 한 행사의 결과가 좋게 나온 데이터를 의기양양하게 가져온 것은 당연한 것이었다. 만일 인도에 대한 관심이 적고 고객에 대한 이해가 적은 사람이라면 그 데이터 결과만 머리에 넣고 다음에 같은 행사를 기획해서 실시하는 것은 당연하다고 했을 것이다. 그러나 결과적으로 그런 행사는 해도 그만, 안 해도 그만인 행사였다.

인도에서는 조사 업무를 하는 직원들도 기계적으로 일하는 경우가 많기 때문에 항상 눈여겨볼 필요가 있다.

인도에서 마케팅을 경험한 사람의 입장에서 본다면 타깃을 선정하기 위한 가장 기본이 되고 손쉬운 방법은, 고객을 만나고 시장의 데이터를 찾아보는 것이다. 너무 당연한 일이고 쉽게 이야기한다 싶을 것이다. 언어도 안 되고 누굴 만나야 되는지도 모르고 또한 데이터도 어디에 있는지 찾기 어려운 환경에서 이걸 어떻게 하냐는 질문부터 쏟아질 것이다.

하지만 결론부터 이야기하면, 주변에 관련 업무를 하는 사람을 최소한 3~5명은 만나보자. 이를 통해 가장 기초적인 사항을 얻을 수 있으며, 정보의 객관화를 위해서는 신문 기사를 활용하면 된다. 이 정도만 파악을 해도 어느 정도 큰 그림은 그릴 수 있을 것이다. 더 깊은 자료가 필요하거나 세부적인 정보가 필요할 경우에는 전문가에게 자문을 얻으면 된다.

물론 가장 어려운 것이 전문가를 만나서 자문을 받는 것인데, 그러기 위해서는 여러 기관에서 추천해주는 사람을 만나보는 것도 중요하지만 명심해야 할 것이 하나 있다. 인도에서 많은 컨설팅 회사와 컨설턴트들을 만나보았지만 언어의 화려함이 실력으로 증명되지 않는다는 사실이다. 인도인들의 언변은 정말 화려해서 들으면 모든 것이 다 해결될 거 같지만 실제 그렇지 않은 경우가 많다.

우리가 비즈니스를 시작할 인도에는 어떤 고객이 존재하고 있을까? 처음 인도로 진출하는 기업의 입장에서는 비싼 컨설팅을 받아 마케팅을 하기엔 너무 어려운 것이 인도다.

하지만 최소한의 팁을 이야기해준다면, 먼저 가처분 소득이 상대적으로 높은 도시로부터 시작하고, 또 도시에 사는 사람들이 어떤 사람인지를 파악한 연후에 농촌시장으로 확산해서 접근하라는 것이다. 이렇게 한다면 많은 실패를 줄일 수 있을 것이다.

비법 공개:
고객 세분화

 인도는 고객별로 어떤 특성을 가지고 있나요?

다음 표는 인도에서 도시 거주자를 기준으로 마케팅을 실시하면서 개인적으로 만들어 참고한 고객군별 시장 규모와 성향 등을 분석한 자료다. 인도 고객을 세분화해 이해하기 쉬우며, 고객을 찾아가는 데 도움이 될 것이다.

A. **적극적인 젊은층**: 나이는 15~22세이고 인터넷을 사용하는 인구는 2,200만 정도 추정되며 3년 후 약 5,500만 규모로 늘어날 것이다. 전국에 거쳐 골고루 거주한다. 이들은 하루 8~10시간 인터넷을 하고, 소셜 네트워킹으로 친구들과 커뮤니케이션을 하고 게임을 즐긴다. 또한 영상 콘텐츠 다운로드 사용자들도 많다. 그들의 관심은 취업과 교육이다. 이 층은 디지털이 생활에 우선이며, 인생이고, 삶인 친구들이다.

B. **신중산 편입층**: 대략 23~34세이고 많은 구성원이 여성이다. 인터넷을 사용하는 인구는 700만 정도이지만 3년 후 약 3,000만 정도로 약 4배 이상 엄청나게 빨리 그 규모가 늘어날 것이다. 주로 중소도시(Tier) 2~3지역에 많이 거주한다. 이들은 하루 10시간 이상 인터넷을 사용하고, 가장 활동적인 온라인 쇼퍼다. 온라인 댓글 등에 가장 민감

인도의 거주지·성별·나이·수입에 의한 고객 세분화

※ 1~4급지(Tier)에 대한 자세한 설명은 234쪽 도표 참조.
(출처: 인도 BCG 자료 참조 재구성)

하게 반응하고 자신이 거주하는 곳에서 사지 못하는 의류, 악세사리, 인테리어 소품, 가전제품 등을 적극적으로 구매한다. 또 가장 적극적으로 온라인 댓글에 반응을 하고 블로깅을 한다.

C. 문화 애호층: 대략 23~54세까지 가장 범위가 많으나, 주로 23~34세 사용자들이 상대적으로 많다. 현재 약 2,300만에서 3년 후에는 약 9,500만 정도의 규모로 성장할 것으로 예상된다. 온라인 콘텐츠를 가장 많이 소비한다. 온라인을 하나의 즐거움을 추구하는 수단으로 이용하며, 배달 음식을 가장 많이 시켜먹고, 자가용 이용자보다 대중교통 이용자가 많다.

D. 장년층: 35세 이상으로 농촌 지역은 35~54세가 많고, 도심은 55세 이상이 많이 거주한다. 현재 대략 1,500만 규모이나 3년 후면 약 3,000만 정도로 크게 늘어나진 않을 예정이다. 이들은 온라인을 주로 뉴스를 본다거나 정보를 찾는 데 활용한다. 블로거의 글들을 주로 많이 읽고, 인터넷 구매는 많지 않으나 건강 제품을 많이 구매한다.

E. 고소득 이용층: 23~54세까지 골고루 퍼져 있으며 여성 비율이 높다. 400만에서 약 1,000만 정도로 늘어날 예정이다. 전반적으로 소득 수준이 높은 편으로 주 거주지역은 대도시이다. 이들은 온라인을 통해 채팅을 주로 하며 콘텐츠를 다운로드해서 즐기고, 영화, 뮤직, 어플리케이션 사용도 다양하게 즐긴다. 또 해외여행과 보험상품 등에 관심이 높다.

F. 프로페셔널 직업인층: 23~54세로, 주로 Tier1에 해당되는 대도시에 거주한다. 전문직들이 많다. 사용층은 500만이고 향후 약 700만

정도로 성장할 것이다. 인터넷을 통해 글로벌 정보 등 많은 정보를 찾고 이메일을 가장 많이 활용하는 층이다. 또한 인터넷 뱅킹, 티켓 구매 등을 하며 합리적인 소비를 하려고 노력한다.

여성의 영향력이
높아만 가는 시장

앞에서도 살펴봤듯이 소득이 향상되면서 시장을 점차 이끌어가는 고객은 여성층이다. 전반적으로 여성들이 인도 시장에서 차지하는 중요성은 날로 커져가고 있다. 이런 트렌드를 필자의 마케팅 경험을 통해 공유하자면 다음과 같다.

인도에서 내구재를 구입할 때 누가 제품 선택의 키를 최종 가지고 있는지 살펴볼 기회가 있었다. 전화로 실시한 설문이었고 실제로 구매 가능한 고객군을 선정해 조사를 했다. 결과는 실제 결정권의 44%는 여성이었다. 또 여성의 말을 참고로 한다가 나머지 30%였다. 그만큼 여성이 가지는 의사결정은 가부장적인 인도사회에서도 상당히 높은 수준이었다.

인도는 다른 국가와 비교했을 때, 여성의 경제 참여 비율이 여성의 교육 수준을 따라가지 못한다. 높은 교육을 받은 여성들 중에는 결혼한 뒤 가정에 눌러앉은 사람이 상당히 많다. 하지만 전문직의 경우 여성의 비중이 무척 높다. 이는 교육열이 높은 부모들이 여성이 사회 활동을 하려면 전문적이어야 한다는 믿음 때문이기도 하다.

하지만 인도의 여성들이 경제 참여가 많아진다는 것은 기존 개발도

상국의 사례처럼 2차 산업의 종사자, 예를 들면 생산직 등이 많아지는 것이 아니라 3차 서비스업 종사자가 더 많다는 것이다. 이는 아직 2차 산업의 갈 길이 멀기 때문으로 해석될 수 있다.

최근에는 맞벌이 비중도 상당히 높아지는 추세를 보인다. 가정의 구매력도 점점 높아지고 있고, 교육비가 많이 들고, 대도시에는 주택을 구입해야 한다는 명분에 의해 점점 맞벌이가 늘고 있는 것이다. 필자가 일하고 있던 직장의 부서원 35명의 직원의 평균 연령은 32세였다. 그들의 대부분은 맞벌이를 하고 있고, 대부분이 의사, 교사 등 전문직 배우자를 가진 비중이 상당히 높았다.

최근 들어 여성의 경제 참여 비중이 높아지고 있는 이유는 무엇일까? 모디 총리가 지적한 바와 같이 기업의 다양성을 높이기 위함이다. 이런 다양성은 국가의 경제 발전에 긍정적 영향을 미치기 때문이다. 또한 능력은 유사하지만 남성에 비해 약 67% 수준인 여성의 급여도

간디의 초상. 하얀 나무판에 못을 박고 못과 못을 실로 연결해서 만든 작품이다.

여성의 경제 참여 비중을 높이는 데 역할을 한다. 긍정적 역할을 하고 있다. 필자가 일했던 직장에서도 여성의 비율이 날이 갈수록 높아지고 있으며, 능력이 뛰어난 친구들도 면접을 통해 많이 만날 수 있었다.

간디가 문명의 척도로 삼은 지표가 있다. 그것은 어린이·여성·쓰레기라는 3가지 요소다. 문명의 척도로 삼았다는 것은 그만큼 해결하기 어려운 부문이라는 고해성사 아닐까?

인도에서 여성은 살펴본 바와 같이 마케팅과 커뮤니케이션의 주요한 소비자로 등장하고 있다. 보수적인 시장에 변화를 이끌어가는 것도 여성 소비자다. 또한 인도의 럭셔리 시장이 전 세계에서 가장 크게 성장하고 있는데 이는 그들의 소비가 있기에 가능한 것이다.

인도 부자들의 경우 그 사치의 끝이 어딘지 모를 정도로 높다. 예를 들어 벤츠를 수입해서 탄다면 럭셔리세 통관비 등을 합치면 1억 원짜리 차는 어느 순간 2~3억 원 이상이 돼버리는데, 그들은 이를 기꺼이 지불하고 구매한다. 부자들이 애용할 만한 제품과 서비스 등에는 엄청나게 많은 세금이 부과된다. 인도의 부자들은 노블레스 오블리주를 세금으로 대신하게 되는 것이다.

여성 사회 진출의 모순, 세계 최대의 여성 항공조종사의 나라

15세 이상 인도 여성의 경제 참여 비중은 국제노동기구(ILO) 발표 기준 2012년 약 27% 정도로 134개 국가 중 124위에 해당되며 무척 낮은 편이다. 또 조사회사인 캐털리스트(Catalyst)에 따르면 전체 기업의 임원 중 약 5%만이 여성이 차지하고 있다고 한다. BRICs 국가 중 가장 낮은 수준이다.

보통 경제력 기준 중하위 수준의 국가들에서는 경제 성장을 위한 많은 일자리가 여성에게 제공된다. 일례로 인도에서 분리 독립된 방글라데시의 의류 수출산업 분야 일자리의 80%가 여성인력으로 채워지면서 결혼 적령기가 높아지고 여성 교육에 대한 투자가 크게 늘어나는 등 변화를 가져왔다. 하지만 교육 수준은 거의 남성과 유사한 수준까지 따라붙은 인도가 왜 그리 낮은 경제 참여도를 보일까? 아직 힌두교에 입각한 보수주의적인 사고를 가진 남성들이 여성을 보호의 대상으로 본다는 것이 문제다.

그런데 인도의 경우 특이하게 프로페셔널한 영역에서부터 점차 변화가 일어나고 있다. 이 영역은 성별, 카스트, 종교, 출신을 따지지 않는 영역이기 때문이다. 예를 들면 금융 서비스 분야에서 10명 중 1명이 여성 CEO이지만 금융서비스 종사자의 반 이상은 여성이다. 또 다른 예는 인도의 총 5,100명의 비행조종사 중에 11.7%가 여성이다. 전 세계 평균 3%에 비해 무척 높다.

공공 분야에서는 많은 예산이 여성을 위한 예산으로 쓰이고 있다.

또한 여성의 사회 참여 확대를 위한 쿼터제도 등이 1980년대부터 마련되어 시행되고 있다. 그 대표적인 예가 성별에 의한 교사 수 배정이다.

모디 총리가 2015년 독립기념일을 맞이해서 언급한 내용 중 하나도 여성의 기회 확대다.

에어 인디아 소속 여성 비행사. 2016년 3월 여성의 날을 맞아 델리-미국 샌프란시스코까지 17시간이 되는 비행 전 과정이 여성으로만 이뤄진 팀이 이를 수행하기 전 찍은 사진이다. 4명의 조종사를 비롯해 승무원, 의사, 탑승수속 등 모든 것이 여성으로만 이뤄졌다. (출처: 에어 인디아 웹사이트Air India Website)

급격히 성장하는
럭셔리 시장

그럼 인도의 럭셔리 시장은 어떨까? 인도상공회의소가 2016년 초 발표한 자료에 따르면, 인도의 럭셔리 시장 규모는 2013년 60억 달러, 2015년 147억 달러, 2016년 180억 달러 규모로 성장할 것으로 전망한다. 매년 대략 25%의 성장률을 기록하고 있다. 또한 5스타 호텔, 고급 식당, 고급 전자제품, 럭셔리한 퍼스날 케어 서비스, 보석, 스파 등은 지난해에 비해 2016년은 무려 30~35%의 성장이 예상된다고 한다.

인도에서 럭셔리 시장으로 구분되는 것은 고급 의류와 액세서리, 고급 펜, 홈 데코, 시계, 와인, 보석, 여행, 고급 식당, 호텔, 요트, 그림, 고급 차, 전자제품, 고급 퍼스널 케어 등으로 정의를 내리고 있다. 고소득층은 수입의 40% 내외를 럭셔리 소비를 위해 사용하지만, 중산층은 소득의 약 10% 정도만 럭셔리 제품 구입에 사용하고 있다.

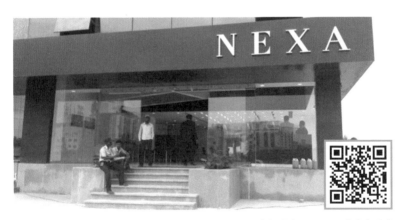

인도 자동차 1위 업체 마루티-스즈키의 신규 고급 브랜드 매장 넥사(Nexa). 프리미엄 시장이 늘어남에 따라 저가 이미지 탈피를 위해 따로 론칭한 프리미엄 매장이다.
🐾 고급스러움과 디지털을 강조한 넥사 론칭 광고.

농촌시장의 성장,
농촌이 더 이상 농촌이 아니다

럭셔리 시장과 대조적으로 금액은 작지만 엄청난 성장을 보여주는 곳이 농촌(rural) 시장이다.

인도 시장 공략에서 농촌의 중요성은 날이 갈수록 중요해지고 있다. 실제로 농촌 지역의 경제 여건이 점점 나아지고 있어 자동차 판매의 중심도 서서히 도시에서 농촌으로 향하고 있다.

필자가 인도 진출 초기 어느 지역을 중심으로 마케팅을 펼쳐나갈지 몰라서 사용한 자료가 BCG(보스턴 컨설팅 그룹)의 도시별 성장률 분석 자료다.

이 자료를 보면 인도를 '1급지, 2급지, 3급지, 4급지'로 나눴고, 급지(Tier)별 마케팅 전략을 차별화해서 시행했다. 즉 농촌 지역은 인지도 높은 유명인을 활용한 라디오·옥외광고·신문 등으로 접근을 했고, 광고 내용도 현지 지역 언어로 된 광고를 시행했다. 도심으로 갈수록 온라인과 신문, 그리고 TV를 적절히 활용하되 내용은 좀더 기업 이미지 성격을 높이며 시행했다.

농촌 지역의 성장은 정말 눈부실 정도다. 일례로 1위 자동차 기업 마루티-스즈키의 농촌 지역 매출 신장률은 2014년 34%, 2015년에는 23%가량 증가했다. 2위인 현대나 타 메이커들도 높은 수준의 판매량 증가가 농촌시장 중심으로 형성되어 있다.

하지만 마루티-스즈키의 성장은 단연 돋보인다. 그들은 농촌 지역에서 대대적으로 영업망을 확충했으며 뿐만 아니라 인원도 늘려나갔다. 또한 AS도 소홀히 하지 않고 증가시키고 있으며, 가격 정책에서도 상당히 적극적으로 펼쳐나가고 있다. 현대나 타 외국계 기업의 제품

1~4급지별 도시 구분 및 성장율

	1급지 도시	2급지 도시	3급지 도시	4급지 도시
고성장 (> 9% GDP)	총 도시 수 4 • 델리 • 하이데라바드 • 첸나이 • 아메다바드	총 도시 수 32 • 뿌네 • 수라트 • 구르가온 • 찬디가르 등	총 도시 수 43 • 아난드 • 간디나가르 • 카르날 • 판벨 등	총 도시 수 36 • 코타 • 나브사리 • 아우랑가바드 • 모디나가르 등
보통 성장 (5~9% GDP)	총 도시 수 3 • 벵갈루루 • 뭄바이 • 콜카타	총 도시 수 30 • 루디아나 • 자이푸르 • 암리차르 • 보팔 • 라지코트 등	총 도시 수 79 • 바틴다 • 잠무 • 우다이푸르 • 아가르탈라 등	총 도시 수 97 • 코타얌 • 시르사 • 실론 • 바락푸르 등
저성장 (< 5% GDP)		총 도시 수 4 • 바레일리 • 칸푸르 • 고라크푸르 등	총 도시 수 28 • 망갈로르 • 암발라 • 마투라 • 잘가온 등	총 도시 수 57 • 호샤푸르 • 임팔 • 두르가푸르 • 보카로 등
급지별 평균성장률 2007~2012	10%	9%	8%	7%

인도 도시 규모와 성장률을 분석한 자료. 1~4급지를 경제성장률(3단계)로 구분해서 분류해, 매우 유용하다. 도시별 평균 소득은 1급지 18만 6,000루피, 2급지 12만 9,000루피, 3급지 13만 6,000루피, 4급지 11만 4,000루피다.(출처: BCG 인도 홈페이지)

품질 기준이 글로벌 스탠더드에 맞춰져 있는 것에 비해 그들의 기술 수준은 적정 기술이라고 불릴 정도로 가성비(Value for money)에 초점이 맞춰져 있다. 이것이 농촌시장을 개척하는 데 많은 도움을 주고 있는 것이다.

농촌의 중요성은 증가하지만, 다음과 같은 4가지 문제도 직면해 있다.

첫째, 열악한 인프라로 2011년 기준 오직 40%의 마을들이 포장된 도로와 연결되어 있다. 또 열악한 전력도 큰 문제다.

둘째, 30%의 농촌 지역 마을들은 아직 흔히 이야기하는 근대화된 슈퍼 체인이 없다.

인도 농부들을 위한 앱. 날씨 정보부터 다양한 정보
가 넘쳐난다.(출처: myRML 앱)

셋째, 높은 문맹률로, 2011년 인구 센서스 조사에 따르면 농촌 지역
의 문자 해독률은 68.9%로 도심의 85% 비해 여전히 낮은 편이다.

넷째, 미디어의 접근성으로, 오직 57%의 농촌 가정이 매스미디어와
연결되지 못하고 있다.

하지만 이 또한 농촌의 전체적인 평균이지 실제 제품을 구매하는
40대 이하를 조사하면 숫자는 달라진다. 또한 이 조사는 2011년 인구
센서스를 기준으로 한 결과이지만, 2016년 인구 센서스를 기준으로
한다면 많은 것들이 개선되어 있을 것이다.

또 하나 간과하지 말아야 할 것은 농촌이 중요하다고 해서 너무 현
지 언어에 맞춰 설명서를 제작하는 등의 행동은 심각히 고려해봐야
한다. 예를 들어 한국어에서 영어로 영어에서 지역어로 번역을 했을
때 발생할 수 있는 기술적 오류를 막을 장치가 없다. 따라서 자동차 업
계에서도 기술적인 용어는 무조건 영어로 하고, 지역어는 마케팅 커뮤
니케이션 언어로 활용하는 것이 상식이다. 그래야 오역으로 인한 소송
등을 막을 수 있기 때문이다.

비와 경제, 인도 농촌경제 성장은
'몬순'에 달려 있다

　　인도에서 농촌 지역의 자동차 판매가 급락한 상황을 맞이한 경험이 있었다. 이유를 찾아보니 몬순 때 비가 제대로 내리지 않아 농산물 소출이 줄어서 농민들이 자동차를 살 여력이 없어졌기 때문이다.

　　인도의 경우 6~10월에 걸쳐 부는 남서풍으로 인해 비가 내려 연간 내릴 강우량의 대부분, 약 90%가 이 시기에 내린다. 이때 제대로 비가 내려줘야만 농사가 지장 없게 된다.

　　앞서 말한 바와 같이 인도는 다른 나라와 달리 3차 산업이 가장 높고 1차 산업이 그다음인 기형적 경제구조를 가지고 있다. 하지만 인구의 반 이상이 농업에 종사하고, 밀과 쌀의 생산 규모는 전 세계 약 2위를 차지하고 있다.

　　인도의 지독한 더위는 이 '몬순'이 몰아내준다. 따라서 사람들은 이 몬순을 그런 의미로 고마워하게 된다. 인도에서는 6개월 동안 비를 한 방울도 구경 못 하는 경우도 있다. 인도 토지의 60% 이상이 하늘만 믿고 농사를 짓기 때문에 몬순이 내려줘야 물을 충분히 가둬 농업에도 활용할 수 있는 것이다. 또 이렇게 몬순에 따라 농산물, 면화 등의 가격이 바뀌게 된다. 이런 것들은 또 다른 물가 압박의 요인이 되어 실물 경기에도 적지 않은 영향을 미친다.

　　실제 자동차뿐만 아니라 자전거·오토바이·트랙터 등 농사기구들도 충분한 비가 내려 농산물 생산량이 많아질 때 판매도 잘 된다. 인도의 몬순이 경제에 영향을 미치는 바가 지대하기 때문에 인도 정부에서는 모바일 앱을 만들어서 농부들에게 제공하고 있다.

　　'몬순'은 인도의 정치·경제 등 전 분야에서 관심사항이다. 몬순으로

에어 인디아 광고. '몬순'은 마케터 입장에서 판매 활동이 저조한 시기를
탈출할 수 있는 좋은 계기가 된다.
🐭 인터넷 쇼핑몰의 몬순 광고.

인해 발생되는 농산물의 가격 변동에 따라 물가에 영향을 미치게 된
다. 이렇게 변화하는 물가는 금리 변동의 요인이 되기도 하기 때문에
다른 산업에도 상당한 영향을 미친다. 다시 말해 농사가 되지 않아 은
행에서 빌리는 돈이 많아져 금리가 높아지면 자동차 등 내구재 판매
가 줄어드는 것이다.

인도에서 가장 큰 물가 압력은 크게 유가와 농산물 가격을 들 수 있
다. 이 요인으로 인해 제품 구매 패턴이 달라지기도 한다.

인도의 유력 은행 중 하나인 ICICI 은행이 조사한 바에 따르면 예년
에 비해 10% 이하 비가 적게 내리면 경제 성장이 7.8%에서 7.3%로
0.5% 하락한다고 한다.

하지만 반대로 많은 비는 인프라에 치명적인 영향을 미친다. 2014년
에 인도 IT의 중심 벵갈루루에 내린 엄청난 비로 인해 블랙아웃이 발
생했고, 인도의 인터넷 망이 끊기는 등 치명적인 영향을 미쳐 큰 타격
을 입힌 경우도 있다. 또한 이러한 것이 위생문제도 야기시킨다. 너무
많은 비는 지하수에 침투해 수인성 전염병도 일으킨다. 마케터 입장에
서도 몬순은 하나의 기회로 작용한다. 덥고 습하고 짜증나지만 그런
기회를 활용해 인도 전체가 몬순 세일로 판매에 열을 올린다.

이상으로 인도의 전체 고객을 사는 곳과 수입, 그리고 성별과 성향 등에 의해 변화하는 중요한 시장사항을 짚어봤다.

그렇다면 이들을 대상으로 한 마케팅의 핵심은 뭘까? 바로 '디지털' 이다. 즉 인터넷이 성별·직업·거주지역 등에 상관없이 공통으로 작용하고 있는 주요한 도구가 되는 것이다. 기관에 따라 다르지만 BCG 인디아의 자료를 바탕으로 분석하면 2018년이면 인터넷 사용인구가 인도 인구의 40%인 5억 5,000만이 될 전망이다.

또한 인터넷 관련 비즈니스는 2020년경에는 2,000억 달러 정도 수준으로 올라설 것이다. 디지털이 변화시키는 고객의 변화를 미리 감지해나가는 것은 흥미로운 과정일 것이다. 그 과정의 핵심은 디지털로 하루를 시작하고 하루를 마감하는 젊은 신세대를 탐구하고 그들이 선호하는 콘텐츠를 개발하는 것이다. 그들에게는 디지털이 삶 그 자체이기 때문이다.

3~4년 후의 변화를 본다면, 인도의 특성상 성(性)·종교 등 거의 불변의 가치를 빼놓고는 거의 모든 것이 변화할 것이라고 보인다. 그것도 아주 빠르게.

우선 2013년 인터넷 사용자의 40%였던 25세 이하 인구가 2018년이 되면 54%가 될 것이다. 그만큼 젊은 인구의 빠른 증가로 인해 인터넷 사용자는 늘어나게 된다. 또한 2013년 인터넷 사용자의 4명 중 한 명인 25%가 여성이었으나 2018년이 되면 3명 중 1명인 33%가 여성이 차지할 것이다. 2013년 인터넷 사용인구의 29%가 농촌 거주자라면 2018년에는 50% 가까운 사용자가 농촌 거주자로 바뀔 것이다. 그리고 인터넷 사용자의 70~80%는 모바일로 인터넷을 사용하게 될 것이며, 농촌 인터넷 사용자의 상당수인 70%도 모바일을 통해 인터넷을 접속하게 될 것이다.

이렇게 많아지는 디지털 기기를 채우게 되는 것은 결국 '콘텐츠'다.

지금은 영어가 가능한 인구 중심으로 디지털 기기가 구매되고 사용되기에 영어로 된 콘텐츠가 많지만, 저소득층과 농촌 지역의 사용자가 증가하면 지역 언어 중심의 콘텐츠도 무척 많이 개발될 것이다.

2013년을 기준으로 45% 정도의 웹사이트에서 힌디어를 비롯한 지역 언어로 콘텐츠가 만들어졌다면, 2018년에는 약 60% 이상으로 높아질 것으로 전문가들은 예측하고 있다. 그렇다고 영어로 된 콘텐츠가 줄어들지는 않을 것이다. 전체 콘텐츠가 커지며 지역 언어 사용은 좀 더 빠른 성장을 하게 될 것이라고 보면 된다.

디지털 마케팅의 경우 그 성장세는 광고를 먼저 살펴보면 예측 가능할 것이다. 온라인 광고의 경우 2014년 4억 1,300만 달러 규모에서 2015년은 5억 3,800만 달러 수준으로 20%의 성장을 보였다. 기관에 따라 다르지만 전체 광고 시장에서 차지하는 비중도 2013년 8%에서 2018년에는 전체 규모는 15억 1,000만 달러로 약 18%로 급격한 성장이 예상된다고 한다.

인도에서 디지털을 통한 광고비는 다른 매체에 비해 상대적으로 저렴하다. 하지만 중요한 것은 광고가 아니라 어떤 콘텐츠로 어떤 툴에 광고를 하느냐다.

대부분은 페이스북이나 구글의 툴들을 많이 이용하는데 포털보다는 온라인 신문 등 사이트에 광고를 많이 싣는다. 또한 콘텐츠도 많이 개발을 하고 있는데, 필자도 고객의 주목도를 높이기 위해 편당 약 200만 원의 영상 제작비를 들여 페이스북을 통해 시리즈로 방영을 하기도 했다.

🐘 인도의 직장생활과 모형자동차 경주대회를 익살스럽게 그린 유튜브 동영상이다.

이때 늘어난 페이스북 팬 수는 약 6개월 동안 약 100만 명이었다. 단기간 내 인도에서 자동차 업체 중 가장 빨리 팬 수를 증가시켰다. 영상은 스토리텔링을 강조해 직장에서 나이 든 상사와 젊은이들이 하나가 된다는 내용으로 제작되어 재미있게 만들었다.

100만 명이라는 팬 증가는 삼성화재가 2015년 9월 누적 팬 50만 명을 확보했다고 자축했던 것과 비교하면 대략적인 차이를 실감할 수 있을 것이다. 100만 명을 단 6개월 만에 달성했다는 것은 인도라서 가능한 일이다. 그만큼 콘텐츠에 목말라하고 조금이라도 흥미 있는 것을 경품을 통해 홍보한다면 빠르게 팬 수를 확보할 수 있는 곳이 인도다.

디지털에 대한 인도인들의 열기는 다음에서 더 깊게 다루도록 하겠다.

제2부를 마치며 마지막으로 한 번 더 강조하고 싶은 것이 있다. 우리나라는 최근 개도국에서 선진국 문턱으로 접어든 나라다. 그래서 어느 나라보다 인도 시장을 개척할 수 있는 자질이 충분하다고 생각한다. 하지만 자질만으로는 시장을 개척할 수 없다. 자질과 함께 시장에 대한 이해가 바탕이 된다면 인도는 우리의 손에 충분히 들어올 수 있을 것이다.

제3부

스타트업 인디아 & 스탠드업 인디아

디지털, 앱, 게임 없이는 살 수 없다

디지털과 콘텐츠에
열광하는 인도

지루한 인도의
일상이 바뀌다

 인도 하면 영화가 생각나는데, 영화 외에 여가를 뭘 하며 보내죠?

　인도에서 중요한 엔터테인먼트를 3가지만 고르라면 크리켓, 발리우드(영화), 그리고 음악이다. 그게 전부이고 다른 대안은 거의 존재하지 않는다.

　또 다른 단면을 살펴보면, 인도에서 직원 채용을 위해 이력서를 수도 없이 봤던 경험이 있는데, 지원자들의 취미가 거의 유사하다. 독서, 영화 이 2가지는 빠지지 않는 메뉴이고, 이에 대해 구체적으로 물어도 거의 다 비슷한 영화에 비슷한 책을 즐긴다.

　인도에 살아본 사람이라면 또 공감하는 것이 하나 있다. 그것은 TV 채널이 200개가 넘는데도 우리나라 사람 눈으로 보면 볼 것이 없다는 점이다. 물론 인도 사람들도 비슷한 이야기를 많이 한다.

TV에 나오는 크리켓 경기 중계는 언제 끝날지 모른다. 최하 8시간에서 최장 3일까지 이어지는 경기와 박진감 없는 장면을 보노라면 보는 사람이 지치고 피곤하게 된다. 그래서 크리켓 월드컵 응원장에 가보면 사람이 얼마 없다. 축구처럼 전·후반 90분이면 끝나는 운동과는 확연히 다른 분위기를 연출한다. 더운 나라에서 박진감 없는 크리켓을 관람하는 데는 엄청난 인내가 요구된다.

또 발리우드(영화)는 연간 수천 편이 제작되지만 이야기는 너무너무 뻔하다. 심지어 내가 힌디어를 모른다고 해도 극장 가서 영화를 보는 데 전혀 지장이 없을 정도다.

TV에도 지나간 옛 영화들이 넘쳐난다. 우리 눈높이로 보면 정말 저런 영화를 본다는 게 신기하다고 할 정도다. 그리고 방영한 영화를 계속해서 다시 또다시 보게 만든다. 우리나라 드라마처럼 빠른 전개, 소재의 신선함과는 거리가 먼 진부한 이야기들이 많다.

저녁 8시 TV 앞에 앉아 채널을 돌리면 영화 전문 채널 등 특정 분야 전문 채널을 제외하고는 다 똑같은 것을 한다. 특정 주제에 대해 8명 이상 나와서 집단 토론을 벌인다.

마케팅하는 입장에서 시청률은 광고비와 연동되기 때문에 가장 민감한 분야다. 여러 가지 매체를 보면서 어떤 매체에 광고를 싣는 것이 가장 효과적인지 고민하게 된다. 인도 TV 시청률은 조사기관마다 제각각이지만, 여러 기관들 조사를 비교해보면, 스타 플러스(Star Plus), 컬러 TV(Colors TV), 소니 엔터테인먼트 TV(Sony Entertainment TV), 라이프 OK(Life OK), 지 TV(Zee TV), SAB TV, 스타 스포츠(Star Sports), NDTV 등이 인기를 끌고 있다.

2016년 시장 점유율을 살펴보면 드라마 코미디가 전문인 지 TV가 12%로 1위, 리얼리티쇼 등 엔터테인먼트에 강한 소니 TV가 11%로 2위, 그리고 Life OK 채널로 대표되는 스타 TV(Star TV) 계열이 3%로

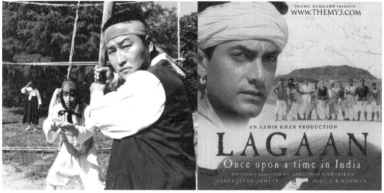

크리켓을 다룬 2001년 개봉 발리우드 영화 〈라간(Lagaan)〉(Lagaan은 land tax, 즉 토지세를 말함), 영국 식민 지배 시 크리켓을 통해 민족의식을 고취한다는 영화다. 한국의 〈YMCA 야구단〉을 보는 듯했다.(출처: 영화 장면 캡처, 영화사 포스터)

3위를 차지하고 있으며, 스타 스포츠 채널 등도 인기를 끌고 있다.

전반적으로 인기 있는 채널이 가진 메인 프로그램은 리얼리티쇼, 드라마, 영화 등 엔터테인먼트 프로그램을 가지고 시장을 주도한다. 그리고 스포츠 채널 등이 그나마 시청률이 나온다.

음악도 영화, 드라마 등을 위한 하나의 수단이고 장르가 우리처럼 다양하지도 못하다. 특히 발리우드 음악을 제외하고 그들이 가진 전통 음악이 서양 음악인 클래식, 재즈보다 우선한다. 인도에서는 놀랍게도 클래식 음악을 들어볼 기회가 전혀 없었다. 뿐만 아니라 교육 수준이 높은 직원들도 클래식 음악에 대해 우리가 생각하는 것 이상으로 잘 모른다.

인도에는 보수적인 공기와 더불어 지루함이 자리하고 있다. 왜냐면 늘 똑같은 경험이 비슷한 매체를 통해 전달되기 때문이다. 하지만 최근에 젊은 층을 중심으로 변화의 바람이 불고 있다.

아시죠?
TV보단 유튜브

 유튜브의 인기, 인도에서는 어떻죠?

젊은 층을 중심으로 TV 시청보다는 유튜브 시청으로 많이 몰리고 있다. 유튜브는 현재 인도에서 기존의 TV 채널 중 4위권에 해당되는 시청률을 보이고 있다.

이러한 사실은 구글 인디아, 구글 글로벌과 함께 프로젝트를 하면서 알게 되었는데, 점점 더 유튜브의 시청률이 높아져가고 있다. 유튜브의 인기가 지속적으로 올라가는 이유는 일방적인 프로그램을 내보내는 기존 TV 채널과는 달리 내가 선택해서 볼 수 있다는 점과, 경험하지 못한 것을 경험해보기를 원하는 적극적인 젊은 시청자들의 성향에 맞아떨어지기 때문이다.

또한 다양한 영상을 유튜브가 지속적으로 제공하기 때문이다. 고프로(GoPro) 등으로 만들어진 360도 콘텐츠도 유튜브에서는 시청할 수 있어 다른 매체와는 다른 경험의 차별성도 느낄 수 있다. 내 성향에 맞춘 추천 영상도 제공한다. 그것도 무료로 말이다.

즉 인도에 부는 유튜브에 대한 열기는 기존 매체들이 보여주지 못하는 변화를 유튜브를 통해 경험할 수 있기 때문이다. 이런 변화에는 물론 디지털 기기를 통한 인터넷 속도 증가도 무시하지 못한다. 연간 수천 만 대의 디지털 기기가 늘어나고 있지만 콘텐츠 공급이 디지털 기기의 확산을 따라잡지 못하는 것이 인도의 현실이다.

유튜브의 폭발적인 확산에 맞춰 인도의 스마트한 콘텐츠 제공자들도 유튜브를 자사의 방송 채널의 하나로 인정하고 유튜브 우산 아래로 들어가서 시청자를 늘리고 있다. 인도 유튜브의 인기 채널 1위는 T-시리즈(T-Series: 뮤직비디오를 전문으로 상영하는 유튜브 채널)라는 개인 기업 채널이다. T-시리즈는 30여 년 전에 설립한 음반 전문 회사인데 2,000여 편의 비디오와 3만 5,000여 개의 오디오 타이틀을 보유하고 있다.

2016년 4월 현재 그들이 올린 콘텐츠는 9,000여 개로, 총 76억 뷰

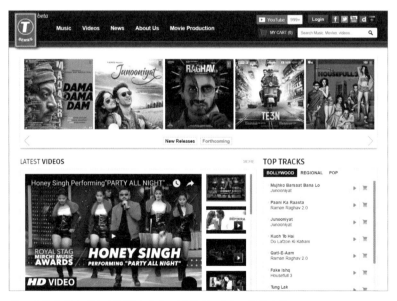

인도 유튜브 인기 채널 1위인 T-시리즈.(출처: T-시리즈 홈페이지)

2위 채널인 추추 TV의 숫자 알파벳 놀이 영상. 2016년 6월 현재 8억 2,000만 뷰를 기록하고 있다. 2014년 11월 게시 후 1년 반 만에 달성한 숫자다.
📺 추추 TV 〈반짝반짝 작은 별(Twinkle Twinkle Little Star)〉 동영상. 어린아이들이 무척 좋아하는 프로그램이다.

를 기록했고, 지난 일주일간 그들의 콘텐츠는 무려 1억 2,600만 뷰를 기록하고 있다. 약 1,000만 구독자가 넘는다.

2위 채널은 추추 TV(Chuchu TV)로 직원이 10여 명 남짓한 조그만 규모의 회사인데, 43억 8,000만 뷰를 단 100여 개의 콘텐츠로 달성했다. 한 개의 콘텐츠 평균 뷰는 4,000만을 넘는다. 이 채널 CEO와 컨퍼런스 콜을 한 번 한 적이 있었는데, 2013년에 유튜브 채널로 들어왔고 미국에서 투자를 곧 받을 것이라며 자랑하던 게 생각난다. 우리 입장에서 본다면 숫자 노래, 알파벳 노래, 크리스마스 노래 등 상당히 단순하고 교육적인 애니메이션이다.

세 번째 인기 채널은 지 TV이며 드라마와 음악 위주로 42억 뷰를 기록하고 있다. 하지만 9,000여 개의 콘텐츠로 달성한 수치이기 때문에 효율이 떨어진다. 그들이 올린 드라마 자체가 상대적으로 고연령층이 즐기는 콘텐츠이기 때문이기도 할 것이다.

이상에서도 살펴봤듯이 재미없고 지루한 콘텐츠라도 인도에서는 폭발적인 시청을 보이는 이유는, 이미 여러 차례 언급했으나, 콘텐츠 부족과 또 콘텐츠의 공급의 방식이 우리나라와 많이 다르기 때문이다.

필자가 인도에서 근무할 때 많은 방송국에서 PPL 형태로 TV 제작 문의가 들어왔으나 기획 내용과 콘텐츠의 질적인 면에서 기대 이하의 프로그램이 많았다. 오히려 우리가 아이디어를 내고 방송국에서 수용하는 형태로 업무를 진행한 적도 여러 번 있었다. 그들의 PPL은 우리나라보다 훨씬 더 노골적으로 브랜드를 노출시켜준다.

현재까지 본다면 TV의 효과는 상대적으로 그다지 크지 않고, 경험에 비춰 최고의 광고 효과는 '신문'이다. 왜냐하면 매체비(광고비)가 가장 비싸기 때문이다.

하지만 필자가 언급했듯이 인도의 시청률 데이터는 여러 가지 채널을 통해 받아보고 비교해봐야 한다. 광고 대행사나 미디어 대행사가 가져다주는 데이터를 모두 신뢰할 수는 없다. 당연한 말이지만 그들은 자기 이익에 최선을 다하기 위한 데이터를 광고주에게 제공하기 때문이다. 그리고 기업의 제품 특성과 타깃 특성에 적합한 광고 플랜에 대한 고민도 해야 한다. 너무 많은 옵션이 붙어 있기 때문이다.

한 TV 프로그램에서 시계를 강조하는 PPL 광고 장면.

지루한 삶을 바꿔주는 도구, 디지털

🐘 IT 하면 인도를 꼽는데 실상은 어떤가요?

과거에는 인도의 지루한 삶의 청량제는 'TV'였고 밖에 나가서 가족과 함께 즐긴다면 '영화'였다. 또 TV로 즐기는 것은 크리켓·드라마·음악·뉴스 등 다양하다.

집에서 인도 TV 채널을 돌리며 시간을 재본 적이 있다. 잠깐씩 어떤 프로그램인지 보면서 한 바퀴 다 돌려보니 두 시간이 휙 지나간다. 이런 식으로 지루함을 해소하나, 하는 생각마저 든다.

지루한 인도의 일상이 스마트시티 건설과 더불어 디지털, 인터넷을 타고 변화하기 시작한다. 디지털은 인도 정부에서 슬로건까지 제정해서 맹렬히 지원하는 분야다. 인도 정부 입장에서는 정보의 불균형을 해소함으로써 인도의 고질적인 문제인 도시와 농촌의 격차를 해소할 수 있고, 더 나아가 인도 전체의 수준도 끌어올릴 수 있다고 생각하는 것이다.

하지만 현실은 IT 산업을 구축하는 하드웨어의 많은 부분이 수입에 의존하고 있는 상황이다. 특히 휴대폰 판매량이 연간 1억 대 가까이 되지만 인도의 기술로 만드는 것은 드물고, 대부분 해외 기업들이 인도에서 생산한 제품을 쓰고 있다. 따라서 인도 정부로서는 이러한 산업 구조를 변화시키기 위해서 중국·한국 등 동아시아의 모델이 자신들에게 도움이 된다고 판단하고 있다.

또한 우리나라의 사례를 벤치마킹함으로써 디지털 인프라를 근간으로 전자정부의 발달이 공무원 등과의 대면을 방지해 부패를 막고 업무의 효율성이 증대시키는 결과를 가져올 것으로 기대하고 있다. 뿐

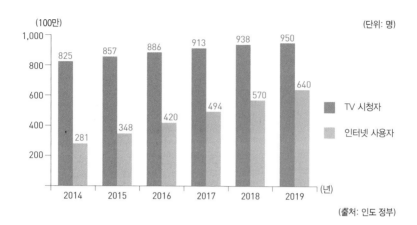

인도의 TV와 인터넷 보급률

(100만)   (단위: 명)

| | | | | | |
TV 시청자
인터넷 사용자

(출처: 인도 정부)

만 아니라 광대한 국토에서 도시와 농촌의 격차를 디지털 인프라가 해소해줄 수 있을 것으로 내다보고 있다. 이를 밑바탕으로 원격 교육과 원격 의료 등 서비스를 확대할 수 있으며, 부가 서비스도 키울 수 있다는 생각에서 강력하게 추진 중이다.

이를 위해 BBNL(Bharat Broadband Network: 바라트 브로드밴드 네트워크)이라는 국영 기업을 통해 인도 전역을 광케이블로 연결하는 사업을 2017년까지 완료할 예정이다. 이에 보조를 같이하는 인도 대기업들도 적극적으로 나서고 있다. 릴라이언스(Reliance)는 약 390억 달러를 투자하는 등 기업들의 참여도 활발히 이뤄지고 있다.

아래는 인도 정부가 추진하는 '디지털 인디아'의 9개 역점 사업 분야다.

1. 광역 인터넷망 구축
2. 모바일 환경 구축
3. 공공 인터넷 접속 프로그램

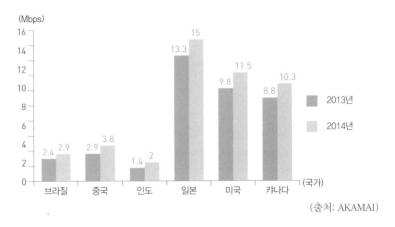

국가별 인터넷 접속 속도

(출처: AKAMAI)

4. 전자정부 구축

5. 전자상거래망 구축

6. 개방 정보 시스템 구축

7. 전자 제조업 육성

8. IT 부문 일자리 수 확대

9. 전국 와이파이망 구축

이런 시기에는 기업들의 움직임도 활발하다. 인터넷 플랫폼 기업들은 저마다 인도 시장 공략에 적극 나서고 있는데, 이는 인도의 이러한 IT 빅뱅 초기에 저마다 굳건한 자리를 차지하기 위해서다.

구글은 지난 2016년 1월 서부 경제도시 뭄바이의 중앙역에 처음으로 무료 와이파이 서비스를 개통했다. 북부 알라하바드, 동부 파트나·란치, 서부 자이푸르 등 올해 말까지 100개 역에서 무료 와이파이를 이용할 수 있도록 할 계획이다. 또 열기구를 띄워 오지에서 인터넷을 이용할 수 있게 하는 룬(Loon) 프로젝트 대상지에 인도를 포함시켜 구글 서비스 이용자를 더욱 많이 확보하려고 시도 중이다.

마이크로소프트(MS)는 빈 TV 주파수 대역을 인터넷 공급에 이용하는 '화이트 스페이스(White Space)' 사업으로 50만 개 농촌 마을에서 저렴한 가격의 인터넷 공급을 추진하고 있다. 지방 정부와도 전자교실 구축과 인도 스타트업 지원 방안 등도 적극적으로 추진하고 있다.

페이스북 역시 무료 인터넷 접속 서비스 'Internet.org'를 6개 협력사(삼성, 에릭슨Ericsson, 미디어텍MediaTek, 오페라 소프트웨어Opera Soft-ware, 노키아Nokia, 퀄컴Qualcomm) 등과 함께 시작했다. 2014년 잠비아를 시작으로 2015년 인도에는 릴라이언스 커뮤니케이션(Reliance Communication)과 서비스를 시작했다. 이 서비스는 뉴스 서비스, 정부 홈페이지 등 페이스북이 미리 지정한 웹사이트에 무료로 접속할 수 있도록 해주는 서비스다. 접속 가능한 사이트에 제한을 둔 점 때문에 최근 인도 정부가 망 중립성 침해를 이유로 서비스를 일시 제한하고 있다.

'디지털 인디아' 계획의 가장 큰 장애물로 지적되는 몇 가지가 있는데, 우선 하드웨어 제품 제조 기반이 취약한 점이다. 따라서 인도가 어떻게 하드웨어 산업을 성장시키느냐에 따라 그 결과가 다를 것으로 예상하고 있다. 참고로 인도에서 하드웨어 가격은 동일한 제품을 비교했을 때 우리나라에 비해 싼 편이 아니라 오히려 비싼 제품들도 많다. 또한 시장 초기에 선점을 하기 위한 글로벌 기업들의 공세를 어떻게 관리해서 효율성과 미래 성장성을 최대한 끌어올리냐는 것도 인도 정부의 큰 숙제다.

그러면 인도 정부는 어떻게 정책적으로 IT 산업을 뒷받침하고 있을까? 인도 정부의 야심작, '디지털 인디아' 계획은 2015년 1월 모디 총리가 주창한 것으로, 2019년까지 인도에서 약 180억 달러를 투자했다. 그리하여 인도 전역에 초고속 인터넷을 깔아 관련 산업뿐만 아니

디지털 인디아 캠페인 슬로건.
🎥 인도 정부 디지털 인디아 소개 영상.

라 일자리까지 창출해내겠다는 야심 찬 정부 프로젝트로 시작했다.

'디지털 인디아'는 디지털 인프라 확충을 기본으로 3가지 축으로 추진된다. 인도 정부는 '디지털 인디아'의 추진으로 IT 산업의 비약적인 성장을 기대하고 있다. 인도는 IT가 발달한 IT 강국이다. 또 GDP의 10% 이상 차지하는 엄청난 산업 규모이고, 매년 10% 이상 급격한 수출 실적신장율을 보이는 것이 바로 IT 산업이다. 하지만 실상을 들여다보면 해외 유수 기업에 하청에 불과한, 고용은 많지만 부가가치가 낮은 산업이다. 이를 정부가 극복해 산업의 틀을 바꿔보겠다는 것이 '디지털 인디아'의 핵심이다.

스마트폰은
인도인들의 구세주

 인도 사람들은 스마트폰으로 도대체 뭘 하나요?

BCG 인디아의 조사에 따르면 인터넷을 접속하기 위한 수단으로 가장 많이 사용되는 것은 스마트폰(56%), 피처폰(23%), PC(12%), 노트

북(8%)순이다. 이것을 1, 2, 3, 4급지(Tier) 도시로 나눠보면 1급지(뉴델리, 뭄바이 등과 같은 대도시)은 스마트폰으로 접속이 62%, 2급지 도시는 53%, 3~4급지 도시는 53% 비율이다(1~4급지에 대한 자세한 설명은 234쪽 도표 참조).

또한 현재 개인이 하루 일과 중 약 30%의 시간을 스마트폰을 포함한 디지털 기기를 사용하는 데 썼다면, 향후 5년 이내 이 비중은 42%까지 치솟아 오를 것으로 전망한다. 이 의미는 그만큼 TV나 라디오 시·청취보다는 인터넷을 통한 콘텐츠 접속 비율이 높다는 것이다.

또 가장 인기 있는 디지털 콘텐츠를 나열하면 다음과 같은 순이다.

음악 다운로드 | 음악 스트리밍 | 비디오 다운로드 | 온라인게임 | 비디오 스트리밍 | 친숙한 사이트(구글, 페이스북, 유튜브) 방문 | 뉴스 읽기 | 읽을거리(구인정보, 부동산 정보 등) | 뉴스 보기 | 스코어 체크 | 요리 웹사이트 방문 | TV쇼 시청 | TV쇼 다운로드 | 조사 | 스포츠 관람 | 결혼 관련 웹사이트

음악·영화 다운로드나 시청 이외에 최근 들어 가장 많이 시청하는 것은 직업 구인이나, 부동산 관련 정보, 결혼 상대를 찾는 정보 분야다.

뉴스 시장에서도 재미있는 것은 소비자들이 뉴스를 구분해서 소비한다는 것이다. 지역 정보 등은 신문을 통해서 정보를 얻는 데 비해 발리우드 뉴스나 가십거리, 그리고 국제뉴스 등은 인터넷을 통해 뉴스를 획득하려는 사람이 많다.

그리고 구글, 페이스북, 유튜브는 디지털 소비자들이 가장 먼저 방문하는 사이트다. 인도 내에서 점유율이 밀리는 포털 야후를 찾는 사람들은 사진으로 된 뉴스가 많다고 해서 찾는 경우도 많다.

하지만 성장하는 디지털 시장의 가장 큰 위협 요인은 비즈니스 모

인도 온라인 부동산 사이트로, 위에서 4BHK는 방 4개, 거실, 부엌이라는 뜻이고, 5BHK는 방 5개, 거실, 부엌이라는 의미다. 또 단위를 나타내는 Cr(크로)는 1,000만 루피라는 뜻이며, Lac(랙)은 10만 루피를 나타내며 인도만의 숫자 표기 방식이다.(출처: Housing.com)

델을 만드는 것이다. 인도인들은 디지털 콘텐츠에 돈을 지불하려는 사람이 적다. 통신비를 낸다는 것에 더해서 콘텐츠 비용까지 포함해서 돈을 내는 것은 이중으로 돈을 지불한다는 인식이 강해서 그렇다(이 '비즈니스 모델'에 대해서는 뒷장에서 다루도록 하겠다). 그리고 온라인에서 발견한 정보는 공짜라는 인식이 강해서인데, 이는 지적재산권에 대한 느슨한 법규로 인한 것도 큰 요인 중 하나다.

디지털 콘텐츠에 대한 인도인들의 인식이 이렇다고 해서 필자는 디지털 콘텐츠 산업의 미래를 비관적으로 보지는 않는다. 낙관적으로 보는 데는 다음과 같은 몇 가지 이유가 있다.

첫째, 디지털 콘텐츠에 대한 소비는 지속적으로 성장할 것이다. 따라서 시장의 성장은 곧 새로운 비즈니스 모델도 등장할 수 있다는 것을 의미한다.

둘째, 디지털 콘텐츠를 소비하는 소비자들은 보다 많은 정보를 얻기 위해 많은 데이터 비용을 지불하게 되고, 이것은 비용 지불에 대한 장벽을 궁극적으로 낮출 것이다. 과거 우리나라도 디지털 콘텐츠에 대해서는 공짜라는 인식이 강했으나 이제는 비용을 지불하며 어느 정도 자리를 잡아가고 있다. 뿐만 아니라 인도 정부도 지적재산권을 보호하기 위한 법안을 강화해나가고 있다.

셋째, 디지털 콘텐츠의 수요 증가로 인해 다양한 관련 분야의 콘텐츠들이 개발·제작될 것이고, 이러한 현상은 많은 이들을 시장으로 끌어들여 시장의 파이를 키워줄 것이다.

디지털 세대의 새로운
스포츠 열기, 축구

 인도도 최근 축구가 인기를 더하고 있다는데, 어떤가요?

디지털이 스포츠 시장에서 차지하는 위상도 남다르다. 인도에서 페이스북은 크리켓 월드컵의 가장 큰 운동장이라고 불린다. 그만큼 페이스북을, TV를 대신하는 크리켓 월드컵의 중계 수단으로 바꿔 인식하게 되었다는 사실이다.

이런 기본적인 인식 전환이 다른 스포츠 산업의 발달로도 이어진다. TV에서는 거의 중계를 해주지 않던 축구 프리미어 리그에 대한 관심이 디지털로 인해 젊은이들에게 선풍적인 인기를 끌고 있다. 이러한 움직임이 하나의 산업을 만들어냈다. 예를 들면 크리켓 이외의 스포츠에 관심 없던 소비자들은 온라인 등을 통해 유럽 축구 프리미어 리그를 경험하게 되고, 시청률도 급격히 늘어 마침내 축구 불모지로 불리던 인도에도 축구 리그가 생겨 2회째 진행되고 있다.

인도 축구 리그는 2014년에 창설이 되었고 흥행을 위해 프란시스

인도 축구 리그, 매년 11월에서 2월까지 진행된다.

코 토티(Francesco Totti) 등 해외 유명 선수를 데려다가 경기를 치르고 있다.

필자도 실제 리그 스폰서십 등을 검토한 적이 있는데 인도 최고의 크리켓 스폰서십 대비 거의 80%에 육박하는 스폰서 비용이었다. 이는 그만큼 축구 리그가 인기를 더하고 있다는 의미이기도 하다.

인도 축구 리그(Indian Super League)가 비즈니스 확장 모델이었다면 IT 분야에서도 직접적인 비즈니스 모델 창출 사례가 있다. 데이터지원(Sponsored Data Plan)이라는 비즈니스 모델이다. 이 방식은 한마디로 광고주나 망 운영사(우리로 따지면 SKT나 KT 등)의 브랜드 광고를 고객이 본다는 조건으로 데이터를 사용할 수 있도록 하는 것이다. 망 제공자는 비용을 광고 업체를 통해 보전받는다.

예를 들면 인도의 3대 통신사 중 하나인 버라이즌(Verizon)은 프리비 360(FreeBie 360)과 프리비 데이터(FreeBie Data) 프로그램을 운영하고 있다. 버라이즌에서는 게임데이(Gameday), AOL, 허스트 매거진(Hearst magazine) 등과 제휴를 해서 이 프로그램을 고객들에게 제공하고 있는데, 대표적인 인도의 무료(Freebie) 마케팅의 일환이다.

이런 프로그램은 통신사마다 운영하고 있지만 별로 활성화되지 않고 있다. 왜냐면 인도의 데이터 소비가 다른 비슷한 수준의 나라들과는 다른 모습을 보이고 있기 때문이다. 다시 말하자면 가장 많은 데이터를 소모하는 콘텐츠인 영상과 음악을 다른 국가들은 와이파이 환경에서 많이 이용하는데, 인도는 모바일 데이터 환경에서 많이 이용을 하기 때문이다(2015년 노키아 MBit 조사 참고).

이 밖에도 에어텔(Airtel)도 유사한 방식의 프로그램을 제공하고 있는데 에어텔이 운영하는 프로그램은 에어텔 제로라는 프로그램으로 맛보기 차원에서 공짜로 데이터를 조금 제공하고, 데이터 프로그램으로 고객을 유인하는 방법이다. 이는 주로 젊은 층을 타깃으로 해 데이터 사용을 촉진하기 위한 프로그램이다.

모바일 데이터 사용량으로 살펴본 인도 산업의 흐름

　인도는 현재 2G에서 3G로 넘어가고 있고, 또 4G 서비스도 2015년 초부터 시작되었다.

　인도는 한 달에 1인당 3G 데이터를 얼마나 사용할까? 노키아(Nokia MBiT) 연구조사에 따르면 한 달에 753MB를 사용한다. 이는 글로벌 평균 1인당 800MB~1GB 사이를 사용한다고 조사된 것에 비해 크게 뒤지지는 않는다.

　2014년 3G 데이터 사용량은 44PB(Petabyte, 1PB＝약 100만 GB)에서 2015년 82PB로 약 2배 이상 성장했다. 하지만 2G 데이터는 2014년 41PB에서 2015년 46PB로 12% 증가하는 데 지나지 않았다. 시장에서는 4G 등장으로 데이터 사용량은 더 급격히 늘어날 것으로 예상한다.

2G · 3G · 4G별 수익률

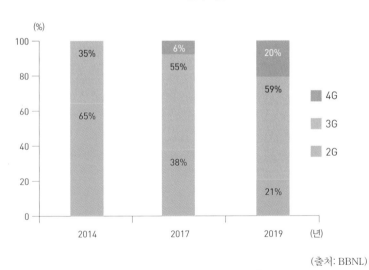

(출처: BBNL)

2015년 현재 인도는 23만 개의 인터넷 사이트가 존재한다. 그리고 40%의 데이터 트래픽이 비디오·오디오 시청으로 사용되고, 18~22% 정도는 소셜 네크워크, 20%는 커뮤니케이션 서비스로, 나머지 20~24%는 기타 서비스 사용으로 발생하는 트래픽이다.

인도의 대표 SNS는 왓츠앱이다. 네이버 라인이 인도에 진출했으나 철수했다. 전 세계 왓츠앱 사용자가 가장 많은 곳이 인도이고, 하루 평균 18분 이상 사용한다는 통계가 있다. 인도에서 비즈니스를 시작한다면 왓츠앱은 필수다.

그럼 실제 인도에서 휴대폰으로 데이터를 사용하는 데는 문제가 없을까? 인도 도심에서 3G 서비스는 큰 문제가 없다. 필자는 간혹 일반 전화가 잘 되지 않을 때 카카오톡이나 라인으로도 우리나라에 있는 사람과 통화를 했는데, 무척 선명하게 잘 들렸다. 하지만 국토가 넓은 인도에서는 농촌 지역이나 도심 외곽은 여전히 음영 지역이 많다. 4G 서비스의 경우 대도시 일부 지역에서만 서비스가 가능하다.

참고로 「시스코 글로벌 모바일 데이터 트래픽 전망 보고서」를 보면 2014년 말 한국의 1인당 모바일 데이터 사용량은 2,055MB로 전 세계 최고수준이다.

콘텐츠 비즈니스 산업시장
현황과 전망

 인도의 콘텐츠 비즈니스 산업시장의 전망은 어떤가요?

인도의 콘텐츠 시장은 디지털이라는 날개를 달고 하루하루 엄청난 속도로 성장하고 있다. 또한 2019년까지 모든 분야에서 최고 평균 45.8%부터 사양 산업인 신문 산업조차 연평균 8%의 성장을 보이고 있다. 이런 성장의 밑바탕에는 높은 경제 성장과 이를 뒷받침하는 소비층의 성장, 그리고 가처분 소득의 증가, 매년 1억 대 이상 팔리는 모바일폰 등 디지털 기기의 판매 확산 등이 있는데 이로써 더욱더 시장은 커져가고 있다.

디지털을 활용한 비즈니스 모델 중 대표적인 것이 디지털 광고다. 디지털 광고주의 3분의 1 이상이 항공여행, 컴퓨터, 랩탑, 태블릿, 에어컨 등으로 내구재 광고가 많다. 그리고 자동차 광고량도 최근 급격히 늘고 있다. 젊은 사용자가 많은 금융업, 휴대폰, 오토바이나 스쿠터, 그리고 소규모 가전은 광고비의 50% 이상을 디지털 광고로 집행하고 있다.

인도에 진출하려는 기업들이 명심해야 할 점은 온라인(OnLine)과 오프라인(OffLine) 고객을 세분화해서 달리 가져가야 한다는 것이다.

예를 들어 기업마다 다르지만 자동차산업의 경우 평균 고급 세단의 광고의 25~30%의 예산을 온라인 광고로 사용하고, 저가 차량 광고의 경우 광고 예산의 5% 정도가 디지털 광고 예산으로 활용한다. 휴대폰 광고에서도 고급 제품일수록 디지털 광고 비중이 높다.

하지만 좀더 자세히 봐야 할 것은 고급 제품일수록 아직 시장성이 낮고 타깃이 정해져 있기 때문에 마케팅 예산에서도 상대적으로 일반

인도 콘텐츠 비즈니스 시장 전망

(단위: 10억 루피)

	2008	2009	2010	2011	2012	2013	2014	2015	2019(예상)
TV	241	257	279	329	370	417	474(13%)	543	975 (15.5%)
신문	172	175	192	208	224	243	263(8.3%)	284	386(8.0%)
영화	104	89	83	92	112	125	126(0.9%)	136	204(10%)
음악	7	8	8.5	9	10.6	9.6	9.8(2.3%)	10.4	18.9(14%)
게임	7	8	10	13	15.3	19.2	23.5(22.4%)	27.5	45.8(14.3%)
애니 & VFX	17.5	20.1	23.7	31	35.3	39.7	44.9(13.1&)	51	95.5(16.3%)
디지털 광고	6	8	10	15.4	21.7	30.1	43.5(44.5%)	62.5	162.5(30.2%)

* (%)는 전년 대비 성장률, 2019년 (%)는 2010년 이후 평균 성장률을 의미한다.
(출처: 〈KPMG India〉, 2015년 발표 자료)

제품에 비해 넉넉하지 않다. 그래서 디지털 광고에 집중할 수밖에 없다는 사실도 간과해서는 안 된다. 우리나라의 경우 초기 수입차들이 잡지 광고에만 집중했던 사실을 기억하면 좋을 듯하다.

온라인 광고 시장을 제외하고 가장 성장이 빠른 것은 애니메이션과 VFX(특수효과영상) 시장으로, 앞으로 연평균 약 16% 이상 성장이 기대된다. 그 뒤를 이어 스마트폰 앱과 게임 시장도 엄청난 성장이 기대된다. 특히, 인도 스마트폰 앱 게임 다운로드는 우리나라보다 다소 많은 수가 다운로드되고 있으나 성장 속도는 우리나라에 비할 바가 아니다(한국 60억, 인도 70억, 인도네시아 80억, 중국 100억, 미국 189억 회 다운로드).

중국의 알리바바 그룹이 인도에 세운 9앱스(9Apps)라는 회사가 외부에 의뢰해 조사한 바에 따르면, 최근 휴대폰을 구매하는 젊은 층들이 설치한 앱은 대략 32개 정도 된다고 한다. 또 어플리케이션 시장의 남녀 비율은 8 대 2 정도로 젊은 남성층이 시장을 주도하고 있다고 한다. 2015년에는 2014년에 비해 5배나 성장한 약 90억 개의 앱이 다운로드되었다. 이는 휴대폰 시장이 저가(Low End) 시장에서 고가(High End) 시장으로 빠르게 움직인다는 것이다.

한 가지 흥미로운 사실은 2018년 전까지 인도가 아시아에서 가장 게임 앱이 많이 성장하는 시장이 될 것이라고 전망하면서 알리바바도 이를 대비해 인도에 투자를 집중할 것이라고 한다.

이렇듯 디지털 시장은 속도를 따라가기 어려울 정도로 발전하고 있고, 그에 따른 콘텐츠 시장도 급격히 성장하며, 새로운 규칙(norm)을 만들어가면서 성장을 하는 것이 인도 시장의 특징이다. 필자가 만난 9앱스 임원도 안드로이드 마켓을 거치지 않고 바로 자기만의 영역과 규칙을 구축하기 위해 앱 실행을 하기 위한 APK(Android Application Package: 설치 파일)를 직접 다운로드할 수 있도록 만들었다.

중국 알리바바의 노력이 대단하다. 철저히 중국이라는 것을 숨긴다. 인도인의 중국에 대한 감정을 배려해서이기도 하다. 현재 대한민국은 대기업 중심으로 인도의 2차 제조업에 진출해 상당한 이미지도 남겼고, 어느 정도의 성과도 냈고, 좋은 국가 브랜드 이미지도 만들었다.

하지만 3차 산업의 비중이 60% 이상인 인도에서 제대로 자리 잡기 위해서는 이제 디지털과 인터넷 혁명이 시작된 인도에 관심을 가지지 않고는 시장에 들어갈 수 없다는 것이 현실이 되어버렸다. 세계 마지막 시장으로 자리 잡아나가고 있는 인도에서 앞으로 성장의 발판을 만들어나가지 못한다면 상당히 어려운 위치에 있을 수밖에 없을 것이다. 이 산업에 진출할 수 있는 것은 대기업이 아닌 젊은 소프트 산업이 발빠르게 움직여야 우리가 그 자리를 차지할 수 있을 것이다.

앞장에서도 언급했지만 이렇게 성장하는 디지털과 그 기기를 채우는 콘텐츠의 주요한 소비자는 젊은 인도인들이다. 그들을 공략하기 위해 우리는 어떤 것을 준비해야 할까? 먼저 마케팅 과정의 첫 스텝이라 할 수 있는 그 산업의 특성을 이해하는 것이다. 이것이 선행되어야 그 시장에 들어갈 수 있다.

따라서 다음 장부터는 이를 위해 기초 영역인 디지털 네트워크(Infra-structure)와 그 도구에 해당되는, 디지털 디바이스 영역보다는 다양한 파생산업이 만들어지며 새로운 것을 개척할 수 있는 디지털 콘텐츠 영역을 다룰 예정이다.

디지털 콘텐츠에 해당되는 각 산업별 특성에 대한 설명과 다양한 자료를 통해 이 시장에 대한 이해를 높일 것이며 또한 어떤 비즈니스 모델을 만들어 진출하는 것이 우리에게 유리할 것인지에 대해서도 살펴볼 것이다.

제1장 디지털과 콘텐츠에 열광하는 인도

어플리케이션이 만들어낸
디지털 부자

어플리케이션 소비의
새로운 공룡, 인도

인도의 모바일 사용자와 인터넷 환경이 개선됨에 따라 젊은이들은 휴대폰과 그들이 사용하는 어플리케이션으로 관심이 집중되었다. 그럼 먼저 인도인들의 앱 사용 현황을 살펴보기로 하자.

인도는 스마트폰 사용자 한 명당 평균 17개의 앱을 설치하고 이 중 4개가 유료 앱이다. 전 세계 평균은 26개의 앱을 설치하고 이 가운데 5개가 유료 앱인 것에 비해 다소 낮은 숫자다. 또한 오직 26%만이 힌디어로 된 앱을 사용하고 있고 대부분은 영어로 된 앱을 사용한다.

왓츠앱, 페이스북, 인스타그램(Instagram), US 브라우즈(UC Browse) 등이 가장 많이 다운로드하는 어플리케이션이고, 최근 들어 쇼핑사이트인 플립카트, 스냅딜(Snapdeal), 아마존(Amazon), 페이티엠(Paytm) 등이 핫한 사이트로 떠오르고 있다. 앱 사용도 2015년이

2014년에 비해 131%나 증가했다.

인도는 전 세계에서 네 번째로 많은 앱을 다운로드받아 사용하는 나라다. 2015년 인도에서는 9억 개의 앱이 다운로드됐다. 이는 2012년 1억 5,000개에 비해 5배나 늘어난 숫자다. 해마다 79%가 늘어나는 엄청난 속도다. 조만간 중국을 넘어 미국을 능가하게 될 것이다.

앱 매출액도 증가하여 2014년 90억 루피(1억 3,500만 달러), 2015년에는 150억 루피(2억 2,600만 달러)로 1년 사이에 무려 66%나 증가했다. 또 2016년에는 3억 3,000달러 규모로 성장이 예상되는데, 이는 2014년에 비해 무려 144% 늘어난 성장 속도다.

인도의 앱 개발자는 약 30만 명 정도인데, 전 세계에서 두 번째 많은 안드로이드 앱 개발자들이다.

인도에서 개발된 90%가 무료 앱이다. 장르로 보면 게임, 커뮤니케이션(SNS), 음악 스트리밍 앱 등이 인기를 끌고 있다.

구글은 인도에서 거의 독보적인 존재이지만 앱 매출 규모로 따져보면 애플의 앱들이 70% 이상 더 매출이 많다. 이는 아이폰 사용자가 안드로이드 사용자보다 높은 수입을 가진 고객이 많기 때문이다.

대부분의 모바일폰은 안드로이드 OS를 사용하는 제품이다. 인도에서는 구글 플레이가 모바일 앱 마켓을 독점하다시피 한다. 이런 움직임을 피해 알리바바 등은 마켓을 통하지 않고 바로 APK를 다운받을 수 있는 채널을 구축해서 니치 시장을 뚫으려고 노력하고 있다.

인도 구글의
2가지 과제

최근 구글 담당자들과 미팅 자리에서 들은 얘기다. 현재 구글이 당면한 과제는 다음의 2가지라고 한다.

첫째는 인터넷 인구를 늘리는 것, 그래야 자신들을 이용하는 사람이 늘기 때문이다. 구글은 무료로 인터넷을 활용 가능한 방법을 찾기 위해 무료 와이파이 설치 등 다양한 노력을 기울이고 있다.

두 번째는 앱스토어상의 결제 문제를 해결하는 것이다. 인도는 금융거래에서 우리와 달리 제약이 많다. 세금납부증명카드(일명 팬PAN 카드)가 있어야 금융거래를 할 수 있다. 우리나라처럼 주민등록증이 없기 때문이다.

팬 카드를 소지하기 위해서는 제대로 된 직장을 다니고 있어야 한

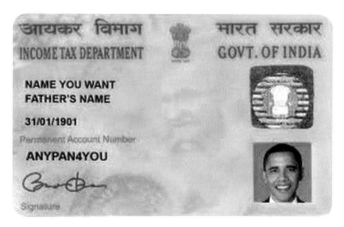

인도 팬 카드 샘플. 재미있는 점은 신분증에 아버지 이름이 들어가 있다는 사실이다. 그리고 박물관 등에 입장할 때 외국인은 200루피의 입장료를 내야 하는데, 이 카드를 가진 인도인은 20루피만 지불하면 된다.

다. 따라서 학생인 경우, 답이 없다. 따라서 그런 사람들은 구글 선불카드를 따로 이 구매해서 사용한다. 구글 담당자는 무료 사용자를 어떻게 유료로 돌려놓을지가 가장 어려운 숙제이자 고민이라고 말한다. 이를 위해서는 과금 문제가 해결되어야 한다.

인도는 선불 시스템이 발달해서 페이티엠(PayTM) 등 온라인 충전 시스템을 활용하는 방법 등으로 과금 문제를 해결하고 있다.

한번은 구글에서 유료 앱 구매가 저조한 이유를 조사했는데 '가격이 비싸서 사지 못하겠다'는 응답이 무척 높게 나왔다. 따라서 다른 나라에 적용하는 최저가 0.99달러인 앱 가격을 2013년 전격적으로 50루피(0.78달러)에서 10루피(0.156달러)로 낮췄다.

좀더 많은 사람들이 유료 앱을 구매하도록 유도하고 있지만 당장 앱을 구매하려는 마음을 먹었을 때 구매를 잘 하지 못한다. 따라서 이에 대한 해결책을 마련하려면 조금 더 시간이 걸릴 것으로 보인다. 인도는 아직 전자상거래시장에서 70% 가까운 거래가 현금거래로 이뤄지고 있다. 인도의 전자상거래에서도 해결해야 할 과제 중 하나가 현금거래 비중을 줄이는 것이다.

현재 인도의 인터넷 쇼핑 업체의 데이터 트래픽 가운데 80%, 판매의 60%가 자사의 모바일 앱에서 이뤄지고 있는데, 이 비중은 날이 갈수록 늘어나고 있다.

어플리케이션 시장의
변화 바람

 인도 어플리케이션 시장의 트렌드에 대해 이야기한다면?

최근 들어 인도의 어플리케이션 시장에서는 변화의 바람이 불고 있다. 2015년은 그전 해에 비해 SNS 앱은 203%, 각종 생활 편의를 위한 앱은 149%, 전체적으로 앱 사용률은 115%나 증가했다.

어플리케이션 사용자(중복응답)의 78%는 음악과 엔터테인먼트용으로, 77%는 라이프스타일과 쇼핑용으로, 66%는 게임용으로, 49%는 스포츠 관람용으로 앱을 주로 활용한다고 한다.

최근에는 '쇼핑'이 가장 많이 사용하는 앱으로 자리 잡았다. 2014년에 비해 무려 174%나 증가했다. 따라서 인도의 유명 100대 브랜드 중 89%는 이에 편승해 모바일 앱을 론칭했다.

인도에서 개발된 앱 중 다운로드 상위권을 지키고 있는 앱

분류	앱
여행	redBus, ixigo, MakeMyTrip, Cleartrip, Goibibo
엔터테인먼트	BookMyShow, Saavn, Gaana, Hungama
뉴스	Newshunt, Cricbuzz, Cricinfo, NDTV
결제	Paytm, Mobikwik, Freecharge
게임	Teen Patti, Parking Frenzy, Car Run, Dhoom3, Fun ways to think
온라인쇼핑	Flipkart, Snapdeal
유틸리티	Hike, JustDial, Quikr, SMS Blocker, m-Indicator

(출처: Yourstroy.com)

스타트업
인디아

 인도의 창업 열기는 어떤가요?

어플리케이션은 많은 젊은이로 하여금 인터넷 창업 쪽에 눈을 돌리게 하고 있다. 그 대표적인 예를 살펴보자.

온라인버스티켓 앱 레드버스(redBus.in), 인도 대표적인 쇼핑 앱 플립카트, 23~24세 IIT 뭄바이 동기 출신 12명이 세운 부동산 앱 하우징(Housing), 인도의 온라인 결제 문제를 해결한 페이티엠, 인도 최대의 온라인 식당 평가 앱 조마토(Zomato: 해외 진출에도 성공해, 필리핀·브라질·뉴질랜드·남아공·영국·UAE 등 20개국에도 서비스를 하고 있다), 쇼핑몰 스냅딜, 최신 부동산 앱 커먼 플로어(commonfloor.com), 우버와 유사한 서비스인 올라(OLA) 등 셀 수 없이 많다. 이들은 또한 막대한 투자금을 해외로부터 받고 있다. 우리나라와는 차원이 다른 열기다. 이는 그만큼 시장이 크고 개척할 분야가 많다는 반증이기도 하다.

우버와 비슷한 서비스인 올라 택시 서비스. 필자도 간혹 이용했는데 매우 저렴하고 편리하다.

올라에서는 최근 올라 앱을 활용한 음식을 주문하는 올라 카페 서비스도 론칭했다. 점점 사업이 확장되고 있다.

온라인 1위 쇼핑몰 플립카트의 경우 150억 달러의 가치를 인정받아서 많은 투자자들이 투자를 하고 있다. 2위의 쇼핑몰 스냅딜의 경우 50억 달러의 가치를 인정받고 있는데, 벌써 5억 달러의 투자금을 일본 소프트뱅크와 중국 알리바바, 대만 폭스콘 등으로부터 투자받았다. 우버의 인도 버전인 올라의 경우 역시 50억 달러의 가치를 인정받고 있는데, 마찬가지로 미국 투자자들로부터 5억 달러를 2015년에 투자받았다.

인도 정부의 스타트업 지원의 역사는 그렇게 길지 않다. 불과 2012년 케랄라의 코치(Kochi)에서 스타트업 빌리지(SV)의 그 첫 그림이 그려졌고, 모디 정부가 등장한 2014년부터 본격적인 스타트업 지원을 하게 되었다.

코치 스타트업 빌리지는 지난 3년간 70개의 스타트업 기업이 배출되어 성공적인 도전에 성공했고, 2단계 사업이 시작되는 2015년부터는 멘토링, 금융지원, 사업화 등 여러 가지 스타트업을 성공시키기 위한 프로그램도 구비해서 상당히 많은 기업을 받아들였다. 모디 정부의 최종 목표는 5년 안에 1만 개의 스타트업을 탄생시키는 것을 목표로 삼고 있다.

그렇다면 인도 정부의 지원과 별도로 미국을 비롯한 해외에 있는 많은 투자자들이 인도 스타트업에 투자하는 이유는 무엇일까? 일단 눈으로 보여지는 수치가 나오기 때문이다. 투자할 때 가장 중요한 것이 객관적인 수치인데 인도는 그러한 기대치가 확보될 수 있는 최적의 장소다.

최근 인도는 물론 미국을 비롯한 세계의 많은 투자자들과 벤처캐피털에서는 투자할 만한 인도의 스타트업을 찾는 데 여념이 없다. 일례로 상대적 소규모 온라인 쇼핑몰인 퀴커(Quikr)는 뉴욕에 있는 타이거 글로벌(Tiger Globa)로부터 6,000만 달러를 투자받았다.

스타트업의 대표 모델, 조마토

조마토는 2008년 인도에서 탄생한 식당을 평가하는 웹사이트로부터 시작했다. 식당을 찾는 기능은 물론 고객맞춤형으로 제작 되어 활용하기에 상당히 쉽다. 게다가 자신의 취향에 맞는 식당을 추천해주기도 한다.

조마토는 전 세계 약 11개 국가에 진출했는데 현지 기업 인수를 통해 진출했다. 조마토의 첫 해외 기업 인수는 뉴질랜드의 매뉴-매니아(Menu-Mania)로, 2014년 7월에 인수했고, 그 후 체코의 런치타임

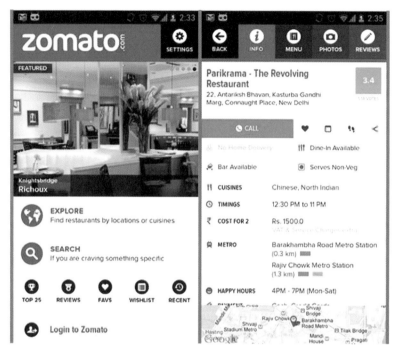

인도의 조마토 앱을 사용하다보면 우리나라에서 만들어진 식당 앱의 구성이 훨씬 잘 되어 있음을 발견하게 된다.

(Lunchtime.cz), 슬로바키아의 오베도바트(Obedovat.sk), 미국 시애틀 베이스의 어번스푼(Urbanspoon) 등 해외의 사이트들을 하나둘씩 인수하며 성장했다.

현재 조마토의 한 달 방문객 평균 인원은 3,500만 명 정도이고(모바일 앱 포함), 50% 이상이 모바일 앱에서 접속하고 있다. 현재 해외에서 약 2,500만 달러 이상 투자도 받고 있으며 지속적인 성장세를 보이고 있다.

인도의 스타트업이 대부분 그렇듯, 조마토의 경우도 인도의 명문 IIT 동문 2명이 설립했다. 이들은 펀자브 출신으로 컨설팅 회사에서 근무했었다. 직장생활을 하면서 매일매일 똑같은 일상에서 같은 식사를 하게 되었다. 그러다 문득 뭔가 좀 특별한 음식을 찾다가, 취미로 자신 주변의 식당을 방문해 기록해서 평가하고 배달음식에 대해서도 평가하는 사이트를 만들게 되었다.

조마토의 초창기 이름은 푸디이베이(Foodiebay.com)였다. 그러나 본격적으로 비즈니스를 시작하면서 기억하기 쉬운 방법을 찾다가 음식 재료인 토마토(Tomato)에서 음운을 차용해 결과적으로 '조마토(Zomato)'를 만들게 되었다.

필자도 인도에 있을 때 갈 식당을 조마토로 가이드받고 방문했었다. 조마토의 경쟁력은 다름이 아니라 직원들이 직접 가서 평가를 하고 그 평가를 반영한다는 것이다. 물론 고객들의 평가를 고려하기도 하지만 객관성을 유지하려는 노력이 이들의 성공 요인 중 하나라 볼 수 있다.

하지만 2015년 10월 조마토 최고 경영진은 직원들에게 이메일을 보내 비상 경영을 선포했다. 과도한 해외기업 인수가 자금 사정을 어렵게 한 것이다. 설상가상으로 후발 업체인 스타트업 다조(Dazo: 음식 주문 스타트업), 온라인 레스토랑 스푼조이(SpoonJoy) 등이 무섭게 따라오기 때문이었다.

또 하나, 조마토의 서비스 내용을 좀더 자세히 관찰해보면, 어느 정도 성공한 뒤에는 서비스의 질 개선보다는 외형 확장에 치중했다. 이러한 이유로 경쟁력이 떨어지고 있음도 눈여겨볼 대목이다.

한국 벤처의 인도 진출 성공 사례, 밸런스히어로

우리나라 기업인 '밸런스히어로'의 인도 도전 사례를 소개하고자 한다.

밸런스히어로 이철원 대표를 알게 된 것은 인도에서다. 인도 코트라(Kotra) 담당 부장님으로부터 아주 좋은 사례가 될 것 같다고 소개를 받았다. 그리고는 직접 만나서 여러 가지 이야기를 들을 수 있었다.

사무실은 우리나라는 교대 근처에, 인도는 델리 인근 구르가온의 외국인 기업들이 밀집되어 있는 곳에 위치해 있다.

현재 밸런스히어로는 '트루밸런스(True Balance)'라는 선불 유심 잔액확인 앱을 운영하고 있다. 트루밸런스는 선불 스마트폰 잔액을 간편하게 조회하는 모바일 앱이다.

인도 시장은 휴대폰 사용자의 95% 이상이 이 선불 요금을 사용한다. 하지만 필자도 경험했지만 선불 폰의 경우 내 잔액이 얼마 남았는지 확인하기가 굉장히 어렵다. 따라서 이런 불편을 편리함으로 바꾸는 앱을 개발해서 잔액 안내 텍스트 메시지를 인포그래픽으로 전환해, 사용자가 앱에서 잔액 정보를 조회하고, 선불 계정 구매, 잔액 충전, 데이터 사용량 추적 기능을 손쉽게 이용할 수 있도록 했다.

이는 밸런스히어로가 개발한 문자 데이터 자동 해석 엔진 기술을 기반으로 현재 특허 출원 중이라고 한다. 인도 주요 지역에서 41개 통신사의 선불 요금제 사용자가 이용을 하고 있다. 이뿐만 아니라 네트워크 환경이 열악하고 낮은 사양의 스마트폰 사용자가 대부분인 시장의 특성을 고려해 휴대폰에 데이터가 연결되어 있지 않을 때도 잔액 정보를 실시간으로 조회할 수 있도록 했다. 현지인의 니즈를 잘 반영한 결과다.

얼마 전 소프트뱅크벤처스로부터 30억 원의 큰 투자도 받게 되었다. 이철원 대표의 인도 진출은 인도 최대 통신사 에어텔(Airtel)의 컬러링을 2005년부터 공급하며 시작했다. 이때부터 인도를 지켜봐왔고 관심을 가

밸런스히어로의 선불 유심 잔액 확인 앱인 투루밸런스.(출처: 홈페이지 캡처)

지던 차에 인도의 선불산업의 선두주자 페이티엠을 보면서 향후 인도 시
장의 선불시장 규모가 50조에 육박할 것을 내다봤다. 또한 그들이 불편해
하는 것을 찾아(전체 국민의 20%만 온라인 계좌를 가지고 있음) 비즈니스를
성공시킬 수 있었다. 현재 200만이 다운로드받아 사용 중인데, 향후 가입
자를 1억 명까지 늘리는 것이 목표다.

해외 기업으로 인도에 잘 정착한 '밸런스히어로'의 성공요인을 요약 분
석하면 다음과 같다.

자사의 기술력 파악 – 현지에 대한 경험을 바탕으로 한 인도인들의 불
편함에 대한 개선 방법 모색 – 제품 개발 – 시장 침투로 이어지는 철저한
시장 탐색으로 제품(서비스)에 충실한 것이 성공의 요인으로 풀이된다.

인도 비즈니스를 준비하는 이들에게 이 대표는 깃발을 꽂으면 다 우리
땅이 되는 것인데 인도에 너무 관심이 없다고 말하며 무조건 '도전'하라
고 용기를 주었다. 열악한 환경이지만 우리보다 틈이 많은 인도를 눈을
크게 뜨고 관찰한다면 비즈니스 기회는 널려 있다는 것이다.

스타트업 인디아,
스탠드업 인디아

벵갈루루는 인구 1,000만 명 이상이 살고 있다. 벵갈루루에서 일하던 어느 2명의 IT 기술자는 매일 출퇴근 시간이면 초죽음이 되었다. 한 명은 자가운전을 했고 다른 한 명은 만원버스에 몸을 실었다. 필자도 경험했지만 인도의 출퇴근은 거의 지옥과 같다. 그래서 이 2명의 젊은이들은 이런 환경의 희생자로만 남지 말고 한 번 비즈니스 기회를 만들어보자고 해서 만든 것이 '라이딩오(RidingO)'라는 서비스다. 그들은 출퇴근 시 무려 900만 대 이상의 차량이 나홀로 차량이라는 것에 착안해 비즈니스를 시작했다.

이들의 서비스 모델은 차량 소유자에게 차량에 동승하게 된 사람이 라이딩 오 코인을 구매해 앱을 활용해 전송해주면, 차량 소유자는 그 코인으로 주유하거나 다른 물품을 사는 데 사용하게 된다. 그러고 나서 라이딩오에서는 5~20%의 수수료를 챙기는 방식의 비즈니스 모델이다.

인도의 두 젊은이가 지옥 같은 출퇴근길을 극복하고자 만든 라이딩오 서비스.

인도의 스타트업들은 우리가 보기엔 너무도 당연한 비즈니스 모델이다. 하지만 자신들이 불편해하는 것과 더불어 시장의 상황을 잘 살펴서 비즈니스 모델로 만들어나가고 있다.

지난 2016년 1월 16일 인도 정부는 스타트업에 각종 규제 완화와 설립 절차 간소화, 그리고 세제 혜택 등을 중심으로 하는 스타트업 인디아(Start-up India) 정책을 발표했다.

사실 모디 총리는 자신이 주장하는 '메이크인인디아'를 골자로 한 인도 제조업 발전의 중요함을 인식해 2015년 8월에 '스타트업 인디아, 스탠드업 인디아(Start up India, Stand up India)' 캠페인을 시작했다.

이번 발표의 핵심은 인도 정부는 스타트업 지원을 위해 향후 4년간 1,000억 루피(약 15억 달러)를 정부가 지원한다는 내용이다. 스타트업에 대한 지원책은 벌써 지난 정부에서도 발표된 사안이라 사실 그리 특별한 것은 아니다.

스타트업 인디아의 궁극적인 목표는 지속 가능한 경제 성장과 고용 창출이다. 또한 스타트업 기금을 4년간 매년 250억 루피, 약 3억

'스타트업 인디아, 스탠드업 인디아' 캠페인을 알리는 모디 총리.

7,500만 달러를 지원한다. 핵심 내용은 다음과 같다.

- 창업·폐업 기간 단축
- 3년간 9개 노동법과 환경법 기업 자율인증 대체
- 특허출원 비용 80% 감면, 특허심사 패스트트랙 지원
- 3년간 법인세, 재투자한 자본이득세 면제
- 벤처 투자자금 세제 면제
- 스타트업 인디아 허브 조성을 통한 창업 생태계 조성
- 제조업 분야의 스타트업에 정부 입찰 시 규제 완화
- 혁신경진대회 및 기업가 양성을 위한 교육과 인큐베이터 제공
- 31개 혁신, R&D센터 설립(13개 스타트업센터, 18개 기술경영 인큐베이터)

　외국인들이 참여해 인도에 기업을 세웠을 경우 인도인이 반 이상 참여해 같이 비즈니스를 할 경우 지원 가능하다.

　인도는 복잡한 규제와 세제, 불안정한 R&D 환경 등 스타트업의 창업과 성공을 저해하는 요인이 많다. 하지만 최근 창업 환경 개선에 대한 필요성이 높아지고 있으며, 기업생존율(현재 약 10%)을 높여서 경기도 활성화하고 고용도 확대하겠다는 생각이다. 대상은 IT, 서비스뿐 아니라 제조업, 서비스, 농업 등 전 산업을 망라한다.

　2010~2014년까지 스타트업 기업이 국내외 투자자들로부터 펀딩 받은 금액은 약 30억 달러라 알려져 있고, 기업당 평균 약 770만 달러 펀딩을 받았다. 참고로 2015년 1~9월까지 40억 달러의 투자계획이 발표되었으나 실제로 투자된 것은 이보다 훨씬 적다. 또 창업자의 약 50%는 수도인 델리 인근과 IT의 도시 벵갈루루에 집중돼 있다. 창업자의 76%는 35세 이하로, 37%는 B2B 관련 창업이고, 59%는 B2C

인도 IT와 스타트업, 그리고 젊은이의 도시라 할 수 있는 벵갈루루의 도심. 광고 촬영이 많이 이뤄지고 있다.

🐨 벵갈루루 IPL 광고. IT 도시의 이미지를 잘 드러내었다.

관련 창업이다.

인도에서 창업할 때 물론 문제점이 있다. 최근 각종 규제와 세금, 또 특허심사 등이 지연되면서 주요 스타트업 성공 기업들, 예를 들어 플립카트는 싱가포르, 퀴커는 모리셔스로 이전하는 등 해외이전을 많이 했다. 또 각종 보이지 않는 규제도 많으며, 국내 창업 펀드도 부족하다. 더군다나 많은 펀드가 해외로부터 온다는 것도 큰 위협요인이 되고 있다.

그럼에도 불구하고 소프트뱅크, 퀄컴, 알리바바 등 해외 기업들은 인도 스타트업에 각각 100억 달러, 1억 5,000만 달러, 10억 달러의 투자계획을 발표하고 있다. 아마존의 경우 2016년 7월 인도에 대한 투자 금액을 현재의 2배 이상 투자할 것이라고 발표했다.

인도 정부의 스타트업 지원을 위한 발표금액 250억 루피(연간)는 인도 벤처 전체 투자금의 3%도 안 되는 금액이며, 중앙정부보다 지방정부의 역할이 큰 인도에서 지방정부가 오히려 더 적극적으로 세제 혜택 등을 지원한다. 모디의 쇼맨십을 다시 한 번 확인할 수 있는 기회이지만 국민들과 해외 투자자들의 관심을 끌어올리기에는 충분하다.

제2장 어플리케이션이 만들어낸 디지털 부자

게임,
날씨만큼 뜨거운 시장

뭐니뭐니 해도 젊은 층에게 가장 좋아하고 즐기는 것을 고르라고 물으면 게임이 첫 번째가 아닐까 싶다. 인도도 예외는 아니다. 게임 산업은 매년 굉장히 빠른 속도로 증가하고 있다. 특히 모바일 시장이 엄청난 속도로 증가하고 있다.

2014년 인모비(InMobi) 조사 결과에 따르면 인도의 카테고리별 앱 다운로드 실태는 게임이 64%, SNS가 15%, 엔터테인먼트 6%, 쇼핑과 컴퓨터 관련이 각각 5%, 4%로, 단연 '게임'이 압도적이다.

다른 나라보다 즐길거리가 부족한 인도에서 게임은 훌륭한 오락거리이고, 마케팅 측면에서 본다면 온라인 광고와 더불어 강력한 홍보의 도구이기도 하다.

이번 장에서는 최근 빠른 성장 속도에 비해 경쟁이 상대적으로 치열하지 않은 게임 시장에 대해 알아보고자 한다.

인도의 게임 시장은?
오직 성장만이 있다

　인도의 게임 시장은 지속적으로 성장이 예측되며, 인도 게임 산업은 매년 평균 13.9%씩 성장하고 있다. 인도의 게임 시장을 전체적으로 살펴보면 상당히 재미있는 사실을 발견하게 된다.

　선진국의 전유물인 콘솔 게임 시장은 소비환경, 인프라 문제 등 여러 가지 장벽이 가로놓여 있어 시장 성장이 더디다. 이에 비해 우리나라의 강점인 앱 게임의 경우 인도 국내 업체들은 아직 세계 시장에 도전할 정도의 실력은 되지 않으나, 중국이나 미국 앱 게임 업체들의 진출은 아직 두드러지지 않고 있다.

　또한 인도의 대기업인 릴라이언스는 PC 게임에 집중하는 모습을 보

인도 게임 시장의 향후 성장 예측

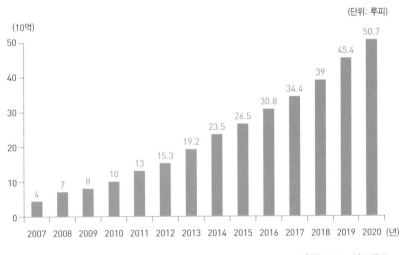

(단위: 루피)

(출처: Statista 발표 자료)

이고 있어 우리에게는 새로운 성장의 동력으로 만들 수 있는 산업 분야도 될 수 있을 것이다.

따라서 이번 장에서는 각 게임 장르별 특성과 더불어 최근 뜨거운 앱 게임 시장의 히어로로 떠오르는 기업체의 CEO들과의 인터뷰 결과를 정리해서 살펴볼 것이다. 또한 과거 필자도 일하면서 여러 장르의 게임을 개발하기도 하고, 글로벌 게임사와 같이 라이센스 관련해서 다양한 협의를 하면서 얻은 경험도 중간중간 넣어 이해도를 높일 생각이다.

게임을 즐기는 툴, 콘솔과 PC

콘솔 게임

콘솔(XBox, PS 등) 게임 기계는 인도에서 매년 15~16만 대 규모로 팔리고 있다. 또 2019년까지는 매년 5% 내외의 시장 성장이 될 전망이다. 성장이 낮은 가장 큰 이유는 콘솔 기계의 가격이 만만치 않다는 데 있다. 스마트폰 가격의 대략 3~4배에 이르는 가격이 성장의 걸림돌이다.

콘솔 게임 유저들의 특징은 헤비 유저이며, 동시에 소득이 어느 정도 있는 사람들이 많이 사용한다는 점이다. 지속적인 게임 타이틀과 관련 주변기기를 구매해야 하기 때문이다. 소니의 PS4, MS의 XBOX One 말고도 현재 이전 버전인 PS3, XBOX 360도 지속적으로 팔려나가고 있다.

전 세계 시장에서 본다면 콘솔 게임의 경우 북미와 유럽에서 많이 판매가 된다. 그 이유는 소득과 또한 마니아층이 형성되어 있기 때문이다. 인도에서도 실제 콘솔 게임을 하는 친구들과 만나보면 고소득을 가진 마니아층임을 알 수 있다.

또한 인도에서 소니와 MS의 전략 중 이색적인 것은 DVD 플레이어로 활용할 수 있다는 점을 많이 강조한다는 사실이다. 다시 말해서 온 가족이 활용할 수 있는 기기임을 강조하는 것이다.

현재 수치상으로만 보면 게임 전체 매출에서 콘솔 게임의 매출 비중이 약 39%에 육박한다. 이것은 금액 기준으로 했기 때문이다. 왜냐하면 콘솔 게임기와 타이틀 가격이 매우 비싼 반면, 모바일 게임의 경우 사용자는 많지만 금액적으로는 적은 비용으로 게임이 가능하기 때문이다.

입문자용으로 많이 구매하는 PS2만 해도 가격이 9,990루피에서부터 1만 6,990루피(17~27만 원)에 이르니 상당히 비싼 가격이다. 최근에 발매된 PS4의 가격은 3만 9,990루피로, 거의 70만 원에 육박한다. 결코 우리나라보다 싸지 않다.

그리고 게임 판매 관계자들의 이야기에 따르면 인도는 선진국과는 달리 최신품인 PS4, XBOX One은 판매가 많지 않다고 한다. 그 이유는 신제품의 경우 PlayStation Store나 Xbox Live에서 콘텐츠를 다운받아 많이 사용하는데, 콘솔의 경우 콘텐츠 하나의 용량이 엄청나다(게임 하나에 약 10GB). 하지만 인도의 인터넷 인프라는 아직까지 열악하기 때문에 10GB나 되는 용량을 다운받기가 어려워 사용자가 적은 것이다. 다운로드받아서 발생되는 콘텐츠 매출은 전체 매출의 5%에 불과하다.

장르를 살펴보면 액션-어드벤처가 가장 기본적인 선호 장르이고 슈팅 게임도 인기가 많다. 하지만 레이싱 게임은 점점 사용자가 줄어들고 있다. 그건 최근 개발된 레이싱 게임이 너무 전문적이며 고난이도이고, 조종하기 어렵기 때문이라고 한다. 참고로 레이싱 게임은 유럽쪽이나 북미에서 사용자가 많다.

소니와 MS는 매출을 적극적으로 늘리고자 노력하고 있으나 여러가지 환경이 녹록지 않다. 특히 모든 기기가 수입제품이기 때문에 관세 문제도 큰 장벽 중의 하나다.

참고로 인도에서 컴퓨터를 구매하러 가본 적이 있는데, 우리나라와 비슷한 제품 사양으로 구성했을 경우 동일 브랜드는 약 20%가량 비싼 것을 발견했다. 글로벌 A/S가 가능한 HP로 알아봤는데 우리나라에서 구매하는 것이 훨씬 저렴하다. 관세 등 여러 요인 때문에 가격이 비싸지기 때문이다.

PC 게임 시장

PC 게임 시장 역시 성장이 그렇게 빠른 편이 아니다. 비록 PC 보유 가정이 늘고 있는데도 말이다. PC 게임 산업은 전체 게임 산업에서 약

EA 크리켓 PC 게임.
🎮 돈 브래드먼 크리켓 게임. 호주의 전설적인 크리켓 선수 돈 브래드먼(Don Bradman)의 이름을 사용했다. 실제보다 더 실제 같은 게임 영상이다.

15% 정도 차지하고 있다. 글로벌 시장에서 본다면 PC 게임은 아시아권에서 활성화되었으나 지금은 대부분 앱 게임 시장으로 넘어가버렸다. 인도에서 PC 게임은 대부분 온라인 게임을 의미한다 해도 지나치지 않다.

장르상으로 보면 e-스포츠라고 불리는 EA의 FIFA 온라인도 상당히 인기를 끌고 있다. 실제 같은 사무실 동료가 FIFA 광팬이라 온라인 게임을 같이 즐기기도 했었다. 크리켓이 인도에서 가장 인기 높은 스포츠지만 실제 게임으로 하는 것은 아주 간단한 아케이드 게임이 전부다. 왜냐하면 크리켓 게임 자체가 박진감이 상당히 떨어지기 때문이다. 또한 대형 게임 개발사에서는 크리켓을 개발하지 않는다. 개발해봐야 이용할 수 있는 국가가 영국·호주·인도 등 몇 나라에 불과하기 때문이다.

인도의 젊은 친구들이 게임하는 것을 여러 번 지켜보았는데, 호승지심(好勝之心: 경쟁에서 이기는 것을 좋아하는 것)이 대단하다. 즉 남과 경쟁해서 이기는 것은 남성성을 과시할 수 있는 것이기 때문이다. e-스포츠를 즐기는 사람들의 이미지는 중산층 이상의 여유가 있고 세련되며 남성미도 겸비한 사람이라는 이미지가 있다. 그래서 뭄바이나 델리, 벵갈루루 등지에서는 몰 안에서 스트리트 파이터(상금 1만 5,000루피; 약 225달러), WWE 2K16(레슬링 게임, 상금 4만 5,000루피; 약 80만 원) 등을 가지고 경기하는 장면을 심심치 않게 볼 수 있다.

인도에도 등장한
게임 리그

 인도에도 게임 리그가 있나요?

인도 전역을 대상으로 하는 게임 리그 종목은 FIFA, 카운터 스트라이크(Counter Strike) 그리고 DOTA 2 등으로 많이 인기를 끄는 게임으로 진행된다. 이들 경기는 매주 경기를 벌이고 클랜전을 하기도 한다. 인도에서 가장 놀라운 것은 이렇게 자생적인 게임 대회가 있다는 사실이다. 상금도 약 15만 루피(2,250달러)로 상당히 많이 지급한다. 이러한 이벤트를 후원하는 회사의 특징은 젊은이들이 많이 이용하는 브랜드라는 점이다. 이런 영향 덕에 인도 레드불(Red Bull), 코카콜라, 몬스터스(Monsters), TP-LINK(무선공유기) 등이 스폰서가 되어 게임 대회를 열기도 한다.

최근 인도에서도 e-스포츠 바람이 불기 시작했고 e-스포츠의 시청

IGL 참가자들이 게임에 몰두하고 있다.(출처: IGL 홈페이지)

률도 꾸준히 상승하고 있다.

또한 IGL(Indian Gaming League: 인도 게임 리그)이 조직되어 날로 그 열기를 더하고 있다.

게임 대회에서 발생한 사건
"No Problem"

인도에서 자생적으로 2010년 만들어진 프로 게임팀 브루털리티(Brutality)의 리더인 앙킷 판스(Ankit Panth)라는 친구와 만난 적이 있다. 게임에 대해 상당히 열정이 넘치는 친구였다.

그는 CSGO(Counter-Strike: Global Offensive), 테켄(Tekken), 니드 포 스피드(Need For Speed), 트랙 매니아 시리즈(Track Mania Series),

브루털리티 소속 프로게임 선수들.

포르자(Forza) 등이 주된 게임이라고 설명했다. 하지만 인도는 레이싱 경기보다는 CSGO나 DOTA 2에 대한 인기가 높다. 2015년 말 현재 인도의 DOTA 2 게이머는 200만 정도, CSGO의 경우 약 250만의 사용자가 있다. DOTA나 CSGO의 인기로 비춰봐서 우리나라의 RPG류도 인기를 끌지 않을까 생각한다.

브루털리티는 처음 CSGO 게임 동호회로 결성되었다가 2010년부터 여러 경기에 나가 좋은 실적을 거둬 유명해졌고, 이후 팀으로 결성되었다.

인도의 e-스포츠는 VGF(Video Game Fest)에서 2012년 게임 대회를 개최한 것이 시초다. 공식 웹사이트에 들어가보면 2012년, 2013년 경기에 대해서는 전혀 정보를 찾을 수 없다. 그 당시 VGF 프로모터 두마두(Dumadu: 벵갈루루에 있는 게임 기업)는 쿠룩셰트라(Kurukshetra)라는 대행사를 고용해서 이벤트를 진행했는데, 경기는 막판에 갑자기 취소되었고 열리지 않았다.

또 다른 게임 경기인 IGC(Indian Game Carnival: 인도 게임 카니발)도

VGF 공식 포스터.

뿌네 VGF가 개최한 e-스포츠 경기대회 전경.

2012년에 상금을 1,500만 루피(약 2억 5,000만 원)나 걸고 추진했으나 마지막 순간에 취소된 일이 있다.

러시아 팀을 비롯해 해외 팀들이 참가하기로 한 대규모 국제경기로 기획되었는데, 이 건으로 인한 피해자도 많이 발생했다. 경기를 참가하기 위해 호텔에 묵었던 참가자들은 설상가상으로 도둑이 들어 비싼 장비들을 잃어버리는 사태까지 일어났다.

뿐만 아니라 2014년에도 VGF는 벵갈루루에서 모털컴뱃(Mortal Kombat) 토터먼트가 열렸는데 아직까지도 상금이 지급되지 않고 있다(이 경기는 모토롤라 Moto E 4G 프로모션용으로 기획되었다). 지금은 스폰서도 대규모 스폰서가 들어왔고, 어느 정도 안정이 되어서 다행히 2015년 대회는 무사히 치러졌다.

이런 모습은 인도에서 많이 볼 수 있고 경험할 수 있는 모습이다. 바로 그 유명한 "No, Problem"의 문화인 것이다.

'OK, 노 프라블럼＝찰타 하이'에서 발견한 인도

필자가 인도에서 근무하기 전 인도인들의 직장생활을 간접적으로 체험했던 것은 미드를 통해서였다. 미국 NBC의 〈아웃소스드(OutSourced)〉라는 총 22부작 코미디 드라마로, 미국에서 제작되었지만, 인물·배경·환경 등을 인도에 맞춰 그려내었다.

엽기 소품 콜센터 매니저로서 인도에 가서 근무하게 된 주인공(토드 뎁시 분)의 좌충우돌을 그린 내용이다. 드라마에서 인도 배우들이 했던 가장 인상적인 몸짓과 언어가 'No Problem'을 외치며 고개를 흔드는 것이었다. 이는 실제 인도인들과 일을 하면서 어느 정도 예상은 했지만 잘 적응이 되지 않았다.

일단 'No Problem'이 인도에서 갖는 의미를 정의해보면 '일단 해보겠다' 정도로 해석될 수 있을 것 같다. '문제없다'가 아니다. '못 한다고 하지 않고 그냥 알았다. 일단 해보긴 하는데 끝은 모르겠다'가 정확한 해석일 것이다.

어떤 일이든 지시하고 난 이후 어떻게 진행되고 있으며 어려운 것은 없는지 중간 점검을 하면 대부분 'No Problem'이라고 이야기한다. 그리고 나중에 그 사안에 대해 다시 물어보면 난감한 표정을 지으면서 변명을 늘어놓는다. 인도사람을 비하하려는 의도는 절대 아니다. 필자뿐만 아니라 다른 나라 주재원들과 이야기해보면 다들 비슷한 경험을 하고 있었다.

'No Problem'을 외치는 배경을 살펴보면 힌두교 문화와 영국 식민 지배의 결과물이라고 할 수 있다. 힌두 문화는 상급자에게 절대 복종을 하는 문화다. 그리고 영국 지배하에서 인도인은 영국인들에게 처참히 짓밟히고 목숨을 많이 잃었다. 그러다보니 상급자의 지시나 고객 등의 요구에 대해 일단 무슨 소리를 들으면 '처리 중'이라는 표현으로 많이 쓰는 것이다. 따라서 이 'No Problem'을 의미 그대로 받아들이면 낭패를 겪기 쉽다.

인도 게임 대회도 대표적인 'Chalta Hai＝No Problem' 재앙의 결과였다. 게임조직위원회는 스폰서들과 몇 번 이야기만 하고 끝까지 금액 등을 확정을 짓지 않아 스폰서를 거의 받지 못했고, 게임을 진행한 대행사도 심지어 경기장 장치도 제대로 갖춰놓지 않았다.

또 어렵게 치러진 경기가 끝난 후 상금도 지불하지 않고 책임을 전가하고 차일피일 미루다 발생한 이 사건은, 인도 비즈니스를 준비하고 있는 사람들이 가장 경계해야 할 사안이다. 따라서 '문제없다'가 아닌 '일단 해보겠습니다'라는 의미로 쓰인 인도식 'No Problem' 문화에 잘 적응해야 할 것이다.

다양한 재미가 있는
인도 게임대회 엿보기,
인도 게임 엑스포

 인도의 게임대회에 대해 구체적으로 설명해주신다면?

또 하나의 게임대회를 소개하면 인도 게임 엑스포(Indian Game Expo)가 있다. 이 게임대회는 새로운 게임을 알리는 것이 주 목적인 행사다. 게임대회 상금은 총 30만 루피로 그리 크지 않지만 열기만큼은 대단하다.

지난 2015년 11월에 뭄바이에서 열린 게임 엑스포는 최신 블록버스터 게임 20개가 소개되어 실제 해볼 수 있는 기회가 있었다. 이와 더불어 소니, 워너브라더스(Warner Bros), 유비소프트(Ubisoft), 2K Sports, 코나미(Konami), 베데스다(Bethesda) 등 게임 퍼브리셔뿐만 아니라 틸시리즈(Teelseries), 조탁(Zotac), 아수스(ASUS)와 MSI 등 컴퓨터 주변기기 업체들도 참여했다.

스트레이독 코스프레 우승자를 알리는 포스터 그림.
🐘 인디아 게임 엑스포의 스케치 영상.

3만 루피(약 31만 원), 부상으로 PS4가 걸린 WWE 2K16 챔피언 결승전이 열리고 있는 동안 또 다른 한쪽에서는 스트레이독 코스플레(StrayDog Cosplay)가 진행되어 재미를 더했다.

이렇듯 인도 젊은 층에게 게임의 인기는 높아져가고 있고 단순한 게임대회만이 아닌 젊은이들의 개성이 분출되는 축제로 진화하고 있다.

참고로 2016년 현재 인도의 Top10 PC게임은 다음과 같다.

순위	게임명
1	콜 오브 듀티: 어드밴스드 워페어(Call of Duty: Advanced Warfare)
2	바이오쇼크(Bioshock)
3	컴퍼니 오브 히어로스(Company of Heroes)
4	곤 홈(Gone Home)
5	FIFA 14
6	세인트 로 4(Saints Row 4)
7	모털 컴뱃 콤플릿 에디션(Mortal Kombat Komplete Edition)
8	배트맨: 아크함 오리진스(Batman: Arkham Origins)
9	베틀필드 4(Battlefield 4)
10	스플린터 셀: 블랙리스트(Splinter Cell: Blacklist)

(출처: Digit.in)

물 만난 인도 모바일 게임

한때 게임의 지평을 넓혔던 닌텐도를 위기로 빠뜨린 장본인은 닌텐도가 아닌 시장 환경의 변화, 즉 앱 게임의 급격한 성장이었다. 닌텐도

닌텐도 게임기의 역사.(출처: 닌텐도 홈페이지)

는 전 세계 1억 대 이상 판매된 WII, 추억의 게임기 패미콤, 또 닌텐도 64, 게임큐브 등 게임 왕국이었으나, 지난 수년간 엄청난 적자를 기록했으나 시류에 맞게 출시한 앱게임이 단 며칠 만에 수백만 다운로드를 기록한 저력의 회사다. 최근 출시한 '포켓몬고'는 미국에서만 1억 다운로드를 기록해 다시 한 번 닌텐도의 저력을 보여준다.

닌텐도는 2012년에 '모바일 게임은 없다'고 단언했었다. 하지만 그 뒤 스마트폰용 게임 '미토모(Miitomo)'를 출시한 바 있고, 앞으로 2017년까지 총 5개의 모바일 게임을 출시할 예정이라고 한다.

2010년 이전 이명박 대통령 시절만 해도 닌텐도는 부러움의 대상이었다. 그러나 2010년 스마트폰 확산 이후 닌텐도의 추락은 가시화되었다. 스마트 폰은 게임기가 될 수 없다는 자만심이 화를 불렀다. 이렇듯 120년 전통의 닌텐도를 궁지로 몰고 가기도 했던 모바일 게임이 인도에서의 성장 속도는 눈이 부실 정도다.

모바일 게임 시장 규모는 2013년 82억 루피에서 2014년 107억 루피로 20%의 성장을 기록했다. 그리고 2019년까지 매년 20% 이상 성장할 것으로 산업계는 내다보고 있다.

필자가 만나본 다수의 인도 사람들은 한결같이 모바일 게임을 삶의 구원 같은 존재라고 말한다. 모바일 게임은 엔터테인먼트가 특별히 없어서 지루한 삶에 뭔가 재미를 느끼며 몰입할 수 있는 가장 적절한 수단이 되기 때문이다. 뿐만 아니라 가볍고 간단하며 무료로 즐길 수 있는 콘텐츠이기에 사람들의 관심은 높기만 하다.

몇 년간 인도 인기 게임 다운로드는 클래시 오브 클랜(Clash of Clans), 캔디 크러시(Candy Crush), 틴 파티(Teen Patti: 포커게임), 파킹 프렌지(Parking Frenzy: 주차 게임), 카 런(자동차 경주), 둠 3(Dhoom 3: 힌디어로 '고성高聲': 오토바이 운전 게임), 펀 웨이 투 싱크(Fun ways to think: 단순한 낱말 맞히기 게임) 등이었다. 캔디 크러시를 기준으로 보자면 장르상 큰 변화는 없다.

인도의 게임 시장 규모는 2014년에는 235억 루피(콘솔: 92억, 앱: 107억, PC: 36억), 2015년에는 275억 루피(콘솔: 97억, 앱: 134억, PC: 44억)으로 집계되었고, 2019년 예상 매출 규모는 458억 루피다(콘솔: 118억, 앱: 262억, PC: 78억).

업체로 보면 릴라이언스 게임(Reliance Game)이 선두(350개 게임에서 약 1억 다운로드를 기록함) 그리고 게임스투원(Games2win), 배시 게이밍(Bash Gaming), 99게임스(99Games), 점프스타트(Jumpstart) 등 모바일 게임사 등이 시장 다툼을 하고 있다.

장르로 보면 캐주얼, 전략, 레이싱 게임이 최고의 장르다. 개인이 모바일 게임에 투자하는 시간은 작년에 비해 450% 증가된 것으로 조사되는데, 주 사용 인구는 15~35세다.

특이할 만한 것은 모바일 게임의 수익 증가율이 2014년 132.2% 기록한 것이다. 이는 세계 최고 수준이다. 2015년에는 96.5%를 기록했다. 이 중 안드로이드 게임이 91%를 차지하고 있다.

최근 추세는 나이가 지긋한 사람뿐만 아니라 여성들의 게임 사용도 상당히 늘어나고 있다. 인도의 새로운 게임층 중 재미있는 현상은 '맘 게이머(Mom Gamer)'의 등장이다. 전업주부 비율이 높은 인도에서 아이들을 학교에 보내고 어느 정도 집안일을 마친 주부들이 게임에 몰입하는 현상을 빗대서 하는 말이다.

실제로 인터넷 도박이 합법인 인도에서 가정주부의 인터넷 도박 비율은 무척 높다. 나이 대는 25~35세 비중이 높고 40대도 많다.

그리고 참고로 인도에서 아예 술을 합법적으로 만들지도, 유통하지도, 먹지도 못하는, 드라이 데이(DryDay)가 1년 내내 지속되는 구자라트 주가 가장 많이 도박 게임을 즐긴다. 간디의 고향으로 유명한 가장 경건한 주(?)가 가장 온라인 도박을 많이 즐기고 있다. 억눌린 욕망이 게임을 통해 분출되고 있는 것이다.

몇 년 전에는 단순한 게임인 캔디 크러시나, 서브웨이 서퍼(Subway Surfer) 등이 인기를 끌었으나 최근에는 스마트 기기의 고급화로 고성능 게임도 인기 게임 반열에 올라서고 있다. 멀티 플레이, 소셜 미디어 연동, 타임 시프팅(time shifting) 등 점점 변화하고 있다.

뿐만 아니라 스크린 크기도 스마트폰의 변화로 커지고 있다. 하지만 인도 게임 시장의 가장 큰 문제는 사용자 그 자체다. 게이머들의 성향이 돈을 지불해가면서 게임하는 것을 싫어한다. 그리고 용량이 큰 게임을 다운받는 것을 그리 좋아하지도 않는다. 데이터가 곧 돈이기 때문이다.

또 다른 도전은 영세한 인도 게임 개발업자들의 존재다. 인도의 경우 영어가 자유롭기 때문에 해외에서 개발된 게임을 손쉽게 가져올 수 있어서 굳이 새로운 게임을 만들려고 하지 않는다. 이런 현상이 반복되면서 게임 개발자 층을 두텁게 하지 못하고 있다. 그러다보니 글로벌 업체들과의 경쟁에서 이기기란 상당히 어렵다는 것이 인도의 게임 개발 시장의 현실이다.

그렇지만 최근 모바일 게임 시장의 큰 변화가 일고 있는데, 이는 프리미엄 게임, 즉 유료 게임을 사용하는 사람이 증가하고 있는 점이다. 그리고 단순한 게임의 경우 디지털 광고의 증가로 인해 BEP(손익분기점)를 넘기고 있어 많은 참여자들이 시장에 뛰어들기 시작하고 있다.

경제냐, 종교냐? 인도의 술 없는 날, 드라이 데이

구자라트 주는 1년 365일이 드라이 데이(Dry Day)다. 드라이 데이의 뜻은 공식적으로 주류가 유통·판매되는 것을 법적으로 금지하는 기간을 의미한다. 공휴일과 선거일 등이 이에 해당되는데, 구체적으로는 간디 탄신일·독립기념일 등도 드라이 데이다.

필자는 업무상 구자라트 주 아메다바드에 출장을 간 적이 여러 차례 있었다. 아메다바드는 간디 박물관이 있고 인도 모디 총리가 주지사를 지낸 곳이다. 거리도 인도답지 않게 깨끗하고 정돈이 잘 되어 있으며 공업이 발달했다.

하지만 호텔을 비롯한 어디에도 술을 마실 수 없고 술을 마시려면 허가증을 가지고 있어야 하는데, 허가증이 있더라도 주 밖으로 가서 사와야 하기 때문에 허가증의 의미가 별로 없다.

인도 현지 직원들에게 왜 이런 날을 만들었냐고 물으니 경건하게 보내야 하는데 술이 이런 경건함을 망가뜨리기 때문이라고 한다. 또 선거일은 사건사고 등이 많이 나고 유권자에게 술대접을 하는 것을 막기 위함이라고 한다. 또한 아메다바드에서 물어보니 간디가 태어난 힌두교의 꽃 같은 도시에서 어떻게 술을 팔 수 있냐고 반문한다.

인도에서는 술을 팔 수 있는 주류 취급허가권을 들고 있는 것이 굉장히

법으로 술을 못 마시게 하는 드라이 데이를 표시한 달력.

아메다바드 시내. 도로가 매우 깨끗하고 정리가 잘 되어 있다.

큰 권한이다. 이것이 없어서 아예 술을 팔지 못하는 식당도 있다. 반대로 외국인(특히 러시아인)들이 많이 거주하는 인도 최고의 휴양지 중 하나인 고아(Goa)에서는 주류 판매가 자유롭고 싼 가격에 술을 즐길 수 있다.

필자 역시 언론인들과 행사를 할 때 그 해당 지역이 드라이 데이라서 델리로부터 술을 몇 박스 옮겨서 행사를 치렀던 경험이 있다.

OECD 자료에 따르면, 그럼에도 불구하고 인도에서 지난 20년간 주류 소비는 무려 55% 이상 증가했다. 인간의 본능은 눌러도 누를 수 없는 모양이다. 참 넓은 나라이고, 곳곳에 다양함이 숨어 있다.

음주운전의 경우, 혈중 알코올 농도 0.03% 이상은 처벌받는다. 벌금도 2,000~1만 루피(3만 4,000~17만 원)로 상당히 비싼 편이다. 또한 6개월에서 4년 징역형도 부과받는다.

경제냐, 종교냐?

드라이 데이와 관련된 재미있는 사례를 하나 소개하겠다.

케랄라(Kerala)는 인도 서남부에 위치한 아름다운 곳이다. 아름다운 항구도시인 코치(Koich)는 이 주의 주도다. 필자가 했던 업무 중 하나가 여러 이벤트 행사를 진행하는 것이었기에 코치는 항상 행사의 중요한 장소로 거론되었다. 그런데 어느 순간 이 코치가 행사 리스트에서 빠져 있는 것이다. 이유를 물으니 엄격한 술금지법이 적용되기 시작하면서부터라고 한다.

케랄라 주는 관광과 MICE(Meeting Incentive Conventions Exhibitions)로 각광받는 곳이다. 케랄라 주 정부 발표에 따르면 2014년 이 산업을 통해 벌어들인 돈이 무려 2,200억 루피라고 한다. 또 주정부에서도 이 산업을 육성하기 위해 컨벤션 센터 사용료에 부과하는 세금, 호텔에 부과되는 사치세 등 각종 세금 혜택을 주면서 심혈을 기울였다.

그렇지만 2014년 12월 주 정부는 음주를 억제하기 위해 새로운 법을 공고했다. 내용을 살펴보면 술을 판매하기 위해서는 라이센스를 발급받아야 하고, 라이센스는 와인이나 맥주 등 다소 알코올이 낮은 술을 판매하는 라이센스(Beerand Wine License)와 위스키 등 알코올 함유가 높은 술을 팔 수 있는 라이센스(Full Bar License) 2가지로 구분을 했다. 그리고 풀 바 라이센스는 오직 5성급 호텔에서만 허가받을 수 있게 했다. 이에 따라 5성급 호텔이아닌 4성급 이하의 대부분 술집이 문을 닫게 되었다.

케랄라 주의 아름다운 항구도시인 코치 야경.(출처: 코치 홈페이지)

이 법이 발표되고 나서 주 관광산업은 막대한 타격을 입게 되었다. 케랄라로 오기로 했던 많은 행사들이 취소된 반면, 술을 마음대로 먹을 수 있는 인도 남부에 있는 섬나라 스리랑카가 급격히 각광받으며 엄청난 관광 수입이 발생하게 되었다. 이 사실을 목격한 케랄라 주 정부는 마침내 슬그머니 이 법을 철회하고 새로운 라이센스를 발급하게 되었다.

현재 인도에서 벌어지는 많은 것들이 종교적인 기반하에 법이 만들어져 시행되지만, 끝내는 경제적인 벽을 뚫지 못해 다시 회귀하는 현상을 많이 목격한다. 정치인들은 주민들의 요구에 부화뇌동해 법을 제정하지만, 경제적인 요인으로 시행되지 못하는 아이러니를 연출하고 있는 것이다. 인도 진출 시 우리나라 기업들도 이러한 점을 꼼꼼히 따질 필요가 있다.

인도에 게임 회사들이
많지 않은 이유는?

 IT 강국 인도의 게임 회사는 몇 개나 있나요?

인도의 대표적인 게임 회사로는 릴라이언스 게임이 있다. 퍼시픽 림(Pacific Rim), 리얼 스틸(Real Steel) 등 유명 게임을 제작한 회사로 본사는 뭄바이에 있다. 인도 최대 엔터테인먼트 회사인 릴라이언스 엔터테인먼트(Reliance Entertainment)가 소유하고 있으며, 이 회사는 인도 최대 그룹 중 하나인 릴라이언스 그룹에 소속되어 있다.

우리에게는 생소하지만 미국 영화나 TV 시리즈물을 활용해서 게임으로 많이 만들었다. 릴라이언스가 만든 리얼 스틸 게임의 경우 미국 드림웍스와 제휴해서 탄생한 게임으로, 론칭한 지 며칠 만에 5개 국가에서 다운로드 1위를 기록했고, 27개 국가에서 10위권 이내에 들어가는 큰 히트를 친 기록을 가지고 있다.

이 회사는 최근 들어 아주 적극적으로 게임 인큐베이팅을 하고 있다. 스타트업 게임 회사가 릴라이언스에 의해 선정이 되면 멘토를 파견해 제품 개발 매니지먼트를 해줄 뿐만 아니라 엔지니어링과 캐릭터 디자인 등을 지원받는다. 하지만 지적재산권은 릴라이언스와 일정 비율로 나눠야 하는 조건이다.

게임 기업은 아니지만 참고할 만한 기업으로 인모비(InMobi)가 있다. 인모비는 2013년 MIT에 의해 가장 혁신적인 기업 50개 중의 하나로 선정되었다. 소프트뱅크 등으로부터 약 2억 2,000만 달러 투자를 받은 것으로 유명하다. 이 기업도 마찬가지로 현재 약 2,500만 달러를 스타트업 기업의 인큐베이팅을 위해 쓰겠다고 발표했다.

경우에 따라서 다르지만 인도에서 이렇게 신규 게임사를 인큐베이팅하고 사무실을 제공하고 멘토를 붙여주면, 대략 3~7%의 지분을 넘겨받는다.

모바일 게임의 전망을 이야기한다면 무조건 밝다고 이야기할 수 있다. 왜냐하면 즐길 수 있는 게임 유저가 폭발적으로는 늘어나고 있고, 이것을 즐기는 도구도 엄청난 속도로 증가하고 있으며, 인터넷 인프라도 지속적으로 개선되고 있기 때문이다.

그렇다면 인도의 모바일 게임을 만드는 회사 수는 몇 개나 될까? 놀랍게도 300개가 되지 않고, 대부분이 스타트업이다. 2010년에는 불과 25개 게임 회사만이 존재했었다.

맞춤형 게임제작
대행 전문회사

인도 최초의 게임 회사는 1997년에 만들어진 두루바 인터렉티브(Dhruva Interactive)다. 게이머들이라면 대부분이 알고 있는 포르자 모터스포츠, 니드포 스피드, NFS: 언더커버 등 많은 게임을 제작한 회사다. 이 회사는 인도에서도 참 재미있는 회사로 알려져 있다.

회사 구성은 게임 스튜디오(Game Studio)와 아트 스튜디오(Art Studio)로 되어 있다. 다른 기업과 마찬가지로 해외에서 작업 의뢰가 오면 제작에 들어간다. 인도를 포함해 6개국에서 온 평균연령 30세의 300명의 직원이 일한다. 이 회사는 특이하게 뉴델리 북쪽 250km의 히말라야 산 기슭의 조용하고 깨끗한 디하라둔(Dehradun)이라는 도시에 위치해 있다.

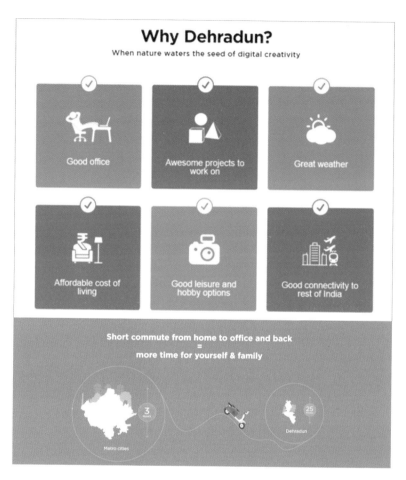

두루바 인터렉티브 회사가 위치해 있는 디하라둔 지역에서의 근무여건. 이를 자사 두루바 홈페이지에 올려놓았다. 이는 인재 부족에 시달리는 IT 기업에서 신입 젊은이들이 느낄 생활의 두려움을 해소시켜주기 위해 제작한 것이다.

직원을 뽑는 웹페이지부터 재미있다. 이 회사는 인도의 기존 회사들과는 달리 젊은이들의 마음을 읽고 이에 맞는 것을 제공해주는 것으로 유명하다. 최근 인도 국내 게임 시장이 커짐에 따라 국내 시장도 적극적으로 공략하고 있다.

인도 최초 MMO 게임제작사
마케팅 임원과의 인터뷰

인도의 게임 회사 중 '비나시'(Vinashi)라는 전략 시뮬레이션 게임을 만든 가미아나(Gamiana)의 마케팅 담당 임원과 잠시 이야길 나눌 기회가 있었다. 그는 다음과 같이 이야기를 하면서 게임 소개와 함께 그의 고민을 이야기했다.

"비나시는 2013년에 만들어진 인도 최초의 MMO(Massively Multi-player Online) 게임이다. 중세 인도를 배경으로 마을을 만들고 병력을 훈련시키고 정복을 해나가는 게임이다. 참고로 우리 회사는 서니 레온 틴파띠(Sunny Leone Teen Patti: 카드 게임), 게스 더 발리우드 플릭(Guess The Bollywood Flick) 등 화제가 될 만한 게임을 만드는 회사다."

"비나시는 페이스북을 통해 초기에 론칭이 되었다. 초기에 개발된 프로그램에서 많이 개선되지 않았고 또한 게임도 당신의 눈높이에서 보면 그렇게 크게 매력적인 게임은 아닐 수 있다."(사실 맞다. 별로 매력적이지 않다.)

하지만 지속적으로 "사용자가 늘어나고 있다"고 이야기했다. 사용자가 늘어나는 이유를 물으니 좋은 경쟁사 게임이 계속 만들어지는 것을 잘 알고 있는데 그에 발맞춰 워낙 게임 사용층도 많이 늘어나기 때문이라고 한다. 따라서 굳이 리뉴얼을 할 이유를 못 찾겠다고 한다. 즉 이용자가 줄지 않는 한 돈을 들일 필요가 없다는 이야기다.

그리고 인도에서는 아케이드(Arcade)나 캐주얼(Casual) 게임이 훨씬 인기가 많기 때문에 업체들이 그곳에 많은 노력을 집중하고 있다고 한다. 인도 앱게임의 약 85% 이상은 앵그리버드(Angry Birds), 캔

전략 시뮬레이션 게임인 비나시 첫 화면. 비나시의 의미는 'The destoryer, 즉 파괴자"라는
의미다.

디크러시(Candy Crush), 템플런(Temple Run) 같은 장르가 차지한다
해도 과언이 아니다.

그럼, 비나시의 비즈니스 모델은 어떻게 될까? 비나시의 경우 돈을
내고 사용하는 프리미엄 유저의 비중이 상당히 낮다. 대부분 사용자가
무료로 다운로드받은 이후 아이템 구매를 해야 수익 모델이 나오는데
그 비율이 무척 낮아 제작사도 고민이라고 한다. 거기에 더불어 인도
의 열악한 지불 시스템도 도전 과제라고 한다. 현재 구글의 최소 결제
금액을 1~5루피까지 낮춰야 소비자들이 지갑을 쉽게 열어 아이템을
구매하게 될 것이라고 한다.

다음은 필자와 가미아나의 마케팅 담당 이사의 질문과 답변이다.

Q: 그럼 어떻게 수익을 창출하는지?
A: 아마 게임을 팔아 게임 자체로 수익을 만드는 회사는 드물 것이
   다. 전통적인 방법이지만 광고 수익, 아이템 판매에서 수익이 발
   생한다.
Q: 구체적으로 언급하자면?

A: 우리는 솔직히 80%의 매출은 아이템을 팔아서 나오고, 20%는 광고수익이다. 우리 게임의 사용자가 약 200만 명인데, 그중의 15만 명 정도가 액티브한 사용자다. 이 가운데 프리미엄 유저로 넘어가는 비중은 대략 1~5% 정도다. 이것이 인도 게임 산업의 평균이라고 보면 된다. 또 배급, 퍼브리셔한테 IP를 판매해서 브랜드 라이센스 등을 통해서 돈을 마련한다. 예를 들면 크리켓 게임을 개발한다고 치면 스포츠 용품 회사에서 게임 네이밍을 판매하고, 라이센스 사용료를 받는 방법이다. 또 개발 대행을 하는 것도 수익 모델 중 하나다. 힘들다. 하지만 희망은 미국을 비롯한 여러 나라 투자자들이 지속적으로 투자를 하려고 접촉이 오는 것인데, 그게 희망이라면 희망이다.

Q: 아시아 다른 나라 게임사들의 동향은 알고 있나?

A: 최근 중국의 회사들이 인도에 많이 들어오는데, 상당히 적극적으로 인도 시장을 공략하려고 노력하는 것 같다. 한국 업체는 잘 모르겠다.

Q: 그럼 인도에서 만일 외국인으로서 게임을 개발한다면 어떤 것이 가장 리스크를 줄일 수 있을까?

A: 당연히 아케이드 게임이라고 말할 수 있다. 하지만 경쟁이 너무 치열하다. 기존 게임이 많이 있다. 또 전통 게임, 예를 들면 포커, 러미(Rummy)나 빙고(Binggo) 게임을 추천한다. 이런 게임들은 중독성이 강해 인도사람들이 상당히 많이 즐긴다.

온라인 도박은 합법,
단, 노력하는 도박만

 인도에서는 온라인 도박이 합법인가요?

릴라이언스나 가미아나 웹사이트에 들어가면 인도 영화, 크리켓 관련 게임이 많이 있다. 우리나라 고스톱 비슷한 인도의 온라인 도박 게임도 많다. 하지만 우리나라와 달리 인도는 이러한 온라인 카드 게임이 합법이며, 또한 실제 돈 거래가 가능하다. 그러기에 물론 광고도 한다. 하지만 단서가 붙는다. 인도의 법에는 '기술이 들어간 도박은 도박이 아니라 게임'이라고 되어 있다.

다시 말해 파친코나 경마처럼 요행수로 돈을 걸어 게임하는 것은 도박, 카드나 빙고 등 머리를 쓰면서 하는 것(game of skill: 우리로 따

온라인 카드 게임 광고. 실제 돈을 딴 사람을 모델로 썼다. 딴 돈으로 홍콩과 마카오 여행을 다녀왔다는 내용이다.
🖐 정신없이 러미 서클 게임에 빠져들게 된다는 내용의 TV 광고.

지면 보드 게임 같은 것)은 도박이 아니다. 그중에서 틴파띠(Teen Patti-Indian Poker), 인디언 러미(Indian Rummy), 탐볼라 빙고(Tambola-Indian Bingo) 등이 인기다. 우리나라 고스톱을 인도인들이 할 수 있다면 도박은 아니라는 이야기다.

최근에 인도 일부 시민들이 법원에 이런 게임을 금지하는 것을 청원해서 재판했지만 역시 합법이라는 결론에 도달했다. 정확히 말해서 도박이라고 하기엔 명확하지 않다는 이야기다. 인도의 게임 겜블링 법을 살펴보면, 도박장을 개설하고 도박을 하는 것은 불법이다. 이를 어길 경우 겨우 200루피의 벌금에 처해진다. 그리고 도박장에 가는 것도 금지하고 100루피의 벌금이 매겨진다. 대부분의 주는 도박장 개설 및 도박이 불법이다. 하지만 고아(Goa), 다만(Daman), 시킴(Sikkim)에서는 카지노가 합법이다. 고아의 경우 배 안에서나 5성급 호텔에서만 도박장을 만들어서 할 수 있다.

온라인 도박은 유일하게 시킴에서만 온라인 도박을 허가하고 3개

온라인 게임에서 가장 인기가 높은 보드 게임인 러미 게임 플레이 장면.

의 회사에 허가권을 내줬는데, 가장 큰 이유는 세금이다. 시킴은 다즐 링(홍차)으로 유명한 곳으로 인도 북동부에 있어 중국과 접근해 있다. 산업도 발달하지 않아서 재정적으로 어려운 곳이며 관광 산업이 가장 큰 산업이다. 전문가들은 다른 지역도 시킴을 조만간 따르지 않을까 조심스럽게 예측하고 있다.

인도의 온라인 게임에서 가장 많이 시간을 쏟는 게임이 카드 게임 이다. 하지만 자세히 살펴보면 정말 그래픽이나 게임 UI 수준은 기대 이하임을 발견하게 된다. 만일 국내 게임 업체가 우리나라의 온라인 고스톱이나 카드처럼 게임을 만든다면 사람들이 많이 사용하지 않을 까 생각해본다.

이상 인도 게임 산업에 대해 전반적으로 살펴보았다. 인도와 같이 일상의 지루함이 넘치는 곳에서 게임 열풍은 당연한 흐름이라는 생각 이 든다. 또 중국이 게임 시장에 들어가기 위해 상당한 노력을 하고 있 는데, 게임 시장이 열리는 초기에 우리도 인도 게임 시장을 선점한다 면 우리의 미래가 밝게 열릴 것이라 확신한다.

이상 IT와 콘텐츠에 춤추는 인도에 대한 내용을 정리해봤다. 물론 현재까지 인도에서 가장 대중적인 것은 TV 시장이고, 가장 영향력 있 는 매체는 신문이다. 하지만 인도의 젊은이들은 TV와 신문을 떠나 인 터넷으로 급격히 둥지를 틀고 있다. 이런 과도기적인 환경에서 우리가 성공할 수 있는 방법은 국경이 없는 인터넷을 통한 비즈니스를 잘 활 용하는 것이다. 이와 더불어 우리가 가진 콘텐츠의 우수함으로 더 많 은 기회를 만들 수 있으리라 확신한다.

콘텐츠의 진화
& 진화된 콘텐츠가 만드는 세계

영화, 음악, 애니 활용하기

영화, 인도인
삶의 중심 콘텐츠

인도 영화는
발리우드가 아니다

 인도 영화를 왜 발리우드라고 이야기하죠?

이번 장부터 인도의 콘텐츠와 관련된 이야기를 시작하려고 한다. 영화는 크리켓 등과 함께 인도의 영혼이라고 이야기한다. 영화를 통해 인도인들은 울고 웃고 삶의 고단함을 위로받는다.

콘텐츠 산업에서 영화 산업을 먼저 언급한 이유는 영화에서 파생되는 콘텐츠 비즈니스가 인도의 전부라 해도 과언이 아니기 때문이다. 즉 음악도 영화 음악의 하나이고 게임도 영화 홍보를 위한 수단이 우선인 것이 인도 영화 산업이 갖는 위상이다. 인도 영화 산업에 대해 많은 사람들이 막연한 정보를 통해 그들을 이해하고 있는데, 대표적인 오해 사례를 들자면 '인도 영화=발리우드(Bollywood)'라는 것이다.

발리우드라는 것은 인도 영화 산업을 지칭하는 것이 아닌 여러 지

인도 영화산업과 비즈니스 구조 및 영화산업 전망

(단위: 10억 루피, 2016년부터는 추정치)

	2010	2011	2012	2013	2014	2015	2016	2017	2018	2019	2014~2019년 성장률(%)
국내극장 수익	62	68.8	85.1	93.4	93.5	99.9	113.6	123.5	133.7	145.1	9.2
해외극장 수익	6.6	6.9	7.6	8.3	8.6	9.6	10.9	11.9	12.9	13.9	10.1
홈비디오 수익	2.3	2	1.7	1.4	1.2	1	0.9	0.8	0.7	0.6	−12.2
케이블&위성판권	8.3	10.5	12.6	15.2	14.7	15.5	17.6	19.2	20.8	22.5	8.8
부가 수익	4.1	4.7	5.4	7	8.4	10.3	12.5	15.4	18.3	21.8	21.0
합계	83.3	92.9	112.4	125.3	126.4	136.3	155.5	170.8	186.4	203.9	10.0

(출처: KPMG 인도 분석)

방 영화 중 뭄바이(Mumbai=Bombay)를 중심으로 발전된 영화를 일컫는다. 적절한 예가 될지는 모르겠지만 우리나라로 따지면 부산 영화(부산지역에서 만들어진 영화)라고 하는 편이 이해하기 쉬울 것이다. 따라서 제대로 된 사실과 정확한 정보를 바탕으로 인도 영화 산업에 대한 이해가 우선이 되어야 할 것이다.

인도의 영화 산업은 연간 10%의 지속적인 성장이 예상되고, 특히 해외 극장 수익과 영화 부가 수익에서 계속 높은 상태의 증가세를 보이고 있다.

이 장에서는 영화 산업에 종사하는 관련 분야 사람들과의 인터뷰, 필자가 그들과 함께한 마케팅 및 협상 등을 바탕으로, 영화시장의 기회와 위협요인을 분석해서 새로운 기회를 발견할 수 있는지 살펴보도록 할 예정이다.

인도의 유명 영화배우 샤루칸을 회사일뿐만 아니라 개인적으로 만날 기회가 있었다. 샤루칸과 약속을 잡기란 인도 정부 장관과 약속을 잡기보다 어렵다.

그는 국내외 영화 촬영 이외에 엔터테인먼트 회사 레드 칠리스(Red Chillis)의 대표이자 크리켓 구단주이고, 인도 키자니아(Kizania)의 대주주이기도 해서 상당히 바쁜 나날을 보내고 있다.

어느 농촌 지역은 샤루칸을 신으로 섬기는 사람도 있을 정도로 인도 국민들의 그에 대한 사랑은 절대적이다.

샤루칸의 영화 촬영 버스 안에서 샤루칸과 필자.

사생활 관리도 잘해서 좋은 이미지를 잘 유지하고 있다. 인도에서 스타가 받는 관심은 우리의 상상을 초월한다. 하루 동안 언론에 그의 이름이 등장하는 횟수는 무려 1,000회 이상이라고 한다.

인도 영화 산업 발전의 한 축인 샤루칸과 그가 함께 일하는 영화사 관계자들과 만나면서 인도 영화 산업의 여러 면을 보게 되었다.

인도 영화의 아버지, 다다사헤브 팔케

　인도는 영화의 창시자 뤼미에르 형제가 프랑스 파리에서 비즈니스를 시작한 지 1년 후인 1896년 뭄바이에 소개된 6편의 무성영화로부터 영화의 역사가 시작되었다. 전국적으로 1만 3,000개의 영화 개봉관이 있고, 매주 1억 명 이상의 관객이 영화를 찾는다.

　뭄바이 영화단지에 있는 인도 영화사 야쉬라즈 영화사(Yash Raj Films)를 방문했을 때 벽에 걸린 사진 한 장과 영화 트로피가 인상적이어서 영화사 직원에게 누군지 물었다. 그의 이름은 다다사헤브 팔케(Dadasaheb Phalke, 1870~1944)로, '인도 영화의 아버지'라고 한다.

　인도의 최초의 영화 〈라자 하리스찬드라(Raja Harishchandra: 1913년 만들어진 50분짜리 무성영화. 뭄바이 코로네이션 극장에서 최초 상영되었고, 영어·마라하티·힌디어 중간 자막을 넣어 만든 영화다.)〉는 팔케가 제작부터 극본·연출까지 모든 것을 소화했다. 영화 제작에는 7개월 21일이 걸렸다. 관객들에게 호평을 받으며 상업적으로도 큰 성공을 거뒀다.

　영화는 라자 하리스찬드라의 전설을 소재로 제작되었다. 라자는 인도 남부지방을 다스리던 황제라는 뜻으로 하리스찬드라는 인도

인도 영화 최고의 상인 팔케 상(賞), 오른쪽은 팔케의 30대 모습.(출처: daytodaygk.com)

의 전설적인 왕이다. 하리스찬드라는 100명의 부인이 있었으나 아들이 없었다. 하루는 예언자 나라다가 왕에게 바루나라는 신에게 아들을 낳게 해달라고 기도하면 바루나 신이 아들을 낳게 해줄 것이라고 조언했다. 하지만 아들이 성장하면 제물로 바쳐야 한다는 조건이었다.

왕은 왕자가 성인이 된 이후 왕자를 바루나 신에게 제물로 바치는 것을 피해 그를 숲으로 피신시켰고 화가 난 바루나 신은 왕을 병이 들게 만들었다. 이 사실을 안 왕자는 바루나 신과 싸워 물리치고 다시는 인간을 제물로 바치는 일이 없도록 만들었으며, 왕의 병도 낫게 되었다는 전설이다.

참고로 1895년 프랑스 뤼미에르 형제에 의해 처음 만들어진 무성영화는 1927년까지 무성영화로 만들어졌다.

그 후로 팔케는 1937년까지 〈모히니 바스마수르〉 〈스타야반 사비트리〉 〈랑카 다한〉 〈시리 크리쉬나 잔마〉 〈카리야 마르단〉 등 총 95편의 영화와 25편의 단편영화를 제작했다. 그의 공로를 인정한 인도영화협회와 정부는 상금 100만 루피(약 1만 5,000달러)를 시상하는 팔케 상을 1969년부터 제정해 국가영화제(National Film Award)를 거행하고 있다. 1971년에는 그를 기리는 우표도 제작되었다.

영화 〈라자 하리스찬드라〉의 한 장면.

팔케는 동네에서 사진사로 일을 시작했다. 하지만 아내와 아들이 죽은 후 마을을 떠나서 인도에 와 있던 독일 마술사 카를 헤르츠(Carl Hertz)를 만나 그와 같이 일을 하게 된다. (카를 헤르츠는 프랑스 영화의 아버지 뤼미에르가 고용한 40명의 마술사 중 하나였다.) 하지만 너무 힘든 생활을 보내던 끝에 그 일을 그만두고 인쇄업을 시작했으나 얼마 후 다시 독일로 새로운 기술을 배우러 떠나게 된다.

다다사헤브 팔케 기념우표.

1912년 독일에서 돌아와 뭄바이에 정착해 인도인이 제작한 첫 번째 무성영화 〈라자 하리스찬드라〉를 성공시킨 이후에 지속적인 성공을 거두게 된다. 그가 제작한 영화 장르는 다큐멘터리, 교육적인 내용, 코믹 등 다양하다.

그는 힌두스탄 필름(Hinustan Flims)이라는 영화사를 한 동업자와 같이 설립했으나 동업자와 갈등이 생겨 1920년 그 영화사를 떠나게 된다. 그가 떠난 후 영화사는 재정적 어려움을 겪었고 다시 동업자는 그를 설득해 다시 영화를 제작하게 되었으나 끝내 그와는 결별하고 만다.

때마침 무성영화 시대가 지나고 유성영화 시대가 도래하면서 그의 시대는 끝나게 되고, 1937년 영화 〈강가바타란(Gangavataran)〉을 마지막으로 영화에서 손을 놓게 되었고, 1944년 숨을 거두게 된다.

참고로 인도는 1940년부터 컬러 영화를 만들기 시작했다.

인도의 문을
두드리는 중국

최근 홍콩의 유명 영화배우인 성룡이 인도를 찾았다. 그의 인도 방문 목적은 2017년 초 개봉을 하는 중-인도 합작 영화 〈쿵푸 요가〉 촬영을 위해서다.

중국은 왜 이 영화를 인도와 같이 제작하게 되었을까?

중국은 아무래도 성룡의 티케팅 파워로만 해외의 문을 두드리는 것은 한계가 있다고 생각했고, 서구와 제휴해서 상영하는 것도 시도를 해봤지만 결과적으로 그것만으로는 만족하지 못했다. 왜냐면 서구 제작자는 영화 유통으로 돈을 벌려는 것이 아니라 촬영을 같이 함으로써 얻는 수익만을 좇기 때문에 영화 자체, 즉 유통에는 큰 관심이 없다는 것이다.

중국과 인도 합작영화 촬영 장면.(출처: 방송 뉴스)

또 다른 하나는 어정쩡한 서구 영화계와 공동 제작하는 방식보다 인도와 새로운 모델을 만들어 제대로 세계로 진출하는 것이 마케팅 측면에서 유리하다는 것이다. 다시 말해서 인도 내수뿐만 아니라 해외로 진출하려는 포석도 깔려 있다.

전 세계 인구 절반 이상인 중국과 인도의 소비시장을 기반으로 해외 진출까지 도모하며, 스토리는 할리우드 영화를 모방해 중국과 인도의 이야기를 담아낸다는 계획이다.

이러한 영화가 탄생할 수 있는 계기는 지난 2014년 시진핑 중국 주석이 인도를 방문했을 때 영화 관련 협정을 체결한 것에 있는데, 이 영화는 이에 대한 최초의 결과물이다. 더불어 2015년 모디 총리의 중국 방문 때 영화에 대한 공동 제작에 다시 힘을 실어줬다.

또 다른 중-인 합작영화는 현장 법사(Xuan Zang)의 내용을 담은 것으로 영화 제작이 곧 시작된다. 중국 당나라를 배경으로 『대당서역기』의 이야기를 중심으로 중국과 인도를 배경으로 촬영이 될 예정이다. 업계에서는 이것을 신호탄으로 제대로 된 모델이 만들어지면 본격적으로 중국과 인도가 영화를 통해 세계시장을 개척하는 좋은 모델을 만들어낼 것이라는 기대가 무척 크다.

이렇게 중국도 강하게 구애를 하고 있는 인도 영화는 과연 무엇이며, 인도 영화 산업의 가장 큰 장점이 무엇인지 그리고 단점은 무엇인지 계속해서 살펴보도록 하자.

인도 - 중국 합작영화, 〈쿵푸 요가〉

　〈쿵푸 요가〉는 제목에서도 중국과 인도의 합작 영화라는 것을 알 수 있다. 중국-인도 합자회사인 타이헤(Taihe) 엔터테인먼트에서 제작을 하고 있다. 성룡, 아미라 다스투르(Amyra Dastur), 소누 수드(Sonu Sood)가 참여를 하는데, 재미있는 것은 우라나라 엑소(EXO)의 중국인 멤버인 레이(Lay)가 출연을 한다는 점이다.

　전반적인 영화 스토리는 〈인디애나 존스〉의 중국-인도판이라고 생각하면 상상하기 쉬울 것이다. 촬영지도 중국(북경/시안)·UAE(두바이)·인도 등지에서 촬영되었다.

　성룡은 2013년 영화 홍보차 인도에 온 적은 있지만 영화 촬영을 위해서는 처음으로 인도를 방문했다. 감독은 스탠리 통(Stanley Tong)으로, 〈홍번구〉〈폴리스 스토리〉 등의 감독으로 잘 알려진 액션 전문 감독이다.

〈쿵푸 요가〉 트레일러 영상.(출처: 유튜브)
🐾 중국에서 공개된 〈쿵푸 요가〉의 예고편 영상.

인도의 영화 산업을
해부해보자

🐘 너무나 생소한 인도 영화 산업 구조를 자세히 알려주실 수 있나요?

인도에서는 왜 영화가 잘될까? 너무 단순한 질문이지만 다음과 같이 요약해볼 수 있다.

첫째, 뭐니뭐니 해도 현재까지는 인도의 유일무이한 오락거리라는 독점적 위치를 들 수 있다. 둘째, 소비계층이 엄청 다양하고 많다. 셋째, 전 세계 영화와 호흡을 같이하며 인도의 다양한 문화가 잘 반영되어 있다.

우선 인도의 영화 인프라부터 살펴보겠다. 매년 제작되는 영화 수는 2014년 인도 정부에서 승인한 장편 영화를 기준으로 총 1,969편, 22개 언어로 제작되었다. 이 가운데 발리우드인 힌디 영화는 263편, 남부지방 영화인 타밀어로 제작된 영화는 326편, 텔루구어로 제작된 영화는 무려 349편으로, 우리가 아는 상식과 다소 다르다.

인도는 할리우드와 함께 영화 양대 산맥을 자랑하는 발리우드를 바탕으로 영화 산업이 발달해왔다. 또 각 주마다 그 주에 사용하는 언어로 영화가 만들어진다. 철저히 시장과 소비자에 맞춰 제작된다.

앞에서 살펴본 바와 같이 '발리우드(Bolywood)'는 뭄바이(구 봄베이)를 근거지로 하여 인도의 최대 공용어인 힌디어로 제작하는 영화이고, 안드라 프라데시(Andhra Pradesh) 주의 텔루구어를 기반으로 하는 '톨리우드(Tollywood)', 타밀나두 주의 타밀어를 사용하는 '콜리우드(Kollywood)', 케랄라 주의 말라얄람어(Malayalam)로 만드는 '몰리우드(Mollywood)' 등이 있다.

발리우드가 인도 영화의 대표로 성장한 이유는 시장의 범위가 넓기 때문이다. 2009년 개봉한 〈블랙(Black)〉〈내 이름은 칸(My name is Khan)〉〈세 얼간이(3 idiots)〉〈청원〉〈돈 2〉〈로봇〉〈그 남자의 사랑법(Match Made in Heaven)〉, 얼마 전 개봉한 〈런치 박스〉, 〈PK〉 등 이루 말할 수 없는 영화들이 해외로 진출했기 때문에 제작 편수가 3위에 불과해도 가장 널리 알려지게 된 것이다.

인도 영화의 특징은 중간중간에 춤과 노래로 이루어진 뮤지컬과 비슷한 요소가 들어가 있는 것이다. 이러한 특징을 가진 인도 영화는 오히려 2001년 발리우드 뮤지컬의 영향을 받아 만들어진 니콜 키드먼과 이완 맥그리거가 주연한 〈물랭루즈〉(Moulin Rouge: 제74회 아카데미 영화에 8개 분야에서 노미네이트되어 2개 상을 받은 작품으로 널리 알려져 있다)의 제작에도 영향을 주었다. 죽어가던 웨스턴 뮤지컬 장르를 다시 살렸다는 비평가들의 평가를 받은 영화다.

또 인도 영화에 직접적으로 영향을 받아 제작된 영국 데니 보일(Danny Boyle) 감독의 오스카 상에 빛나는 〈슬럼독 밀리언에어(Slumdog Millionaire)〉는 인도 영화를 글로벌 반열에 올려놓았다. 이 영화

영화 〈물랭루즈〉의 한 장면, 인도 발리우드의 군무 장면과 유사하다.

의 대본은 인도의 외교관인 비카스 스와룹(Vikas Swarup)이 썼다. 1,500만 달러의 예산을 들여 3억 7,700만 달러 이상을 벌어들인 영화로 기록되었다. 수익보다 더 높은 가치는 이 영화를 모든 사람이 인도 영화로 인식해 발리우드 영화의 위상을 굳혔다는 것이다.

이렇듯 중간에 나오는 춤과 노래는 주인공의 심리와 상황을 잘 정리해주며 지루하기 쉬운 영화에서 장면을 전환시키는 역할을 한다. 한 박자 쉬고 다음으로

홍콩에서도 개봉되어 큰 인기를 끌었던 〈슬럼독 밀리언에어〉.(출처: 워너브러더스)

넘어가게 해주는 것이다. 하지만 최근 이러한 추세는 급격한 변화를 보이고 있다. 필자가 추진한 2016년 4월 개봉한 샤루칸 주연의 〈팬(Fan)〉 제작에 앞서 제작사 부사장을 비롯한 여러 제작 관련자와 미팅을 가졌는데, 이 영화는 전 세계 상영을 목적으로 제작 되기 때문에 군무는 최소화될 것이라고 했다.

인도 영화는 소재에서도 기존 인도 영화의 전형인 가족과 사랑에서 더 나아가 다양한 소재를 선보이고 있다. 심지어 스릴러, 미스터리, 그리고 블록버스터까지 나오고 있다. 또한 배우의 경우도 3대 칸(Khan)에서 젊은 배우들 중심으로 서서히 옮겨가고 있다.

〈팬〉 영화의 상영이 무려 1년 가까이 연기되었는데, 이는 2가지 이유였다. 하나는 샤루칸의 무릎 부상이었고, 다른 하나는 50세에 들어선 샤루칸의 몸을 근육질의 몸으로 그래픽 처리하기 위한 작업이 길

영국 런던의 발리우드 댄스 교실 수업 장면. 발리우드 댄스는 비트가 빨라 다이어트에 크게 도움이 되는 것으로 알려져 있다.(출처: auntysocial.com)
🐘 트리왓(TRIWAT) 발리우드 댄스 교실(프랑스 파리의 한 장면).

어졌기 때문이다.

인도 영화에서 사용되는 영화 OST는 영화배우가 직접 부른 것도 있고 아닌 것도 있다. 3대 칸 중 살만칸의 경우 가수로도 유명하지만 다른 배우들의 경우 사전에 노래를 다른 사람이 따로 녹음을 하고, 촬영 현장에서 립싱크로 노래를 한다.

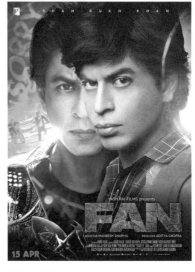

영화 〈팬〉의 포스터.

이렇게 노래를 사전녹음하는 것을 플레이백(playback)이라고 한다. 플레이백 가수로 유명한 사람은 과거에는 모하마드 라피(Mohammad Rafi), 라타 망게스카르(Lata Mangeshkar) 등

이 손꼽힌다. 최근에는 'KK'라
고 불리는 가수 크리슈나쿠마르
(Krishnakumar Kunnath)도 유
명하다. 필자는 이 가수의 공연
장을 찾아간 적이 있는데, 그곳
에서 그의 엄청난 인기를 확인
할 수 있었다.

　이렇게 영화에 출연하는 배우
가 직접 노래하고 춤 추는 장면
은 뮤직 비디오를 만들거나 홍
보하는 데 큰 역할을 한다. 또한
TV나 극장 광고에도 많이 활용
된다.

샤루 칸 주연 영화 〈팬〉의 촬영 현장. 필자가
직접 촬영 현장에 찾아가 감독과 배우 등을
만나봤다. 우리 드라마 제작과 비슷하게 현장
에서 대본이 수정되기도 한다.

크리슈나쿠마르 앨범. 크리슈나쿠마르, 즉 KK는 최초 플레이백 가수로도 이름을 날렸다.
🐭 크리슈나쿠마르의 공연 장면.

영화가 만들어내는
비즈니스 밸류 체인

 인도에서는 영화를 통해 어떻게 수익을 창출하나요?

영화 음악은 영화 수익의 4~5%를 담당한다. 인도에는 메이저 음악사인 소니뮤직(Sony Music), 사레가마(Saregama) 등이 있다.

전통적인 인도 영화에서 안무를 곁들인 음악이 대략 5~6곡 정도 등장을 한다. 이런 영화 음악이 전체 인도 음악시장의 약 48% 정도를 차지한다.(제4부 제2장 참조) 최근 이렇게 성장한 가수들이 전 세계에 인도인을 중심으로 공연을 많이 하고 있다. 즉 'I-Pop(I-팝)'이라는 영역을 개척하고 있는데, 문제는 그 노래가 인도인의 정서에 맞춰져 있다 보니 서구에 진출하는 데는 아직 한계가 있다는 사실이다.

최근 인도 영화 중 가장 성공한 영화인 〈PK〉는 2014년 6,800여 개 상영관에서 개봉되었다. 해외에서도 우리나라를 비롯해 심지어 버마와 레바논, 이라크에서까지 상영되었다. 이와 같이 인도 영화에 대한 해외의 관심은 필자가 일했던 회사의 해외법인들에서도 영화 개봉 시 샤루칸을 활용한 마케팅이 가능하냐는 질문으로도 많이 이어진다.

인도 영화의 주요 시장은 중동·북미·영국 등으로 약 70% 이상의 매출이 그 시장에서 나온다. 샤루칸이 주연한 영화 중 〈해피 뉴 이어(Happy New Year)〉 영화는 주로 두바이에서 촬영되었다. 이 영화의 해외 매출을 살펴보면 아랍에미리트에서 31%, 북미에서 22%, 영국에서 13.5%, 기타 다른 지역에서 33.5%를 기록했다. 최근에는 일본·프랑스·덴마크·대만·중국·페루까지도 영역을 확장하고 있다.

발리우드 영화뿐 아니라 타밀 영화들도 최근에는 많은 수출을 하고 있다. 〈링가(Lingaa)〉라는 영화는 미국에 200개, 영국 85개, 프랑스

영화 〈해피 뉴 이어〉의 한 장면. 세계 댄스 경연대회를 두고 벌이는 내용의 영화. 참가 팀 중에 한국 팀을 결승전까지 올라가는 막강한 팀으로 묘사한 장면이 있는데, 꼭 한 번 보기 바란다. 특히 샤루칸 우측에 한국인으로 나온 배우는 한국인이 아니고 중국계 미국인인 제이슨 탐(Jason Tham)이다.

🎬 영화 〈해피 뉴 이어〉의 공식 트레일러 영상으로 화려한 화면을 볼 수 있다.

50개 등 전 세계 1,000개 가까운 영화관에 상영되었다. 특히 〈I〉라는 영화는 재미있게도 중국 5,000개 상영관에서 개봉을 한 독특한 기록도 가지고 있다.

인도의 영화 제작사는 현재 약 1,000개, 최근에는 영화의 해외 진출 바람을 타고 대기업을 등에 업은 지 영화사(Zee Entertainment), MSm 영화사(MSm Motion Pictures)뿐만 아니라, 2014년에는 디즈니, Fox 등도 진출했다. 서구 영화사들의 인도 진출로 인도의 해외시장 개척은 더욱 탄력을 받을 것으로 시장 전문가는 예측하고 있다.

이런 선진 영화사들의 인도 영화 참여는 현재 인도의 영화 제작의 가장 큰 아킬레스건이라고 할 수 있는 제작 프로세스 개선과 구조 개선을 이룰 수 있을 것으로 기대하고 있다. 서구의 프리(Pre)프로덕션, 시장조사, 콘셉트 개발 등 선진 기법이 적용되어 세계시장을 선도할 수 있을 것으로 전문가들은 내다본다.

이런 추세에 맞물려 새로운 영화 벤처 펀드 등도 등장하고 있다. 대표적인 것이 해외와 남인도 및 TV 시장을 타깃으로 한 인도 미디어 캐피털인데, 약 30억 루피의 펀드를 조성했고, 기타 다른 펀드들도 18~25억 루피로 펀드를 조성해 새로운 바람을 일으키고 있다.

여기서 좀 눈여겨봐야 할 것은 그들의 마케팅과 배급이다. 인도에서 요즘 큰 변화 중 하나가 흥행 Top10에 해당되는 영화의 매출은 늘어나는데, 그 이하의 순위를 보이는 영화의 영화당 매출액은 줄고 있다는 사실이다. 한 마디로 부익부 빈익빈 현상이다.

인도 시장은 영화 개봉 첫 주의 결과에 따라 60~80%의 매출이 결정된다. 따라서 영화 제작사들의 마케팅 노력도 엄청나다. 필자와 영화 공동 마케팅을 한 야쉬라즈 영화사의 담당자는 최근 마케팅 비용이 기하급수적으로 늘어나고 있는 상황을 토로한 적이 있다. 그들은 TV, OOH(옥외간판), 극장 내 광고, 소셜미디어, 라이브 이벤트, 머천다이징, 모바일 앱, 모바일 게임 및 페이스북 등 디지털 홍보수단까지 우리와는 다른 다양한 접근방법으로 고객의 눈을 사로잡으려고 노력하고 있다.

필자가 언급하고 싶은 점은 바로 이 기회를 한국 기업들이 마케팅 기회로 삼으라는 것이다. 어차피 영화사는 시간에 쫓기며 마케팅에 비용을 엄청나게 쏟아붓기 때문에, 이러한 활동과 맞물려 다양한 마케팅을 실시한다면 적은 비용으로 큰 효과를 거둘 수 있다.

하지만 인도 영화사는 항상 그렇듯이 돈을 요구한다. 그러나 그들이 급하지 우리가 급한 것이 아니기 때문에 여유를 가지고 협상에 임하면 기회는 찾아오게 되어 있다. 특히, 영화사들은 홍보 수단으로 최근엔 모바일 앱과 모바일 게임에 전력을 기울이고 있다.

참고로 영화사 관계자가 밝힌 최근 들어 가장 압박을 받는 마케팅 비용 사용처는 신문 홍보와 광고비라고 한다. 예를 들어 〈PK〉와 같은 A급 영화를 3,000개의 스크린에 건다고 하면, 약 2억 루피의 비용이

인도 뉴델리 네루플레이스. 오직 영화관 용도로만 지어진 최신 건물이다.

발생한다. B급은 약 1억 5,000루피, C급 영화는 최소한 1억 루피의 비용이 발생한다. 실제 필자도 인도 영화를 활용해 마케팅을 할 때, 위의 금액에 상응하는 마케팅 비용을 투자해서 상당한 성과를 봤다.

이런 마케팅 비용이 높아지는 추세는 제작사들에게 마케팅 비용과 상영관의 상영 효율성을 높이기 위한 다양한 솔루션 개발이라는 비즈니스도 만들게 했다. IBM, 구글, 프라임 포커스 테크놀러지스(Prime Focus Technologies) 등 다양한 솔루션 업체들은 다양한 프로그램을 개발해 의사결정은 물론 고객 관계 강화에서 리스크를 최소화하는 시스템까지 개발해 제공하고 있다.

영화사는 위험을 분산하기 위해 축제, 연휴, 방학 시즌 등에 맞춰 개봉하려고 상당한 애를 쓴다. 예를 들면 2014년 크리켓 시즌에는 거의 영화가 개봉이 되지 않았던 적이 있을 정도로 신경을 곤두세우고 있다.

최근 한국의 CJ, 롯데시네마 등과 비슷한 영화 상영관 체인화도 가

PVR 극장 내부 모습. 최근 들어서 인도 극장은 깜짝 놀랄 정도의 시설과 서비스를 갖추고 있어 변화의 모습을 볼 수 있다.

속화되고 있다. 인도도 3개의 메이저 영화 상영사가 있는데, 릴라이언스(Reliance)의 빅 시네마(Big Cinema, 252개 스크린), PVR 시네마(PVR Cinemas, 462개 스크린), 이녹스 레저(Inox Leisure, 365개 스크린), 카니발 시네마(Carnival Cinemas, 330개 스크린) 등이 있다. 2014년 시장에 진입한 카니발 시네마는 약 50억 루피를 들여 중소 도시에서 영화 상영관을 500개 스크린 이상 확보할 계획이다.

인도의 영화관은 매년 40억 이상의 티켓을 판매하지만 상영관이 턱없이 부족하다. 예를 들어 미국은 100만 명당 125개 영화관이 있는데 비해, 인도는 7개밖에 없다. 이러한 숫자는 인도의 영화관 비즈니스를 위해 투자하려는 기업들에게 용기를 주고 있다.

할리우드 영화의 소비자는 주로 젊은 층으로 2014년의 경우 Top 10 할리우드 영화의 매출 규모는 약 42억 루피를 벌어들여 전년 대비 30% 이상 성장했다. 또한 요즘은 지역 언어로도 더빙이 되어 2급지(Tier 2), 3급지(Tier 3) 도시 등에서도 상영되고 있는 추세다.

〈PK〉로 들여다본 인도 영화 마케팅

영화 〈PK〉의 한 장면. 다양한 방법의 마케팅 활동으로, 국내 및 해외에서 크게 성공한 영화다.

〈PK〉는 비노드 초프라 영화사(Vinod Chopra Films)와 라즈쿠마 히라니 영화사(Rajkumar Hirani Films)가 디즈니 계열사인 UTV 모션 픽처스(UTV Motion Pictures)와 같이 만든 영화다. 2014년 개봉을 해서 약 33억 9,000루피를 벌어들였고, 약 6,800개 스크린에서 상영되었다. 인도 영화 최초로 1억 달러 이상의 수익을 거둔 영화로 국내 및 해외에서 성공한 영화로 기록된다. 따라서 〈PK〉를 통해 어떤 식으로 마케팅을 하는지 살펴보면 큰 도움이 될 것이다.

영화 제작 시 타깃은 15~24세의 자녀가 있는 가족으로 타깃을 잡았다. 영화사의 마케팅은 디지털과 모바일, 그리고 극장 내 광고 위주로 진행되었다.

첫 번째 신경을 쓴 부분은 영화 포스터였다. 디지털 기술과 결합된 모션 포스터(Motion Poster)를 제작해 사용했다. 주인공인 아미르 칸(Amir Khan)이 트랜지스터 라디오를 들고 있는 모습이 2014년 7월 31일에 공개되었다. 이것은 디지털 미디어를 통해 공개되었고 많은 호기심을 자아냈다. 그 뒤를 이어 매 2~3주에 한 번씩 새로운 포스터가 공개되어 관객의 관심도를 지속적으로 유발시켰다.

아미르 칸의 어린 시절 모습과 영화 〈PK〉에서의 포스터 모습.(출처: 유튜브)

영화 〈PK〉에 활용된 디지털 프로모션을 소개하면 다음과 같다.

- 왓츠앱을 통해 맛보기(First Look on WhatsApp)

  이 방법은 인도사람들이 가장 많이 사용하는 한국의 카톡과 같은 왓츠앱을 통해 10명의 친구들이 단체 방을 만들어 공개된 〈PK〉의 전화번호(연락번호)를 등록하면 모션 포스터를 주기적으로 받을 수 있게 만드는 방법인데, 효과가 무척 좋았다.

- 어린 PK(Chota PK, Younger PK)

  영화 개봉 전인 11월 14일 인도 어린이날에 주인공으로 출연한 아미르 칸의 어린 시절 사진을 공개하는 깜짝 이벤트로 언론의 시선을 이끌었다.

- 나의 PK 포스터(My PK Poster)

  PK 앱으로 〈PK〉의 공식 커뮤니케이션 수단으로 활용되었고, 모션 포스터 등을 활용한 다양한 재미거리를 선사하고 자신만의 포스터를 만들 수 있다.

- BookMyshow 웹사이트 방문(BookMyshow takeover)

  영화가 개봉되고 4일 동안 Bookmyshow.com에 방문하면 〈PK〉 트레일러를 볼 수 있다.

- 유튜브 머리 영상을 PK로 장식(YouTube masthead)
- 트위터 오디오 카드(Twitter Audio Card)
  인도에서만 활용하는 트위터 오디오 카드
- PK 재미있는 영상(PK Funnies)
  촬영의 비하인드 비디오 클립을 페이스북을 통해 공개했다.
- PK 뉴스(PK kikhabar, kikhabar는 힌디어로 '소식'을 의미)
  PK의 위대한 여정(아미르 칸이 인도 전역을 돌아다니며 찍은)을 셀피로
  찍어 올리는 방식
- 인도 전역 홍보(Pan-India penetration)
  일반적인 홍보와는 달리 채택한 방식으로 지역별로 다른 홍보 방식
  을 채택했다.
- 전국 투어(City-wide tours)
  영화 촬영된 도시 등을 다니며 기자회견을 하는 방식으로 홍보했다.
- 영화 음악
  5개의 영화 음악을 발표하는데, 첫 음악은 델리에서 기자 대상 컨퍼
  런스를 통해, 두 번째 음악은 아미르 칸의 디지털 플랫폼을 통해 공
  개하고, 세 번째 음악은 극장 체인 PVR 극장(PVR Cinema)에서 공개
  하는 등 고객의 관심 유도했다.

〈PK〉를 성공시키기 위해 위와 같이 정말 다양한 방법을 통해 마케팅을
펼쳤고, 결과적으로는 크게 성공하게 되었다.

Wood의 인도 영화
발리우드, 콜리우드, 톨리우드

🐘 **인도에는 발리우드만 있는 게 아니라는데 구체적으로 어떤 것이 있죠?**

인도의 영화 제작은 지역을 중심으로 영화단지를 통해 만들어지고 있다. 인도가 우리나라와 같은 단일언어가 아니기 때문에 이렇게 언어권별로 영화가 만들어진다. 영화는 권역별로 영화의 스타일이나 주인공의 스타일도 제각각이다. 그중에서 몇 가지 특성을 이야기하자면 다음과 같다.

- **발리우드(Bollywood)**: 인도 뭄바이를 배경으로 대체로 인도를 대표하는 영화로 많이 생각하고 있다. 영화 자체가 블록버스터 등 대작이 많고 상업의 중심지답게 글로벌하고 화려한 삶을 많이 그려내고 있다.
- **콜리우드(Kollwood)**: 인도 남부 타밀나두(Tamilnadu) 지역을 대표하는데 첸나이를 중심으로 하기 때문에 콜리우드라 불린다. 국제적으로 명성을 얻은 작품들이 많다.
- **톨리우드(Tollywood)**: 다른 지역과는 전혀 다른 형태의 영화를 볼 수 있다. 이탈리아의 신사실주의 영향을 받아 발리우드에 필적하는 영화가 많이 제작된다. 사실주의이고 예술성이 높은 영화가 많다. 톨리우드의 중심지 인도 하이데라바드(Hyderabad)는 IT 도시답게 세계에서 가장 큰 3D 아이맥스(iMAX) 극장이 있다. 텔루구어로 제작되는 영화의 본고장으로 인도 영화의 제작이 가장 활발한 도시 중 하나다.

이렇게 인도는 지역별로 영화가 있고 이에 맞는 영화단지, 즉 대규모 세트장 등이 존재한다. 텔루구어 영화의 본고장 하이데라바드의 라모지 영화 도시(Ramoji Film City)는 우리로 따지면 큰 세트장 같은 곳이다. 약 2,500에이커(약 300만 평, 여의도 면적의 약 3.5배에 해당)의 크기에 전 세계에서 영화 세트장으로서는 가장 크다. 이곳은 영화 세트장을 비롯해 미국의 유니버셜 스튜디오를 모방한 테마파크까지 만들어놓았다. 인도는 이런 영화 관련 세트장이 전국적으로 여러 개 존재한다.

이렇듯 인도의 영화단지는 빈 손으로 스크립트만 가지고 가도 블록버스터를 만들어서 나올 수 있을 정도로 모든 것이 다 갖춰져 있다.

인도의 극장은 2016년 현재 공식적으로는 총 1만 167개(비공식적으로는 1만 3,000개)로 집계되고 있다.

영화관 투자의 경우 해외 기업들의 직접 투자가 활발하게 이뤄지

전 세계에서 가장 큰 규모의 세트장을 가지고 있는 영화의 도시 라모지. 입구에 'FILM CITY'라고 쓰인 상징물이 보인다.

눈이 내리지 않는 인도에서 인공 눈으로 만든 세트장.(출처: 라모지 영화 도시)

는 분야이며, 20세기폭스사(20th Century Fox), 소니 영화사(Sony Pictures), 디즈니 영화사(Walt Disney Pictures), 그리고 워너브라더스사(Warner Bros) 등 유수의 해외 영화기업뿐만 아니라 많은 인도 기업들도 참여하고 있다.

　디즈니가 인도 시장을 밝게 전망해 인도 진출을 위해서 인도 영화체인 기업인 UTV를 2012년에 인수했고, 이후 공격적인 사업 확장을 시도하고 있다.

규모는 큰데,
곳곳이 암초인 영화 산업

 발리우드의 나라 인도의 극장 수는 몇 개나 되나요?

현재 인도의 영화 산업 규모는 대략 20억 달러 수준으로 파악되고 있다. 이 수준은 미국의 113억 달러의 5분의 1도 안 되는 정도다. 참고로 중국의 35억 달러, 우리나라는 14.2억 달러보다는 많은 수준이다. 하지만 인구로 봤을 때 중국과 비슷하고, 미국의 4배 가깝고, 우리나라에 비해 24배 이상 인구가 많은 것을 감안한다면 규모가 그리 크지 않음을 알 수 있다.

이런 현상은 다음과 같은 6가지 이유 때문이다.

첫째. 영화관 수 부족

인도의 스크린 수는 9만 6,300명당 1개다. 미국은 7,800명당 1개, 중국만 해도 4만 5,000명당 1개인 것과 비교해 인구 대비 스크린 수가 턱없이 모자라다.

둘째, 소규모 극장 위주의 영화관

인도의 스크린 수는 전국적으로 비공식적으로는 1만 3,000개 정도다. 하지만 단일 스크린인 영화관이 1만 개로 멀티플렉스가 대세인 상황에 비해 아직 근대화가 더디다. 멀티플렉스가 극장 운영의 효율을 높일 수 있는 데 비해 단일관은 상대적으로 효율적 운영에는 한계가 있을 수밖에 없다. 이러한 구식 극장은 영화관람료도 멀티플렉스에 비해 저렴하다.

인도의 시골 극장 내부 모습. 우리나라의 1970~1980년대 극장이 연상된다.

셋째, 하나로 뭉치기 어려운 영화 산업 및 산업계

인도는 다른 국가와 달리 영화가 여러 지역의 영화로 나뉘어 있다. 앞서 살펴본 바와 같이 22개의 다른 언어로 만들어 발리우드·톨리우드·콜리우드 등으로 나뉘어 있어 한 나라에서 제작되는 영화지만, 마치 여러 나라의 영화가 한 나라에서 만들어지는 것과 비슷하다. 이렇게 해서는 평균 제작비와 마케팅 비용 등이 상승할 수밖에 없다. 뭔가 통합하고 하나로 만들어야 효율성도 높아질 것이라는 의견이 많으나, 사실 그렇게 되기에는 상당히 많은 시간이 필요할 것이다.

넷째, 너무 저렴한 티켓 가격

인도의 영화 티켓 가격은 대략 150~250루피(2.25~3.8달러)다. 하지만 타밀나두는 주정부의 규제로 120루피 이상의 요금을 받지 못한다. 이러한 지나친 정부 규제는 제작비에 대한 압박도 커지게 만들어 좋

지방 한 도시에 있는 영화관 사진. 한국의 1980년대와 유사한 분위기를 느낄 수 있다.

은 영화가 나오기 어려운 환경이 되고 있다.

다섯째, 영화 티켓에 매겨지는 높은 세금

세수 부족에 시달리는 인도 정부로서는 극장을 통해 쉽게 세금을 걷을 수 있는 것은 상당히 매력적일 수밖에 없다. 인도 영화 티켓 가격에는 엔터테인먼트 세금과 서비스 세금 등이 붙는다. 엔터테인먼트 세금은 주마다 다른데, 티켓 가격의 최소 20%(델리 등 대다수 많은 주), 오리샤는 45%, 심지어 비하르 주는 50%까지 붙는다. 델리 인근 우타르 프라데시(UP) 주는 약 60%까지 세금을 붙인다. 또한 마하라슈트라 주의 세율은 45%인데 이 주에서 만들어진 영화는 0%의 세율을 부과한다. 서비스세는 약 5~15%의 세율 사이에서 부과된다.

지방정부에 따라 멀티플렉스에는 고율의 세금을, 단일관에는 저율의 세금을 부과하는 등 일정치 못한 조세정책도 큰 숙제다.

왼쪽은 인도 불법 DVD 노점상, 오른쪽은 2008년도 한국의 불법 DVD 노점상. 그 당시 미국 신문 기사에 워너브라더스가 변명이긴 하겠지만, 한국의 불법복제물 때문에 한국 사업을 접는다는 기사를 읽었다. 필자가 이야기하고 싶은 것은 인도를 비판하기 이전에 우리도 인도와 똑같은 과정을 거쳤다는 것이다.

여섯째, 지적재산권 문제

인도의 기차역에는 불법 DVD를 파는 노점상을 많이 볼 수 있다.

보통 상점에서는 볼 수 없는 장면이지만 아직 지적 보호에 대한 인식이 낮다. 심지어는 공기업인 인도 최대의 인터넷망 구축 기업인, 즉 한국의 KT와 유사한 BSNL의 웹사이트에서도 버젓이 불법 저작물이 유통되고 있다.(참고로 BSNL에서 보는 영화 1편은 한화로 500원도 안 되는 가격인 최하 25루피로 최신 영화 시청이 가능하다.)

깊게 들여다본
인도 영화의 수익 구조

인도가 자국 영화 수출을 통해 매출을 늘리고자 하는 움직임은 최근 들어 무척 활발하게 전개되고 있다.

영화에서 박스오피스 수익 다음으로 높은 수익을 얻는 것은 케이블과 위성TV에서 벌어들이는 판권 수익이다. 영화 수익에서 약 12%의 비율을 차지한다. 발리우드 영화의 경우 편당 대략 4~5억 루피(700~750만 달러)의 판권으로 거래되고 있다.

하지만 판권의 가격은 최근 떨어지고 있는데 그것은 TV 방영 영화의 시청률이 하락하고 있기 때문이다. 이는 그만큼 TV를 보는 사람이 줄어든다는 의미이기도 하다. 또 TV 방송에서는 나름 다른 미디어 플랫폼, 유튜브 등과 경쟁하기 위해 스스로 12분 룰이라는 것을 만들었다. 즉 광고를 줄여버린 것이다. 그래서 수익성이 약화되었기 때문에 판권에 대한 가격도 하락하고 있다. 이런 상황은 판권 구매에 적극성을 떨어뜨리고 있는 하나의 계기가 되고 있다.

또 최근 트렌드는 TV 방송들이 영화보다는 TV 고유의 영역인 방송 프로그램 제작에 열을 올리고 있는 것이다. 과거와 달리 쉽게 영화를 방송해서 시청률을 올려 수익을 확보하는 것보다는 여러 재미있는 방송을 제작해 편성하고 있다.

또한 TV 방송국에서는 경영의 효율화와 안전성을 강화한다는 명목 하에 영화사들이나 배우들과 장기 계약을 맺는 경향이 늘어나고 있다. 예를 들면 스타 TV의 경우 3대 칸 중 하나인 살만칸이 출연한 영화를 10편이면 10편, 20편이면 20편 묶어서 영화사와 계약을 맺고 있다. 2015년 영화사 입장에서도 편당으로 계약하면 훨씬 많은 금액을 받아낼 수 있지만 안정적인 수익구조 측면에서 본다면 나쁘지 않다고 한다. 지난해 스타 TV와 한 영화사가 맺은 계약은 연간 40~50억 루피(7,000만~7,500만 달러)에 체결되었다.

인도의 홈비디오 시장은 디지털 기술의 발전으로 점점 쇠락을 면치 못하고 있다. 지난 2013년 14억 루피 시장에서 12억 루피 시장으로 급감하고 있다. 점점 시장은 주문형 비디오 시장으로 넘어가고 있다.

주문형 디지털 영화를 집에서 보려면 아주 저렴한 가격인 25루피(한화 430원 정도)면 볼 수 있다.

할리우드보다 비싼
영화배우 출연료

 인도 영화배우 출연료가 할리우드 최고 영화배우보다 높다고요?

여기서 잠깐, 유명 배우들의 편당 영화 출연료는 어떻게 될까? 인도 영화배우의 출연료는 할리우드 배우들보다 높다.

영화 관계자와 샤루칸 매니저와 이에 대해 이야기를 한 적이 있는데, 샤루칸은 영화 한 편당 평균 4~4억 5,000만 루피(600만~650만 달러) 정도를 받고, 최고의 출연료를 받는 배우는 살만칸으로 평균 4억 5,000만~5억 루피(650만~750만 달러)를 받는다고 한다. 이는 조지 클루니와 브래드 피트의 출연료를 합친 것보다 높다(미국 「포브스」 참조). 다른 3대 칸 중 하나인 〈PK〉의 아미르 칸의 경우 샤루칸과 비슷한 출연료를 받는다. 필자의 경험에 따르면 광고 출연료는 샤루칸이 절대 1위를 달리고 있다.

살만칸의 경우 그가 출연료로만 벌어들인 돈이 무려 2014년 3억 3,300만 달러 정도 된다. 3대 칸을 잇는 차세대 발리우드의 대세로 올라오고 있는 란비르 까푸르(Ranbir Kapoor)의 경우 2억~2억 5,000만 루피(200~250만 달러) 정도 받는다.

여자배우들은 남자배우들에 비해 낮은 출연료를 받는다. 톱 배우 중 한 명인 깐가나 라놋(Kangana Ranaut)이 최고 출연료로 1억~1억

2,000만 루피(150만~180만 달러), 영화 〈PK〉에 출연한 아누쉬카 샬마(Anushka sharma)가 6,000~8,000만 루피(90만~120만 달러) 정도의 출연료를 받는데, 이는 남자배우들에 비해 3분의 1 이하다.

인도의 톱 여배우 깐가나 라놋. 남자배우보다 여배우의 출연료가 낮다.

음원

최근 인도 음반사들은 인도 영화 음악을 미리 구매해 해외 시장에 팔고 있는 추세다. 음원 매출의 비중은 전체 영화 매출에 비해 다소 작긴 하지만 지속적으로 성장하고 있다.

A급 영화의 경우 1억~1억 5,000루피(150~220만 달러)이고 B급 영화의 음원 비용은 3,000~5,000루피(50~60만 달러) 정도 된다. 지난 2015년 11월 개봉한 살만칸의 영화 〈프렘 라탄 단 파요(Prem Ratan Dhan Payo: Got the Treasure of Love)〉의 경우 소니 뮤직에서 1억 8,000루피(270만 달러)에 계약을 했다.

최근 디지털의 발달로 소비자들의 구매 형태가 전통적인 채널만을 활용하는 데 집착하지 않는다. 스마트폰을 비롯해 다양한 디지털 장비가 그들의 니즈를 높여주고 있다. 뿐만 아니라 이러한 것들은 콘텐츠 시장의 새로운 트렌드가 되고 있다. 가령 VOD(Video On Demand) 시장의 경우 광고가 없는 프리미엄(freemium) 형태의 모델과 광고기반형, 2가지 모델로 운영된다.

디지털의 발달로 영상 중간에 광고 넣기가 쉬워졌다. 따라서 광고기반형 비디오는 저렴함을 무기로 무서운 속도로 확장하고 있다. 기본적으로 광고기반형 모델은 디지털 광고 산업의 증가와 맞물려

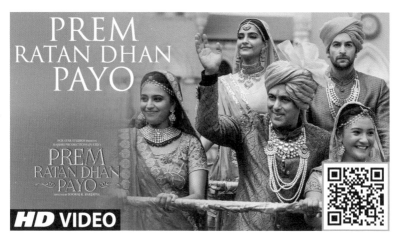

영화 〈프렘 라탄 단 파요〉에는 10개의 곡이 사용되었는데, 살만칸이 직접 노래를 불렀다.
🎥 〈프렘 라탄 단 파요〉의 뮤직 비디오 영상으로 2,200만 명 이상이 시청했다.

2011~2014년까지 연평균 41.4%씩 놀라운 성장을 보이고 있다.

프리미엄의 경우 광고 없이 보기를 원하는 고객을 위해 개발된 것으로 SVoD(Subscription Video on Demand: 예약 주문형 비디오)로 정액제다. 선진국은 SVoD 형태의 서비스가 큰 데 반해서 인도는 이제 성장을 막 시작하는 단계다.

필자는 신제품이 나왔을 때나 아니면 유지 광고를 할 때 반드시 극장 광고를 실시했다. 그 이유는 극장 광고가 구매 타깃들이 가장 많이 활용하는 엔터테인먼트 도구이며, 광고 집중도가 다른 매체에 비해 상당히 높기 때문이다. 뿐만 아니라 지역별, 타깃별 광고가 가능하다.

인도는 국가가 넓고 다양한 언어와 민족 구성 때문에 거주자 지역 특성을 고려해 광고를 할 수 있다. 예를 들어 SUV 구매가 많은 북부에는 SUV 광고를 하는 등 다양한 시도를 할 수 있다. 또한 로비, 문, 기둥, 영화표, 카운터 모든 공간을 광고로 활용 가능하기 때문에 매력적이다. 멀티플렉스가 확실히 광고효과가 높은데, 멀티플렉스의 숫자가

뿌네에 있는 E-스퀘어
(E-Square)라는 곳에서
제안한 극장 광고 사례.
로비 바닥을 이용한 인터
렉티브 광고다.

점점 늘어가기 때문에 이 시장도 지속적으로 성장하고 있다.

한편 영화관에 가장 많은 광고를 하는 산업은 FMCG(Fast Moving Consumer Goods: 청량음료·화장품·식료품 등), 은행, 자동차, 지역 부동산업자와 할인 마트. 최근 통신회사의 광고도 많이 늘어나고 있다. 참고로 주말이나 블록버스터를 상영할 때 광고비는 25~30% 정도 비싸진다.

새로운 수익원을
찾아서

라이센싱 & 머천다이징(L&M)

전 세계적으로 L&M(Licensing and Merchandising) 시장은 아직 시장 초기이고 산업에서 차지하는 비중도 작다. 인도에서도 캐릭터를 활용한 라이센스 시장이 약 80%를 차지하고 있다. 하지만 비중은 1%가 되지 않는다. 2015년 시장 규모는 약 3,700만 달러 정도다.

L&M을 비즈니스화하는 분야는 캐릭터 시장이 80%, 스포츠가 5%,

야쉬라즈 영화사에서 판매하는 머천 제품들. 온라인 판매가 어느 정도 이뤄지고 있다.

패션이 3% 정도다. 인도 영화사 관계자들과 이야기할 때 그들이 보는 L&M은 하나의 마케팅 도구로만 생각하고 있다. 비즈니스가 되기엔 시장이 작다고 인식하기 때문이다.

인도 기업들이 주로 활용하는 방법 중 하나를 소개한다면, 릴라이언스 엔터테인먼트는 패션기업 비샬(Vishal)과 손잡고 〈홀리데이(Holiday)〉라는 영화의 의상을 제작했고, 그것을 제품으로 판매를 했다. 팍스 스타(Fox Star)는 에듀테인먼트 회사와 손을 잡고 아동용 게임기를 개발해서 시판했다. 또 식·음료회사들도 영화사와 계약을 해서 비즈니스를 펼치고 있다. 인도는 영화 상영 중간에 식사를 할 수 있는 시간이 있는데, 이때 공급하는 도시락과 도시락 가방을 개발해 고객들에게 판매하고 있기도 하다.

필자와 일을 한 야쉬라즈(Yash Raj) 영화사는 인도 영화사 최초로 전자상거래 스토어인 www.yrfstore.com을 론칭해 제품을 판매하고 있다. 직접 영화사에 가서 생산된 물품을 봤는데 사실 구매욕구를 불러일으키는 제품들은 그다지 많지 않았다.

영화 산업의 새로운
비즈니스 모델

　인도 영화 제작사들은 영화 비즈니스의 새로운 모델을 개척하기 위해 노력하고 있다.

　지난 35년간 영화 제작을 해왔던 회사인 에로스 영화사(Eros Film)는 뉴욕증권거래소(NYSE)에 상장을 한 회사다. 에로스는 제작에 대한 위험 분산을 위해 타사와의 공동 제작을 하기도 하고, 2,500개 이상의 영화 라이브러리를 활용해 수익 창출을 극대화하고 있다. 이익 분배에 대한 불리함도 있으나 오히려 다른 나라로 시장을 확장할 수 있는 기회도 얻을 수 있어서 장기적으로 본다면 결코 손해가 아니라는 판단을 하고 있다.

　최근 미국 할리우드의 추세를 살펴보면 3분의 1은 미국 국내에서 수익을 창출하고 3분의 2는 해외에서 수익을 창출하고 있다. 에로스 영화사도 이러한 할리우드 영화제작 수익 모델을 주목하고 있으며, 인도에서 제작한 영화를 자막과 더빙 처리까지 해서 세계 50여 개국 이상으로 수출도 하고 있다.

　이러한 목적을 달성하기 위해서는 금융, IP(지적재산권), 머천다이징, 탄탄한 스토리 발굴 등도 상당히 중요한 일이다. 최근에는 트리니티 픽처(Trinity Pictures)라는 자회사도 설립했다.

　뿐만 아니라 보유한 영화 라이브러리를 활용해 프리미엄 TV(SVoD) 시장에도 진출할 예정이다.

영화 제작의 6가지
새로운 트렌드

 인도의 최신 영화 제작 트렌드는 어떠한가요?

인도의 영화 산업도 시대와 호흡하며 끊임없이 변화하고 있다. 최근 일어나고 있는 새로운 변화를 소개하도록 하겠다.

첫째, 단일관에서 멀티플렉스로의 변화

최근 2급지(Tier 2), 3급지(Tier 3) 도시들에서는 멀티플렉스 극장들과의 경쟁이 점점 증가하고 각종 경영비용 상승에 따라 1,000석 규모의 단일관을 2~3개의 스크린을 가진 멀티플렉스로 바꾸고, 또한 수익성 증대를 위해 음식을 먹을 수 있는 공간까지 마련하고 있다. 이러한 움직임은 관리 비용 감소와 수익 증가로 이어진다.

일례로 일렉스 필름(Eylex Films)은 파키스탄과 국경을 맞대고 있는 분쟁 지역인 잠무-카슈미르의 한 단관 극장을 인수해 멀티플렉스화했다. 800석짜리 좌석은 530석으로 줄여 고급화해 리노베이션을 했다. 리노베이션 후에 영화 티켓 가격은 2배가 되었고, 영화관 수익은 무려 25배나 올라갔다. 이러한 열풍은 전국적으로 지속되고 있다. 지방정부에서도 세금 증가가 기대되기 때문에 정책적인 각종 지원책을 쓰고 있다.

둘째, 영화와 여행이 묶이다

우리나라와 마찬가지로 영화 촬영 현장을 관광지로 개발하려는 움직임이 활발히 일어나고 있다. 또 인프라 건설, 호텔, 안전 등 이 분야는 외국인 직접투자도 무척 활발히 진행되고 있다. 지방정부도 많은 세제 혜택을 투자기업에 주고 있다. 심지어 어떤 주의 경우는 자신의 주에서 촬영할 경우 영화 제작비의 25%를 지원하기도 한다. 그리고 지역언어로 제작할 때는 50%의 제작비 지원을 하는 경우도 있다.

셋째, 온라인 마케팅의 붐

WOM(입소문)의 중요성이 날로 커지면서 디지털의 역할도 점점 커지고 있다. 일례로 〈퀸(Qeen)〉이라는 영화가 개봉한 초기에는 400개의 스크린에 걸렸다. 하지만 긍정적인 WOM가 있고 2주 지나자 스크린 수가 2배가 되었다.

최근 인도 영화는 제작사의 철저한 준비로 인해 마케팅의 중요성이 점점 커지고 있다. 영화 홍보를 위한 사전 마케팅뿐만 아니라 부정적인 반응을 대응하는 사후 마케팅도 상당히 발달해 있음을 볼 수 있다.

넷째, 속편의 물결

〈가얄 2(Ghayal 2)〉, 〈도스타나 2(Dostana 2)〉, 〈카아니 2(Kahani 2)〉, 〈락온 2(Rock on 2)〉, 〈하우스풀 3(Housefull 3)〉 등 셀 수 없이

〈하우스풀 1〉(2010), 〈하우스풀 2〉(2012), 〈하우스풀 3〉(2016). 대표적인 시리즈물로 흥행에 성공한 〈하우스 풀〉 시리즈.

많은 속편들이 최근 제작되고 있다.

이런 물결은 홍보의 편의성과 검증된 영화의 속편으로 제작의 실패를 줄일 수 있다는 판단하에서 실시된다. 전작보다 못하다는 속편의 속설을 뒤로한 채 몇몇 영화는 매출이 2배 이상 기록한 영화들도 나오고 있다. 〈라기니 MMS(Ragini MMS)〉와 〈이시키야(Ishqiya)〉는 본편보다 속편의 수익이 각각 7배, 3배 이상을 기록했다.

다섯째, 세계로 세계로

〈런치 박스〉〈퀴사(Qissa)〉〈샤 사힙자드(Char Sahibzaade)〉 등의 영화는 여러 영화제에서 많은 수상을 하며 인정받고 있다. 토론토영화제, 베니스영화제, 등 세계 유수의 영화제에 작품상, 감독상 등을 수상한 영화들이다. 또 최근에는 거기에 걸맞게 작품성이 훌륭한 작품들이 속속 등장하고 있다.

필자가 가장 감명 깊게 봤던 영화 〈런치 박스〉(2013)의 한 장면.
제8회 아시아 필름 어워드 등 해외 영화제에서도 수상(최우수작품상, 최우수각본상, 남우주연상)하여 그 가치를 인정받았다.

여섯째, 공동 제작

이탈리아·프랑스·독일·브라질·영국·일본·폴란드·뉴질랜드 등 다양한 국가들과 공동 제작을 많이 하고 있다. 최근에는 중국과도 공동 제작을 활발히 진행하고 있다. 이를 통해 크리에이티브(영화 콘셉트), 기술, 금융이나 마케팅 자원을 공유할 수 있는 장점을 가진다. 또한 두 나라에서 공동으로 개봉할 수 있어서 여러 가지 면에서 유리하다. 각각의 국가로부터 지원금을 얻어내어 활용하기에도 용이하기 때문에 공동 제작이 활발히 이뤄지고 있는 것이다.

이상 인도 영화 산업 전반에 대한 이해를 돕기 위해 여러 가지를 살펴보았다. 이제부터는 인도 여러 관계자들이 공통으로 언급한 인도 영화 산업의 도전 과제를 언급하려고 한다. 이를 통해 우리의 비즈니스 가치도 발견할 수 있을 것이다.

디지털 마케팅 캠페인 성공 사례, 영화 〈하이더〉

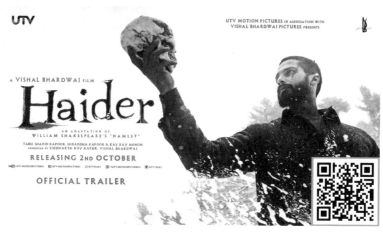

디지털 마케팅 성공 사례인 영화 〈하이더〉. 하이더는 '사자'라는 뜻이다. 학생이자 시인인 주인공이 고향인 히말라야 카슈미르에 돌아온 이후 벌어진 부조리에 대응하는 내용이다. (출처: UTV 홈페이지)
🐭 영화 〈하이더〉의 공식 트레일러.

    디즈니가 인수한 영화사 UTV 모션 픽처스는 타깃 고객인 젊은 세대를 대상으로 대대적인 디지털 마케팅을 전개했다. 그 대표적인 영화가 〈하이더(Haider)〉다. 이 영화는 셰익스피어의 『햄릿』과 2010년 제작된 인도 영화 〈금지된 밤〉을 모티프로 만들어진 범죄물이다. 제19회 부산국제영화제에 상영되기도 했다.

    〈하이더〉의 디지털 마케팅 캠페인을 소개하면 다음과 같다.

- 유 튜브 방문 캠페인(YouTakeOver): 구글 인디아와 함께한 제휴 마케팅으로 유튜브를 활용한 다양한 시도로 버즈(입소문)를 일으켰다.
- 하이더 라이브 스트림(Haider LiveStream): 페이스북을 활용해 300만 이상의 고객이 방문해서 영상을 봤다. 라이브로 고객과 소통하는 마

영화 〈하이더〉의 여주인공 슈라다 카푸르가 유튜브를 통해 영화를 홍보하고 있다.
(출처: 유튜브)

케팅을 해서 상당히 많은 팬들의 이목을 끌었다.

- 영화 제작 뒷이야기: 페이스북을 통해 공개해 수백만이 시청하도록
  해 관심을 끌어올렸다.
- 사전 마케팅(Pre Marketing): 소셜 미디어에 영화를 연상시키는 단어
  (은유적 표현)를 지속적으로 노출시켜 관객의 관심을 유도했다.
- 팬클럽을 적극 활용: 온라인 팬클럽 지원을 통해 홍보 활동을 극대화
  했다.

〈하이더〉 상영 전 정부에 의해 41개의 신(Scene)이 삭제된 채 상영되
었다. 폭력적인 내용(불타는 신체, 트럭에 찢기는 시체들, 시체 사이를 지나는
장면, 주인공이 'Fu***d'라고 욕하는 장면 등)과 정치적으로 민감한 내용(파키
스탄 접경인 카슈미르에서 군대가 휘두르는 막강한 권한을 고발하는 내용 등)이
삭제되었는데, 제작사에서는 이러한 이슈를 온라인에 교묘히 흘려 홍보
했고, 큰 성과를 거뒀다.

인도 영화계가 해결해야 할
8가지 과제

 인도 영화계가 발전하려면 무엇을 해결해야 할까요?

인도 영화는 겉으로 보는 화려함 뒤에 숨겨진 여러 가지 문제를 가지고 있다. 특히 이런 당면 과제는 영화계 스스로 해결할 수 없다는 것이 더 큰 문제다. 그럼 인도 영화계와 정부가 해결해야 할 과제를 살펴보면 다음과 같다.

첫째, 저작권 문제

뉴델리의 네루플레이스(Nehru Place), 가파 시장(Gaffar market), 뭄바이의 매니시 시장(Manish Market)이나 라밍턴 로드(Lamington Road), 하이데바라드의 체노이 트레이드 센터(Chenoy Trade Center) 등은 국제적으로 해적 제품을 많이 팔기로 유명한 곳이다.

인도의 저작권 문제는 역사적으로나 정치적으로 또 산업적인 측면에서 상당히 큰 문제를 지니고 있다. 영화뿐만 아니라 다양한 분야에서 인도의 저작권 문제는 진출하려는 해외 기업들의 발목을 붙잡았다. 과거의 VHS 비디오가 존재했을 때부터 디지털화가 된 지금의 P2P 문제까지 상황은 완전히 개선되지 않고 있다.

2014년 미국은 인도를 저작권 문제를 지켜봐야 할 국가 4개 중 하나로 이름을 올렸다. 또 동시에 인도 정부의 저작권 침해에 대한 대응 노력도 소개하며 용기를 불어넣기도 했다.

캠코더로 상영 중인 영화를 찍어 DVD로 판매하는 고전적인 방법부터 개봉 얼마 후 복제되어 온·오프라인에서 유통되는 영화까지 다양하다. 최근에는 인도 정부와 산업계도 강력하게 단속을 하고 있다.

경찰에 의해 단속된 불법 복제물.(출처:「더 힌두」)

한 보고서에 따르면 이런 노력으로 최근 들어 불법복제 문제는 매년 조금씩 나아지고 있다고 한다. 최근에는 다양한 기술로 이런 행위를 근본적으로 해결하려는 노력도 지속적으로 행하고 있다. 뿐만 아니라 아예 온라인으로 정식 유통되는 영화의 가격을 낮춰(1달러 내외) 양지로 육성하고자 하는 노력도 동시에 시도 중이다.

하지만 저렴한 불법 복제물 가격(영화 티켓 값의 4분의 1~5분의 1에 불과한 DVD 가격), 청소년들의 인식 부족, 느슨한 법률로 인해 아직 근절이 되기에는 시간이 더 걸릴 것으로 예상된다.

둘째, 제작비용의 증가

영화제작비는 최근 출연료의 상승, 마케팅 비용의 증가 등으로 크게 늘어나고 있는 추세다.

인도의 영화는 철저한 스타 시스템에 의해 움직인다 해도 과언이 아니다. 예를 들어 A급 스타를 활용해 영화를 제작한 경우 출연료가 제작비의 35% 수준까지 올라간다. 또한 영화 수익에 대한 분배도 스타의 파워에 따라 스타가 가져가는 몫이 0~50% 수준으로 다양하다. 톱 배우인 살만칸의 경우 영화 출연료 이외에 따로 영화 판권 수익의 약 50%를 가져간다. 또한 마케팅 비용도 제작비의 대략 15~20%까지 차지하고 있다.

셋째, 법규의 미비와 인프라 문제

인도의 영화가 세계적 수준으로 올라와 있다고 말은 하지만 인프라 측면에서 본다면 상당히 낮은 수준으로 평가된다.

인도의 스크린 수는 100만 명당 7개의 스크린을 보유하고 있다. 이는 미국의 125개, 프랑스의 85개, 독일의 57개, 일본의 26개, 중국의 13개보다 훨씬 낮은 숫자다.

또 최근 영화관을 설립 허가를 받는 것보다 쇼핑몰 설립을 허가받는 것이 훨씬 더 쉽다는 이야기가 있을 정도다. 영화관 개설에 대한 인·허가 문제도 개선되어야 한다.

넷째, 새로운 배우의 부족

최근 들어 인도 영화관계자들이 하나같이 하는 소리는, 배우 부족을 영화 산업 발전의 저해 요소 중 하나라고 지적한다. 또한 배우를 발굴하더라도 세계적인 배우로 만들기 위해서는 지금보다 많은 영화 관련 학교도 늘려야 하고, 선진적인 교육 시스템도 필수적이라고 입을 모은다.

인도의 가장 큰 문제점 중 하나는 체계적 교육 시스템의 부재다. 샤루칸과 필자가 만나 이러한 문제에 대해 이야기한 적이 있다.

스타를 만드는 체계적 시스템이 부족하고, 스타가 탄생하면 리스크를 줄이기 위해 스타에게 엄청난 의존을 한다. 따라서 신인 배우에게는 기회가 많이 가지 않는 구조다. 이런 문제를 해결하지 않고는 배우 부족에서 해방되기 어려울 것이다.

다섯째, 영화 티켓 가격 차별

최근 영화는 연기자의 출연료, 영화의 규모 등으로 인해 가격이 결정되고 있다. 예를 들어 성공한 A급 영화인 〈PK〉의 경우 영화 티켓 가격은 500루피로 즐길 수 있으나 B급 영화나 C급영화의 경우는 영화 티켓 가격이 천차만별이다.

뿐만 아니라 멀티플렉스와 단일 상영관의 가격차뿐만 아니라 주별로 다른 영화 관련 세금들도 인도 영화 티켓 가격을 안정화시키는 데 어려움을 가속화시키고 있다.

여섯째, 박스오피스 모니터링의 공정성

오래전부터 인도의 제작사와 배급사들은 서로에 대한 신뢰가 깊지 못했다. 영화 티켓 판매 집계에 대한 불신 때문이다.

영화 프로듀서들과 배우들은 티켓 판매에 대한 모니터링과 지속적인 트레킹 시스템이 필요하다고 역설해왔다. 과거에 이런 문제가 너무나 심하게 대두되었다. 이러한 노력의 결과로 렌트락(Rentrak)이라는 기업에서 국내뿐만 아니라 해외에서 상영된 영화에 대한 정확한 집계가 가능한 방법을 개발해 현재 그 세를 늘려가고 있다. 하지만 아직 전체를 모니터링하기에는 역부족인 것이 현실이다.

일곱째, 유튜브 등 새로운 플랫폼과의 경쟁

종량제인 인터넷 접속 비용은 VOD 시장에는 긍정적인 역할을 하지 못한다. 고객이 VOD 형태로 영화를 보려 하면 이중으로 비용을 지불해야 한다는 강박이 생긴다. 따라서 이러한 것은 오히려 구글의 유튜브에게 더 많은 기회를 제공한다. 유튜브 채널의 영상은 무료이기에 오히려 유튜브로 사람들이 몰리고 있는 상황이 전개되고 있다.

구글은 이러한 추세에 맞춰 2014년 오프라인 시청 옵션을 론칭했다. 이 방식은 유튜브 영상을 와이파이 환경 등에서 다운로드받아 인터넷이 되지 않는 곳에서도 48시간 이내에는 마음껏 볼 수 있게 만든 방안이다. 이런 방식으로 소비자들의 데이터 비용에 대한 부담감을 덜어줘 더 많은 사용자가 유튜브로 몰리고 있다. 최근 공공 와이파이망의 확대로 이러한 추세는 더욱더 심화되고 있다.

여덟째, 영화 이외의 수익 모델 창출

디즈니 모델처럼 인도 영화도 '제작 = 상영'이라는 단순한 공식에서 벗어날 필요가 있다. 제작·마케팅 비용의 증가로 영화 상영만으로 수익 구조를 만들어내는 것이 점점 어려워졌기 때문이다.

따라서 '원 소스 멀티유스(One Source Multi Use)' 형태로 영화가 만들어지면 그 스토리를 활용해 리조트 및 테마파크도 만들어지고 있는 추세다. 하지만 아직은 선진국 모델을 따라서 비즈니스 기회를 만드는 여정은 멀기만 하다.

음악, 영화 음악과
디지털 시장만 남다

2014년 12월 한 언론사가 주최하는 콘서트에 다녀온 적이 있다. 발리우드 음악부터 인도 여러 지역의 전통 음악, 종교 음악을 망라한 콘서트였는데, 무려 3일간 진행되었다.

아침은 전통 종교 음악 연주자들이 나왔고 오후에는 지역 음악, 저녁에는 발리우드 가수가 나와서 노래를 불렀다. 한자리에서 정말 많은 장르의 연주를 들어볼 수 있었다. 음악에 심취한 인도 사람들의 모습을 보면서 흥이 많은 민족임을 느낄 수 있었다.

역사 서사시를 단조로운 음악으로 만들어놓아 내용은 알 수 없었다. 하지만 10명이 나와 연주를 곁들인 노래를 하는데, 연세 드신 분들이 음악에 심취해 눈물을 흘리는 것도 보면서 묘한 감정을 느끼기도 했다. '우리나라에도 과연 전통음악을 들었을 때 감격하여 눈물을 흘릴 수 있는 사람이 몇이나 될까'라는 생각도 들었고, '이런 시장에 우리 음악이 들어갈 수 있을까'라는 회의감마저 들었다. 하지만 저녁에 진행된 발리우드 공연을 보면서 가능성도 엿볼 수 있었던 자리였다.

인도 야외 음악 공연 전경. 아침 8시 이른 시간에 연주자들이 전통음악을 연주하고 있다.

영화에 종속된
인도 음악

 인도에서는 얼마나 다양한 음악을 경험할 수 있나요?

지난 2015년 10월 컬러 인피니티(Colors Infinity) TV는 영어 음악만 가지고 경쟁하는 리얼리티쇼 〈더 스테이지(The Stage)〉를 프라임 시간대인 토·일요일 밤에 방영했다.

4명의 심사단이 출전한 가수를 평가해서 우승자를 가리는 프로그램이었는데 기존 로컬 언어가 아닌 영어로만 진행이 되서 흥미롭게 지켜보았다. 심사위원의 1명으로 작곡가인 에산 노라니(Ehsaan Noorani)가 한 언론에 이런 말을 했다. "인도 음악은 발리우드 음악의

제4부 콘텐츠 진화 & 진화된 콘텐츠가 만드는 세계

리얼리티쇼 〈더 스테이지〉의 방송 장면.(출처: 컬러 인피니티 TV)
🐭 최종 결승전 영상으로 인도답지 않은 분위기를 연출했다.

백업 음악으로 전락해버렸다. 과거에는 가수들이 자신의 음악만으로 활동할 수 있었지만 이젠 그렇지 못하다"며 발리우드에 종속되어버린 인도 팝음악을 비판했다.

필자는 인도 주류층 남녀 직장인 20~30대 초반 100명을 대상으로 설문 조사를 실시한 적이 있다. 우선 인도에서 성공 가능성이 높고 광고 배경음악으로 사용 가능한 K-팝(K-pop) 음악을 알아보기 위해 SM엔터테인먼트 추천을 받아 10곡을 선정해서 들려준 후 평가를 받았다. 구체적인 수치는 공개하기 어렵지만, 10곡 중 SM엔터테인먼트의 샤이니의 〈링딩동(Ring Ding Dong)〉을 그나마 가장 선호했다. 하지만 추천받은 10곡의 전반적인 선호도는 상당히 떨어져서 K-팝이 인도에서는 경쟁력을 발휘하기 어렵다는 결론을 내렸다.

K-팝 가수들에 대한 평가도 했는데, 다른 것은 다 제외하고 외모만으로 평가를 했다. 잘생긴 외모로 다른 동양권 국가에서는 인기를 끌고 있는 가수들에 대한 평가가 인도에서는 의외로 상당히 낮았다. 심지어 염색한 가수를 보고 왜 이렇게 검은 머리를 노랗게 염색을 하느

냐고 이야기한 친구들도 많았다. 전체 데이터를 밝히기 어렵지만 슈퍼주니어 '최시원' 씨에 대한 선호도가 상대적으로 높았는데, 그 이유를 들어보니 그나마 가장 남성적으로 생겨서 그렇다고 한다. 남녀가 비슷한 평가를 했다.

인도에서
K-Pop은?

 인도에서도 K-팝이 인기가 있나요?

그렇다면 우리나라 언론에서 이야기하는 인도에서 인기를 끌고 있는 K-팝의 정체는 뭘까? 그것은 인도를 한 나라가 아닌 여러 민족으로 이뤄진 국가라고 이해하면 이해할 수 있다. K-팝이 인기를 끄는 지역은 우리나라 사람과 그나마 외모적으로 비슷한 아셈 지역이 있는

2015년 인도 뉴델리 한국문화원에서 주최한 K-팝 경연대회 지역 예선전 장면.

동북부 사람과 외모는 다르지만 정서적으로 유사한 남부지방을 중심으로 인기가 있기 때문이다.

하지만 인도에서 정말 K-팝이 자리 잡으려면 주류인 북서부와 중부 사람들에게 침투를 해야 하는데, 아직은 갈 길이 멀다. 인도 주류가 선호하는 음악이나 가수는 신명 나는 발리우드풍의 남성적인 매력을 풍기는 검은 머리를 한 가수를 원하기 때문이다.

뿐만 아니라 로컬 음악은 우리가 접근하기조차 어려운 시장이다. 따라서 직접적인 진출보다는 간접적인 진출이 하나의 대안일 수도 있다. 즉 디지털 음악을 중심으로 한 플랫폼 비즈니스나 또는 인도의 강점(영어 구사력, 서구인의 선호하는 외모, 가창력 등)과 한국의 강점(매니지먼트, 프로덕션, 교육 등)을 부각시킨다면 새로운 모델이 탄생할 수 있을 것이다.

시장은 디지털로, 음악은 없고 시장은 있다

인도의 음악시장 규모는 2014년 기준 98억 루피(약 1억 4,000만 달러), 2020년에는 200억 루피(약 3억 달러)에 도달할 것으로 예상하고 있다. 이는 2019년까지 매년 평균 14%씩 성장하는 셈이다.

전체 음악산업에서 디지털(디지털 음악, 디지털 채널 등)이 차지하는 비중은 약 55% 정도이고, 20%만이 실제 음반 판매 등으로부터 나온다. TV·라디오 등에서 약 15%, 공연은 약 10%를 차지한다.

그럼 이 가운데 디지털, 즉 인터넷 발달로 음악 유통의 전부가 되어

인도 음악시장 규모

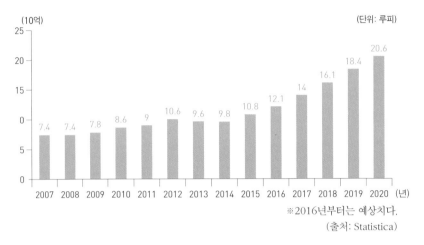

(10억)   (단위: 루피)

※2016년부터는 예상치다.
(출처: Statistica)

가는 디지털 음악의 비즈니스 모델은 어떻게 구성되어 있을까?

디지털 음악 유통 비즈니스는 크게 3가지로 구성된다.

1. 컬러링 비즈니스: 통신회사와 연계된 통화 연결음 비즈니스
2. 음원 다운로드: 음원 사이트를 활용한 다운로드 서비스
3. 스트리밍 서비스: 사븐(Saavn), 가나(Gaana) 등을 통한 음악 스트리밍 서비스

인도의 대중음악은 발리우드 음악과 로컬 음악(칸나다Kannada, 벵갈리Bengali, 봅퓨리Bhojpuri 등 지역음악)으로 크게 나뉜다.

또 국내는 500개의 레이블(Label)들이 20개의 언어로 음악을 제작하고 있다. 인도는 넓은 국토와 다양한 민족들로 인해 지역 음악이 각 지역의 정서를 잘 대변하고 있어 명맥을 유지하고 있다.

최근 들어 지역 음악은 지역을 넘어 다양한 팬층을 확보하게 되었다. 따라서 디지털 음악을 다루는 회사들은 이런 추세에 발맞춰 지역 음악사들과 제휴를 통해 음원을 지속적으로 발굴해나가고 있다.

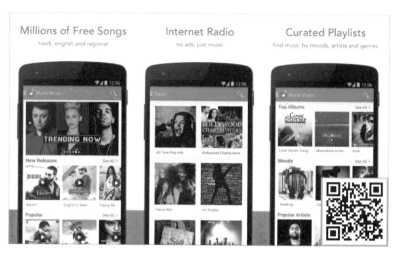

인도 최대 통신사 에어텔의 음악 앱 윙크의 홍보 내용.
🎙 윙크를 다운로드하라는 TV 광고.

스트리밍 서비스에서 최근 들어 가장 주목할 만한 사실은 대규모 투자자들의 등장이다. 일례로 2014년에는 미국의 대표적인 스트리밍 서비스인 알디오(Rdio)가 인도에 진출했고, 에어텔(Airtel), 보다폰(Vodafone) 등 통신회사들도 경쟁적으로 시장에 뛰어들게 되었다.

인도인들의 해외 진출이 많아지면서 해외에서의 인도 음악도 활기를 띠고 있다. OK 리슨!(OK Listen!)이라는 음원 사이트에서는 약 10%의 매출을 인도 외에서 벌어들였다고 한다. 다른 디지털 음원사 사븐의 경우는 40%가 해외에서 벌어들이는 매출이다. 이러한 현상으로 인해 해외 음원 판매의 중요성은 날로 높아져가고 있다.

인도 최대의 통신사 에어텔도 '윙크(Wynk)'라는 앱을 통해 디지털 시장에 뛰어들었다. 윙크는 초기에 500만 다운로드가 될 정도로 폭발적인 인기를 끌었다. 론칭 이후 약 1억 명의 고객이 이용했다. 구글플레이 스토어에서 6개월간 선호 앱으로 선정되기도 했으며, 220만 개의 음원을 자랑하고 있다.

3G 서비스의 편리함을 강조하는 1위 통신사 에어텔 광고.
🐭 같은 직장에서 근무하는 부하직원 남편과 직장 상사 아내와의 일상을 그린 영상인데 변화하는 인도의 모습을 보여준다.

성공적인 윙크의 시장 정착에 힘입어 에어텔은 윙크 안에 윙크 플러스(Wynk Plus)와 윙크 프리(Wynk Free) 2가지 종류의 앱을 운영하게 된다. 2가지 모두 처음 한 달간은 무료로 이용할 수 있다. 윙크 프리는 오직 안드로이드 스마트폰과 에어텔 3G 사용자들에게만 공개된다. 월 99루피면 무제한 다운로드가 가능한 파격적인 요금제로 시장의 반향을 불러일으켰다.

에어텔은 데이터 요금과 음원 요금을 묶은 요금제를 내놓았고, 심야에 윙크 앱을 통해 음악을 즐기거나 영화를 다운받을 경우 데이터 요금의 50%를 감면하는 혜택을 주면서 적극적인 마케팅에 나서고 있다.

업계 2위인 보다폰도 보다폰 뮤직을 형가마 디지털 미디어와 제휴를 통해 론칭했다. 업계 4~5위에 해당되는 통신사 아이디어(IDEA)의 경우에는 무료로 음악을 다운로드받을 수 있도록 서비스를 제공하는 등 공격적인 행보를 보이고 있다.

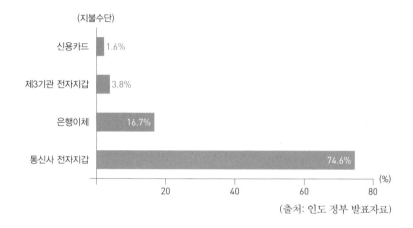

인도의 온라인 지불 수단

(지불수단)

신용카드 1.6%

제3기관 전자지갑 3.8%

은행이체 16.7%

통신사 전자지갑 74.6%

(%)

(출처: 인도 정부 발표자료)

　시장에서의 예측은 전문 음원사이트와 이동통신사의 음원사이트의 경쟁에서 이동통신사 측이 이미 유리한 고지를 점유했다고 한다. 왜냐면 사용자들은 이미 기존의 고객들과 과금체계를 오랜 기간 동안 유지했기 때문이다. 또한 고객에게 데이터 제공으로 거둬들인 수익을 통해 최소한의 비용으로 음원 서비스가 가능하기 때문이기도 하다.

　인도에서 가장 폭넓은 사랑을 받는 음악이 디지털 산업으로 진화를 하면서 최근 대두된 것이 '과금 문제'다. 따라서 모바일 지갑(Mobile Wallet)이 최근 각광을 받고 있다. 인도에서는 신용카드와 현금카드의 사용률이 우리나라에 비해 턱없이 낮다. 또한 청소년, 대학생을 비롯해 은행거래가 없는 사람의 수도 상당히 많다. 따라서 이러한 상황을 극복하는 방안으로 각광받고 있는 것이 바로 모바일 지갑이다.

　최근 국내외로부터 엄청난 투자를 받고 있는 페이티엠이 대표적이라고 할 수 있다. 페이티엠의 경우 고객이 미리 금액을 충전하고 이 금액으로 온라인 결제를 비롯 온라인 쇼핑, 심지어 주유소에서 주유까지 가능하도록 비즈니스가 날로 진화하고 있다.

Paytm in your Pocket

Live the Paytm experience on the go.
Get the app now!

페이티엠 홈페이지.
🐭 영상은 페이티엠의 활용성을 잘 보여준다.

　인도는 국토는 넓으나 인터넷 인프라가 발달되어 있지 않다. 따라서 스트리밍 서비스는 통신 인프라의 미비로 이동 시 한국과 달리 다운로드받으며 즐기는 것은 무척 제약이 많다. 그래서 요즘 들어 많이 서비스하는 것이 '캐시 서비스'다. 이 서비스는 다운로드받은 음원을 모바일폰 임시 저장장소로 저장해 사용할 수 있도록 해서 사용자 입장에서는 인터넷이 되지 않는 곳에서도 음악을 들을 수 있고, 음원 판매자 입장에서는 다른 사람이나 다른 저장 장치에 전달이 불가능하게 만들었기 때문에 각광받고 있다.

　아직 인도의 신용카드 사용률이 2%도 안 되고 여러 가지 문제로 인해 신용 카드 발급도 어렵기 때문에 이런 모바일 지갑은 계속해서 각광받을 전망이다.

　그런데 이런 합법적인 음원 비즈니스에 찬물을 끼얹는 것이 있는데 바로 불법 유통이다. 인도는 사용자의 98% 이상이 불법 음원을 사용한다 해도 과언이 아니다. 하지만 그럼에도 디지털 음악 비즈니스는 신규 플레이어들 사업자가 계속 등장하고 있다. 일례로 글로벌 4대 음악 스트리밍 회사인 알디오는 약 1,000만 사용자가 있는 딩가나(Dhingana)를 인수해서 인도에 진출했다. 원래 2013년 딩가나는 인도 레이블들과 계약 문제로 문을 닫았었다.

알디오가 론칭했을 때 3,200만 곡을 서비스한다고 대대적인 마케팅을 전개했다. 프리미엄 서비스는 월 120루피(한화 2,700원)면 무제한 이용이 가능하다. 또 얼마 전 호주의 구베라(Guvera)도 1,200만 개 음원을 가지고 비즈니스에 돌입했고 온라인 광고를 보는 조건으로 무료로 서비스를 제공한다. 인도의 사븐 기업도 홍콩의 해지펀드 스테드뷰 캐피털(Steadview Capital)이 인수했다.

EMI 뮤직 인디아의 CEO인 데브라지 산얄(Devraj Sanyal)은 인도의 디지털 음악은 크게 스트리밍 쪽으로 옮겨가게 될 것이라고 예상했다. 그는 "다운로드 서비스는 해외 진출 기업이 많아지면서 점점 정부를 압박해 강력한 규제를 받게 될 것이며, 이로 인해 지적재산권 문제는 해결이 될 것이다"라면서 EMI도 스트리밍 서비스 확산을 눈여겨보고 있다고 말했다.

디지털 음악시장의
큰 걸림돌

디지털 음악시장의 가장 큰 걸림돌은 무엇일까? 온라인 음원 사업자들은 인도의 TRAI(Telecom Regulatory Authority of India: 통신사 권한에 관한 규약) 규제로 인해 온라인 음악을 살 때 이중으로 인증을 해

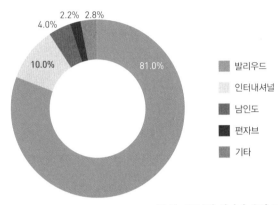

인도 장르별 음악시장

2.2% 2.8%
4.0%
2.2% 2.8%
10.0%
81.0%

- ■ 발리우드
- ▨ 인터내셔널
- ■ 남인도
- ■ 펀자브
- ■ 기타

(출처: 2014년 헝가마 음악 트렌드 조사)

야 하는 제도가 디지털 음원 관계자들이 말하는 가장 큰 걸림돌이다. 또 음원을 가진 음악가나 레이블들의 높은 수수료의 요구, 인터넷 인프라의 미비 등도 걸림돌이라고 한다.

또한 시장 측면에서도 발리우드와 관계없이 활동하는 인디 뮤지션들은 발리우드의 음악에 의해 획일화되고 시장이 줄어든 인도 음악시장에 대해 우려를 금치 못하고 있다. 이는 음악의 다양성을 해쳐서 궁극적으로 인도 음악 발전에도 나쁜 영향을 미치고 있다.

이러한 당면 문제보다 더 큰 과제는 사용자 경험을 높여주면서 음악의 다양성도 고객이 경험하게 만들어야 한다는 점이다. 예를 들어 음원 사이트에 들어가보면 인도 음악 외의 음악은 거의 구경하기 힘들다. 설사 발견한다 해도 인도사람의 재즈, 인도사람의 블루스라고 보면 된다. 클래식이나 다른 지역음악은 정말 찾기 힘들다.

인도에서 만일 누군가 음원사업을 시작한다면 주류를 뚫기보다는 니치 시장, 즉 인도인들이 경험해보지 못한 음악으로 도전하는 것이 여러모로 유리하지 않을까라는 생각이 든다.

인도의 디지털 음악시장은 앞으로도 지속적인 투자와 공격적인 마케팅 활동이 계속 진행될 것이다. 이는 인도의 디지털 시장의 트렌드를 경험한 사업자들이 무리를 해서라도 시장 선점을 해야 투자도 받고 사업의 덩치도 키워서 디지털 음원 사업을 독점하게 된다는 사실을 잘 알고 있기 때문이다. 하지만 신중에 신중을 기해야 할 가장 큰 부분은, 음악은 공짜라는 인도인의 의식을 어떻게 바꿔줄 것인지에 대해 고민을 많이 해야 할 것이다.

뮤지컬,
새로운 가능성에 대한 도전

 인도에도 뮤지컬이 우리나라처럼 성행하나요?

디즈니에서 2015년 10월과 12월 인도 최초로 브로드웨이 뮤지컬 〈미녀와 야수〉 공연을 뭄바이와 델리에서 실시했다. 인도의 엔터테인먼트 산업 변화의 신호탄으로 불리는 이 사실은 상당히 큰 의미를 가진다. 우선 대만원 사례로, 모든 공연이 전회 만석을 기록했다. 물론 오리지널 배우들이 인도에 와서 공연을 한 것은 아니고 인도 배우들이 공연을 펼쳤지만, 언론에서도 많은 관심을 나타냈고, 인도 최초의 디즈니 뮤지컬 공연이라서 주변에 많은 사람들도 흥미롭게 지켜봤다.

제작사에서는 이번 성공으로 상당히 고무된 모양이다. 왜냐면 그들도 초기엔 성공에 대한 확신이 없었기 때문이다. 인도가 그동안 워낙 외골수적인 문화 소비 행태를 보여왔기 때문이다.

그러면 제작자가 말한 성공의 비결은 뭐였을까? 무척 단순했다. 인

킹덤 오브 드림스의 〈장구라〉 공연 장면.

도의 중산층은 많이 증가했지만 영화 이외에 엔터테인먼트 수단이 없다는 점이다. 특히 가족 단위로 즐길 수 있는 놀이시설과 콘텐츠 등은 거의 없다 해도 과언이 아니다. 주말이 되면 가는 곳은 딱 정해져 있다. 영화관·식당·쇼핑몰, 이렇게 딱 3개 장소다. 도대체 무슨 재미로 살까, 하는 의문이 넘친다.

비슷한 인도 로컬 뮤지컬을 상영하는 장소가 인도에서는 '킹덤오브드림스(Kingdom of Dreams)'가 있다. 이 장소는 뉴델리 바로 옆 구르가온이라는 외국인기업 밀집 지역에 있는데, 그곳에서는 라이브 공연과 음식을 즐길 수 있다. 외국인들이 무척 많이 방문하는 장소 중 하나이기도 하다. 시설은 무척 낡았지만 4D를 경험할 수 있고, 특수장치를 사용해서 재미있는 것을 시도할 수도 있다.

필자도 이 장소에서 신제품 론칭 행사를 진행하고자 여러 번 방문해서 시설과 콘텐츠를 꼼꼼히 점검한 적이 있다. 공연은 인도 전통 고전을 뮤지컬 형태로 실시하는데 미국 브로드웨이 뮤지컬과 대비가 되는 발리우드 뮤지컬을 표방한다. 대표적인 공연은 〈장구라 쇼(Zangoora Show)〉(Zangoora는 '떠돌이 왕자'라는 뜻)로, 힌디어로 공연

제4부 콘텐츠 진화 & 진화된 콘텐츠가 만드는 세계

〈미녀와 야수〉 제작발표회.(출처: 〈타임스 오브 인디아〉)

한다. 티켓 가격은 주말은 한화로 약 3만 5,000~7만 7,000원 수준이고, 주중은 2만 6,000~3만 5,000원 수준이다.

킹덤오브드림스는 방문지로서의 매력은 떨어진다. 우선 입장료가 무척 비싸고, 중요한 것은 인도의 전통을 이해하지 못하면 이해할 수 없는 스토리 요소들로 인해 흥미가 많이 떨어진다는 점이다. 게다가 힌디어로 공연을 하기 때문에 외국인의 눈으로 보기에는 좀 난해하다.

반면 〈미녀와 야수〉의 경우 무대를 270도로 활용하면서 장엄하고 볼거리가 충분했다. 필자가 미국이나 한국에서 봤던 〈미녀와 야수〉에 비해 전혀 손색이 없는 무대로 꾸며졌다. 또 중산층 이상 가족 대상 공연으로 영어로 공연을 했기 때문에 이해하기도 쉬웠다.

제작자 측에서는 처음 기획할 때 정말 많은 스터디를 했다고 한다. 우선 가족지향적이면서도 새로운 볼거리, 그리고 음악이 곁들여지는 장르로 영어로 된 스토리텔링 요소가 강하기 때문에 인도에서 공연을 한다면 기꺼이 볼만한 사람이 많다는 결론이 나왔다고 한다. 그 결과 성공한 것이다. 또한 1급지(Tire 1) 도시 지역, 그중에서도 뭄바이나

〈미녀와 야수〉의 공연 장면. 실제 공연은 한국이나 미국에 비해 더욱 큰 감동으로 다가왔다.
🎬 〈미녀와 야수〉 프로모션 영상. 감동이 남다르다.

델리가 이런 욕구 및 수요가 가장 많다는 조사 결과로 두 도시에서 공연을 올리게 되었다.

전통적으로 〈미녀와 야수〉 브로드웨이 뮤지컬은 30~40명 정도의 배우를 캐스팅한다. 하지만 인도 공연에서는 100명 이상의 배우들이 나서서 장엄하고 엄청난 스케일로 관객을 압도했다. 티켓 가격이 인도에서는 비싼 가격인 1,500~7,500루피(약 2만 6,000~13만 원)까지였다. 뭄바이에서만 2만 7,000명의 관객이 다녀갔고 전회 매진이라는 최고의 기록을 세웠다. 이런 성공에 힘입어 2016년 말 다시 공연에 들어간다고 한다.

공연을 관람한 사람들과 이야기를 나눌 기회가 있었다. 그들의 마음속에서는 인도 중산층 이상의 경제 수준이면 이제는 이런 공연을 볼 때도 되었는데, 이제야 이런 공연을 보게 되니 문화적으로 엄청난 자극을 받았다고 한다. 특히 인도의 문화 제작자들이 반성해야 한다고 입을 모았다. 왜냐하면 제작자들이 자신의 경험으로 '인도 사람은 이럴 것이다'라는 잣대로 문화를 이끌어가기 때문이다. 따라서 새로운 것을 잘 연구해서 들여온다면 인도인들도 충분히 받아들일 수 있다고 이야기했다.

뮤지컬 관람에서 느낀 인도의 현재는 1990년대 우리나라를 보는 듯했다. 문화를 비롯해 많은 부분에서 인도는 이러이러하다는 선입견을 가지고 시행되는 것을 상당히 많이 봐왔다.

필자도 인도에서 여러 가지 새로운 시도를 많이 해봤는데 그러한 것들이 처음에 많은 반대에 직면했다. 하지만 기존의 고정된 시각으로 인도 시장을 보게 되면 기회는 항상 멀리 있고 시장을 이끌어가지 못하게 된다.

먼저 전략도 중요하지만 새로운 것에 대한 인도인들의 지적 허영심을 잘 이용한다면 기회는 항상 다가올 것이다. 문화에서 인도는 아시아 국가이지만 '서구 문화를 열망하는 또 다른 한국과 같은 아시아'라는 사실을 명심하면 길이 보일 것이다.

인도 음악 산업을 만드는 사람들

 인도에서 음악에 종사하는 사람들은 어떠하며, 일하는 환경은 어떤가요?

인도에서는 약 2억 명 정도가 엔터테인먼트업에 종사한다고 한다. 이 통계는 그리 신뢰가 가지 않지만, 3차 서비스업이 60%가 넘는 인도에서 영화, 음악 등의 산업을 봤을 땐 수긍이 간다.

인도에서는 매해 많은 영화가 출시된다. 또한 다양한 언어로도 제작된다. 인도의 상업 음악은 최근 들어 영화와 같이 간다 해도 과언이 아니다.

각각의 영화 음악은 작곡가, 음악감독, 프로그래머, 작사가, 가수와 제작을 맡고 있는 레코딩 기술자, 믹싱 기술자, 마스터링 기술자, 프로듀서 등이 참여해서 만든다. 또 음악연주자(오케스트라를 비롯한 반주자)들도 같이한다. 인도 영화 클러스터에 가면 이러한 음악을 만드는 사람들을 전문적으로 구해주는 에이전트들이 있다.

보컬리스트들과 플레이백 가수들은 거의 영화 주연들의 노래를 대신한다. 전반적인 보수는 낮은 편이나 일부 가수들의 경우 영화가 히트를 치면 스타덤에 오르기도 한다. 그러나 관객들의 대부분은 영화 상영 내내 그 가수가 누군지도 모르는 경우가 대부분이다.

인도의 많은 가수들은 제대로 된 교육을 받은 사람이 아니다. 이는 산업에 비해 공급이 부족하다는 뜻이다. 따라서 제대로 교육받은 뮤지션들에게는 기회가 많은 것이 바로 인도다. 인도에서는 음악 교육을 제대로 받기가 상당히 힘들기 때문에 공급보다 수요가 많다. 그리고 실제로 음악 교육을 제대로 받은 사람들은 높은 급여가 지급되는 자리에 가고 있다.

작곡가의 경우 한 작품에 대략 20만 루피 이상의 보수를 받는다. 물론 경력이나 실력에 따라 다르다. 일부 작곡가들은 로열티 수익 등 다른 수입원이 발생하기도 한다. 그리고 인도의 오케스트라 연주자의 경우 상당히 높은 급여를 받는다. 인도에서는 악기 연주자, 특히 클래식 악기 연주자를 구하기가 상당히 어렵기 때문이다.

최근 음악의 수요가 영화·TV·라디오 등 전통적인 장르를 넘어 게임 등 디지털 영역으로 확산되고 있다. 특히 최근에는 게임 음악의 수요가 크게 늘어나고 있다. 이는 지적재산권 보호에 대한 인식이 높아지고 있다는 반증이기도 하다. 사운드 효과 및 게임 음악은 IP(지적재

뭄바이 음악학교, 트루 스쿨 오브 뮤직(True School of Music)의 인도 음악 강의실 전경.

산권)에 민감하기 때문에 특히 인력이 많이 필요하다. 이들은 대우도 상당히 좋고 급여도 IT 프로페셔널급 개발자 연봉에 준하는 급여를 보장받기도 한다(최하 약 월 6만 루피: 900달러 이상).

　최근 들어 인도에서는 행사 음악 등 이벤트를 매니지먼트하는 전문 뮤지션도 속속 늘어나고 있다. 일렉트로닉 댄스뮤직을 가지고 음악 이벤트 등에 참여를 하기도 하는데, 하룻밤 지불 금액은 대략 최고 수준의 경우 5만 루피(750달러) 정도로, 결코 만만한 금액이 아니었던 것으로 기억한다.

배울 곳, 배울 사람이 없는
인도의 음악교육

인도의 음악교육은 한마디로 아직까지는 체계화되지 않고 있다. 하지만 음악학원은 전국적으로 많이 생겼다. 왜냐면 음악학원이 인도에는 수익이 되는 비즈니스이기 때문이다.

인도는 자신이 음악적인 재능이 조금만 있어도 돈 없이 음악학원을 차리기 쉽다고 한다. 그만큼 재능 있는 사람을 찾기 힘들다는 이야기다. 당장 학원을 차리면 지금이라도 5~500명까지 능력에 따라 학생 모집이 가능하다고 말하기도 한다.

대부분의 학생은 취미로 음악을 하려는 사람이고, 학생과 직장인들이 많으며, 한 달 수강료는 2,000~8,000루피(3만 5,000~14만 원) 정도 된다.

'〈NH7 위크엔더〉' 공연 장면. 독특한 무대 구성으로 볼만하다.
🐭 2015년 〈NH7 위크엔더〉 공연 장면.

독특한 실내 디자인으로 유명한 뭄바이의 클럽, 블루 프로그.
🐭 프리양카 초프라(Priyanka Chopra)의 블루 프로그 뭄바이 공연 장면.

　최근 몇 년간 음악 공연이 과거에 비해 늘었다. 공연을 가보면 최하 1,000루피(약 1만 7,000원)에서 1만 5,000루피(약 25만 원)까지 티켓 값이 다양하다.

　인도에서 가장 인기가 있는 뮤직 페스티벌은 〈NH7 위크엔더(NH7 Weekender)〉다. 10~12월에 열리는데, 인도의 주요 5개 대도시에서 개최되며 수십만 명 이상이 참여한다. 라인업도 전통 음악부터 해외 연주자까지 다양하다.

　최근에는 벼룩시장부터 사람이 많이 모이는 곳이라면 공연이 여기 저기 벌어진다. 특히 인도처럼 축제가 많은 나라에서는 공연으로 먹고 사는 가수들이 많다.

　인도의 클럽에 가면 아주 재미있는 현상을 엿볼 수 있다. 뭄바이의 하드록 카페(Hard Rock Cafe)는 음악과 함께 음식과 음료를 함께 즐길 수 있다. 음악은 좀 창의적이고, 우리나라로 말하면 인디밴드 성격이 강한 실험정신이 투철한 음악이 공연된다.

뭄바이에는 하드록 카페와 블루프로그가 유명하다. 언젠가 블루프로그 지배인에게 한 달 평균 얼마나 많은 사람이 방문하는지 물었는데, 1만 명 이상 손님이 들어온다고 한다.

매일매일 라이브 공연이 펼쳐지고 입장료는 300루피(약 5,000원) 정도 된다. 하지만 주말은 600루피(1만 2,000원)로 올라간다. 만일 빅가수가 출연하면 입장료는 2,000루피 이상 훌쩍 넘게 된다. 최하 1만 루피에서 3만 5,000루피(17만 원에서 60만 원)까지 다양하다.

이상에서 살펴본 바와 같이 꼭 K-팝이 아니라도 니치 시장을 찾으면 인도에서 가능성이 많은 것이 한두 개가 아닐 것이다.

제4부 콘텐츠 진화 & 진화된 콘텐츠가 만드는 세계

애니메이션,
디지털 생태계 성장의 핵심

인도 애니메이션
시장 전망

 인도의 애니메이션 시장은 어떤가요?

2015년 11월 30일은 우리나라의 애니메이션이 최초로 인도에 방송이 되던 날이었다. 바로 〈로보카 폴리〉를 가지고 인도의 최대 어린이 채널 헝가마를 통해 1일 2회, 주말 프라임 타임(prime time)에는 주중 방영한 것을 재방송을 실시했다.

〈로보카 폴리〉에 대한 시장의 반응은 굉장히 뜨거웠다. 인도의 많은 사람들이 필자에게 〈로보카 폴리〉에 대한 궁금한 점을 문의해왔다. 이 캐릭터를 사용하고 싶은데 어떻게 하면 쓸 수 있는지에 대한 문의가 가장 많았다.

또한 정부, 기자, 방송, 유관 산업에 종사하는 사람들의 반응도 한결같이 우리나라 애니메이션 수준에 대해 놀라움을 금치 못했다. 그도 그럴 것이 인도의 애니메이션 시장은 우리나라에 비해 아직 걸음마 단계이기 때문이다.

인도 애니메이션 시장의 성장은 매년 평균 약 7~9%를 보이고 있고, 향후 성장은 10% 이상이 예상된다. 하지만 인도의 메인인 영화 산업의 성장에 비해서는 다소 낮고, 오히려 영화와 밀접한 관계가 있는 VFX(특수효과) 시장은 매년 20%를 넘나드는 성장을 보이고 있다.

하지만 필자의 경험상 인도가 애니메이션 분야에 경험이 현저히 낮긴 하지만 잠재력만큼은 정말 무궁무진하게 갖고 있는 것으로 보인다. 이는 〈로보카 폴리〉를 경험해본 인도의 여러 사람들이 전하는 말을 종합해보면 알 수 있다. 기존 인도의 애니메이션 시장은 2D 위주다. 그리고 3D 애니메이션은 극장에서도 상영되었으나 수준이 상당히 떨어지기 때문이다.

인도 제작 극장판
3D 애니메이션

〈샤 사힙자드(Chaar Sahibzaade)〉라는 3D 애니메이션이 2014년 인도극장에서 상영했다. 2시간 9분짜리 애니메이션으로 인도뿐만 아니라 미국·영국 등 인도인이 많이 사는 나라에서도 상영이 되었다. 전체적으로는 9억 루피(1,350만 달러)를 벌어들였고, 투자비는 1억~1억 2,000루피(150~180만 달러)였다.

애니메이션 제목에서도 알 수 있듯이 1700년대 초, 제10대 시크교의 구루 고빈드 싱(Gobind Singh)의 아들 4명이 무굴제국의 100만 대군에 맞서 싸운 희생정신을 그린 영화다. 3D 애니메이션으로 제작되

〈샤 사힙자드〉 애니메이션 영화의 포스터.
🎞 2016년 말에 개봉될 〈샤 사힙자드 2〉의
공식 예고편 영상.

었으나 우리 제작 수준에 한참 미치지 못한다.

하지만 흔히 이야기하는 가성비로 보면 엄청나다. 투자금액의 최소 8배 이상은 벌어들였으니 말이다. 이런 성공에 힘입어 2016년 11월경에 속편이 만들어져 개봉할 예정이라고 한다.

이 사례에서도 알 수 있듯이 인도 애니메이션에서도 적정한 수준으로 만들어 적절한 가격으로 콘텐츠에 목마른 시장에 작품을 내놓고 성공을 거둔다는 공식이 적용된다.

인도에서 간단한 애니메이션이나 VFX를 제작할 때 상당히 저렴한 비용에 놀라곤 했다. 비용을 맞추기 위해 품질을 희생하는 것이 아니라 품질이 낮으니 비용이 절감된다는 것이 정확한 표현일 것이다.

우리나라가 후진국에 진출할 때는 품질도 중요하지만 원가경쟁력도 중요하다. 따라서 이런 점도 눈여겨 살펴봐야 할 것이다.

인도 애니메이션 산업의
3가지 비즈니스 모델

 인도 애니메이션 산업이 우리나와 다른 점은 무엇인가요?

우리나라는 애니메이션을 가지고 완구, 뮤지컬, 아동용품, 체험 시설 등 체계적 수익 모델을 가지고 있다. 하지만 인도는 이와 달리 제작에 훨씬 많은 공을 들이고 있다.

인도는 애니메이션 제작에서 3가지 비즈니스 모델을 가지고 있다.

첫째, 제작을 통한 지적재산권 확보

둘째, 아웃소싱(수입)

셋째, 해외 애니메이션 제작사와 공동 제작 등이다.

첫 번째 모델인 '제작을 통한 지적재산권 확보'와 관련해서 우수 사

〈초타빔〉 극장판.
🐘 〈쿵푸 키즈 초타빔〉.

례를 하나 들자면 〈초타빔(Chhota Bheem)〉이 그 예가 될 수 있을 것이다. 인도에서 제작해 상영을 했으나 극장 성적표는 그렇게 좋지 않아 제작비에 미치지 못했다. 하지만 방송과 머천다이징을 통해 다행히 복구를 할 수 있었다.

인도의 연간 극장용 애니메이션 제작편수를 보면 5편 이내로 극히 적다. 제작이 적은 가장 큰 이유는 스토리텔링이 잘 안 되고 제작 기술이 부족하다는 점도 있고 제작비 부담도 만만치 않기 때문이다. 인도 애니메이션 산업을 지켜본 우리나라의 〈로보카 폴리〉〈슈퍼윙스〉 등 애니메이션 개발 초기 완구를 접목해 수익성을 높이는 기법을 개발해 성공시킨 전문가인 '데이비드 토이' 신상훈 사장의 이야기에 따르면 우리나라 제작 실력보다 약 5~10년 정도 뒤진다고 한다.

지난 2년간 제작된 애니메이션 제작비와 더불어 박스오피스 수익을 보면 극장판으로 나온 애니메이션의 6편 중 5편이 실패했다. 그중 가장 많은 제작비를 투자한 〈코차다이냔(Kochadaiiyaan_The King with

2013~2014년 제작된 인도의 극장 애니메이션 제작비와 수익

(단위: 100만 루피)

영화명	예산	수익	제작사	제작연도
〈마이틀리 라주 리오 콜링 (Mightly Raju Rio Calling)〉	50	11	그린 골드 애니메이션 Green Gold Animation	2014년
〈코차다이냔 (Kochadaiiyaan)〉	1,250	810	액셀 애니메이션 스튜디오 Accel Animation Studio + 해외 애니메이션 스튜디오	2014년
〈샤 사힙자드 (Chaar Sahibazzde)〉	200	332	아이리얼러티스 iRealities	2014년
〈마하바라타 (Mahabharata)〉	500	14	펜 인디아 Pen India Pvt. Ltd	2013년
〈초타빔과 발리의 왕관 (Chhota Bheem and the Throne of Bali)〉	124	43	그린 골드 애니메이션 Green Gold Animation	2013년
〈메인 크리슈나 훈 (Main Krishna Hoon)〉	NA	3	J.C 필름 비전 J.C Film Vision	2013년

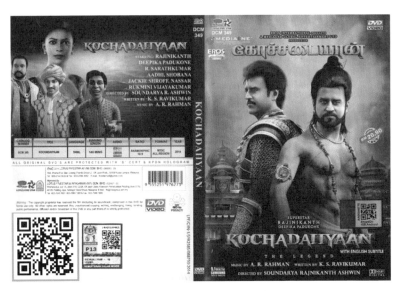

최근 들어 가장 제작비가 많이 든 3D 애니메이션 〈코차다이난〉.
🐨 〈코차다이난〉 트레일러 영상. 상당히 부자연스럽다.

alone, curly mane)〉의 경우를 살펴보면 3D로 제작되었으나 스토리 구성은 정말 엉성하다. 그리고 애니메이션은 자기만의 세계관이 있어야 하는데 이러한 세계관은 존재하지 않고, 일반 영화를 그냥 애니메이션으로만 옮겨놨다는 느낌을 지울 수 없다. 한 영화평론가는 이 애니메이션에 평점을 주면서 이 영화의 기술에는 낙제점, 소재에는 합격점이라는 평을 했다. 언어 또한 영어와 타밀어로만 제작되어 저변 확대가 어려웠다.

전 세계적으로 100편의 영화가 만들어지면 약 10여 편은 애니메이션이다. 트렌드로만 봤을 때 연간 약 2,000여 편의 영화가 제작이 되는 인도에서 애니메이션 영화는 현재보다 더 많이 만들어져야 하는 것이 산술적인 계산이다.

인도 자체 제작 애니메이션 영화와 해외수입 애니메이션 영화를 비교했을 때 아직까지는 인도 제작 애니메이션 영화가 성공했을 때 더 높은 수익을 가져간다.

그나마 최근 성공한 해외 애니메이션을 순서대로 보면 〈드래곤 길들이기 2〉 〈리오 2(Rio 2)〉 〈빅 히어로 6(Big Hero 6)〉 〈레고 무비(LEGO Movie)〉 등의 순이다.

애니메이션 시장의 두 번째 모델은 해외 애니메이션 수입 방영이다. 가장 쉽고 간단한 방법이며 가장 많이 활용되는 방법이다.

아래 도표에서도 알 수 있듯이 미국·일본, 그리고 유럽에서 제작된 애니메이션이 가장 많다. 기타 국가(중국·덴마크·호주·멕시코·포르투갈·말레이시아·아르헨티나·스페인 등) 중에서 우리나라는 포함되지 않는다. 두 번째 모델은 저위험·저수익의 대표적인 경우라서 도전을 멀리하는 인도 애니메이션 업계가 쉽게 선택하는 수단이다.

인도에서 방영되는 전체 애니메이션 중에서 인도에서 제작된 애니메이션은 약 13% 정도 된다. 하지만 최근 인도에도 로컬 제작 애니메

국가별 애니메이션 수입 방영 비율

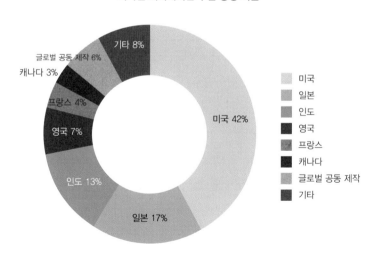

(출처: KPMG 인도 조사 자료)

인도에서 제작된 애니메이션 〈하누만〉.(출처: 유튜브)
🐾 〈하누만〉의 일부. 인도의 전용적 캐릭터를 확인할 수 있다.

이션이 많아지고 있다.

최근 수입되는 애니메이션의 숫자도 시장 확대와 맞물려 점점 증가하고 있는 상황이다.

최근 들어 닉주니어, 카툰네트워크, 니켈로디언, 포고 등 다수의 애니메이션 채널들이 있어서 방영되는 애니메이션 숫자는 계속 증가 추세에 있다. 하지만 각 채널들의 수익구조는 우리가 생각하는 수익구조가 아니란 사실을 명심해야 한다.

필자는 〈로보카 폴리〉라는 세계적으로 성공한 애니메이션을 가지고 충분히 어린이 TV 채널을 뚫을 수 있을 것이라는 생각으로 닉주니어를 비롯해 4~5개 채널의 담당자와 미팅을 가졌다. 하지만 돌아오는 것은 돈을 줘야 방영을 해주겠다는 것이다. 나중에 알게 된 일이지만 인도의 애니메이션 방송 시스템의 독특한 운영 때문에 우리나라와 다른 이런 일이 발생한 것이다.

참고로 다양한 언어가 사용되는 인도에서 전국방송을 위해서는 최

TV로 방영된 〈모투 팔투(Motu Paltu)〉는 필자도 인도에서 자주 봤던 애니메이션.
🎥 〈모투 팔투〉 동영상. 줄거리가 단순하고 지루하긴 하지만 은근히 재미가 있다.(출처: 유
튜브)

소한 4~5개의 메인 언어로 더빙을 해야 한다. 더빙 비용은 우리나라
에 비해서 무척 저렴하지만 20분을 기준으로 더빙 가격이 책정된다.

인도의 어린이 방송은 디즈니(Disney), 비아컴 18(Viacom 18), 터
너(Turner), 그리고 남부지역을 장악하고 있는 선(Sun) 네트워크 등이
있다.

인도의 애니메이션 업계에서는 2014년 〈미스터 피바디와 셔먼(Mr.
Peabody & Sherman)〉과 〈드래곤 길들이기 2〉가 나온 이후 중국·일
본 등 아시아계 애니메이션과 미국 애니메이션의 경쟁이 본격적으로
시작되고 있다.

특히 이러한 해외 애니메이션의 인도 시장 점령을 지켜보면서 애니
메이션 업계에서는 인도가 전체를 잘할 수 없으니, 선택과 집중, 즉 디
자인·스토리·레이아웃 등 잘할 수 있는 분야를 전문적으로 육성해야
되지 않느냐는 목소리도 많이 나오고 있다.

인도 3D 애니메이션 〈샤 사힙자드〉 성공 방정식

〈샤 사힙자드〉는 국내뿐만 아니라 해외에서 상영이 되었지만 해외 상영은 주로 해외 거주 인도인을 대상으로 상영되었다. 초기 개봉했을 때 국내 350개 해외 75개 스크린에서 걸렸으며, 해외 상영은 미국·캐나다·영국·호주·뉴질랜드 등 인도인 거주가 많은 나라에서 상영되었다. 영화 상영 중 호평이 이어져 국내는 450개, 해외는 175개의 스크린에서 추가로 상영되었다.

애니메이션 영화가 성공하기 어려운 인도에서 이 영화가 성공하게 된 배경은 다음과 같다.

처음 시크교를 소재로 영화 기획을 했을 때, 시크교 측에서는 제작을 허락하지 않았다. 심지어 주인공의 이미지를 만들기 위해 요청했던 초상화 이미지를 얻는 데도 실패했다. 또한 종교적인 보복이 두려워 목소리를 연기한 사람들의 경우 내레이터를 제외하고는 익명으로 작업을 했다. 하지만 결국 8개월에 걸친 노력과 설득으로 캐릭터에 대한 이미지를 성공적으로 만들어냈다.

영화의 사실감을 높이기 위해 제작자는 시크교도들이 많이 사는 펀자브 지역을 여러 차례 방문해 그들의 목소리를 녹음하고 주변 환경을 스케치했다. 해외 애니메이션 개발자들이 도저히 만들지 못하는 인도인만의 제스처나 뉘앙스, 발음, 스토리 요소를 살리기 위한 철저한 노력이 숨어 있었다. 비록 이 노력이 스크립트에는 나오지 않지만 영상에 구현되었다. 뿐만 아니라 그간 인도 애니메이션 영화가 실패를 거듭했기 때문에 이를 교훈 삼아 철저한 예산관리로 예산 낭비를 최소화했다.

종교적인 문제가 야기되는 것을 방지하기 위해 미리 시크교 종교위원회(Shiromani Gurdwara Parbandhak Committee)와 필요한 조치를 취해두

〈샤 사힙자드〉는 실제 사실을 바탕으로 제작된 애니메이션이다. 근래 들어 유일하게 성공한 애니메이션이다. 영화 제작에는 콘셉트 개발부터 무려 5년의 시간이 걸렸다.
🐭 〈샤 사힙자드〉의 베스트 신만 모은 영상.

는 노력도 게을리하지 않았다. 이 애니메이션은 인도인들답지 않은 이러한 세세한 관리로 성공을 거뒀다고 말할 수 있다.

애니메이션 제작은 뭄바이에 있는 아이리얼리티스(iRealities)에서 진행을 했고, 50여 명의 애니메이터와 200명의 프로젝트 관리 요원들이 함께 영화를 제작했다.

미국이 점령한
인도 어린이 TV 채널

인도에서는 채널별 전통적인 타깃 고객층이 따로 존재한다. 하지만 최근 추세는 시장점유율을 늘리기 위해 타깃 고객을 세분화하는 전략도 자주 목격된다.

예를 들자면 디즈니 채널의 경우 기존의 키즈 채널에서 패밀리 채널과 프리 틴스(Pre-teens, 4~14세) 채널로 변화를 시도하고 있다.

비아컴 18 산하의 니켈로디언(Nickelodeon)은 다른 메이저 방송국들과 비슷한 전략을 쓰고 있지만 다소 다르게 전개하고 있다. 우선 교육과 엔터테인먼트라는 줄기를 가지고 비아컴 18이 소유한 채널별로 다른 전략을 전개한다. 소닉 닉(Sonic Nick) 채널은 액션을 좋아하는 영 어덜트(Young Adult)인 10~17세를 타깃 고객으로 삼고 있다. 닉 주니어(Nick Jr.)는 2~6세를 타깃으로 삼고 있다.

터너의 카툰 네트워크는 액션부터 코믹한 애니메이션까지 다루며 장르의 폭이 넓다. 포고(Pogo)의 경우 TV 전용 애니메이션과 라이브 액션 등도 방영을 한다. 선 네트워크는 남부 타밀을 중심으로 방영이 되는 지역 방송이고 지역 언어 위주로 방송을 한다(타밀어, 텔루구어, 칸나다어Kannada, 말라얌어Malayalam 등).

전반적으로 인도 아동 채널의 경우 미국 자본이 대부분 지배한다 해도 과언이 아니다. 인도 자본이 들어간 TV는 선 네트워크가 전부이지만 남부지방 중심이라는 한계를 가진다. 미국은 수십 년 전부터 인도 진출을 준비했고, 플랫폼을 지배하는 것이 장기적으로 승산이 있다고 보고 투자를 게을리하지 않았다.

그렇기 때문에 한국 애니메이션에 대한 이해와 정보가 거의 없다시

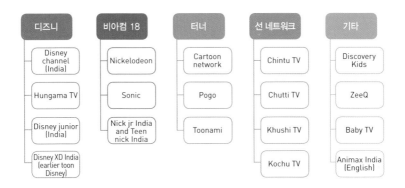

방송사별 보유 채널

디즈니	비아컴 18	터너	선 네트워크	기타
Disney channel (India)	Nickelodeon	Cartoon network	Chintu TV	Discovery Kids
Hungama TV	Sonic	Pogo	Chutti TV	ZeeQ
Disney junior (India)	Nick jr India and Teen nick India	Toonami	Khushi TV	Baby TV
Disney XD India (earlier toon Disney)			Kochu TV	Animax India (English)

피 한 것이 당연하다. 영세한 한국 애니메이션 업체의 경우 비용을 지불하면서까지 인도에 방영할 이유가 없기 때문이다.

미국은 자체 보유 채널이 있기 때문에 자국 제작 애니메이션 방영 비율이 상대적으로 높다. 인도 제작 애니메이션의 비중은 13%에 달하는데, 이것은 인도 정부가 제시한 자국 콘텐츠의 의무 방영 비율을 정해놓았기 때문이다. 인도의 키즈 채널이 전체 채널 중 차지하는 시청률은 2012년 6.7%, 2013년 7.5%, 2014년 7.3%로 계속 증가하고 있다. 또한 시청자 수는 대략 2억 명으로 추산된다(Nick Jr 발표).

이렇게 시청률이 올라가는 이유는 아동의 인구가 점차 늘어나기 때문이다. 과거에는 인도의 신화 등이 주요했다면 최근 들어서는 디즈니의 〈도라에몽〉, 포고 TV의 〈초타빔〉, 카툰 네트워크의 〈오기와 카크로치(Oggy And The Cockroaches)〉, 닉의 〈모투 팔루〉〈팍담 팍다이(Pakdam Pakdai)〉, 그리고 〈닌자 하토리〉 등이 개발되어 다양화하고 있다.

최근 트렌드 중 특이한 것은 캐릭터에 대한 선호가 점점 분명해진다는 점이다. 특히 일본계와 캐릭터에 대한 선호가 높아지고 있는 것

〈오기와 카크로치〉는 게으른 고양이 오기의 심플하고 재미있는 일상을 그린 애니메이션이다.
🐨 〈오기와 카크로치〉의 14분짜리 에피소드 영상.

은 주목할 만한 현상이다. 오라맥스(Oramax)가 2014년 조사한 바에 따르면 방송 플랫폼은 미국 플랫폼, 애니메이션은 일본·미국·인도 캐릭터와 기타 유럽계 캐릭터가 인기를 끌고 있다.

　세 번째 비즈니스 모델은 합자 및 공동 제작이다. 우선 우리 애니메이션이 인도 진출을 도모할 때 생각해봐야 할 것이 2가지가 있다. 우선 캐릭터 노출 빈도를 높이는 것이고, 다른 하나는 일본-인도 공동 제작 케이스처럼 새로운 캐릭터를 창조하는 것이다. 특히 〈닌자 하토리〉의 경우 일본과 인도가 공동으로 제작해서 아시아 시장으로 판매에 나선 애니메이션이다. 아직 2D가 통하는 시장으로 진출을 한 것이다.

　인도와 일본이 시행했던 공동 제작 방식은 현재 인도 정부 차원에서 가장 관심을 갖는 분야이기도 하고, 인도 업체의 실력을 향상시키면서 세계로 진출할 수 있는 계기도 만든다. 이 방법을 진행하게 될 경우에는 예산 지원, 세금 감면과 TV 방송 쿼터 확보 등 국가 간 전략적

애니메이션 〈닌자 하토리〉. 인도에서 처음 〈닌자 하토리〉를 봤을 때, 일본에서 가져온 애니메이션이 아닐까 했다. 이 애니메이션을 보면서 어린이들이 일본에 대해 어릴 적부터 자연스럽고 친근하게 생각하는 것을 보니, 무서운 일본의 저력이 느껴졌다.

🐾 〈닌자 하토리〉의 12분짜리 에피소드 1편.

이고 입체적인 정부 차원의 협상이 수반될 때 효과가 높아진다.

최근 인도 정부는 중국·캐나다와 협약을 맺었고, 브라질·뉴질랜드·이탈리아·폴란드·프랑스·독일·스페인·영국 등과 이러한 협약을 체결했다.

인도 정부 입장에서 자기의 안방을 내주면서까지 이렇게 하는 이유는 인도 업체의 실력을 기르고, 해외로 나갈 수 있는 유일한 방법이기 때문이다. 또 어차피 기존 미국, 일본 업체들이 워낙 점유율이 높아서 다른 국가들에게 기회를 주는 것 자체가 큰 리스크가 아니기 때문이다. 대표적인 성공 케이스가 바로 헝가마 TV와 일본 스튜디오가 공동 제작한 〈닌자 하토리〉다.

또한 첸나이에 있는 하리케인 스튜디오(Haricane Studio)는 할리우드 제작사랑 공동으로 〈브레멘 음악대(The Town Musicians of Bremem)〉를 제작하고 4,500만 달러를 투자받았다. 또 미국 애니메이션 제작사 픽사(Pixar)는 미국 프라나 스튜디오(Prana Studio)의 인도 자회사 프라나 스튜디오 인디아(Prana Studio India)와 함께 〈플랜스: 파이어 & 리스큐(Planes: Fire & Rescue)〉 제작에 5,000만 달러를 들여 1억 5,000만 달러의 수익을 거뒀다.

이어 프라나 스튜디오 인디아와 디즈니는 공동으로 〈해적 요정(The Pirate Fairy)〉을 제작했다.

가장 재미있는 것은 인도 회사 중 DQ 엔터테인먼트사다. 이 회사는 하이데라바드에 있는 회사인데 자체 기술센터를 비롯해, 본사와 IP 관리본부, 하이데라바드와 콜카타에 각각 비주얼 아트스쿨을 보유하고 있으며, 영국·미국 등지에 지사도 개설했다.

이 회사는 〈NFL 2〉, 우리나라에도 상영된 〈정글북 2〉 〈피터팬〉 〈레

DQ 엔터테인먼트가 제작한 애니메이션.

시〉 등 글로벌 프로젝트도 진행을 했고, 인도 TV 방영을 위해 TV 시리즈 〈마나브〉도 제작했다. 미국 드림웍스, 호주·독일 등 업체들과도 공동 제작하고 있다.

이 회사 마케팅 담당 임원은 우리나라의 사정을 잘 꿰뚫고 있었고, 프리스쿨 3D 애니메이션의 우리나라의 성공 케이스를 모델로 배우려고 하는 생각도 크다고 한다. 하지만 글로벌화는 오히려 우리가 인도에게서 배워야 한다는 생각이다. 전반적으로 보면 인도의 제작 여건은 열악하고 아직 우리나라처럼 3D가 일반화되는 데까지는 시간이 걸릴 것이다. 하지만 많은 관계자를 만나본 결과 3D 콘텐츠에 대한 니즈는 충분히 확인할 수 있었다.

전문가들은 인도의 시장성을 봤을 때 인도만의 대표 캐릭터가 개발되어야 한다고 입을 모은다. 하지만 How to(어떻게)에 대해서는 의견이 분분하다. 마음속으로는 인도의 전통을 녹여낸 캐릭터를 만들고 싶어 하지만 그것이 가진 한계를 알기에 고민도 깊은 것이다.

애니메이션 캐릭터를
마케팅으로 활용하는 기업들

 인도는 일반 기업들이 애니메이션을 마케팅과 사회공헌 활동 수단으로 많이 활용한다던데요?

인도의 경우 애니메이션을 활용한 마케팅이 상대적으로 활발하다. 그 이유는 애니메이션이 쉽고 단순하며 이해하기 쉽고 친근하게 고객들에게 다가설 수 있기 때문이다. 애니메이션을 마케팅과 사회공헌 활

초타빔과 함께하는 혼다 세이프 라이딩 캠페인.(출처: 혼다 인디아 홈페이지)

동의 수단으로 활용하는 기업의 사례를 소개하면 다음과 같다.

1. **혼다**: 혼다(Honda)에서는 사회공헌 프로그램의 일환으로 어린이들이 좋아하는 캐릭터 초타빔을 활용해서 대대적인 캠페인을 벌였다. 캠페인은 '초타빔과 함께하는 혼다 세이프 라이딩'으로 11개 도시에 걸쳐서 펼쳤다.
2. **켈로그**: 인도의 어린이 채널 광고를 살펴보면 100%가 먹는 광고이다. 켈로그(Kellogg)는 초콜릿 시리얼 판매를 늘리기 위해 초타빔을 사용해 광고를 제작 활용했다.
3. **닉켈로디언**: '어린이날, 닉켈로디언의 사장 되기' 진행. 뭄바이에 있는 닉켈로디언(Nickelodeon) 본사에서 하루 동안 사장이 되어 방송국을 경영하는 프로모션을 진행했다.

초타빔이 동료를 데리고 우유로 된 강과 초콜릿 폭포를 지나는 스토리의 켈로그 광고.
(출처: 켈로그 인도 광고)
🐭 켈로그 초코 초타빔 광고.

4. **소닉**: '파워레인저(PowerRangers)'와 미국에서 만나기. 소닉(Sonic) TV 개국 시 미국에 직접 가서 파워레인저를 만나는 기회를 공모를 통해 진행했다. 마케팅을 담당한 사람의 후일담은 너무 많은 지원자가 몰려와 대성황을 이뤄 큰 성공을 거뒀다고 한다.

5. **팔레**: 비스킷 제조사인 팔레(Parle)에서 〈톰과 제리〉와 함께하는 공동 마케팅으로 광고 캠페인을 같이 진행했다.

6. **기타**: 영화배우, 기업 등에서 다양한 공동 마케팅 실시(특별 제품 개발 등).

이런 유명 캐릭터를 사용하는 캠페인 이외에 자체 제작 캐릭터를 사용하는 경우도 무척 많다. 그 이유는 언어의 한계와 글을 읽지 못하는 사람들을 배려하기 위함이다.

라이센스 &
머천다이징

필자가 우리나라에서 근무할 때 기업의 라이센스와 머천다이징 (L&M)에 관한 업무를 만들고 관련된 내용을 정리한 적이 있다. 라이센싱은 콘텐츠를 활성화시킬 수 있는 핵심이다.

고품질의 애니메이션을 만들려고 하면 영상만을 팔아서는 비용을 만들 수가 없다. L&M을 통해 벌어들인 돈으로 콘텐츠에 제작 투자를 한다. 현재 일본이 프리스쿨 애니메이션에서 고전을 면치 못하는 이유 중 하나는 어린이들에게 인기 많은 3D가 아닌 2D 개발에 집착하고 있는 점 하나와, 그들이 제작하는 애니메이션이 L&M 시장으로 활성화되지 않기 때문이다.

〈로보카 폴리〉와 〈출동 슈퍼윙스〉의 완구를 담당했던 한국의 데이비드 토이의 신상훈 대표에 따르면 미국은 2D와 더불어 특히 3D, 일본은 2D를 중심으로 애니메이션이 만들어지고 있으나 세계적인 추세와는 좀 멀어져 있다고 한다. 우리나라는 프리스쿨 대상을 3D를 중심으로 한 것이 세계적인 애니메이션 강자로 부상했고, 최근 들어 키즈물로 확대해나가고 있다고 한다.

과거에는 우리나라가 일본 애니메이션을 하청받아 일을 해서 부가가치가 무척 낮았는데 이제는 기획, 제작과 L&M을 같이 하고 있어 부가가치를 높이고 있다. 이제는 애니메이션 기획 초기부터 L&M을 염두에 두고 진행하기 때문에 우리 애니메이션은 비즈니스 밸류체인을 갖춰 시장을 지배하는 선순환 구조를 만들고 있는 것이다.

L&M 시장은 전 세계적으로 약 1,500억 달러 규모다. 그리고 선진국 시장은 매년 5~10%가 성장하고 있고 개발도상국에서는 10~15%

인도 진출을 모색하기 위해 그린 골드 애니메이션(Green Gold Animation)을 방문한 〈로보카 폴리〉의 민영훈 이사(맨 오른쪽)와 데이비드 토이 신상훈 대표(맨 왼쪽).

가 성장하고 있다. 인도의 L&M 시장도 매년 9% 내외 성장을 하고 있지만 규모 자체는 그리 크지 않다. 조사 기관마다 다르지만, 인도의 L&M 시장은 2019년까지 매년 20% 이상의 성장을 보일 것으로 전망된다.

L&M의 중심이 되는 캐릭터 인기 순위 — 그중에서도 최근 인도에서 가장 인기 있는 Top10 중 3가지 — 를 꼽는다면 초타빔과 닌자 하토리, 모투 팔투이고, 해외 제작 캐릭터로는 도라에몬과 톰과 제리 등이 인기를 끌고 있다.

인도 L&M 사업화 분야에서는 디즈니가 이 분야에서 개척자다. 디즈니는 전통적인 미키 마우스, 도널드 덕뿐만 아니라 마블의 어벤저스 등 캐릭터를 활용해서 완구부터 타월, 자전거 등 3,000개의 다양한 제품을 판매한다.

카툰네트워크의 경우는 53개 카테고리의 제품을 판매한다. 비아컴18의 니켈로디언은 스폰지밥, 모투 팔투 등의 캐릭터로 된 100개 제품 카테고리로 200개의 도시에서 판매하고 있다. 비아컴 18은 소비자 제품 사업부에서 직접, 제품을 운영하고 있다.

인도의 애니메이션 스튜디오인 그린 골드 스토어(Green Gold Store)의 경우 인도의 특성인 반영된 애니메이션 캐릭터를 활용해 인도 주요 대도시를 포함해 전국적으로 17개의 매장을 운영하고 있다. 머천으로 제작되는 아이템을 살펴보면 단연 1, 2위가 가방과 의류이고 그다음을 도시락통, 필통 등이 뒤를 잇고 있다. 의외로 완구와 인형은 상당히 시장이 작다.

인도에서 완구시장을 10여 년 전부터 조사한 데이비드 토이 신상훈 사장의 말에 따르면 인도 완구시장의 경우 제조와 유통의 문제가 산업 발전에 걸림돌로 작용하고 있다고 단언한다.

인도는 완구시장이 아예 고급 시장이든지 아니면 영세한 시장으로 양분되어, 고급 시장은 영국의 완구 유통 채널 '햄리스(Hamleys)'가 장악하고 있고, 영세한 시장은 너무 열악하고 제품도 중국에서 넘어오는 싸구려 제품으로 고객에게 외면받고 있다고 한다. 하지만 온라인을

그린 골드 스토어 내부 전경.(출처: 그린 골드 스토어 홈페이지)
🐭 그린 골드 스토어 내부 영상. 제품의 종류와 수준을 살펴볼 수 있다.

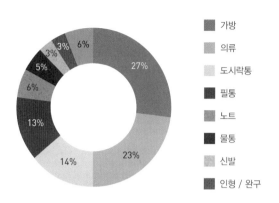

인도의 머천다이징 상품화 비중

- 가방
- 의류
- 도시락통
- 필통
- 노트
- 물통
- 신발
- 인형 / 완구

27%
23%
14%
13%
6%
5%
3%
3%
6%

(출처: KPMG 인도 자료)

통한 유통의 변화도 감지되고 있다고 한다.

그런데 인도의 L&M의 시장은 성장을 거듭하고 있다. 그럼, 인도 L&M의 성장 견인차는 무엇일까? 다음과 같이 몇 가지 이유를 들 수 있다.

첫째, 인터넷을 비롯한 미디어의 영향으로 애니메이션 시청자가 꾸준히 늘고 있다.

둘째, 몇몇 채널에서 방영 중인 애니메이션 중에 폭발적인 인기를 끌고 있는 캐릭터의 힘이 있다.

셋째, 제작자들이 비즈니스 관점에서 애니메이션 제작 비용을 상쇄하는 수단으로 L&M에 열을 올리고 있기 때문이다.

인도 애니메이션 시장의
도전과 과제

 인도 애니메이션 시장에서 성공하려면 어떤 점에 유의해야 할까요?

인도의 애니메이션 시장에서의 도전 과제, 그리고 우리나라의 경우 이를 어떻게 활용해야 할까?

인도에서는 애니메이션을 가르치는 전문학교가 거의 없다. 또한 교육기관이 있더라도 시설과 교육 수준이 그리 높지는 않다. 직업으로서 애니메이터의 위상과 대우 또한 그리 높지 않은 것도 현실이다. 따라서 인도의 애니메이션 업계는 제대로 교육할 수 있는 학교 설립 등을 원하고 있다. 그를 통해 제대로 된 기술진을 양성해 발전을 도모하고자 하나 여건이 그리 쉬운 것은 아니다.

인도 정부의 지원 부족도 큰 걸림돌 가운데 하나다. 다른 국가들과 비교했을 때 영화 제작 지원에 정액 지원이 집중되고 있으나 애니메이션 제작 등과 관련한 지원책(세금 환급 등)은 크게 없는 상황이다. 또한 인도산 애니메이션을 보면 스토리텔링 측면에서 아직 경쟁력이 떨어지는데, 이 또한 시장의 성장을 더디게 한다.

평상시 인도에서 마케팅을 할 때도 가장 어려웠던 것이, 스토리텔링은 좋아하지만 스토리텔링을 하지 못하는 상황이었다. 이해는 되지만 그것은 교육과 인도인의 성향이라는 사실을 알게 되었다. 다시 말해 영화를 비롯해 인도의 스토리텔링은 잘되었다 싶으면 해외 것을 모방한 것이고, 그렇기 때문에 특별히 두드러지거나 차별화된, 즉 아주 빅히트를 칠 만한 재밌는 것이 잘 나오지 않는 것이다.

영화 〈슬럼독 밀리언에어〉도 원작·배우·촬영 등 모든 것이 인도에서 이뤄졌으나, 스토리 구성과 감독은 영국인이 맡아서 한 것이 대표적인 사례다.

필자가 애니메이션 부분에 상당한 공을 들이고 많은 조사를 한 이유는, 다름이 아닌 '문화적 고립주의가 상당히 강한 인도를 어떻게 하면 접근이 가능할까'라는 질문에 대한 답을 찾기 위해서였다.

문화는 한 사회가 만들어낸 가치의 결과라고 한다면, 인도는 북으로는 히말라야, 동북으로는 중국, 서북으로는 파키스탄이라는 전혀 친해질 수 없는 나라에 둘러싸여 있는 하나의 섬이다. 많은 인구와 민족을 바탕으로 자신만의 문화를 만들어내고 전통을 존중하는 힌두교를 기반으로 사회가 돌아가기 때문에 다른 민족의 문화에 대해서는 상당히 보수적으로 접근한다. 앞서 살펴보았듯이 음악만 해도 K-팝이 인도에 진출했다고 하지만 아직 인도 주류층은 K-팝에 대해 전혀 모른다.

따라서 문화에 대한 저항이 약한 부분부터 차근차근 공략해 들어간다면 인도에서 문화적인 뿌리를 내리기는 어렵지 않을 것이다. 그 역할을 애니메이션이 충분히 할 수 있을 것이다.

하지만 문제는 미국처럼 대규모 자본과 TV 플랫폼을 보유하고 있지 않은 점인데, 이에 따라 우리나라의 입장에서는 정부의 역할이 상당히 중요하다고 할 수 있다. 또 제작에서도 인도의 저렴한 인건비를 이용해 날로 높아져만 가는 한국에서의 제작비를 낮출 수 있다면 충분히 승산이 있는 시도가 될 것이다. 한 가지 반가운 사실은, 유튜브라는 공짜 플랫폼을 전략적으로 활용한다면 승산은 충분히 있을 것이란 생각이 든다.

· 제5부 ·

인도를 알기
& 인도인과 일하기

곧바로 써먹을 수 있는 꿀팁

인도를 알자,
인도라는 브랜드를 알자

인도라는
네이밍을 쓰는
브랜드 '인도'

인도를 하나의 브랜드라고 놓고 보면, 아직 세상에 이름 이외에는 알려진 것이 없는 별도 브랜드라고 보면 가장 이해가 빠를 것이다. 미국·영국·독일 등 선진국들의 이미지를 한 번 생각해보면 뭔가 확실히 연상되는 긍정적 이미지가 있다. 그러나 인도를 떠올리는 이미지는 '더럽다' '불편하다' '힘들다' 등으로 긍정적인 이미지보다 부정적 이미지가 강하다. 하지만 인도라는 브랜드에 대한 이미지를 거론하는 것 이전에 우리는 과연 인도를 얼마나 알고 있을까?

어떤 제품을 구매하려고 하면 소비자 관점에서 인지→친숙→선호→구매 고려→구매로 이어지는 단계를 밟는다. 우리나라 소비자가 바라보는 인도는 아직 인지도 측면에서 걸음마 단계로 친숙 단계로는 이동조차 하지 못하고 있다.

이렇다보니 인도와 한국은 서로에 대한 이해가 낮을 수밖에 없고 대부분 만나본 오피니언 리더들도 한국에 대한 피상적인 이해만 가지고 있을 뿐이다.

중국은 우리나라보다 인도 진출이 늦었다. 하지만 숫자상으로 인도에 진출한 중국 기업의 수는 3만 개 가까이 된다. 그들로부터 들어가는 많은 정보는 중국 기업들과 중국 정부를 자극하게 되고, 그런 것들이 다시 인도에 대한 관심과 투자로 이어지는 선순환 구조를 만들고 있다. 최근 인도 호텔과 공항에 가보면 부쩍 많아진 중국인들을 많이

인도 뉴델리 인드라간디 국제공항 입국장 전경

볼 수 있다.

지난 2014년 「어니스트 영」에서 글로벌 500대 기업을 대상으로 인도 진출 계획을 가지고 있느냐는 질문을 했다. 무려 53%인 256개 기업이 12개월 안에 인도에 진출할 것이라는 답변을 했으며, 실제 대부분의 기업들이 진출했거나 진출을 준비하고 있다. 일본 상공회의소에서 최근 실시한 조사에서도 회원 기업의 85%가 인도 진출 계획을 가지고 있다고 한다.

주인도미국상공회의소 자료에 따르면, 2016년 및 2017년에 미국 기업들은 270억 달러를 투자할 예정이고, 모디 정부가 들어선 2014년 이후에는 벌써 150억 달러 투자가 이뤄졌다. 모디 총리가 이야기하는 '메이크인인디아'에 전 세계 경제가 중국 다음에 인도를 지목했고, 실제 높은 경제 성장을 인도가 보여주고 있다.

하지만 우리나라 기업들이나 정부의 움직임을 보면 느리기만 해 점점 경쟁국들에게 기회를 뺏길까 초조하기도 하다.

사람은 현재,
슬로건은 미래,
제도는 과거

인도 정부가 약속한 투자 여건 개선은 더디게 진전이 되고 있다.

한 예를 들면 2016년 초 인도 2위 통신사 보다폰은 약 21억 달러의 어마어마한 세금 고지 통보를 받았다. 세금을 소급해서 적용하지 않겠다던 모디 정부와 그 정부의 재무장관 아룬 자이틀리가 이야기하는

'세금 친화(Tax Friendly)'와는 거리가 먼 행정처리가 공공연히 이뤄지고 있다. 또한 투자에서도 미국의 보잉사는 몇 년째 인도에 비행기 수리 공장을 나가프르(Nagpur)에 짓기 위한 협상을 계속하고 있지만, 해외 군수 산업의 경우 30%에 해당되는 금액을 인도 국내에 다시 투자해야 한다는 규정으로 인해 진전을 이루지 못하고 있다.

이뿐만 아니라 부패문제도 많은 발목을 잡고 있다. 부패로 인한 손실은 경제적인 것뿐만 아니라 대외신용에도 영향을 미친다. 이런 난관에도 불구하고 모디 총리는 인도를 메이크인인디아로 대표되는 기업하기 좋은 나라로 변모시키기 위해 상당한 노력을 하고 있다. 인도의 제조업 비중을 현재 15%에서 22% 끌어올려 산업 전반에 활력을 주려는 정책이다.

필자 역시 처음 '메이크인인디아(Make in India)'라는 슬로건을 들었을 때, 메이드인코리아(Made in Korea), 메이드인차이나(Made in China) 등에 익숙해져 있어 잘못 들었나, 생각을 했다. 하지만 인도 정부가 그런 슬로건을 사용한 것은 과거형(made)이 아닌 현재형(make)을 통해 역동적인 인도를 부각하려는 의도로 읽힌다.

앞 장에서도 언급했지만 인도 제조업 육성의 큰 근간은 중국 다음으로, 세계의 공장은 인도가 될 수밖에 없다는 것이다. 그 이유는 2020년이 되면 전 인구의 64%가 노동 가능 인구가 되고, 그 무렵이면 중국은 노동 인구가 상당히 줄어들어 자연스럽게 제조업 공장들이 인도로 올 것이라 판단했기 때문이다.

이러한 것들이 전 세계의 눈길을 끌기에 적합했다. 실제 중국 경기는 서서히 내려앉고 있고, 인도가 중국 이상의 경제 성장의 가능성과 결과를 보여주고 있기 때문에 인도를 향한 움직임은 거세지고 있다.

인도 정부도 이런 트렌드와 현실을 잘 인식하고 있다. 그래서 먼저 인도의 산업 발전에 방해가 되는 요인들부터 하나하나 제거를 해나갔다. 방위 산업에 외국인 투자 허용, 철도에 100% 외국인 투자를 허용해 미국회사 GE의 경우 26억 달러 상당의 계약을 따내기도 했다.

공무원들의 자세도 많이 달라진 것을 필자도 확인할 수 있었다. 과거엔 고위 공무원들을 오전에 만난다는 것이 어려웠는데 이젠 출·퇴근 시간이 엄격해져서 시간 잡기도 상대적으로 어렵지 않게 되었다.

하지만 메이크인인디아의 슬로건에 맞춰 제조업을 육성하려는 인도 정부의 의지는 강하지만 그것이 하루아침에 빨리 이뤄지기란 쉽지 않다. 먼저 발전을 이루려면 인프라가 제대로 갖춰져야 하는데 그것도 쉬운 문제가 아니다. 그리고 법도 정비가 되어야 한다.

앞장에서 언급했지만 일례로 대규모 공장을 건설하는 데 필요한 토지 수용의 어려움은 우리나라의 포스코가 경험했듯이 무척 힘든 게 사실이다. 또 공장을 건립하기 위한 토지를 구매하는 비용도 다른 나라는 10%가 넘어가지 않지만 인도는 30%에 이를 만큼 아직까지 무척 높은 수준이다. 토지 수용도 민주적인 절차에 따라 모든 관련자가 동의를 해야만 하는데 그것도 시간과 비용이 많이 발생한다.

간혹 인도의 젊은 친구들은 중국을 부러워하기도 한다. 왜냐면 중국의 독재가 급격한 사회발전을 가져왔다는 것으로 젊은이들은 이해하고 있기 때문이다.

또 모디 정부가 생각하는 노동 가능 인구 64%의 노동력에 대해서도 정말 그 노동력이 경쟁력을 가진 노동력인지에 대해서도 필자는 많은 의구심을 가지고 있다. 인도 사람들과 많은 일을 해봤지만 기술이 무척 뛰어나다는 생각이 든 적이 별로 없기 때문이다. 많은 해외 진출 기업들과도 만나봤지만 거의 비슷한 의견을 가지고 있었다.

그렇지만 꾸준히 교육을 시키고 성장시키면 기본적으로 인도인은 다른 개발도상국에 비해 자질이 우수하기 때문에, 인내심을 갖는다면 성장시키는 것은 어려운 일은 아닐 것이다.

현재까지 여러 투자자들이나 인도 국민들이 모디 총리에게 기대를 하는 건 그가 보여줬던 구자라트 주 주지사 시절 많은 해외 기업들을 구자라트에 모이게 하고, 결국 주 경제를 눈부시게 발전시켰기 때문이다.

모디 총리는 인도 최고의 마케터

모디의 능력 중 필자가 느끼는 가장 탁월한 능력 중 하나는 마케팅 능력이다. 즉 비전을 제시하고 지속적으로 언급하고, 끝내는 이뤄내게 만드는 능력인 것이다.

모디가 해외에서 인도인을 만날 때 인도 여권을 가지고 다니는 것이 부끄럽지 않도록 하겠다라는 말을 자주 한다. 아직 현실과 상당한 거리가 있지만 하여간 효과는 무척 크다. 해외에 가면 잘 모이지 않는 인도 국민이 한자리에 모여서 모디에게 열광하는 장면을 보면 기존 정권의 총리들과는 상당히 다른 모습이다.

모디가 선언한 슬로건 중 대표적인 '메이크인인디아'는 제조업이 산업의 근간인 선진국의 많은 기업들에게 인도 정부가 가려고 하는 목적이 무엇인지 크게 설명을 하지 않아도 될 정도로 흥미와 관심을 불러일으켰다. 비록 미국 홍보대행사 비덴 케네디(Vieden Kennedy: 코카콜라, 크라이슬러, KFC 등 캠페인을 시행한 회사)에서 만들었지만 필자가 만났던 외국인들의 공통된 의견은 정부의 기조를 쉽게 알 수 있다는 것이다.

과거에 필자가 대통령직속국가브랜드위원회에 있을 때, '코리아 스

파클링(Sparkling Korea)'이라는 국가브랜드 슬로건이 무엇을 말하려고 하는지 구체성이 떨어져, 우리나라가 가진 것에 비해 상대적으로 그 방향을 이해하기 어려웠던 것과는 사뭇 대비가 된다.

강력한 브랜드가 갖춰야 하는 것은 연관성·지속성·차별성이다. '인도'라는 브랜드는 브랜드 관점에서 보면 차별성은 어느 정도 갖췄다고 할 수 있다. 매력적인 시장과 성장성은 확실한 차별화된 요소다. 슬로건과 국가 이미지 간에 연관성은 판단하기 힘들지만 지속성은 항상 문제가 되고 있다. 따라서 인도라는 브랜드를 신뢰하지 못하는 것이 어찌 보면 당연하다고 할 수 있다. 하지만 인도 정부는 지속성을 보이기 위한 제스처를 계속 보여주기 때문에 비롯 아직은 삐걱삐걱거리긴 하지만 조금씩 나아가고 있는 것으로 보인다.

메이크인인디아의
최고 수혜자는 중국?

메이크인인디아에 가장 부합하는 국가 중 하나가 중국이다. 중국 기업들의 인도 진출은 이제는 대세가 된 형국이다. 지방에 공단이 생기

중국이 아닌 인도 남부의 한 봉제공장 내에서 이루어지고 있는 〈세사미 스트리트〉 인형의 작업 모습. 대부분 수출이 된다.

면 가장 많이 몰려오는 것이 중국 기업들이다.

TV 캐릭터 〈세사미 스트리트(Sesame Street)〉의 봉제 인형들은 보통 중국에서 만들어져 미국으로 수출된다. 우린 그렇게 알고 있다. 하지만 그 완구 공장은 지금 중국에 있지 않다. 인도 첸나이 북쪽에 있는 시리 시티(Sri City: 안드라프라데시 주, 남인도)에 있다.

우연히 비행기 안에서 중국인을 만나 이야기할 기회가 있었는데 시리의 공단에 중국 기업이 100여 개가 진출해 있다고 한다. 왜 중국 기업이 인도에 많이 진출해 있냐고 하니깐 인건비와 또 투자를 했을 때 받는 인센티브를 이야기한다. 100달러를 투자하면 인도 주정부로부터 25달러를 인센티브로 챙길 수 있다. 또한 수출을 할 때 완구의 경우 FOB 가격의 5%를 추가 인센티브로 지불받는다고 한다. 물론 환급받을 때 소요되는 시간은 상당히 걸리지만 큰 장점이라고 설명한다.

그리고 인도인들의 손기술이 떨어진다고 필자가 알고 있었지만, 단순한 기술이 전부인 봉제공장을 운영하기엔 충분하다고 말한다. 여러 가지 힘든 면이 많지만 그래도 중국보다 인도의 제조 환경이 낫다고 한다. 임금을 베이스로 숙련기술까지 고려했을 때 인도만 한 곳을 찾아보기 어렵다고도 덧붙인다.

또 하나의 장점은 인도 시장도 두드려볼 수 있다는 것이다. 과거 스리랑카나 동남아에 공장을 했을 경우 전량 미국 수출만을 바라보고 했으나 현재는 인도 내수도 만만치 않기 때문이다. 하지만 문제는 아직 라이센스를 가지고 있지 않아 생산만으로 만족하고 기회가 된다면 인도 시장을 공략하고 싶다고 덧붙였다.

이렇듯 인도에 진출한 기업들의 수만큼 인도를 알고 또 기회를 만들 수 있다. 좋은 정보든 나쁜 정보든 그 경험이 쌓여 지속적인 기회를 만들 수 있기 때문이다.

이를 반영하듯 지방의 봉제공장 관리자를 연봉 1억 2,000만 원에 인센티브가 따로 제공되는 조건으로 모집하는 신문 광고를 심심치 않게 볼 수 있다. 하지만 최근에는 고급 관리자의 경우 인력난이 심각하다.

2015년 주인도일본대사관 등에서 입수한 각종 자료를 찾아보면 현재 인도에 진출한 기업의 수는 한국 430여 개, 일본 4,417개(2014년에만 우리나라 총 기업숫자보다 많은 14%, 즉 536개 증가했다.), 중국은 그보다 많은 3만여 개 이상 진출한 것으로 나와 있다.

신문에 보면 온통 투자를 얼마 했다, 진출한다, 결정했다, 계약했다 등의 뉴스가 나온다. 일본과 중국의 인도 진출은 우리와는 어떻게 다를까? 먼저 일본은 정치적인 목적과 경제적인 목적이 맞아떨어진 경우다. 즉 파키스탄이 중국과 가까워지고 네팔마저 그 영향력 아래 두려고 하는 것에 대해 인도와 같은 위협을 공유하기 때문이다. 이는 일본의 아베 총리가 인도를 방문했을 때 향후 인도와 일본이 이 지역을 발전시켜나가기 위해 미국과도 함께하겠다고 언급했을 때 이미 이들의 의도가 분명해졌다.

또 이와 함께 경제적인 실리도 무시할 수 없기 때문이다. 중국의 경

IPL 홈페이지에 있는 비보(VIVO)의 스폰서십을 알 수 있는 화면.
🎥 영화배우 관비르 싱을 활용한 TV 광고.

우 역시 돈을 앞세운 거침없는 행보를 보인다. 돈이 있으니 막대한 돈을 인도에 쏟아부어 선진국보다는 늦었지만 인도라는 큰 시장을 차지하기 위해 적극적으로 나서고 있다. 인도 국민의 정서도 무시할 수 없기에 중국이란 것은 숨기면서 인도 시장에 진출하는 방법을 비롯해 다양한 방법으로 시장을 침투해가고 있다.

특히 중국의 힘을 인도인들이 느꼈던 것은 인도의 국기(國技)라고 할 수 있는 크리켓 국내 리그(IPL: India Premier League)의 타이틀 스폰서십을 중국의 휴대폰 제작사 비보(VIVO)가 그간 스폰서를 맡아왔던 펩시 콜라를 대신한다는 보도를 접했을 때다. 이때 인도인들의 충격은 무척 컸다. 물론 펩시가 갑자기 인도 크리켓 리그의 비리를 이유로 공식 후원사 자리를 내려놓았다는 사실 그 자체도 충격이었지만, 중국의 휴대폰 제작사가 그 타이틀의 스폰서 자리를 차지했다는 사실이 더 큰 충격을 주었다.

지방 팀을 대상으로 중국 기업의 스폰서는 여러 후원 업체 중 하나로서는 종종 참여하고 있었지만, IPL의 메인 스폰서 자리를 차지한다는 것은 의미상 다른 문제이기 때문이다. 인도에서 점차 중국의 위상과 이미지가 바뀌고 있는 것을 확인할 수 있다.

인도로 가기 위한
정보 찾기

그럼 우리가 인도에 진출하려고 한다면 어떻게 정보를 얻을 수 있을까? 만일 내가 오늘 인도를 진출하고자 마음을 먹는다면? 어떻게 할 것인가?

먼저 인터넷을 검색을 할 것이다. 하지만 한글로 된 인도의 정보는 극히 제한적이다. 또한 신문 기사들이 거의 대부분이고 여러 관련 부문 웹사이트가 있지만 정보가 충분치가 않아 답답하기만 하다.

그렇다고 인도에 대한 책이 많은 것도 아니다. 또 무역협회나 코트라 등 정부투자기관, 민간 기관이나 단체의 정보를 보기도 하지만 그 정보만으로는 부족함과 갈증을 많이 느낀다. 그러다보면 이내 '내 제품을 가지고 인도를 뚫을 수나 있을까? 그리고 정말 기회는 있는 것일까?'라는 막연함으로 다시 돌아가게 되어 쉽게 포기하게 된다. 많은 한국 진출 기업을 만나봤지만 초기에는 거의 비슷한 상황이었다고 입을 모은다.

하지만 가장 힘든 것은 어떻게 사업을 시작하느냐보다, 결정에 확신을 줄 수 있는 정확한 정보가 많았으면 한다는 점이다. 그리고 초기에 많이 듣게 되는 '카더라' 정보가 더 혼란을 가중시키고 있다.

인도에 대해 가장 먼저 알아야 하는 사실은, 우리보다 면적도, 인구도 다르고, 각각 언어도 다르고, 민족도 다른 국가라는 사실을 명심해야 한다. 즉 인도라는 나라 전체를 하나로 두고 생각하는 것은 난센스라는 말이다.

인도 북부를 경험한 사람이 제기한 문제를 남부를 경험한 사람의 답으로는 결코 해결해줄 수 없는 경우가 많다. 또 인도 현지인들에게 여러 가지 정보를 물어도 틀린 답을 많이 듣게 된다. 이러한 현상이 발생하는 것은 인도 전문가들도 부족하지만 정보의 체계적인 정리도 부족하기 때문이다.

인도에 주재한 이들은 다 자기만의 네트워크 정보 등을 가지고 있다. 하지만 정보가 체계화되어 있지 않고 그 정보를 숫자로 객관화 시켜줄 수 있는 것에 한계가 있음을 필자는 생생하게 지켜보았다.

인도에 진출하는 것을 꺼리는 이유를 열악한 기반시설에 두는 사람들이 많다. 그러면 반대로 생각해보자. 위생 문제만큼은 끔찍이 생각

인도 뉴델리 인근 구르가온 마트. 특히 일본인과 한국인의 방문이 많은 곳이다.

제5부 인도를 알기 & 인도인과 일하기

필자가 거주했던 뉴델리 인근 노이다 아파트.

하고 있는 일본인들은 어떻게 인도에서 살고 있고 그 많은 기업들이 진출해 있는 것인가? 모두 자신들의 방법이 있는 것이다.

필자가 이야기하고 싶은 것은, 인도인의 삶을 알려면 우선 교통, 문화, 삶 등 여러 가지를 충분히 경험해보라는 것이다. 그래도 실상을 알기란 정말 어렵다. 살아봤던 사람들도 인도란 나라를 다 알지 못하니 말이다. 우리 자신도 조그만 국토를 가진 대한민국이지만 모든 것을 다 알긴 힘들지 않은가?

또 우리나라 사람만을 너무 많이 만나지 않는 것도 하나의 방법이 아닐까 싶다. 물론 오랫동안 거주했기 때문에 소소한 정보를 얻는 데에는 도움이 많이 될 수 있지만, 그들도 그곳에서는 외국인이기 때문이다. 궁극적으로 경험하고 판단을 하는 것은 '자신'이다.

JTBC TV 프로그램 〈비정상회담〉에도 간혹 출연하는 인도인 쿠마르(Kumar)라는 친구를 인도에 가기 전 2012년에 알게 되었다. 그 당시 그 친구에게 만일 우리나라에서 사업을 한다면 뭘 하고 싶냐고 물어본 적이 있다. 그 친구의 답은 "글쎄요? 한국에서 제가 할 수 있는 것이 뭐가 있는지 그것부터가 잘 모르겠습니다. 제가 아직 한국에 대한 정보를 많이 갖고 있지 않아서요"였다. 우리나라에 학생 때부터 오랜 기간 거주했지만 그 친구도 이곳에서 비즈니스를 하고자 하면 막연한 것이다. 왜냐면 그도 우리나라에서는 외국인이기 때문이다.

유럽인(스페인인)이 제언하는 인도 진출 7계명

 인도를 진출하기 위한 비법이 있다면 공개할 수 있나요?

인도에 진출해서 성공한 인물 가운데 스페인 출신 건축가 '로드리게스(Rodriguez)'가 있다. 그가 인도에 진출하는 과정을 설명한 적이 있는데, 다음과 같이 7가지 단계의 과정을 거치면서 고민을 하고 시장에 들어갔다고 한다.

처음 인도 진출을 고민했을 때는 스페인의 경제 위기가 건축시장을 덮쳐 일감이 거의 없어졌고, 자신도 건설업에 많은 투자를 했으나 집이 팔리지 않아 파산까지 몰렸다. 그래서 여러 가지 방안을 찾은 것이 결과적으로 인도 진출이었다.

먼저, 그는 인도에서 비즈니스를 해보려고 한다면 명심할 것이 자기가 살고 있는 나라의 고객을 인도로 데려올 수 없다는 사실을 상기시켰다. 기존에 내가 알고 있던 고객이 아니기 때문에 인도에 진출하기 전에 많은 조사를 해보고 가야 실패를 줄일 수 있다는 뜻이다.

또 사전 조사를 위해 현지에 가서 잡지·신문 등 다양한 정보를 섭렵했고, 이를 위해 우선 인도의 건축박람회 등 다양한 박람회를 가보고 현지인을 만나, 그들의 이야기를 먼저 들었다고 한다. 뿐만 아니라 그 잡지를 통해 알게 된 기자에게 이메일 등을 보내 질문도 하고 여러 차례 방문하고 만나기도 하면서 지식을 넓혀갔다고 한다. 이를 통해서 인도가 다른 사람, 다른 풍습, 다른 규칙 안에 있다는 것을 알게 되었다고 한다.

그가 이야기하는 인도 진출의 7단계를 소개하면 다음과 같다.

1. 솔직하게 자신(회사)의 장점과 단점을 분석하라

먼저 자기 자신에 대한 통철한 분석이 최우선이 되어야 한다. 그리고 이 시기에는 국가를 먼저 선정해 어디에 진출해야겠다는 생각은 하지 않아야 한다. 자신의 장단점을 분석하는 데 많은 시간을 들이고 왜 국내가 아닌 해외로 향해야 하는지부터 깊게 고민해봐야 한다.

2. 조사하라

이 시기에는 지도와 자료를 가지고 어느 나라에서 비즈니스를 하는 것이 맞는지 냉정하게 생각하고 분석한다. 남미부터 중국, 중동은 물론 아프리카의 주요한 나라도 리스트에 넣어놓고 검토하기 시작했다. 그리고 향후 시장성, 성장률, 그리고 기술의 격차 등 비즈니스 관점에서 분석을 먼저 했고, 또 영어가 약한 자신의 상황도 주요한 고려사항이 되었다.

이렇게 해서 몇 개의 나라를 선별하게 되었다. 그 후 그곳에서 어떻게 포지셔닝할 수 있을지도 고려했다. 목표를 세우기 힘드니 우선 자신의 포지셔닝을 먼저 세운 것이다. 포지셔닝이 되었다면 내가 가지고 있는 능력(제품)을 가지고 만일 현지인을 만난다면 어떻게 설명할 수 있을지 설명 자료를 먼저 만들었다.

3. 니치 시장을 찾아라

해외 시장에 들어갈 때 그 자신은 대기업이 아니기 때문에 메인 시장에 들어가서는 성공할 수 없다고 생각해 처음엔 니치 시장을 찾는 데 주력을 했다. 그리고 그 니치 시장에서 어느 정도 성공을 거두고 정착이 되었을 때 본격적으로 메인 시장으로 영역을 확장했다.

니치 시장을 찾을 때 자신의 슬로건부터 만들었다. 일종의 자신을 대표하는 것인데 우선 인도인들의 성향 등이 학습되어 있기에 「자기소개서」 맨 앞에 '평판이 모든 것을 말해준다(Reputation is Everything)'는 문장을 넣고 첫 장부터 추천사를 넣어 자신이 설계한 건축주들의 추천을 넣었다. 구체적인 내용과 함께 마지막에는 '믿을 수 있는 친구 로드리게스'라는 내용까지 꼭 덧붙였다.

또한 니치 시장을 공략하기 전에 2가지 질문을 항상 염두해 두었는데 첫째, 어떤 특징을 부각시켜 나와 내 회사가 인식될 수 있게 할 것인가? 둘째, 내가 지닌 것이 이 시장에서 장점이 된다면 어떻게 기회로 만들 것인가다.

처음에 인도의 기업과 제품에 대해 어떤 것이 다르고 어떻게 마케팅을 할 것인지를 생각해 염두에 둔 것이다.

4. 투자는 꼼꼼히 계획을 세우고 현금 흐름을 생각하라

인도 시장으로 결정을 하고서 가장 먼저 한 것은 투자를 어떻게 할 것인지였다. 인도 시장의 상관습에 대해 이야길 듣고 먼저 비즈니스를 했을 때 겪게 될 대금 회수기간 등 자신이 그동안 버텨야 할 자금 등에 대해서 면밀히 조사했다. 그리고 얼마의 시간과 비용이 발생할 것인지도 같이 조사했다.

5. 나를 팔아라

자신을 팔기 위한 가장 좋은 방법을 몇 가지 선정을 했다. 우선은 박람회 등 각종 여러 가지 만남을 통해 알게 된 사람들과 정기적인 만남을 가졌다. 자신을 파는 가장 중요한 방법 중 신경을 많이 썼던 것은 인도 파트너들이 자신이 인도 시장을 모르고 비즈니스를 시작한다라는 인식을 불식시키기 위해 최종소비자(End-User)들이 생각하는 니즈를 전달했다.

가령 화장실을 설계할 때 화장실 변기의 위치나 높이가 현재 인도 사람들이 사용하는 것에 많은 불편함을 가지고 있는데, 자신은 그런 세밀한 것까지 조사해서 기존과 다른 편의성을 높여주기 위한 설계를 하는 기업인으로 인식되도록 한 것이다.

필자도 이 말에 동감하는 것이 인도인들과 마케팅에 대해 이야기해 보면 조그마한 것을 가지고 크게, 그리고 일반화시키는 오류를 자주 목격하게 된다. 이럴 때 가장 좋은 방법은 바로 데이터를 가지고 이야기하면 거의 대부분 설득이 된다. 결과적으로 이들이 정확히 알고 있지 못하기 때문이다.

6. 좋은 팀을 구성하라

인도에 진출했으면 좋은 팀원을 구하는 것은 상당히 중요한 일이지만, 이것이 가장 힘든 부분이다. 그래서 모든 것을 잘하는 사람을 찾는 대신, 인도에 대해 가장 약하고 어려운 것을 해결해주는 사람을 찾기로 했다. 끝내 건축법과 기타 이슈에 대응을 잘하는 사람들을 찾았고, 그것이 일하는 데 많은 도움을 주었다.

그가 대략 인도에 적응하려고 하는 기업들에게 가장 많은 조언을 하는 것은 좋은 세일스팀을 만들라는 것이다.

7. 장기간 전투에 대비하라

로드리게스가 군(軍)에서 좀 오래 생활해서 그런지 이야기 중간중간 군대에 빗대어 이야길 많이 했는데, 가장 마지막에 인상적인 것은 '장기적 전투에 대비하라'는 말이었다.

그는 일단 전쟁이나 전투가 아름답다거나 낭만적이라는 환상을 버려야 하듯, 인도를 진출할 때도 그런 낭만이나 환상을 버리고 전쟁을 치른다는 마음으로 대비가 필요하다고 말했다. 즉 장기간의 게임이라고 생각하고 인도에 정착해야 실패하지 않는다는 것이다.

이상 인도에 성공적인 시장 진출을 해서 이제는 인도를 넘어 중동 등으로 진출한 건축가의 인도 진입의 팁에 대해 살펴보았다. 그가 전달하려는 핵심은 현지, 즉 고객과 시장을 깊이 이해하고, 나를 잘 분석하고, 어떤 것이 그들에게 핵심으로 다가갈 수 있는지 충분히 고민하라는 데 있다.

인도에 진출하려는 이들에게

인도를 이해하는 방법은 많을 것이다. 여행이라는 방법으로 이해할 수도 있고, 그 밖에 다양한 방식으로 이해가 가능할 것이다. 하지만 비즈니스에 관심을 가진다면 인도에서 개최되는 다양한 박람회에 참석해 보는 것이 어떨까? 필자도 여러 번 시장 조사를 해봤지만 시장에 가도 시장 조사가 잘 안 된다.

필자가 간 곳이 유일하게 인기 있는 곳이라서 시장을 왜곡해 이해할 수 있고, 내가 간 곳이 사실은 메인 마켓이 아닌데 메인 마켓으로 여기고 잘못 가서 잘못된 인사이트를 받을 수 있기 때문이다. 따라서 인도라는 곳이 진출해볼 만한 곳이라고 생각한다면 그런 방법과 더불어 이곳저곳을 방문해보는 것도 좋은 방법이다.

인도에 가게 되면 백화점, 시장, 마트, 직장인들이 많이 있는 곳, 지하철, 박물관과 미술관 등을 꼭 가보길 추천한다. 인도는 대중교통이 잘 발달되어 있지 않기 때문에 우버(Uber)나 올라(OLA) 앱을 다운받아서 다니는 것도 재미있는 경험이 될 것이다. 또한 호텔도 좋지만 한국인이나 일본인 민박집에서 한 번 경험해보는 것도 고려해보자. 알짜 정보를 특히 많이 챙길 수 있을 것이다.

인도에 거주하는 이들 중에 박물관 한 번, 미술관 한 번, 크리켓 경기 한 번 직접 가서 보지 못한 사람들도 많다. 또한 그들이 어떻게 살고 있는지 직접 보지 못한 사람들도 있다. 하지만 인도에 진출하려는

필자가 방문한 아메다바드의 한 산업부품 박람회.

뉴델리에 있는 인도 국립현대박물관으로 정원에 특히 다람쥐들이 많았다.

마음을 먹었다면, 사고의 다양성과 종합적인 판단력을 길러주는 데는 입체적인 경험이 정말 중요하다. 누군가 이야기했듯, 보는 것만큼 보이는 것이 인도다. 객관적으로 볼 수 있는 준비를 많이 하자는 것이다. 배낭여행자가 되라는 말이 아니라 삶을 느껴보라는 것이다.

2

인도 사람과
함께하기

유럽인이 근무하고
싶어 하는 나라 3위, 인도?

전 세계 어디나 어떤 환경에서 무엇을 하든 가장 중요한 것은 '사람'이다. 학교에서는 누가 내 급우인지, 누가 내 선생님인지에 따라 학교생활이 천국도 되고 지옥도 되고, 군대생활도 또 직장생활도 예외가 아니다. 해외생활을 하는 데에도 가장 중요한 것은 바로 인간관계다. 특히 현지인들과의 관계는 너무나 중요하다. 인도 사람들과 일을 할 때도 마찬가지다. 누구나 인간관계를 잘 하고 좋은 성과를 내면서 지내고 싶어 하지만 뜻하는 대로 잘 되지 않는 것 역시 인간관계다.

보통 대기업에서는 해외 파견 시 현지에서 겪게 될 직장생활의 다양한 경우를 가져다 놓고 모의 훈련을 한다. 또한 현지의 문화에 대한 이해 등도 심혈을 기울여 파견하는 사람에게 가르친다. 대략 내용은 이문화 이해, 글로벌 리더십(주재원들이나 파견자들은 대개 관리자급이기 때문), 현지인 코칭, 현지 직원 동기부여, 현지 비즈니스 매너, 현지 직원과 커뮤니케이션, 인종, 문화, 성차별, 비즈니스 윤리 등을 다양하게 배운다. 하지만 대기업이나 큰 조직이 아니고는 이렇게 체계적인 교육을 받기 어렵다.

또한 이런 교육으로 해결하기 상당히 어려운 경우를 필자는 많이 경험했다. 즉 교육은 대개가 그렇듯 일반적인 내용을 놓고 하는 것이지 결코 내가 경험하게 될 케이스를 집중해서 가르치지는 않는다는 사실이다.

유럽인들의 파견 근무 희망 국가 순서

국가	생활비	병원 수준	세금	범죄/개인의 안전	전체 점수	순위
멕시코	4	2	0-28% Rank=3	6	15	1
캐나다	1	1	15-29% Rank=4	11	17	2
인도	2	10	10-30% Rank=11	3	20	3
그리스	6	5	0-40% Rank=7	4	22	4
호주	3	11	17-45% Rank=11	2	27	5
싱가포르	11	13	3.5-20% Rank=2	7	27	6
스페인	5	8	24-43% Rank=10	7	30	7
프랑스	9	4	5.5-40% Rank=8	10	31	8
홍콩	13	12	2-17% Rank=1	5	31	9
미국	12	3	15-35% Rank=6	12	33	10
이스라엘	7	6	10-46% Rank=5	9	34	11

제5부 인도를 알기 & 인도인과 일하기

인도 안에 근무하고 있는 외국인 파견근무자의 규모는 대략 3만 명 정도 된다고 한다. 이 숫자는 비즈니스나 학업, 선교활동을 하는 사람들을 뺀 규모다.

독일에서 운영하는 해외파견근무자를 위한 웹사이트가 있다. 그 웹사이트에 들어가면 인도는 무려 3위에 차지할 만큼 인기가 좋은 나라로 나와 있다(전 세계 12개 국가를 대상으로 함). 서구인들, 특히 유럽인들 관점에서 본다면 인도 생활은 동양과 서양의 중간 지대로서 삶을 살아가는 곳으로 여기는 것이다.

인도인을 이해하기 위한
준비운동

 인도인의 의식 세계가 궁금합니다

과거에 방영했던 EBS 다큐 프라임 〈동과 서〉라는 프로그램과 리처드 리스벳의 『생각의 지도』(2004)를 보면 동양적 사고와 서양적 사고에 대해 아주 잘 설명해놓았다.

코끼리를 보면서도 동양인의 사고와 서양인의 사고가 다르다고 한다. 문화 차이에 따라 관점과 생각이 달라진다는 것이다. 동양 사람들은 전체적 배경에 있는 코끼리를 보는 반면, 서양 사람들은 배경이 아닌 코끼리를 집중해서 본다.

즉 서양은 나 중심이고, 동양은 우리 중심으로 이루어진 문화이며, 또 서양은 인간중심 사상이고, 동양은 자연중심 사상이다. 서양은 분석적이고, 동양은 직관적이다. 서양은 직선적이고, 동양은 순환적이다.

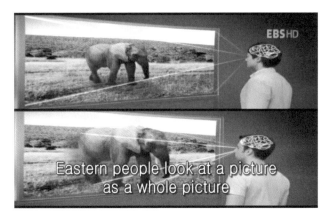

EBS 다큐 프라임 〈동과 서〉 방송 화면.

필자는 처음 인도인과 같이 일을 할 때 그들을 빨리 파악하고 싶어서 책과 다큐멘터리에서 배웠던 것을 가지고 이런저런 시도를 많이 했었다. 그러나 참 힘든 것이 이런 테스트 등을 통해 그들의 마음속 깊은 곳에 있는 생각을 좀 알아보려고 해도 잘 통하지 않는다는 점이다.

인도에서 직원들을 대상으로 그들은 도대체 어떤 사고를 가지는지, 즉 동양적 사고인지, 아니면 서양적 사고인지에 대해 알아본 적이 있다. 간단한 질문인데 침팬지·바나나·팬더를 놓고 "이 그림 중에서 2개를 묶는다면?"이라는 질문을 했을 때 보통 서양인은 사물의 속성을 분석하고 사물을 범주화하는 데 익숙해서 대부분은 침팬지와 팬더를 묶고, 동양인은 원인과 결과를 고려하는 동사적 사고를 하기 때문에 침팬지와 바나나를 묶는다. 왜냐면 '침팬지는 바나나를 먹는다'로 사고하기 때문이다.

하지만 인도 친구들을 대상으로 질문을 해봤으나 동양인의 특성도 서양인의 특성도 제대로 나오지 않았다. 『생각의 지도』라는 책에서 낸 결론과 마찬가지로 동양과 서양의 문화가 어떻게 변해갈지에 대해서 동양과 서양이 조금씩 닮아가며 중간쯤에서 수렴할 것이라고 하는데,

이 그림 중에서 2개를 묶는다면? 동양적 사고와 서양적 사고에 따라 달라질 것이다.

인도 사람도 그런 것이 아닌가, 하는 생각이 들었다.

인도인의 사고는 동양인도, 그렇다고 서양인도 아닌 복잡한 사고 체계이기 때문에 우리가 이해하면서 일을 한다는 게 어떻게 보면 서양인들과 일하는 것보다 어렵다고 할 수 있다.

인도인을 이해하는 3가지 원칙

인도에서 일을 하면 겪게 되는 상황이 몇 가지 있다.

일전에 일본인 친구, 유럽과 미국인 회사에 일하는 주재원들과 모여서 비슷한 이야기를 한 적이 있었다. 한 미국인 친구가 이런 말을 했다. "인도 사람들은 항상 늦어. 그리고 어떻게 진행되는지 물으면

'Everything is fine(모든 것이 좋아)'이라는 답답한 소릴 해"라고 이야기했을 때 참석한 모든 이들이 고개를 끄덕였다.

인도인과 같이 일하면서 그들에 대해 외국인이 말하는 공통점은 어떤 것들이 있을까? 다음과 같이 3가지로 정리해볼 수 있다.

1. 분명한 상하관계와 명확한 업무 지시

인도는 상하관계가 상당히 분명한 사회다. 물론 카스트의 영향도 있지만 힌두교의 사상도 상당히 크게 지배를 하는 사회다. 직장에서도 높은 직위의 사람이 지시를 하면 자기 의견을 그 앞에서는 일단 말하지 않는다. 그리고 결과물에는 상관없이 그냥 지시에 따라 이행만 한다. 상상력을 발휘하거나 또한 지시한 것 이상을 하지 않는다.

하지만 나중에 결과물을 가지고 오면… '오마이갓'이다. 필자 혼자 그렇게 느낀 것이 아니고 모든 주재원들이 같은 말을 한다. 인도인들 사고로는 보스(boss)는 모든 일을 이끌어가고 책임을 지는 사람을 의미한다.

절대로 하지 말아야 할 말이 있다. "I expect you to be proactive(난 네가 적극적으로 행동하길 원해)." 절대 그렇게 되지도 않고 그러지도 못한다는 말이다. 왜냐면 그 이야기를 들었을 때 어떻게 해야 하는지에 대해 How to(어떻게)가 그들의 생각 구조로는 떠오르지 않기 때문이다. 절대 인도인들을 비하하려고 하는 말이 아니다.

또 상상력을 발휘해서 해결책을 찾으라는 말도 그들에게는 혼란을 가져다준다. "Be creative and proactive(창의적으로 그리고 적극적으로 행동해라)"는 잊어야 한다는 것이 모든 해외파견 근무자들의 공통된 의견이다.

만일 그렇게 만들고 싶으면 아주 상세히, 그리고 정확하게, 뭐가 크리에이티브한 것인지, 프로액티브한 것인지에 대해서도 구체적으로 이야길 해줘야 한다. 모호하고 불분명한 말은 인도사람과 일하기 어렵게 만든다.

한국인이라면 어떤 일을 맡기면 알아서 척척 해온다. 하지만 인도인들은 뭐랄까? 마치 로봇과 같은 사고 시스템을 가지고 있는 사람이 많다. 하지만 그게 인도인이라서 그것이 더 자연스럽다. 뭐든지 다 지시해도 좋다. 하지만 구체적으로 범위를 정해서 상세히 이야기하는 것이 좋다.

한 유럽회사 주재원이 이런 말로 설명을 한다. 인도 직원과 커뮤니케이션할 때 자신은 "난 네가 이 문제를 22시간 안에, 그리고 비용은 1만 달러 이내에서 해결했으면 좋겠다. 거기에 대한 네 의견은 뭘까?"라는 식으로 범위를 좁혀나가기 시작하면서 일을 시작한다고 했다. 그러고 나서 조금의 진전이 있으면 다시 좀더 구체적으로 방향을 정해서 알려준다.

또 다른 도전 중 하나는 창의력에 대한 것이다. 인도인의 창의력이 빛나는 순간은 절체절명의 위기의 순간에서 그것을 돌파할 때 가장 빛난다. 가령 위기를 모면하기 위한 임기응변의 순간에는 정말 유용하지만, 우리가 생각하고 기대하는 근본적인 창의력에 대한 기대는 조금 내려놓는 게 좋다는 것이 모든 해외 파견자들의 속마음이다.

『포브스』지에 순위를 올리고 있는 글로벌 100대 기업 중 CEO로 인도인의 수는 4분의 1을 넘는다. 하지만 그중 창업자는 단 한 명도 없다. 창의력보다는 주어진 조건하에 관리하는 능력이 상당히 뛰어난 것이 바로 인도사람들이다.

100% 만족할 수는 없다. 그들의 생각이 기존 사고의 틀 밖으로 (out-of-box) 나오게 만들기 위해서는 자주 이야기하고, 그리고 대화하면서 구체적인 그림을 그려줘야 원하는 성과가 나올 수 있다.

필자가 인도에 있을 때 읽었던 재미있는 책이 한 권 있다. 미국 컬럼

비아 대학 히긴스 교수가 쓴 『동기 과학』이라는 심리학 책인데, 인도 사람에 관련된 사항을 어느 정도 이해할 수 있었다.

조절초점이론(Regulatory Focus Theory)이라는 것을 언급한 책인데, 어떤 일을 함에 있어 인간은 2가지 자세를 갖고 일한다는 것이다. 즉 어떤 일을 할 때 주로 보상을 바라면서 일을 하는 '성취지향형(promotion focus)' 인간이 있는 반면, 실패의 위험을 피하기 위해 일을 하는 '안정지향형(prevention focus)'인 사람도 있다고 한다. 이 이론에 따라 인도의 한 대학 교수가 인도인들에 대해 조사를 했는데 인도인들은 후자인 '안정지향형'으로 나온다. 다시 말해 공부를 하더라도 열심히 하면 보상을 받기 위한 공부가 아니라 '인생에 실패하지 않기 위한' 공부를 한다는 것이다. 이에 따라 인도인들은 위기가 닥쳤을 때 힘을 발휘하게 된다는 것이다.

이런 것은 마케팅을 할 때도 참고가 많이 되는데 광고를 할 때, 인도인들에게 전달하는 메시지를 가령 '이 제품을 구입해서 사용하면 이 제품이 당신의 품격을 높여줄 것입니다'라는 메세지보다는 '이 제품을 구입하는 것만이 당신의 품격을 말해줄 수 있을 겁니다(지켜줄 것입니다)'라는 식의 커뮤니케이션이 먹힌다는 이야기다.

2. 간접적으로, 그리고 말로만 커뮤니케이션하지 않는다

인도인들이 많이 이야기하는 것이 있다. "모든 것이 순조롭다(All is fine)." 프로젝트가 어떻게 진행되는지? 또는 어떤 문제가 없는지? 라고 질문을 하면 문제가 있다는 이야길 들은 적이 없다. 하지만 거의 막판에 가서야 모든 문제가 튀어나오기 시작하고 시간을 맞추기 어렵다는 등의 이야기가 나온다.

우리 입장에서 보면 멘붕이다. 그리고 본사와 정해놓은 약속을 이행하지 못하는 경우도 왕왕 발생하게 된다. 이러한 문제는 필자 혼자만이 겪는 것이 아니고 대부분의 외국인들이 비슷한 경험을 한다.

그리고 인도에 어느 정도 살게 되면 행간에 들어간 의미를 알게 되고 그들의 제스처 등을 통해서 감을 잡게 된다. 그들은 좋지 않은 일이나 어떤 문제가 발생하면 직접적인 표현을 하지 않고 간접적으로 표현한다. 이러한 것들에 대해 선진국 사람들과 우리나라 사람들은 '모호하게 의사 소통한다' 또는 '부정직하다' 등으로 해석한다. 필자도 처음에 그런 그들 때문에 당황했다.

해석이야 마음대로지만 그들의 의식을 조금만 들여다본다면 너무나 당연한 것이다. 그들 안으로 들어가보면 좋게 좋게, 그리고 매끄럽고 아무 문제 없이 '쓱~' 하고 넘어가려는 성향이 강한 것을 알 수 있다. 이는 나쁜 상황에 대한 불편함을 피하려는 성향이 강하기 때문이다.

가령 팀 구성원들에게 그들의 입장을 물어보면 그들은 상당히 보수적으로 반응을 한다. 우리의 커뮤니케이션 방법으로는 이해가 가지 않지만 그건 그들의 잘못이 아니라 우리의 잘못이다. 그들의 반응을 우리는 흔히 '그래 인도 사람들은 몰라, 이걸 이 사람들이 할 이유가 없잖아'라고 단정지어 해석할 것이다. 하지만 놀랍게도 그들은 우리가 안고 있는 문제나 어려움에 대해 너무나도 세세하게 잘 알고 있다.

또 복잡한 문제를 해결하는 키와 방법에 대해서도 잘 안다. 그들이 원하는 것은 의사결정 과정 중에 그들을 존중해주고, 그들의 의견을 반영해주고, 참여시켜주는 것에 대해 많은 관심을 가지고 있다. 이러한 것을 명심한다면 그들을 내 편으로, 그리고 좋은 결과도 만들어낼 수 있을 것이다.

3. 개인적·인간적 관계 형성

동서양인을 막론하고 가장 힘든 것이 개인적인 관계를 상호 구축하는 것이다. 우리나라 내에서도 힘든데 더군다나 인도는 더더욱 힘들

것이다. 하물며 직장이라는 조직 안에서 개인적인 유대감을 갖는다는 것도 쉬운 일은 아니다.

먼저 우리 스스로를 생각해보면 피부색에 의해 상대에 대한 선입견을 가지고 있다는 것을 부인하긴 어려울 것이다. 인도인들과 업무를 할 때 한국인들뿐만 아니라 서구인, 일본인들도 이른바 서로를 알기 위한 잡담보다는 바로 업무 이야기로 들어간다고 한다. 개인적인 유대감을 쌓는 것은 어떻게 보면 인생의 자연스러운 한 부분이다. 그리고 또한 좋은 업무 성과는 능력도 중요하지만 인간적인 관계 안에서의 팀워크도 중요한 부분이다.

인도 사람들을 살펴보면 바로 이런 인간관계를 그것도 직장 안에서 맺는 데 상당히 많은 시간을 보내고 있음을 알게 된다. 우리는 퇴근 후나 개인적인 시간을 할애해 인관 관계를 형성하는 것과는 달리 인도 사람은 회사 내에서 그런 인적 네트워크를 강화시켜나가고 있다. 그들은 이런 과정에 가치를 두고 살아가고, 보통의 외국인 관리자들이 그들이 빨리 일로 돌아가기를 지시하면 그것에 대해 속으로 상당히 기분 나쁘게 생각한다.

우리가 인식하는 효율성, 즉 일에 몰두하고, 자리에 앉아 있고, 일이 끝나면 다음 일로 바로 넘어가는 식의 행동을 인도인들은 달가워하지 않는다. 이렇게 외국인들이 몰아가면 자신들을 일하는 도구라고 생각하게 된다는 것이다.

외국 기업을 바라보는 극단적 사례, 마루티-스즈키 폭동 사태

2012년 7월 인도 마네사(Manear)의 마루티-스즈키 공장에서 폭동이 발생했다. 오전 휴식시간 중 인도인 반장이 같은 인도인 근로자의 근무태도를 지적했고 이에 그 노동자가 반장을 폭행한 것이 발단이 된 일이었다.

이 사건을 보고받은 회사측은 노동자에게 정직 처분을 내렸고, 이에 그 사람은 노조에 호소를 한 모양이다. 이게 빌미가 되어 정부의 노동 감독관과 노사가 모여 협의를 할 때, 노동자들이 사무실로 난입해 관리직들을 폭행하고 사무실과 공장 생산 라인을 방화한 사건이 일어났다.

이로 인해 인도인 현지 인사책임자가 불에 타 숨졌고, 일본인 직원 2명을 비롯한 많은 사람들이 부상을 당했다. 인도경찰은 100명 이상 노동자를 체포했고, 마루티-스즈키도 무기한 휴업에 들어가면서 회사는 막대한 손해를 입었다. 언론에서는 그런 사태가 발생한 데에 카스트 간의 갈등, 공산주의자들의 개입 등 여러 가지 시나리오를 두고 추측성 기사를 많이 써나갔다.

하지만 결론은 카스트의 갈등이거나 공산주의자들의 개입이 아니었다. 단순히 해명의 기회를 주지 않고 일방적으로 정직 조치를 내린 것에 대해 화가 났기 때문이라고 밝혀졌다.

그러면 왜 이런 일이 발생했을까? 이는 의사 결정 과정에 당사자를 참여시키지 않았기 때문이다. 또한 이를 통해 인도의 노동자들의 의식이 높아지고 있음을 알 수 있다.

언론에서도 지적했지만 인도의 최근 젊은 사람들의 인식은 상당히 달라져 있다. 실제 인도인 경영자들과도 이야길 해보면, 최근 젊은 층들은 자기 이익에 극도로 민감해져서 조금만 손해 본다고 느껴지면 행동으로 표출한다는 이야기도 종종 듣는다. 또한 과거에는 외국 기업에 취직했다는 사실이 자부심이었다면 이제는 좀더 다른 것들이 그들의 욕망을 충족

마루티-스즈키 폭동 이후 공장 정문 전경.(출처: 「더 힌두」)

시켜준다는 사실이다.

직원들이 제기한 문제 중에 회사의 수익이 수년간 무려 2,000%가 넘게 증가했지만 정작 급여 인상 수준은 10%도 안 되는 선에서 이뤄진 사실도 제기했고, 마루티-스즈키 공장이 '낙원과 같이 즐겁게 일할 수 있는 작업환경'이라고 이야기하면서 왜 일본 직원은 위험지 수당을 받느냐며 문제 제기도 했다고 전한다.

또 일본 정부에 대한 인도인들의 생각과는 달리 현지인들의 일본인들에 대한 인식은 우리가 알고 있는 것과 많이 다른 것이 사실이다. 예를 들면 현지 일본계 회사에서 넘어온 직원들과 인터뷰를 해보면, 일본인들은 노무관리를 포함해 어떤 업무를 할 때 자신들이 나서지 않고 항상 현지인을 내세운다. 특히 개인적으로 일본 사람들은 인도인들과 접촉을 잘하지 않는다고 말한다.

그들이 지적하는 것은 일본인 직원 대부분 힌디어는커녕, 영어도 제대로 못 한다는 점과 자신들과 직접 문제를 해결하기보다 항상 대리인을 세운다는 인식이 무척 강했다.

또한 일본 회사에서 근무할 때 일본인 직원들과 식사나 회식을 같이 해본 적이 없다는 이야기뿐만 아니라 절대 노하우를 가르쳐주지 않으려고 한다는 등 근본적인 신뢰를 형성하기 어려운 지경이라는 사실을 알게 되었다.

물론 이러한 것들은 '인도의 문제는 인도인 현지인들끼리 해결해야 한다'는 원칙에서 진행되지만 인도인들도 잘 안다. 자신이 상대하는 담당자는 권한이 없다는 것을! 그래서 권한을 가진 사람과 대화를 하고 싶어 하는 것이다.

고함치는 한국인은
No, No!

인도인들은 한국의 기업문화가 상당히 '터프'하다는 이야길 많이 듣는다고 한다. 인도에 진출한 우리나라 기업들도 일본 기업과 크게 다르지 않다는 점이다. 언어 문제에서도 별 차이가 없고 다른 관리 문제도 일본 기업을 많이 닮아 있다.

또한 한국인들은 스스로 벽을 쌓고 그 생활 범위에서만 활동을 많이 한다고 이야기한다. 물론 여러 가지 그들과 교류하려는 자리도 마련하곤 하지만, 그건 회사가 마련해준 자리일 뿐이다. 그러한 자리는 역시 형식적이라 전시효과만 있을 뿐이다. 서로가 친해지는 계기가 될 수 있지만 정말 친해지려면 역시 개인적인 관계를 형성해야만 한다.

한국인에 대한 가장 최악의 평가는 '고함친다'다. 인도인들이 가장 싫어하는 행동 중 하나가 고함치는 것이다. 다른 것은 모르겠지만 인도에서는 고함치며 일하는 것은 인도 사람들과의 관계를 망치는 지름길이다.

관계 형성에서 오는 이러한 문제점은 우리만 겪는 문제가 아니라 서양인들에게도 물어보면 그들도 회의 시작 전이나 업무 시작 전에 유대감을 가지려고 '잡담(small talk)'을 종종 한다고 한다. 하지만 반응은 '응, 그래… 알았다' 이 정도여서 결국 바로 본론으로 들어가서 이야길 하고 끝내게 된다는 것이다.

외국인들에게 느끼는 인도인들의 감정은 너무 일, 일, 일… 즉 자신들을 일하는 기계로만 생각하는 것 같아서 그렇게 기분이 좋은 편은 아니라고 한다. 인도인들은 '상당히 감성적인 사람들이다'라는 것을 알고는 있지만 우리가 살아온 것이 그렇게 살아오지 못했기 때문에 익숙하지 못한 것은 아닐까?

그렇다면 인도에서 이러한 문제를 어떻게 해결할 수 있을까?

인도인과 일 잘하는 법, 3가지

지금부터는 필자의 경험과 인도에 잘 적응해서 생활하는 외국인들의 사례를 가지고 이야기하도록 하겠다. 인도인과 일 잘하는 방법에 대해 다음과 같이 3가지로 정리해보았다.

첫째, 초등학교 선생님이 되자

인도 사람들과 같이 일하는 방법은 우리나라의 그것과는 많이 다르다. 우리나라의 경우 지시하면 중간에 보고하고, 진행 상황에 대해 이야기해주고, 결과적으로 목표 이상을 해온다. 인도의 경우엔 아직 그렇게까지 해내기엔 많은 사람들이 훈련이 덜 되어 있다. 따라서 인도 사람과 일할 때에는 내가 초등학교 선생님이 되었다는 생각으로 차근차근 인내심을 가지고 대해야 한다.

가령, 목표를 제시하고 중간중간 개인적으로 불러서 진도를 체크하는데, 말로만 하지 말고 구체적으로 하고 있는 것을 가져오라고 해야 한다. 그리고 중간에 피드백을 해주는 것이 나중에 결과물에 대해 실망하지 않게 된다. 또한 지속적으로 이런 건 이렇게 해보는 것이 어떨까? 생각은 어떤지를 계속 물어봐야 한다. 그래도 자기 의견을 잘 이야기하지 않는다.

여기서 중요한 것은 '내가 몰라서 그러는데, 이건 이렇다는데 맞는지?'와 같이 상대를 존중하면서 이야기하라는 점이다.

관리 측면에서도 필자는 그들의 실수나 고쳐야 할 부분도 꼼꼼하게 기록했다. 그리고 그가 지속적으로 같은 실수가 발생하면 그룹의 리더를 불러서 왜 이런 일이 지속적으로 발생하는지를 먼저 묻고, 개선하게 만들 수 있도록 기회를 주고, 만일 그들에게 제대로 개선되지 않으면 직접 개입을 했다. 인도인들에게 먼저 개선할 기회를 주고 잘되면 칭찬을, 그렇지 않으면 따로 불러서 같이 개선해나가야 한다.

또 처음부터 정확하게 지시를 해야 한다. 글이나 말로는 아무리 지시가 잘 되도 엉뚱한 결과가 많이 발생한다. 따라서 명심할 것은 인터넷을 통해 동영상, 사진 등 시각적인 자료들을 많이 찾아서 공감대가 같이 이뤄지도록 해야 한다.

칭찬에 절대 인색하지 말아야 한다. 동서양을 막론하고 '칭찬은 고래도 춤추게 한다'고 하지만 인도 사람들은 유독 칭찬을 많이 해주면 관계 형성에 무척 도움이 된다.

필자가 인도에서 한국으로 돌아왔을 때 인도 직원들 중에 다른 회사로 간 직원들 몇 명이 지속적으로 연락을 해오고 있다. 특히 한 직원은 자기가 새로 옮긴 회사에 팀장이 되었고, 팀장으로서 필자에게 배운 것을 가지고 성공적인 마케팅을 펼쳐나가고 있다고 자랑을 했다. 그 친구와 같이 일할 때를 생각해보면 다소 답답하고 힘들었지만 항상 용기를 주고 칭찬을 많이 했었다. 인도인들은 감성적이기 때문에 그런 접근법이 상당히 큰 효과를 발휘한다. 그리고 이렇게 서로 삶의 궤적이 달라져도 그 칭찬의 힘이 지속적인 관계를 형성하게 만들어주기도 한다.

둘째, 그들의 욕망을 적절히 활용하라

인도인들도 마음 안에 야심이 많다. 그렇기 때문에 진급에 목을 걸고, 더 나은 조건을 향해 나아간다. 많은 사람들이 인도인들은 몇 루피만 더 주면 이직 한다고들 이야기한다. 하지만 필자는 이 말에 동의하지 않는다. 그들은 조금 더 배울 수 있고 자신의 미래를 위해 도움이 된다면 여러 가지 어려움도 감내한다.

그들이 움직이는 이유는 크게 개인의 발전이 이 조직 안에서 이뤄질 수 없을 경우가 첫 번째이고, 정말 많은 조건과 혜택이 있는 경우가 두 번째다. 단순히 조건이 좋다고 이직하는 경우는 결코 많지 않다.

같이 일을 하던 PR팀을 담당하던 라비(Ravi)라는 친구가 있었다. 이 친구가 맡고 있던 조직은 다른 마케팅 조직 내 ATL(Above the Line: TV·인쇄·라디오 등 선통매체를 통한 광고), BTL(Below the Line: 뉴미디어·PR·세일스 프로모션 등 미디어를 매개로 하지 않는 프로모션), 디지털 등의 조직과는 좀 특화된 부분이고, 이 친구는 PR 대행사 출신이라 기존 마케팅으로 업무를 전환 배치시키고 싶어도 여러 가지 사정상 어려웠다. 하지만 이 친구는 마케팅의 메인 업무인 ATL 쪽으로 너무나 일을 하고 싶어 했다. 업무 능력과 성실도 등에서 탁월한 친구라서 이 친구를 좋은 조건에 데려가려고 하는 기업들이 많았다.

필자가 급여를 인상해주거나 진급을 시켜줄 수 없기 때문에 이 친구에게 새로운 동기 부여를 시켜준 것이 마케팅 사회공헌(Marketing CSR) 업무를 발굴해서 실행한 일이었다. 먼저 그 친구의 관심과 의견을 묻고 일을 할 마음이 되었다는 의견을 들은 후, 현지인 인사 담당 중역을 한국인 직원이 달라붙어 거의 1년을 설득해서 조직을 신설해 업무를 만들고, 성과를 내고, 또 외부적으로는 교통부장관을 같이 만나러 가서 설득해서 정부와 같이 일을 진행시켰다.

인도 일반인들은 정부 고위공직자와 협상을 하는 것에 상당히 두려움을 많이 갖고 결과에 대해 회의적이다. 하지만 필자가 정부 고위층과 협상을 통해 결실을 만들어나가자 인도인 직원들이 보며 많은 것을 느끼게 되었다.

이러한 결과는 인도인 경영층과 필자 사이에 업무 방식과 관점에서 차이가 있을 때 매번 내 편을 들어주는 놀라운 결과도 만들어내게 되었다. 인도 사람들도 역시 우리와 비슷하다. 그들도 자신을 위해 애쓰는 사람에게 그의 편이 되어주는 것이다.

또 그들의 욕망 중 하나는 해외로 나가 다양한 경험을 하는 것이다. 따라서 해외출장의 기회를 잡으려고 애를 쓴다. 그래서 우리 부서에서는 여러 해외출장 기회에 대한 불만이 많이 발생하지 않도록 미리미리 기준을 설명하고 그 원칙대로 지켜나갔다. 그리고 더 많은 기회를 얻도록 출장 기회를 만들어주었다. 한국행 연수가 걸려 있는 글로벌 공모에도 응모하게끔 도와주고 선발이 되도록 최선을 다했던 것이, 그들의 마음을 이끌어내는 데 도움이 많이 되었다. 이렇듯 그들의 욕망을 잘 이해하되, 공정을 기하는 것도 무척 중요하다.

셋째, 공감대를 만들어라

결혼식 참석은 물론 기본적인 경조사를 챙기는 것은 전 세계 어디서나 인간관계 형성을 위해 참 중요한 일이다. 인도 경영진들도 감성적인 면으로 자신의 직원들에게 다가가려는 노력을 보이나 우리와는 다소 다른 모습을 많이 보게 된다. 그렇게 살뜰하게 부하 직원을 챙기는 경우는 드물다.

필자가 인도에 오래 거주한 서구 사람들에게 배운 것 중의 하나는 대화의 방법이다. 즉 공감대를 형성하라는 것이다. 주기적인 식사자리를 만들어서 이야기하는 것은 다른 사람들도 다 하는 것이다. 문제는 대화 소재다. 그래서 우선 했던 방법은 나도 너와 같은 직장인이라는 사실을 일깨우는 것이다.

직장인이라면 누구나 하는 고민인 집값 걱정, 노후 걱정, 부모님 건강 문제, 퇴직 이후의 고민 문제, 그리고 같이 자녀를 기르는 입장으로서의 애로점 등 주재원인 나도 그들 못지않게 많은 고민을 하고 산다는 것을 이야기하면서 공감대를 키워나갔다.

구체적으로 언급하자면 급여를 많이 받아도 한국은 물가가 높아 인도처럼 이렇게 넓은 집을 구하기 어렵다든가, 같이 근무하는 인도 친구들보다 영어 실력이 뛰어나지 못해서 고민이 많다든가, 필자도 본사에서 실시하는 영어 시험에 응시해 떨어져서 고생했던 이야기 등을 하면서 같은 직장인 동료로 포지셔닝되도록 노력을 많이 했다.

그래서 필자가 부족한 면에 대해 상당히 도움도 많이 받았고, 몇몇 젊은 친구들과는 플레이 스테이션도 집에 가서 같이 하고, 요즘 인도 젊은 직장인들의 트렌드인 인도 프리미엄 리그를 맥주집에서 같이 보면서 이야기를 나누고, 인도의 박물관, 시장을 같이 다니는 등 공감대를 만들어내도록 많은 노력을 기울였다. 스킨십을 자주 하고 구체적인 공감대를 만들어 다가서는 것이 그들과 같이 호흡할 수 있는 길이다.

또한 한 가지 더 팁을 이야기한다면 자존심을 많이 세워주라는 것이다. 자존심이 정말 강한 인도 사람들의 마음 한 곳에는 찬란한 역사와 전통, 그리고 대국 인도라는 자부심이 깔려 있다.

우리가 지금은 인도보다는 경제 여건이 나을지 모르지만 우리 세대 안에 아마 인도는 우리나라를 넘게 되리라 생각된다. 그때도 지금과 같이 행동할 수 있을까를 생각하면 다시 한 번 초심으로 돌아가게 된다.

오피니언 리더를 내 편으로 만드는 방법

　해외 기업들이 인도에 진출하면 인도인과 그들의 사회에 대해 은근히 무시하는 경향을 많이 보게 된다. 해외 기업 주재원들이 인도에 머무르며 친해진 많은 인도인들은 외국인들과 상당히 접촉이 많은 사람들이다.

　한 부류는 그들과 같이 일을 하는 사람들, 또 다른 부류는 비즈니스나 이해관계로 얽혀 있는 사람들이다. 그들의 이야길 들어보면 외국인들 중에 정말 인도를 이해하고 같이 호흡을 하려고 하는지에 대해 의구심을 많이 가지고 있다는 것을 발견하게 된다.

　자신들은 선진 기업의 노하우를 배우고자 외국 기업에 들어왔으나 잘 가르쳐주지 않는다는 이야길 많이 한다. 일본 기업의 경우 일본인들 자체가 자신들과 같이 섞이려 하지 않는 경향이 있고, 한국 기업은 기업 문화가 터프하다고 말한다. 서구인들에 대해서는 정말 기계적인 관계로 일을 하게 된다고 한다. 전반적으로 선진 외국인들이 자신의 문화와 인도인들에 대한 감정적인 배려가 부족하다는 것이다.

　그럼, 어떻게 하면 그들의 머릿속에 우리를 각인시킬까? 인도에 가서 비즈니스를 하게 되면 좋든 싫든 그들과 같이 해야 한다. 같이 일하는 친구들과 친해지는 가장 좋은 방법은 우리와 마찬가지로 경조사에 적극 참여하는 것이다.

　필자의 경우 직원의 결혼식 참석을 위해 14시간을 차를 타고 가서 밤새워 결혼식에 참석하고 그들과 함께한 것이 관계를 만드는 데 큰 역할을 해줬다. 이는 그들의 문화를 존중하고 이해해준다는 표시이기에 적극적으로 참여하면 감성적인 신뢰를 쌓을 수 있다. 우리의 결혼식과 달리 밤새 열리는 결혼식에 외국인이 참석한다는 것은 그들에게는 큰 인상을 남기기에 충분하기 때문이다.

　또 다른 방법은 비즈니스 파트너와 만나게 되었을 때다. 이때는 나와

인도의 인연, 그리고 그 인연
은 결국 인도와 인도인들을 존
중했기 때문이라는 것을 부각
해야 한다.

필자가 인도 기자들과 만났
을 때 일인데, 소개하면 다음
과 같다.

"인도가 1950년 한국전쟁
이전에는 아시아에서 가장 영
향력 있고 부유한 국가였다"고

인도에서 같이 일했던 인도인 동료 직원의 결혼
식 장면. 우리나라의 결혼식에 비해 재미있고 정
감이 넘치고 화려하다.

먼저 운을 뗐다. 그리고 "한국전쟁 때 인도에서 병원선을 보내 한국인들
을 치료해준 것, 이때 필자의 할아버지도 참전을 했고, 부상을 입어 인도
인 의사가 선진 기술로 치료에 나섰고, 좋은 기술로 인해 회복되었다. 어
릴 때 할아버지께서 인도에 대해 말씀을 많이 하셨는데, 인도는 정말 선
진국이고 꼭 가고 싶은 곳이라는 이야길 자주 들었다. 지금은 돌아가셨지
만 할아버지께서 가보고 싶었던 인도라는 나라에서 근무하는 영광을 얻
게 되었다. 지금 할아버지께서 살아 계셔서 이 모습을 보여드렸다면 너무
기뻐하셨을 것이다"라는 말까지 덧붙였다.

또한 "인도 교과서에는 한국인에 대해 나오지 않지만 한국은 교과서를
통해 인도 타고르의 시도 어릴 때부터 배웠다. 그리고 인도에 취항하
고 있는 한국 최대의 항공사 대한항공의 고객 우대 프로그램인 '모닝캄
(Morning Calm)'이란 이름도 사실 그 타고르의 시에서 나왔다. 인도가 세
계 4대 문명 발생지라는 것도 수업시간에 많이 배워서 알고 있으며, 한국
에서 가장 중요한 시험인 대입문제에도 나온다"고 소개해주면 귀를 쫑긋
한다.

또 1980년대 필자의 어릴 적, 인도의 지금 모습처럼, 아버지의 오토바
이에 타고 등교를 한 추억(464쪽)도 나누고, 필자가 중고등학교 다닐 때

(왼쪽 위) 한국에서 1951년도에 발행된 인도군의 참전 기념 우표.
(오른쪽 위) 인도에서 1992년 발행된 한국전에 참전한 60공수 야전 병원 기념 우표.
(아래) 한국부상병을 치료하는 인도군의관.(출처:「라이프(Life)」)

첫차를 산 추억도 나누면, 인도인들은 현재 자신들의 모습을 한국도 얼마
전 경험했다는 사실로 또 하나의 공감대를 만들 수 있다.

　인도인이 자존심이 세고, 가족 중심이며, 역사가 깊고, 수천 년 전부터
우리보다 앞선 문명을 가진 문화 경제 선진국이라는 것을 이러한 스토리
텔링을 통해 이야기해주면 서로 벽을 허물 수 있게 된다.

　특히, 오피니언 리더들을 만날 때 이러한 이야기는 그들과의 벽을 쉽게
허무는 소재가 된다.

3

그래도 인도에
진출하겠다면

인디아
패러독스

어떤 이는 인도를 흔히 기회만 있는 나라라 이야기하기도 하고, 또 어떤 이는 인도는 영원히 후진국 지위를 면치 못할 것이라고 이야기한다. 그러면서 '어떻게 그런 나라에서 살 수 있을까'라며 염려해주기도 한다.

심지어 한국에 잠깐 와서 병원 진료를 받을 때, 인도에서 왔다고 하면 '그 열악한 환경에서 어떻게 사세요?' 물으며 오히려 진료를 더 꼼꼼히(?) 해주는 친절한 의사 선생님도 있었다.

일전에 한국으로 출장을 왔다가 다시 인도로 향하던 비행기에서 한국인 노신사와 옆자리에 같이 앉게 되었다. 인도는 이번이 두 번째 방문이라고 하며, 처음 인도에 왔을 때 우리나라의 1970~1980년대 모습을 보게 되었다고 했다. 오히려 그 당시보다 인도가 훨씬 역동적이고 기회가 많은 모습에 감동을 받아서, 두 번째는 봉사를 위해 한 선교단체가 주선한 교육기관에 가서 기술을 배우려는 사람들에게 자원봉사를 하기 위해 다시 인도를 찾았다고 했다.

그러면서 친구들에게 인도에 간다고 이야기하니 처음엔 놀라다가 찍어놓은 영상과 사진 등을 돌려보니 다들 이 정도면 과거 일할 때를 기억하면서 봉사하러 오고 싶은 사람들도 있었다는 말씀도 덧붙였다.

인도에 거주할 때 중소기업을 경영하는 친구들이 나를 많이 찾아왔었다. 우리나라 최고의 애니메이션 회사, 완구회사, 제조회사, 광고회사, 심지어 게임을 만드는 회사 친구들도 우리집에 머무르며 시장 조사를 하러 다녔고, 유럽에 있는 외국인 친구들도 몇 명이 와서 새로운 인도에 대해 공부하고 갔다.

이들의 공통점은 인도의 발전 가능성을 인식하고 과거부터 궁금은 했으나, 이른바 자신과 인연이 없었는데 친구가 인도에 있으니 친구도 보고 겸사겸사 인도에 오게 된 점이다. 그런데 참 재미있었던 반응은 처음에는 '인도라는 나라에서 어떻게 살까'라는 생각과 함께 빨리 가고 싶다는 생각이 들다가, 며칠 불편함을 겪고 있을 때 필자가 인도에 대한 이야기와 더불어 사람도 소개해주고 여기저기 같이 다니면서 자신들의 눈으로 인도의 가능성과 대면을 하고 나면, '이곳은 우리의 미래를 위해 꼭 필요한 장소'라고 인식하고 떠난다는 것이다.

반면에 누구의 설명도 없이 자신의 일정으로만 인도를 다닌 사람들은 인도에 대해 고개를 절레절레 흔들다가 떠나는 것도 봤다. 다시 말해 꼼꼼히 준비해 많은 것을 경험하면 인도에 대한 인식이 확실히 바뀌게 된다는 것이다.

인도의 패러독스를 보여주는 것이 하나 있다. 그것은 소를 신성시하고 먹지도 않지만 소고기(비록 물소이긴 하지만) 수출은 전 세계 2위 규모를 자랑한다는 점이다. 앞서 언급했듯이 인도는 매해 거의 100억 달러 가까운 금액의 소가죽을 전 세계로 수출하고 있는 나라다.

이탈리아에 사는 친구 중 1명이 인도에 와서 새로운 사업 기회를 잡고 갔는데, 다름이 아닌 '소가죽 수입'이다. 이탈리아에서 가죽 사업을 하는데, 필자와의 오랜 인연으로 인해 인도에 왔다가 인도가 소가죽이 좋다고 해서 인도 북서부 펀자브 지방의 소가죽 컴플렉스(공업단지)가 있어서 그곳을 방문했다.

필자 역시 인도에 살고 있으면서도 인도인들이 소를 신성시하는 줄로만 알았지 이렇게 수출을 엄청나게 하는지는 몰랐다. 대부분 인도에 대해 갖는 상식은 이러한데 실상은 전혀 다른 것들이 많다.

인도에 오기 전에 여러 가지 공부를 하고 오겠지만 사실 누구를 만날지도 정말 막막할 것이다. 그래도 일단 인도에 누군가 기댈 곳이 있고 인도 생활에 경험이 있는 사람이 있으면, 그걸 기대서 뭔가 해볼 수 있는 곳이 바로 인도다.

인도가 내주는 8가지 숙제

인도 진출을 앞둔 한국인이 해결해야 하는 8대 과제는 다음과 같다. 이는 이미 인도에 진출해 있는 다른 이들의 조언을 토대로 필자의 관점을 덧붙인 것이다.

1. 인도에 대한 인식과 이해의 문제
2. 전문 인력의 부재(다양한 분야의 전문인력)

3. 언어적인 문제(영어, 힌디어 등)

4. 네트워크 문제(인도를 움직이는 핵심 집단과의 네트워크)

5. 법률 서비스 문제(한국인 법률 전문가가 없다. 한국인 법률 전문가는 정말 극소수로 필자가 아는 모 변호사 한 사람이 거의 유일하다.)

6. 인적 자원이나 활용할 만한 자원의 수급 문제

7. 인도 생활 전반에 대한 서비스 문제(주거, 교통, 은행 거래, 전화, 개통 등 책에는 많이 나와 있으나 실제 해보면 다른 것이 한두 개가 아니다).

8. 초기 정착지 확보(인도 진출을 위한 사전 베이스 캠프)의 문제

이상 위에 언급한 내용은 인도 초기 정착 시 한국인뿐만 아니라 외국인들도 힘들어했던 사항이다. 이 가운데 사실 인도 진출을 꿈꾸는 젊은이나 기업인에게 가장 필요한 것이 있다면 주거와 비즈니스 센터를 결합한 형태의 지원이 절실하지 않을까 싶다.

인도의 경우 선진국과 달리 숙박, 교통, 통신 등에 소모하는 에너지가 상당하다. 따라서 이러한 불편만 줄어든다면 초기 정착하는 데 그리 힘들지 않을 것이다.

인도인이 이야기하는 우리나라의 강점 5가지

인도에 있다보면 인도인들이 부러워하는 우리나라의 장점을 여러 가지 발견하게 된다.

그들이 말하는 우리나라의 특성과 장점은 다음과 같이 5가지다.

첫째, 대기업(LG·삼성·현대)이 먼저 진출해 만들어놓은 선진국 이미지

인도 사람에게 한국은 선진국이다. 하지만 알아야 할 것은 우리가 일본을 보는 눈과 비슷하다고 보면 된다. 선진국인 것은 인정하지만 선진국으로서 대접하지 않는 경향이 강하다.

하지만 이런 선진국 이미지는 제품이나 서비스 자체를 프리미엄으로 힘들게 포지셔닝하지 않아도 된다는 장점이 있다.

둘째, 한 세대가 모든 것을 다 경험해본 저력

인도 지식인 층은 1960~1970년대만 해도 자신들이 한국을 앞섰던 것을 잘 알고 있다. 심지어 필자가 만나본 정부 고위직을 끝으로 은퇴한 60대의 노신사 한 분은 6·25전쟁에 대해서도 잘 알고 있었다. 하지만 그들이 인정하는 것은, 지금 자신과 비슷한 50~60대의 한국 사람은 가난을 극복하고 지금의 선진 한국을 만든 사람이라는 것이다.

예를 들면 찢어지게 가난한 집에 태어나 교육을 받고 신입사원으로 입사해서 바닥부터 시작해서 해외에서 도입된 기술을 익혀 하나하나 국산화하는 과정을 익혔고, 그 기술을 가지고 수출하고 해외시장에 진출해본 경험을 가진 전 세계 유일한 경험자가 많은 곳이 바로 한국이라는 사실이다.

인도인들은 서구에 대한 막연한 피해의식과 그들보다는 못하다는 패배의식이 팽배해 있다. 인도가 12억이 넘는 인구와 넓은 국토의 큰 덩치를 가지고도 아직 조그만 체구의 유럽 국가들과 경쟁해서 이기지 못하는 데 비해 한국은 5,000만이라는 작은 인구가 자신들보다 훨씬 못한 환경에서 시작해 지금의 경제적 부를 일궈낸 것에 대해 상당히 부러워하고 있다. 다시 말해 그들보다 못한 환경에서 시작해서 그들과 비슷한 수준에서 이제 그 수준을 뛰어넘어 가르치는 위치에 올라선 과정이 그들에게는 경이로운 모양이다.

또 필자의 어릴 때 사진과 어릴 때 찍었던 아버지 뒤에 매달려 오토바이를 타고 있는 모습과 더불어 1960년대 인도의 모습과 서울의 모습, 1970~1990년대를 거치며 변화하는 서울의 거리 모습 등을 보여주면 신기해한다.

사석에서 필자가 어릴 때 아버지 등에서 오토바이를 타고 등교했던 이야기, 중학교 때 처음으로 가족 차를 갖게 된 이야길 하면 호기심 어린 눈으로 바라보며 귀를 쫑긋한다.

분명 자신들이 과거엔 한국보다 앞섰는데, 1980년대 중반 이후엔 비슷해지면서 곧 추월을 허용해버렸다는 사실에 안타까워하기도 하고, 빨리 발전을 해야겠다는 생각을 하게 된다고 이야기한다. 그와 동시에 압축 성장한 한국에게 배우면 빨리 그 노하우를 알 수 있겠다는 생각을 하게 된다고 한다.

오토바이에 타고 이동 중인 한 가족의 모습. 이러한 모습은 현재 델리에서 흔히 볼 수 있는데, 마치 한국의 1980년대 초 모습을 떠올리게 한다.

셋째, 인도가 못 가진 장점을 가진 나라

인도인들과 이야기해보면 우리나라의 가장 큰 장점 중 하나는, 자신들이 만들지 못하는 하드웨어 기반의 산업에서 상당히 강하다는 점이다. 제품도 그렇고 제품의 디자인도 상당히 앞선다는 이미지가 강하다. 특히 IT(하드웨어) 분야에서 그들이 생각하는 한국의 이미지는 최고라는 찬사를 아끼지 않고 있으며 서구와 경쟁하는 아시아의 대표 국가라는 이미지도 가지고 있다.

또 하나를 덧붙이면 인도에 있는 중국이라는 국가에 대한 이미지는 아직 기술이 많이 부족한 나라로 인식하고 있다는 것도 인도에서 경쟁하게 될 중국에 대해 갖는 장점이라고 할 수 있다.

그리고 한국 제품들의 디자인이나 깔끔한 마무리, 그리고 사용의 편의성은 그들도 인정을 하고 있다. 문제는 가격이지, 이미지 게임에서는 선진국과 어깨를 나란히 할 정도는 된다고 할 수 있다.

넷째, 교육열이 강하고 다양성을 보유한 나라

인도인들의 교육열과 한국인들의 교육열을 비교한다면 큰 차이가 없을 정도다. 하지만 인도인들이 느끼는 한국의 힘은 바로 교육에서 비롯된 것이라는 이야기를 자주 들었다. 따라서 자신들도 그런 교육열을 바탕으로 인도를 선진국으로 끌어올릴 수 있다는 자신감도 많이 보게 된다.

또 인도 친구들과 이야기해보면 조그만 나라인데, 다양한 산업 등이 골고루 발달했고, 특히 올림픽 등 국제 스포츠에서 한국이 왜 그렇게 많은 금메달을 딸 수 있는지에 대해서도 놀라워한다.

사실이 그렇다. 인도는 올림픽에서도 2008년 북경 올림픽 때 사격에서 금메달을 딴 이후로 금메달 소식이 없다. 물론 1900년 올림픽 참가 이래 금메달은 9개 획득했고, 메달 종목도 하키와 사격뿐이다.

인도 쇼핑몰에 있는 어느 안경점 앞, 자랑스럽게 Made in Korea라고 쓰여 있는 광고판을 앞에 내세웠다. 오른쪽은 우리나라 '대교'의 광고 간판.

그나마 강했던 하키의 경우도 1980년 모스크바 올림픽 이후엔 메달이 없다.

이렇듯 인도는 뭔가 다양성이 떨어지는 것을 볼 수 있다. 이는 자연 환경의 영향도 있겠지만 사회문화적 환경도 영향이 크다. 그래서 우리나라가 가진 다양성을 상당히 부러워하는 것이다.

다섯째, 콘텐츠 강국

인도에 사는 거의 모든 외국인들이 공감하는 내용이지만 인도 사람들은 이런저런 이야기를 하는 것을 무척 좋아한다. 가족끼리, 친구끼리, 직장인들끼리 옹기종기 이야기를 많이 한다. 이렇게 이야기하는 것을 좋아하는 사람들이 스토리텔링을 잘 못 하는 것은 참 아이러니한 사실이다.

인도 거리를 걷다가 싸이의 〈강남스타일〉을 들은 적이 여러 번 있다. 그 덕택에 한국에서도 그런 경쾌한 세계적 스타가 있다고 인식하는 인도인들이 많이 있다. 뿐만 아니라 〈로보카 폴리〉가 방영되기 전에 인터넷을 통해 〈로보카 폴리〉가 한국 애니메이션이라는 것을 아는 사람도 많았다. 뿐만 아니라 방영도 하지 않은 〈뽀로로〉도 알고 있는 사람이 있다. K-팝도 세계에서 인기 있다는 것도 알고, 한국 영화가 우수하다는 것도 안다. 게임도 발달해 있다는 것을 잘 안다.

하지만 그 정도다. 제대로 경험해본 사람이 많지 않다. 경험의 전부는 한국산 자동차와 전자제품, 그리고 휴대폰 정도다. 한국산(産)을 사용해본 경험이 한국에 대한 경험의 전부인 것이다.

인도에 거주할 때, 인도인 친구 하나가 중국 휴대폰 샤오미에 대해 워낙 칭찬을 많이 해서 호기심에 샤오미 Mi4를 구매해 사용한 적이 있다. 합리적인 가격에 성능이 좋다는 소문이 많이 나 있던 휴대폰이다. 그런데 거기서 끝이 아니었다. 그들이 이야기한 샤오미의 다른 매력은 사용자 중심의 UI(User Interface: 사용자 인터페이스)였던 것이다.

한국 휴대폰에 대해서는 안드로이드 운영 체계 안에서는 최고급 제품이라는 인식이 대부분이다. 하지만 샤오미 휴대폰은 한국 휴대폰과는 달리 최고급은 아니지만 감성적으로 친근한 휴대폰이라고 이야기한다. 우리나라 제품은 감성적인 이미지보다 이성적 이미지가 강하다는 것이다.

브랜드 전략에서 강한 브랜드는 이성적인(rationale) 품질, 성능 등을 기

필자의 샤오미 휴대폰의 테마 화면, 간디를 테마로 하고 있다.

샤오미의 다양한 테마 화면, 인도 소재부터 정말 다양하다.

본으로 한 감성적인(affinity) 디자인과 스토리 등의 요소가 바탕이 되어야 한다.

　샤오미 열혈 사용자들이 입에 침이 마르게 사오미를 칭찬하고 애용자가 되고, 주변에 권유하는 것은 이런 감성적인 요소가 그들을 움직이고 있기 때문이다. 뭐랄까, 나에 맞춰진 커스터마이징된 휴대폰이며 내 기분에 따라 다양하게 바꿀 수 있는 그런 것이 인도 사람에게는 먹히고 있다. 엄청난 수의 샤오미 팬카페 사이트에 들어가보면 그들의 샤오미 사랑을 확인해볼 수 있다. 정작 우리가 못 하는 것이 저건데, 라는 생각이 들어 아쉬운 마음이 컸다.

우리나라의 장점을 가지고
다가가는 인도

인도에 진출할 때 이제는 우리가 많이 신경을 써야 하는 부분이 이런 감성적인 터치(마케팅)와 더불어 인도에 맞는 사회공헌 활동(CSR)이다. 이것도 인도가 못 가진 우리만의 것을 넣어서 시도한다면, 그리고 조금 신경을 써서 디자인한다면 좋은 프로그램으로 자리할 수 있을 것이다.

그럼 어떻게 해볼 수 있을까? 아이디어 하나를 소개하고자 한다.

가령 디자인 요소가 뛰어나지 못한 인도에서 문화유적지를 대상으로 CSR을 한다면 어떻게 하는 것이 가장 효과적일까? 인도 모디 정부의 역점 사업 중 하나인 '클린 인디아(Clean India)' 정책에 맞는 청소? 공공화장실을 늘리는 것? 아니면 디지털로 그들의 문화를 해외에 알려주는 것? 등등 무수히 많을 것이다.

필자가 썼던 방법을 하나 소개하자면 좋은 참고자료가 될 수 있을 것이다.

필자는 인도 한국문화원의 도움으로 인도문화재청장과 만나서 세계문화유산 관련 CSR 활동 MOU를 체결한 적이 있다. 필자의 설득논리는 지저분한 세계문화유산 주위를 청소나 홍보만 해서는 안 된다는 판단하에 공공디자인을 제안해서 큰 호평을 받았다. 즉 한국의 디자이너들이 세계문화유산의 여러 시설들을 공공 디자인으로 해주고, 변화를 만들고, 그것이 한국에 의해 시행되었다는 것을 알리는 작업이었다. 인도문화부나 인도문화재청에서는 상당히 신선한 시도라 평가했고 문화재청장도 호평을 했다.

이것으로 얻어지는 것은 필자가 속해 있는 회사가 디자인이 우수하

위쪽은 기존 델리의 한 세계문화유산(Qutub Minar)의 티켓 박스, 아래쪽은 개선 사례.

다는 이미지를 가지고 있는데, 그 이미지를 더욱 확장시킬 수 있다는 점이다. 이를 통해 일본을 제외하고는 세계문화유산에서 정부의 승인을 받아 캠페인을 할 수 있는 권한을 유일하게 얻어냈다.

이렇듯 그냥 돈을 쓰는 방법이 아닌 우리가 가진 장점을 가지고 새로운 가치를 만드는 CSR 활동을 한다면 인도인들과의 관계도 좀더 스마트한 감성으로 다가설 수 있으리라 기대한다.

비즈니스에서도 마찬가지로 "네가 생각하는 인도 시장의 핵심이 뭔데?"라고 필자에게 묻는다면 자신 있게 '젊은이, 디지털, 콘텐츠' 이렇게 3가지가 현재 시장을 주도하는 핵심이라고 이야기할 수 있다.

여기서 우리가 발전시켜본 콘텐츠를 가지고 인도의 공공재인 디지털(인터넷)을 활용해 인도 젊은층을 감성적이고 스마트한 방식으로 공략한다면 가능성은 충분히 있을 것이다. 물론 2차 산업도 중국처럼 또는 일본처럼 아니면 먼저 진출한 한국의 다른 기업처럼 할 수 있다.

동유럽 슬로베니아에 방송된 미쓰비시 광고.
🐨 광고의 마지막을 장식하는 것은 'Made in Japan' TV 광고.

필자가 국가브랜드위원회에 근무하면서 글로벌 브랜드 조사를 했을 때 국가 브랜드가 강한 나라는 곧 문화적인 파워, 즉 콘텐츠가 강한 나라였다.

필자의 기억으로는 8년 전, 러시아에서 일본 자동차 회사 미쓰비시가 이런 광고를 한 적이 있다. 그 당시 미쓰비시는 더 이상 자동차로서의 제품 경쟁력이 떨어져서 명맥만 유지하고 있었다. 하지만 러시아에서는 의외로 선전했다. 러시아에서 그 당시 국가 브랜드 선호도는 독일과 일본이 1위 그룹이었고, 아래에 미국 프랑스 등 서구 선진국들이 차지하고 있었다.

당시 기억을 유추하면 오직 강조했던 것이 '미쓰비시', 그리고 그것을 만드는 국가 '일본'뿐이었다. 그것은 일본이라는 국가 이미지가 그 안에 자리했고 그 심연에는 일본의 문화가 러시아인의 마음 안에 있었던 것이다. 인도에서도 일본은 애니메이션, 방송 등 집요하게 문화적인 토대를 만들어나가고 있다.

필자가 강조하고 싶은 것이 바로 이것이다. 아무리 2차 산업이 발전해도 문화, 즉 콘텐츠가 그 사회에 들어가 있지 못하면 금방 잊히게 되는 것을 많이 목격했다.

대만이 한때 우수한 제품을 많이 만들어냈었지만 금방 잊혔던 것은 대기업이 없어서만은 아니다. 제품만이 있었고 오래도록 그 제품을 연상시키게 만드는 문화(콘텐츠)가 없었기 때문이 아닐까? 인도인들이 아직도 1952년도에 봤던 영화 속 노래인 〈내 신발은 일본제〉를 기억하는 것은 우연이 아닌 것이다.

그리고 인도의 산업 지형도를 살펴봤을 때 가장 큰 영역인 3차 산업의 중심인 콘텐츠로 관심을 가진다면 더 많은 기회를 만들 수 있을 것이다. 또한 거듭 언급하지만 우린 이 영역에서 무에서 유를 창조한 경험을 가지고 있지 않은가?

최근 점점 많은 사람들이 인도에 대해 관심을 많이 가지고 있는 것을 발견할 수 있다. 하지만 대부분이 그럼 어떻게? 그리고 어디서부터? 첫발을 내딛기 전부터 고민에 빠진다. 그러다가 사는 게 바쁘고 당장 눈앞의 문제로 인해 외면해버린다. 다시 말해 미래를 제대로 준비할 여력이 없는 것이다. 그렇다고 다른 나라는 맹렬히 관심을 보이고 있는 인도를 지나치기도 어렵다. 인도에 우리의 정체된 현재를 타개할 기대가 걸려 있기 때문이다.

인도의 미래:
젊은이, 디지털, 콘텐츠

인도의 미래를 그려볼 수 있는 3개의 단어를 고르라고 한다면 바로 '젊은이, 디지털, 그리고 콘텐츠'라고 꼽을 수 있다.

전 장에서 인구통계학적으로 젊고 많은 인구, 그리고 디지털에 빠질 수밖에 없는 환경이 만들어낸 IT 인도, 또한 종교적인 그리고 그 영향으로 인해 디지털 중심으로 돌아가는 콘텐츠에 빠져드는 인도에 대해 설명한 바 있다.

하지만 다만 문제점이 있다면 우리가 그들을 모른다는 것이고 시장을 잘 알지 못한다는 것이다. 하지만 그것은 빠른 시일 내 극복할 수 있다. 인도를 알고 싶어 하고 인도를 비즈니스의 기회로 삼으려고 하는 사람들이 많이 나타날 것이라는 기대 때문이다.

필자는 각계각층의 다양한 사람들과 만나 '왜 중국이나 베트남에는 진출하면서 인도에는 진출 안 하시나요?'라고 종종 묻곤 한다. 그때마다 돌아오는 대답은 '글쎄요. 인도는 중국보다 기회가 적을 거 같기도 하고, 아직 후진국 아니에요? 거기 끔찍한 일들이 많이 일어난다면서요?'라는 답이 대부분이었다.

심지어 방송계에서 CEO를 지낸 분과 만났을 때 인도가 그렇게 가능성이 있고 뜨고 있다면 왜 인도문화를 우리가 접할 수 없고 그런 뉴스가 왜 안 보이는 것이냐? 라는 이야기도 들은 적이 있다. 하지만 구체적인 시장 사이즈와 연간 경제성장률 등 세부 데이터를 가지고 말씀을 드리면 심각한 반응을 보인다.

즉 우리나라에서 바라보는 인도는 작다. 보이지 않는다. 하지만 세계로 나가서 인도를 보면 시각이 많이 달라질 것이다.

그렇다. 이 책이 이야기하고 싶은 것은 이렇듯 필자가 보고 들었던 것들에 대해 많은 분들이 궁금해하던 것을 알려드리고 싶었기 때문이다. 그러면 평균 연령이 26.7세이기 때문에 젊은 층을 타깃 대상으로 마케팅하자는 것은 이해를 하셨을 것이다. 왜 그럼 그들이 즐기는 콘텐츠와 서비스여야 하는가?

첫째, 우선 젊은 층이 즐기는 것은 우리가 불과 수년 전 경험한 것이다. 따라서 이는 우리의 경험을 통해 새로운 아이디어를 만들어 시장에 진출할 수 있다는 사실이다.

통신 등 아직은 사회적 인프라가 충분치 않지만 인도 커피 문화를 이끄는 스타벅스가 인도에 소개된 것은 불과 4년 전이다. 물론 인도의 토종 커피 체인점인 커피 커피 데이(Coffee Coffee Day; CCD)도 있지만 스타벅스의 확장은 눈부시다.

게임도 마찬가지로 불과 4~5년 전에 한국, 일본 등에서 유행했던 게임들이 인도에서 현재 유행하고 있고, 심지어 해외에서 우버 서비스가 인기를 끌 때, 인도에서는 올라(OLA)라는 서비스가 론칭이 되어 지금은 대세로 자리 잡아가고 있다.

몇 년 전, 21세의 젊은이가 창업한 오요 룸스(OYO Rooms)라는 호텔체인 운영 업체는 지방의 군소 호텔들을 묶어 브랜딩 통일하고, 동일한 서비스를 제공하며, 온라인 예약 서비스를 만들어 제공·운영해 글로벌 기업들로부터 펀딩을 받아 성공적으로 인도 시장에서 자리 잡고 있다. 소프트뱅크로부터 2015년 약 1억 달러를, 해외기업으로부터 4억 달러를 투자받았다. 우리나라에도 모텔을 체인으로 묶어 운영한 업체가 벌써 수년 전부터 존재했는데 말이다.

둘째, 선진 콘텐츠와 서비스에 대한 선점 효과가 그 어느 시장보다 크다는 것이다.

인도 사람들은 처음 시장에 소개된 것들에 대해 처음에는 사용을

오요 룸스의 창업자 리테쉬 아그왈(Ritesh Agarwal).
🐭 오요 룸스의 광고.

주저하지만 익숙해지면 맹목적인 충성심을 보인다. 예를 들어 4년 전 론칭한 MORPG 게임(Multiplayer Online Role Playing Game)이 아직 건재한 이유는 고객 유출이 많이 일어나도 아래로부터 올라오는 고객 유입도 엄청나기 때문이다. 또한 인도 타타 자동차도 인도에서 최악의 품질로 유명하지만 지속적으로 팔리는 이유는 고객들 머리에 들어 있는 브랜드이기 때문에 지속적인 구매 리스트에 오르고 있는 것이다.

인도 시장에 정착만 하면 시장에서 일어나는 수요는 지속적으로 따라오기 때문에 들인 노력 대비 효과가 엄청나다고 할 수 있다.

셋째, 인도 비즈니스 환경이 점점 좋아지고 소비자의 눈높이가 높아지고 있다는 것이다.

비즈니스 환경뿐만 아니라 중요한 것은 우리가 진출 기회를 노리는 시장은 이제 점점 온라인 기반의 지식 산업으로 바뀌고 있다는 점이다. 뿐만 아니라 인도 청년들의 눈높이는 벌써 선진국 수준에 다가서 있다. 하지만 아직 인도 로컬 업체들의 실력은 거기에 미치지 못할 뿐 그들은 이미 선진국의 디자인 서비스가 담긴 콘텐츠를 선호하고 있다. 다시 말해 새로운 고속도로가 생기고 있지만 그곳을 달릴 성능 좋고 멋진 차가 아직은 많지 않다는 사실이다.

인도 사용설명서
만들기

그렇다면 이제 어떻게 해야 할까? 필자의 책 앞부분에서 설명한 것을 바탕으로 '인도 사용설명서'를 만들어보면 어떨까?

대부분 기업이나 개인은 인도 진출 방법에 관심을 가진다. 필자는 인도를 보는 시각을 조금 바꿔서 인도 사용설명서, 즉 어릴 때 친구들과 같이 과제를 준비하듯 나 혼자 모든 것을 하는 것이 아니다. 팀을 이뤄 각 자 자기의 장점을 발휘한다면 좋은 결과를 만들어낼 수 있으리라 확신한다. 그러면 다양한 방식의 인도 진출 방법과 길이 보일 것이다. 인도는 부족하고 나는 가지고 있는 그런 것을 활용해 아이디어를 낸다면 상상 이상의 것을 만들 수 있고 미래로 향하는 새로운 기회도 만들어낼 수 있을 것이다.

또한 인도와 인도인의 특성을 분석해서 그들과 조화롭게 함께한다면 인도는, 우리의 최종 시장이 아니라 함께 해외시장을 개척해나가는 시발지가 될 수 있음을 발견해낼 수 있을 것이다.

이상으로 필자가 하고 싶은 이야기를 마무리하려고 한다. 인도 시장에 대해 아직 할 이야기와 해드리고 싶은 이야기가 많이 있다.

인도라는 시장은 우리나라 입장에서 보면 정말 가본 사람도 적고, 가보지 않아 두려운 시장이라 할 수 있다. 그렇다고 16세기 스페인 사람들이 남미의 아마존 강가의 황금의 나라 엘도라도를 향해 나섰던 무모함을 가지고 인도에 진출하는 것도 바람직하지 않다.

우리가 가진 경험이나 그들이 부족한 점을 분석해 같이 힘을 합쳐 세계로 나간다는 자세를 가지고 인도로 진출한다면 많은 기회가 우리 앞에 놓이리라 확신한다.

책으로 체험하는
새로운 선택지로서의 인도

맺음말

인도에 대한 관심이 커가고 있는 데 비해 막상 자세한 자료를 찾으려고 하면 곳곳이 암초였다. 한국적인 시각으로 너무도 당연히 존재해야 하는 기본적인 자료도 찾을 수 없는 현실과 마주할 때면 괜히 글쓰기를 시작했나? 하는 마음도 들었다. 하지만 너무도 감사하게 같이 일했던 인도인 동료들은 백과사전 이상의 큰 역할을 해주며 필자의 눈과 귀, 그리고 때론 파일 박스가 되어주었다.

책을 쓰며 읽는 분들이 담담하게 냉정한 판단을 하실 수 있도록 세계 여러 나라에 흩어져 있는 인도 관련 데이터를 찾으려 인터넷과 씨름한 일, 한국인이 갖는 시각적 협소함을 극복해보고 싶어 인도인뿐만 아니라, 미국·유럽·중국·일본 등 외국인들과 만났을 때 사용했던 다이어리 기록을 뒤적이며 밤을 새웠던 일도 생각난다.

그리고 현지의 생동감 있는 모습을 최대한 담아 인도를 전혀 모르는 분들이 책을 읽으며 '어? 인도가 이런 모습이었어? 내가 알던 사실과 다른데?'라는 것을 알려드리고 싶어 QR코드를 통해 휴대폰으로 간단히 동영상을 볼 수 있게 아이디어를 짜내던 일도 스친다. 정말 많은 것을 알려드리고 싶지만 지면으로는 다 소개할 수 없음이 아쉬울 따름이다.

최근 우리나라에서 그동안 찾아보기 힘들었던 인도 관련 기사가 점점 많아지는 것을 목격한다. 또 높아지는 관심 이상으로 참으로 빠르게 변화하는 것이 인도다. 책을 쓰는 불과 몇 달 사이 사례로 들었던 유튜브 영상 시청자 숫자가 1억 이상 늘어 마지막에 다시 고친 숫자를 반영해야만 했고, 경제 성장의 혁명적인 법안으로 통과가 어려울 것 같았던 GST법도 8월 초 책 출간을 앞두고 급작스럽게 통과가 되어 필자를 더 바쁘게 만들었다.

요즘 중국과의 여러 가지 문제로 시끄러운 것을 본다. 신문 기사를 접하며 수천 년 동안 중국이 해왔던 역할을 이제 대신할 국가가 필요하지 않을까? 라는 생각을 하면서 인도를 떠올렸다.

그러기 위해서 인도를 제대로 아는 것은 기본일 것이다. 따라서 필자는 앞으로 책이 아닌 다른 방식으로도 많은 분들이 인도에 관심을 가지게 하도록 노력할 것이다.

또 책과 더불어 그런 활동이 미래를 고민하는 젊은이들에게는 인도라는 새로운 선택지를 추가함으로써 용기를 주게 되지 않을까, 생각하며 이 책을 마친다.

2016년 뜨겁던 여름의 끝에서
저자 권기철

책으로 체험하는 새로운 선택지로서의 인도

젊은 인도

마지막 기회의 땅, 인도시장을 선점하는 법

펴낸날	초판 1쇄	2016년 9월 5일
	초판 3쇄	2018년 1월 16일

지은이	**권기철**
펴낸이	**심만수**
펴낸곳	**(주)살림출판사**
출판등록	1989년 11월 1일 제9-210호

주소	**경기도 파주시 광인사길 30**
전화	**031-955-1350** 팩스 **031-624-1356**
홈페이지	http://www.sallimbooks.com
이메일	book@sallimbooks.com

ISBN   978-89-522-3469-8   03300

책임편집·교정교열 **서상미**